KB054561

신라와 바다

저자
소개

김창겸(金昌謙)

영남대학교 국사학과 졸업, 성균관대학교대학원 사학과 졸업(문학박사, 한국고대사 전공)
한국정신문화연구원 편수연구원, 한국학중앙연구원 고대문화연구실장, 성균관대학교·아주대학
교·유한대학교·신구대학교 초빙교수·강사, 신라사학회 회장, 문화재청 문화재위원회 전문위원,
한국학중앙연구원 백과사전편찬연구실장 역임.
현 한국학중앙연구원 문화콘텐츠편찬실장(수석연구원)

[주요논저]
『신라 하대 왕위계승 연구』, 『한국사연표』, 『금석문을 통한 신라사연구』, 『한국 해양 신앙과 설화
의 정체성 연구』, 『한국고전사 고대편』, 『흥무대왕 김유신 연구』, 『한국 왕실여성 인물사전』, 『일
제강점기 언론의 신라상 왜곡』 등 다수.

문헌인문학총서 3
신라와 바다

2018년 2월 26일 초판 인쇄
2018년 2월 28일 초판 발행

지 은 이 김창겸
펴 낸 이 한신규
펴 낸 곳 문현출판
주   소 서울특별시 송파구 동남로 11길 19(가락동)
전   화 02-443-0211, FAX 02-443-0212
이 메 일 mun2009@naver.com
등   록 2009년 2월 23일(제2009-000041호)

ⓒ 김창겸, 2018
ⓒ 문현출판, 2018, printed in Korea

ISBN 979-11-87505-08-2 93910

정가 28,000원

* 저자와 출판사의 허락없이 책의 전부 또는 일부 내용을 사용할 수 없습니다.
* 잘못된 책은 교환해 드립니다.

문현인문학총서 **3**

신라와 바다

김창겸 지음

문현
MUN HYUN

필자가 대학원에 진학하여 신라사를 공부하겠다고 시작한지 벌써 30여 년이 넘었다. 그리고 박사학위논문을 다듬어 『신라 하대 왕위계승 연구』라는 제목으로 단행본을 공간하였다. 하지만 이후에는 단독 저서를 내지 못했다. 비록 공동연구서는 몇 책을 출간하였지만, 그것은 그때그때 필요와 목적에 맞춘 성과물들이다.

가끔 주위 동학들로부터, '그동안 연구를 많이 했는데 왜 단독저서를 내지 않는가?, 언제 낼 것인가?'라는 물음으로 기대와 함께 안타까움과 애정 어린 추궁을 듣기도 했다. 필자는 그럴 때마다 이런저런 변명을 하면서, 내심으론 무안함과 자괴감을 느끼곤 했었다.

지금까지 평생을 몸담고 있는 한국학중앙연구원에서 필자가 수행하는 업무와 직책은 장대하고 막중한 것이다. 오랜 기간 『한국민족문화대백과사전』 편찬과 개정증보사업에 실무와 연구책임자로 일했다. 지금은 국책사업으로 추진되고 있는 전국 기초 지방자치단체를 단위로 지역문화콘텐츠를 종합정리하고 디지털화하여 인터넷을 통해 전문가는 물론 일반대중에게 제공하는 『한국향토문화전자대전』 편찬과, 해외에 거주하는 우리 동포들의 역사문화와 생활상을 10개 권역으로 나누어 종합 정리하고 디지털화하는 『세계한민족문화대전』 편찬연구사업의 책임을 맡고 있다. 게다가 2000년대 초반에는 한국고대사 분야의 학술연구단체인 신라사학회(新羅史學會) 창립을 주도하고 처음부터 회장직을 맡아 10여 년간 수행하면서 학회 발전을 위해 활동하였다. 이런 이유로 필자 자신의 연구에는 심도가 덜했었을 뿐만 아니라 단독저서 출간을 챙기지 못한 채 뒤꼍으로 밀어두고 있었다.

다행히 얼마 전에 신라사학회 회장직을 물러났다. 그래서 약간 여력이 생긴 상황에서 마침 오래전부터 특별한 인연이 있는 문현출판 한신규 사장이 찾아와 하는 말이 '어떻게 해서라도 선생님의 책을 한권 출간하겠다.'면서 떼를 쓰기에 차마 물리치지 못하고 제의를 받아들이고 말았다.

인간은 육지를 중심으로 생활한다. 그러나 땅을 연결하는 매개가 물이며, 보다 큰 대륙을 연결하는 것은 바다이다. 바다는 인간생활에 있어 또 하나의 중요한 활동무대이다. 그리고 인간은 땅과 함께 강과 바다를 이용하여 삶을 영위하며 역사와 문화를 만들어 왔다. 한반도는 동·남·서가 모두 바다로 둘러싸여 있어서, 우리 민족은 바다를 이용하며 발전해 왔다.

이 책은 신라의 역사문화와 그 내용을 해양과 연계하여 이해하려는 목적에서 연구한 글들을 엮은 것이다. 하지만 본디부터 전체 계획이나 목적을 가지고 집필한 것이 아니라 그동안 틈틈이 발표했던 개별 논문들을 모아서 한권의 책으로 엮은 까닭에, 여러 가지로 모자라고 성글다. 더구나 가급적이면 처음 발표 당시 원문을 그대로 유지해보려고 하니, 부득이 내용상 약간의 중복 서술이 있다.

여기에 수록된 글들은 신라 상대(上代)·중대(中代)·하대(下代)로 시기를 구분하고, 또 딱히 맞는 것은 아니지만 공간적으로는 동해·서해·남해로 나누어, 편의상 서로 조합하여 목차를 세 부분으로 편제하였다.

제 1 부는 '상대 신라의 발전과 동해'라는 제목으로, 신라의 실직국 복속, 우산국 정복 문제를 다루었다.

먼저 '신라의 실직국 복속과 지방통치의 추이'는 신라 국가발전 과정에서 중요하게 작용한 정치세력의 하나인 실직곡국(悉直谷國)과 실직국(悉直國)의 실체와 그 복속, 그리고 이후 신라의 동북방 진출과 연계하여 이 지역에 대한 지배통치의 추이와 동해 제해권 장악에 대하여 분석하였다.

그리고 '신라의 동북방 진출과 이사부(異斯夫)의 우산국(于山國)'은 신라의 동북방 진출 과정에서 실직주 설치와 이사부의 역할 및 우산국 정복 출항지에 대해 살펴보았다.

제 2 부는 '중대 신라의 번영과 서해'라는 제목으로, 문무왕(文武王)의 해양의식(海洋意識), 신라와 당(唐)간의 해양항로와 해양경험, 그리고 신라의 사해(四海)에 대해 살펴보았다.

먼저 '신라 문무왕의 해양의식'에서는 문무왕의 호국적 해양의식의 형성과 실천에 대해 살펴보았는데, 문무왕의 호국정신은 해양 및 불교와 매우 밀접한 연관성이 있으며, 그것은 해양경험과 해양인식에서 배경과 이유가 있고, 나아가 이러한 해양에 대한 의식은 그가 생을 마감하면서 자신을 화장하여 동해에 산골(散骨)하면 왜의 침입으로부터 신라를 지키는 동해 대룡(大龍)이 되겠다고 유언하는 것으로 승화되었으며, 이것은 백강전투에서 패배하고 일본열도로 망명한 백제유민과 왜 세력의 침공을 우려한 강박감에서 비롯된 것임을 밝혔다.

그리고 '당 파견 신라사신의 항로와 해양경험'은 『태평광기(太平廣記)』에 수록된 신라 관련 기록 중에 신라에 다녀간 당 사신에 대한 내용을 분석하여, 이들의 항로와 해양경험이 가진 역사문화적 의미를 살펴보았다. 다시 말해 『태평광기』의 내용은 설화적 요소가 가미되어 있어 전적으로 신빙하고 역사적 사실로 받아들이기에는 일정한 한계가 있지만, 그럼에도 이 기록을 참조하여 고대 한중해양교류사의 연구에 원용할 수 있음을 이야기하였다.

한편 '신라 중사의 사해와 해양신앙'에서는 신라 국가제사 중 중사(中祀)의 하나인 사해는 신라의 독자적 천하관(天下觀)에 바탕하여 편제된 것으로, 통일기에는 국토의 방위상 동서남북의 상징적 의미를 지닌 신성처로서, 국방상 요충지이며, 교통로상 항해의 중요한 거점이었고, 이 지역에는 사상적으로는 전통적 국토관념 위에 불교적 성격이 융합되어 각 제장에 해신사(海神祠)의 기능을 하는 불사(佛寺)가 함께 있었으며, 이 제장에서 왕실 안녕 및 국가 방어와 항해의 무사를 빌고 다짐하는 국가적 차원의 망해제(望海祭)가 이루어졌고, 또 제의는 중앙에서 파견된 관리의 주관 하에 재지세력들이 참여하여 정기적으로 거행함으로써 지역민들의 단합의 기회를 제공하였음을 밝혔다.

제3부는 '하대 신라인의 해외진출과 남해'라는 제목으로, 이른바 해상왕(海上王)으로 불리는 장보고(張保皐)의 활동, 일본 서부연안으로 진출한 신라인 양상과 이들에 대한 일본의 대응 등을 통해, 이것은 신라 하대 사회의 혼란에서 발생한 유이민들의 해양진출이며 곧 당시 동아시아에서의 인구이동 현상으로 이해하고자 하였다.

먼저 '8~9세기 신라 정치사회의 변화와 장보고'에서는 신라 하대에는 입당 풍조가 유행하였는데, 장보고도 유이민의 한 명으로 개인적인 꿈과 출세를 위하여 입당하였고, 청해진(淸海鎭) 설치로 보유한 1만 군사는 왕으로부터 받은 군졸은 물론 많은 수의 유이민을 규합한 공인된 사적 병력이었으며, 한편 신무왕의 즉위를 도운 공로로 특별한 관작을 받은 것은 골품제 규정을 벗어났으며 이는 골품제 변질의 양상이고, 특히 장보고 세력의 몰락으로 한반도와 당·일본의 연안에는 질서가 붕괴되어 또다시 유이민 이주와 해적의 횡행을 낳았다고 보았다.

또 '9세기 일본 서부 연안에 나타난 신라인들'에서는, 이들은 신라 하대의 사회변동으로 발생한 많은 유이민의 일부가 해외로 진출한 것이며, 그 이유와 배경은 사고와 자연재해가 원인이지만, 부의 획득, 난을 피하거나 범죄인으로 몰려 살길을 찾아 나선 것으로, 때로는 자신들의 생계와 보호를 위해 무장을 하고 많은 수가 무리를 지어서 일본 연안 지역에 불법 상륙하여 노략질하거나 심지어 공물을 약탈하는 불법 해적집단 모습을 하고 있었으니, 즉 9세기 신라인들이 일본지역으로 진출한 것은 생활의 어려움과 고통에서 벗어나 새로운 삶의 세계를 찾아 나선 생존전쟁이라고 주장하였다.

이어서 '9세기 신라인의 진출에 대한 일본의 대응'에서는 수많은 신라인의 진출은 일본에게 매우 중요한 문제였으며, 일본은 이것을 어떻게 대응했는가와 그 추이를 살펴보았는데, 그 결과 신라에서 발생한 유이민은 9세기 동아시아에 큰 파장이 되어 신라는 물론 당과 일본에서 중요한 문제가 되었으며, 이것은 당시 동아시아에서 인구이동 현상으로 인적 교류를 통해 상호 역사문화에 영향을 미쳤음을 주장하였다.

  그러고 보니, 책을 출간하면서 이 기회를 빌려 감사드려야 할 분들이 많다. 우선 구순(九旬)이 넘으셔도 필자를 친자식처럼 아껴주시는 김천 직지초등학교 졸업반 담임이셨던 김환구(金煥九) 선생님의 무한한 은혜에 진심으로 감사드리며, 또 오랜 시간에 걸쳐 동학으로 연구를 줄탁동기(啐啄同機)하는 신라사학회 회원들, 그리고 영남대학교 학부시절에 국사학과 동문으로 인연이 되어 한결같이 이해하고 격려해주는 권오영(權五榮) 교수를 비롯하여 희로애락을 함께 하고 있는 한국학중앙연구원의 여러 동료들께 감사드린다.

  아울러 필자에게 늘 행복을 주는 소중한 가족들, 특히 35년의 교직 생활을 마무리하고 오늘 명예롭게 퇴임하는 사랑하는 아내 오묘순(吳妙順), 딸 김재아(金載我), 지난해 10월 21일 혼인한 아들 김재일(金載日)과 새 식구가 되어준 며느리 홍지윤(洪智允)에게 고맙다는 말과 함께 늘 건강하길 바란다.

2018년 2월 13일
청계산 자락 국은관(國恩館)에서 김창겸 씀

제1부 상대 신라의 발전과 동해

제2부 중대 신라의 번영과 서해

제3부 하대 신라인의 해외진출과 남해

* 이 책에 수록한 논문의 처음 발표지 및 시기

제1부
상대 신라의 발전과 동해

제 1 장
신라의 실직국 복속과 지방통치의 추이

1. 머리말

　신라는 사로국 시기부터 내부 통치체제의 정비와 더불어 대외적으로 영토를 확장해 나가는 과정에서 국가 발전이 진행되었다. 신라(사로국)가 영역을 확대하는 과정에서 입지적인 여건으로 가장 먼저 진출한 지역은 동해안 방면이 되었다. 동해바다는 한반도 동해안의 남북 교류의 통로이며 활동무대로서 구실을 하고 있다. 이런 까닭에 동해는 외부세력, 즉 왜가 침입하고 또 해양 이주민들이 신라로 들어오는 통로였기에 신라는 동해바다를 접한 지역의 확보와 경영에 지대한 관심을 가졌다. 이것에 대해서는『삼국사기』의 기록을 통해서도 잘 알 수 있다.

　『삼국사기』권1, 탈해이사금 즉위조에서 탈해(脫解)가 B.C. 19년(혁거세거서간 39) 진한(辰韓)의 아진포구(阿珍浦口, 경주시 양남)에 도착해서 어로를 통해 해양세력으로 성장한 뒤에, A.D. 8년(남해차차웅 5) 공주와 혼인하고, A.D. 10년(남해차차웅 7)에 등용되어 대보(大輔)에 올랐다는1) 기록이 있다. 이에서 보건대 이때 신라가 지금의 울산·감포 일대를 중심으로 한 탈해집단을 포섭하여 울산만을 장악한 것을 짐작할 수 있다.

그리고 A.D. 19년(남해차차웅 16) 북명인(北溟人)이 '예왕인(濊王印)'을 헌상하였고,2) 40년(유리이사금 17) 화려현(華麗縣)과 불내현(不耐縣)이 연합하여 신라의 북경을 침입함에 예국(濊國) 거수(渠帥)가 이들을 패퇴시킴으로써 신라는 맥국(貊國)과 우호관계를 맺었다고3) 하여, 일찍부터 동북방 지역과의 관련 기록이 있다.

초기 신라는 경주 동남쪽에 있는 여러 소국들을 병합해 나갔다. 먼저 탈해왕대 우시산국(于尸山國)과 거칠산국(居柒山國)을 병합하고, 또 102년(파사이사금 23) 음즙벌국(音汁伐國)과 실직곡국(悉直谷國) 간의 영토분쟁을 계기로 음즙벌국을 병합하고, 실직국(悉直國)과 압독국(押督國)도 항복받았다.4) 108년(파사이사금 29)에는 비지국(比只國)·다벌국(多伐國)·초팔국(草八國)을 병합하였으며, 또 이를 전후하여 굴아화촌(屈阿火村)을 병합하였다. 이들 소국의 소재지는 대체로 동해안 연안에 있었던 것으로 비정된다. 이처럼 신라 초기의 정복활동은 주로 경주의 동쪽과 동해방면으로 집중되었으며, 이것은 동해로부터 압박해오는 해양세력의 도전에 대한 적극적인 대응책이었다.5) 그리고 방향을 바꾸어 소문

---

1)『삼국사기』권1, 탈해이사금 즉위조.
2)『삼국사기』권1, 남해차차웅 16년.
3)『삼국사기』권1, 유리이사금 17년.
4)『삼국사기』권1, 파사이사금 23년.
5) 이에 대해서는 다음 글들이 참조된다. 이형우,「사로국의 동해안 진출」,『건대사학』8, 1993 ; 권덕영,「삼국시대 신라의 해양진출과 국가발전」,『STRATEGY21』4, 한국해양전략연구소, 1999 ; 김호동,「삼국시대 신라의 동해안 제해권 확보의 의미」,『대구사학』65, 2001 ; 김덕원,「신라의 동해안 진출과 울진봉평비」,『금

국(召文國, 의성), 이어서 감문국(甘文國, 김천)과 골벌국(骨伐國, 영천), 사량벌국(沙梁伐國, 상주) 등을 병합하면서 서북쪽으로 진출하였다.

이 글에서는 초기 신라의 발전과정에서 동해안 진출과 동북방 경영에 중요한 의미를 지닌 실직곡국(悉直谷國)과 실직국(悉直國)의 실체를[6] 밝히고, 또 실직지역에 대한 신라의 지방통치 변화과정을 살펴보겠다. 그리하여 신라의 국가성장에서 동해안 지역에 있던 중요한 정치세력의 하나인 실직국 병합과 실직주(悉直州) 설치가 가진 역사적 의의에 대해

석문을 통한 신라사 연구』, 한국학중앙연구원, 2005 ; 문안식, 「삼국사기 신라본기에 보이는 낙랑·말갈사료에 관한 검토」, 『전통문화연구』 5, 1997 ; 서영일, 『신라 육상교통로 연구』, 학연문화사, 1999 ; 이도학, 「신라의 북진경략에 관한 일고찰」, 『경주사학』 6, 1987 ; 이상준, 「영동지방 고분의 분포양상과 그 성격」, 『삼국의 접점을 찾아서』, 한국상고사학회, 2002 ; 이한상, 「동해안지역의 5~6세기대 신라분묘 확산양상」, 『영남고고학』 32, 2003 ; 백홍기, 「신라의 동북경 변천에 관한 고찰」, 『논문집』 4, 강릉교육대, 1972 ; 전덕재, 「상고기 신라의 동해안지역 경영」, 『역사문화연구』 45, 한국외국어대, 2013 ; 심현용, 「고고자료로 본 신라의 강릉지역 진출과 루트」, 『대구사학』 94, 2009 ; 김창석, 「신라의 우산국 복속과 이사부」, 『역사교육』 111, 2009 ; 강봉룡, 「5세기 이전 신라의 동해안방면 진출과 동해안로」, 『한국고대사연구』 63, 2011 ; 김수태, 「5세기 고구려의 패권과 서남해 연안항로의 경색」, 『한국해양사』 Ⅰ, 한국해양재단, 2013.
6) 실직국에 대해서는 다음과 같은 연구가 있어 참고가 된다. 강석준, 「실직국에 대하여」, 『력사과학』 1964년 제1호, 사회과학원출판사, 1964 ; 최병운, 「서기 2세기경 신라의 영역확대」, 『전북사학』 6, 1992 ; 방용안, 1987, 「실직국에 대한 고찰」, 『강원사학』 3, 1987 ; 서영일, 「사로국의 실직국 병합과 동해 해상권의 장악」, 『신라문화』 21, 2003 ; 배재홍, 「실직국과 신라에의 항복」, 『삼척·동해 사회의 식조사 보고서』, 삼척대학교, 2005 ; 박노석, 「삼국시대 실직과 하슬라의 위치 이동」, 『전북사학』 35, 2009 ; 이상수, 「실직국」, 『강원도사』 3.고대, 강원도사편찬위원회, 2010 ; 「실직국」, 『삼척의 고고문화』, 삼척시립박물관, 2012 ; 이상수, 「고고자료를 통해본 실직국」, 『이사부와 동해』 8, 2014 ; 김도현, 「삼척의 역사성 연구」, 『맥국·예국·실직국·태봉국·이궁』 학술대회 발표자료, 강원도문화원연합회·춘천문화원, 2013 ; 서영일, 「실직국의 역사적 위상」, 『이사부와 동해』 8, 2014.

이야기하겠다.

2. 실직곡국과 신라의 실직국 복속

가. 실직곡국과 음즙벌국의 영토분쟁

초기국가 발전과정에서 신라의 동북방 진출은 두 방향으로 진행되었다. 그 하나는 태백산맥을 경계로 하여 내륙으로 진출이고, 또 다른 하나는 동해안을 따라 북상한 것이었다.[7] 특히 후자에서 실직국의 병합은 그 의미가 매우 중요하다.

『삼국사기』에 다음과 같은 기록이 있다.

> A. 가을 8월 音汁伐國과 悉直谷國이 강역을 다투다가 왕에게 와서 해결해 줄 것을 청하였다. 왕이 어려워서 金官國의 首露王이 나이가 많고 아는 것이 많을 것이라고 생각하여 그를 불러 물었다. 수로가 의견을 내어 다투던 땅을 음즙벌국에 주도록 하였다. 이에 왕은 6部로 하여금 수로왕을 위하여 연회를 베풀도록 하였다. 5부는 모두 伊飡으로 우두머리를 삼았는데, 오직 漢祇部만은 직위가 낮은 자를 우두머리로 삼았다. 수로가 노하여 그의 奴 耽下里를 시켜 한기부의 우두머리 保齊를 죽이고 돌아갔다. 노가 도망하여 音汁伐主 陀鄒干의 집에 의탁하였다. 왕이 사람을 보내 그 노을 찾았으나 타추가 돌려보내지 않았다. 왕이 노하여 군사를 동원하여 음즙벌국을 공격하니, 그 우두머리가 무리와 함께 스스로 항복하였다. 悉直과 押督두 나라 왕이 항복해왔다(『삼국사기』권1, 파사이사금 23년).[8]

---

7) 김창겸, 「신라 중사의 '사해'와 해양신앙」, 『한국고대사연구』 47, 2007, 177쪽.
8) "秋八月 音汁伐國與悉直谷國爭疆 詣王請決 王難之 謂金官國首露王 年老多智識 召問之 首露立議 以所爭之地 屬音汁伐國 於是 王命六部 會饗首露王 五部皆以伊飡爲

인용문 A에는 102년(파사이사금 23) 8월 실직곡국과 음즙벌국이 강역을 다투었으며, 사로국이 음즙벌국을 병합하자 실직국과 압독국도 항복하였다고 한다. 그러나 『삼국유사』 권1, 왕력에는 지마이사금대(112~134) '음즙지국(音汁只國, 음즙벌국)'이 신라에 복속되었고, 또 압독국은 지금의 경상북도 경산에 있었던 소국인데,9) 역시 지마이사금대 신라에 복속된 것으로 기록되어 있어, 이와는 시간상 조금 차이가 있다.

그럼에도 인용문 A의 문맥만 보면 음즙벌국과 실직곡국이 영토를 다툰 것으로 보아 서로 가까운 거리에 있었을 것으로 볼 수도 있다. 그러면 우선 두 나라의 위치에 대해 알아보자.

음즙벌국은 어디인가? 다음 기록을 살펴보자.

 B—① 의창군은 본디 퇴화군이었는데 경덕왕이 개칭하였고, 지금 흥해군이며, 이 군에 속한 현은 여섯이다. 안강현은 본디 비화현이었는데, 경덕왕이 개칭하였고, 지금도 그대로 부른다. 기립현은 본디 지답현이었는데, 경덕왕이 개칭하였고, 지금 장기현이다. 신광현은 본디 동잉음현이었는데, 경덕왕이 개칭하였고, 지금도 그대로 부른다. 임정현은 본디 근오지현이었는데, 경덕왕이 개칭하였고, 지금 영일현이다. 기계현은 본디 모혜현(화계라고도 한다)이었는데, 경덕왕이 개칭하였고, 지금도 그대로 부른다. 음즙화현은 파사왕 때 음즙벌국을 빼앗아 현을 설치하였는데 지금은 안강현에 병합되었다(『삼국사기』 권35, 지4 지리1 良州).10)

主 唯漢祇部 以位卑者主之 首露怒 命奴耽下里 殺漢祇部主保齊而歸 奴逃 依音汁伐主 陁鄒干家 王使人索其奴 陁鄒不送 王怒 以兵伐音汁伐國 其主與衆自降 悉直押督 二國王來降"

9)『삼국사기』 권34, 지리1, 良州 獐山郡. 그리고 압독국의 중심지는 '금호강 유역의 들판을 낀 남천 사이의 구릉'으로 추정된다(이형우,『신라초기국가형성사연구』, 영남대학교출판부, 2000, 122~123쪽).

② 이 왕 때 音汁只國이 멸망하였다. 지금 安康이다(『삼국유사』 권1, 왕력 제6 지마이사금).

인용문 B—①에서 보면 신라시대 의창군에 속한 6개 현 가운데 하나인 음즙화현(音汁火縣)은 파사왕대 음즙벌국을 취하여 만든 현이라고 하면서, 지금(『삼국사기』를 편찬한 고려시대)은 안강현(安康縣)에 병합되었다고 하였다. 더구나 B—②에서는(『삼국유사』) 지금 안강(安康)이라고 분명히 밝혔다. 그렇다면 음즙벌국의 위치는 형산강을 끼고서 오늘날 안강과 포항지역으로 추정된다. 그리고 그 중심지는 현재 안강읍 양월리 일대로 비정된다.11)

이번에는 실직국의 위치에 대해 살펴보자.

C. 삼척군은 원래 실직국으로서 파사왕 때 항복하여 왔는데 지증왕 6년, 梁 天監 4년에 州로 만들고 異斯夫를 軍主로 삼았는데 경덕왕이 개칭한 것이다. 지금도 그대로 부른다. 이 군에 속한 현은 넷이다. 竹領縣은 원래 고구려의 竹峴縣이었던 것을 경덕왕이 개칭한 것이다. 지금은 위치가 분명치 않다. 滿卿(鄕이라고도 한다)縣은 원래 고구려의 滿若縣이었던 것을 경덕왕이 개칭한 것이다. 지금은 위치가 분명치 않다. 羽谿縣은 원래 고구려의 羽谷縣이었던 것을 경덕왕이 개칭한 것이다. 지금도 그대로 부른다. 海利縣은 원래 고구려의 波利縣이었던 것을 경덕왕이 개칭한 것이다. 지금은 위치가 분명치 않다(『삼국사기』 권35, 지4 지리2 溟州).12)

10) "義昌郡本退火郡 景德王改名 今興海郡 領縣六 安康縣本比火縣 景德王改名 今因之 鼇立縣本只沓縣 景德王改名, 今長鼇縣 神光縣本東仍音縣 景德王改名 今因之 臨汀縣本斤烏支縣 景德王改名 今迎日縣 杞溪縣本芼兮縣一云化雞 景德王改名 今因之 音汁火縣 婆娑王時取音汁伐國 置縣 今合屬安康縣"
11) 이형우, 앞의 책, 2000, 78~79쪽.
12) "三陟郡 本悉直國 婆娑王世來降 智證王六年 梁天監四年 爲州以異斯夫爲軍主 景德王改名今因之 領縣四 竹領縣本高句麗竹峴縣 景德王改名 今未詳 滿卿一作鄕.縣本

이 기록에 의하면 통일신라시대 삼척군은 원래 실직국이라 하면서, 부연하여 설명하기를 파사왕 때 신라에 항복하였다고 하였다. 이 내용은 앞의 인용문 A의 내용과 일치한다. 그러므로『삼국사기』권1, 파사이사금 23년조 기록에 보이는 음즙벌국과 강역을 다툰 실직(곡)국은 그 위치가 오늘날 강원도 삼척시에 있었던 것으로 비정된다.

그러면 다시 앞으로 뒤돌아가 살펴보자. 인용문 B에 의하면 음즙벌국은 안강지역에 있었고, 인용문 C에 의하면 실직국은 지금 삼척지역에 있었던 나라이다. 사실상 많은 연구자들도 실직국은 삼척에 있었던 것으로 이해하고 있다. 그럼에도 인용문 A에서 두 나라가 강역을 다투었다고 한 것은 어떻게 이해해야 할 것인가 하는 문제가 생긴다. 이유는 안강과 삼척은 지리적으로 너무나 먼 거리이기 때문이다. 멀리 떨어진 지역에 있는 두 나라가 국경을 맞대고 다툰다는 것은 있을 수 없는 일이다.

그래서 일부 연구자들은 인용문 C를 그대로 믿지 않으려고 하거나,[13] 받아들이면서도 지금의 삼척이 아니라 경주 주변의 소국 사이에서 벌어진 영토분쟁으로 이해하기도 하였다.[14] 이런 까닭으로 실직(곡)국의 위치를 경주 또는 그 주변으로 보려는 입장이 있다. 한기부, 즉 가덕부(加德部)에 속한 상서지(上西知)와 하서지(下西知) 부근 일대라거나,[15] 지금의 경상북도 경주시 북천면,[16] 흥해나 안강,[17] 안강읍

高句麗滿若縣 景德王改名 今未詳 羽谿縣本高句麗羽谷縣 景德王改名 今因之 海利縣本高句麗波利縣 景德王改名 今未詳"

13) 천관우, 「삼한의 국가형성」, 『한국학보』 2, 1976, 36~37쪽.
14) 이병도, 『역주삼국사기』, 을유문화사, 1977, 17쪽.
15) 강석준, 앞의 논문, 1964, 58쪽.
16) 최병운, 앞의 논문, 1982, 26쪽.
17) 방용안, 앞의 논문, 1987, 53~56쪽.

과 천북면이 경계를 접하는 지역으로18) 보았다. 또는 이보다 범위를 확대하여 경주 부근에서 삼척에 이르는 대상(帶狀)의 공간,19) 삼척에서 영덕 남쪽 청하까지,20) 남방한계선을 영일만 부근까지,21) 동해안 근처22) 등으로 비정하는 다양한 설이 있다.

필자는 실직국을 오늘날 삼척지역으로 한정하지 않으려는 이들 주장들에 대해 적극 고려해 볼만한 가치가 있다고 생각한다. 영토 분쟁의 당사자가 강역을 다투려면 어떤 형태로나 모양으로건 연고권을 주장할 수 있는 여건을 가지고 있었을 것이다. 이런 여건으로 가장 쉽게 생각할 수 있는 것은 다툼의 대상지를 당사자가 서로 맞대고 있는 경우이다.23) 이는 오늘날에도 여러 국가 또는 단체나 개인간에 소유권 분쟁이 되고 있음을 많이 볼 수 있다. 또 다른 양상은 분쟁 대상지로부터 분쟁자가 서로 떨어져 있음에도 서로 점유하고자 다투는 경우이다. 이 또한 오늘날 일본과 중국간의 센카쿠열도(댜오위댜오) 분쟁이 그러하듯이, 세계 각 지역에서 흔히 볼 수 있는 영토분쟁의 한 사례이다. 한편 이와 달리 분쟁대상지가 한쪽은 직접 맞닿았지만, 한쪽은 보다 원거리에 있음에도 실질적 지배권을 행사하려함에 양자간에 다투는 경우이다.

---

18) 이우태, 「신라의 성립과 발전」, 『신편한국사』 7, 국사편찬위원회, 1997, 44쪽 주42.
19) 김영하, 「삼국 및 남북국시대의 동해안지방」, 『한국고대사회와 울진지방』, 울진군·한국고대사학회, 1999, 74~75쪽.
20) 김일기, 「삼척의 역사」, 『삼척의 역사와 문화유적』, 관동대학교박물관, 1995, 31쪽 ; 이상수, 「실지국」, 앞의 책, 2010, 84쪽.
21) 주보돈, 「신라의 대외팽창과 해양거점의 확보」, 『한국해양사』 I, 한국해양재단, 2013, 396쪽.
22) 이종욱, 『신라국가형성사연구』, 일조각, 1982, 85쪽 주216.
23) 바로 앞에서 언급한 실직(곡)국의 위치를 삼척지역으로 국한하지 않는 연구자들이 그러하다.

실직국과 음즙벌국의 분쟁은 어떤 양상이었을까? 음즙벌국의 위치가 경상북도 안강이고, 실지국의 위치가 강원도 삼척에 있었던 것이 사실이라면, 앞에서 영토 분쟁의 양상으로 든 세 가지 중에서 첫 번째는 아니다. 그렇다면 두 번째일까? 아니면 세 번째에 해당할까?[24]

인용문 A에서 양국은 영토분쟁이 생기자 신라왕에게 이것을 해결해 달라고 의뢰하였고, 또 신라왕의 요청으로 금관국 수로왕이 경주에 와서 판결했다고 하였다. 이에 의하면 분쟁의 대상이 된 지역이 아마 신라왕이 거주하는 경주에서 멀지 않은 곳으로 생각된다. 그렇다면 그곳은 경주의 신라와 이웃한 안강의 음즙벌국에 인접한 지역이라고 보겠다. 그러므로 안강의 음즙벌국과는 인접하지만 삼척의 실직국과는 원거리에 있는 지역임을 알 수 있다.

결국 지금의 안강 부근인 이 지역은 음즙벌국과 인접한 곳이지만 원거리에 있는 삼척의 실직국이 어떤 연유로 지배권을 주장함에 분쟁이 발생한 사건이었다고 보겠다. 이것은 필자가 앞에서 영토 분쟁의 양상으로 제시한 세 번째의 경우에 해당한다.

이미 분쟁의 당사자 중 한쪽이 삼척의 실직국이라는 것을 인정하는 입장에서 거리문제를 보다 합리적으로 해석하고자 노력한 연구도 있었다. 그 요지는 여기서 실직(곡)국은 동해안을 따라서 남하하여 영일지역에 위치하고 있던 삼척의 실직국과 계통을 같이하는 정치집단이며, 이들이 먼저 형산강 유역에 정착하고 있었던 음즙벌국과 충돌한 것,[25]

---

24) 이와 달리 음즙벌국과 실직국의 쟁강은 영토를 둘러싼 분쟁이 아니라 초기 동해의 해상권, 즉 경상도 동해안 지역의 소규모 항구를 자국의 세력권에 포함시켜 교역체계를 구축하려는 것이란 주장도 있으나(서영일, 앞의 논문, 2003, 333쪽 ; 이경섭, 「고대 동해안 지역의 정치적 동향과 우산국」, 『신라문화』 39, 2012, 48쪽), 필자는 주8 사료의 '所爭之地'라는 표기대로 땅으로 보고자 한다.

즉 이 사건을 실직국계통의 이주민과 음즙벌국의 분쟁으로 이해하였다. 필자는 상당히 타당성 있는 것이라 생각한다.

그렇다면 실직국계의 이주민들이 거주한 곳이라는 실직곡국의 실체는 무엇인가? 이에 대해서 보다 분명하게 살펴볼 필요가 있다. 필자의 생각을 미리 이야기하자면 분쟁의 직접 대상자는 실직국의 이주민이라기 보다는 삼척의 실직국과 음즙벌국이다. 그리고 그 분쟁지는 실직국과 연결되어 활동하던 안강 근처의 실직곡국 땅이라고 본다. 이 실직곡국의 실체는 실직국이 소유하고 운영하던 무역중계지로 보고자 한다. 자세히 말하면 실직국은 삼척에 있었고, 실직곡국은 이에 종속된 동일한 세력이기는 하나 그 위치를 달리하는, 즉 경상북도 안강 부근에 있던 세력이라고 하겠다. 이런 이유로『삼국사기』에서 삼척은 '실직지원(悉直之原)'이라 하였고,[26] 안강은 '실직곡(悉直谷)'이라 한 것으로 달리 표현한 것이다.[27]

그러면 실직국이 경주와 가까운 지역이면서 안강의 음즙벌국과 인접한 이곳을 두고 왜 굳이 지배권을 주장하여 분쟁을 일으켰을까? 그 배경과 이유는 이 분쟁을 금관국 수로왕이 판결을 내렸다는 점을 주의 깊게 살펴볼 필요가 있다. 무엇보다도 수로왕은 나이가 많아 아주 오래 전부터 이곳의 내력과 사정을 누구보다 잘 알기에 판결자 노릇을 하였을 것이다. 그러면 수로왕이 이 지역의 무엇에 대해 아는 게 많았을까?

---

25) 이형우, 앞의 논문, 1993, 42~43쪽.
26) "秋八月 靺鞨侵北邊 出師大敗之於悉直之原"(『삼국사기』 권3, 나물이사금 40년).
27) 고대의 국명과 지명에는 평야지대에 위치한 경우 이름에 '伐'자와 '原'자, 산골짜기에 위치한 경우는 '谷'자를 포함하여 표기하는 등 지리적 특성을 반영한 경우가 많다. 예를 들면 "王復國論功 以密友紐由爲第一 賜密友巨谷青木谷 賜屋句鴨綠豆訥河原 以爲食邑"(『삼국사기』 권45, 밀우유유)이라 하였듯이, 谷과 原을 분명히 구분하였다.

그 답은 당시 이 지역의 사정과 이 지역이 가졌던 역할과 구실에 대해 알아봄으로써 밝혀지리라 본다.

『삼국지』 위서 동이전 변진(弁辰)조에 다음과 같은 기록이 있다.

> D. 나라에 鐵이 나서 韓·濊·倭가 취해갔다. 모든 시장에서 물건을 사는데, 철을 사용하여 중국에서 돈을 사용하는 것과 같았다(『삼국지』 권 30, 위서30, 동이전7 弁辰).[28]

우리가 잘 알듯이 여기서 변진은 김해의 금관국을 중심으로 경상남도 지역에 있었던 소국들의 총칭으로 곧이어 가야연맹으로 발전된 것으로 이해하고 있다. 그리고 인용문 D에서 보듯이, 이 지역에서 생산된 철을 한(韓)과 예(濊)·왜(倭)가 수입해 갔으며, 이 철을 화폐처럼 교환의 수단으로 사용하였다.

여기서 생각해 볼 것은 변진을 기준으로 하여 한·예·왜의 지리적 위치와 방향이다. 먼저 한(韓)은 『삼국지』 위서 동이전 한조에서 "한은 대방 남쪽에 있다. 동쪽과 서쪽은 바다로서 끝으로 하고 남쪽은 왜와 경계를 접하니 면적이 사방을 4천리쯤 된다. 세 종족이 있는데 첫째는 마한, 둘째는 진한, 셋째는 변한이라 한다(韓在帶方之南 東西以海爲限 南與倭接 方可四千里 有三種 一曰馬韓 二曰辰韓 三曰弁韓)."라 하여, 이른바 삼한(三韓)을 말한다. 또 왜(倭)는 지금의 대마도(對馬島)와 일본열도 서부 지역의 여러 세력들을 범칭하는 용어이다. 그리고 예(濊)는 같은 책의 예조에서 "예는 남쪽은 진한과, 북쪽은 고구려와 옥저와 닿았고, 동쪽은 큰 바다에 이르니, 지금 조선 동쪽이 모두 그 땅이다. 인구는 2만호

---

28) "國出鐵 韓濊倭從取之 諸市買皆用鐵 如中國用錢"

이다(濊南與辰韓 北與高句麗 沃沮接 東窮大海 今朝鮮之東皆其地也 戶二萬)."라
하였듯이, 진한의 북쪽, 고구려와 옥저의 남쪽에 위치하면서 동해와 닿
아있는 정치세력이었다.

여기서 생각할 것은 예의 위치이다. 예세력은 지금의 함경남도와 강
원도 및 경상북도 북부 지역에 존재했다고 보고 있다.[29] 인용문 D에
서 보다시피 예세력은 변진(弁辰)에 이르러 철을 교역해 갔다고 기록되
어 있다. 그러기 위해서는 양국의 지리적 위치로 보건대, 다시 말해 예
가 한반도 남부 지역의 변진과 직접 교역을 하려면, 그들의 활동 영역
의 가장 남단에서 내륙으로는 태백산맥과 소백산맥을 넘어 경상도 서
북부로부터 남하하여 진한지역을 통과하여 낙동강을 따라 내려왔거나,
또는 동해안을 따라 바닷길로 내려와 진한의 범위인 경상북도 영일만
(포항지역)과 울산만(울산지역)을 거쳐 변진에 이르렀을 것이다.

우선 전자를 가정해 보자. 이 경우는 이른바 '영서예'가 될 것이다.
그러나 당시 지리적 여건과 시대적 정황상 영서예가 소백산맥을 넘어
신라의 영역을 지나 낙동강을 따라 남쪽의 변진지역으로 내려가기에는
불가능하였을 것이다. 게다가 '영동예'가 태백산맥과 소백산맥을 넘어
지금의 경상도 서북부지역에 다다르고 낙동강을 따라 내려와 진한의
영역을 통과하여 변진에 이른다는 것은 더욱 불가능하였을 것이다.[30]

---

29) 한편 예세력은 태백산맥을 경계로 하여 영동 동해안의 嶺東濊와 영서지역의 嶺
西濊로 나누기도 한다(문안식, 「영서예문화권의 설정정과 역사지리적 배경」, 『동
국사학』 30, 1996).
30) 더구나 『삼국사기』 기록에 의하면 신라시대 주요한 교통로인 鷄立嶺路와 竹嶺
이 156년(아달라이사금 3)과 158년(아달라이사금 5)에 각각 열었다고 하므로, 이
보다 앞서 발생한 음즙벌국과 실직곡국의 분쟁 이전 시기에는 육로의 이용이 어
려웠다고 보겠다.

이에 비해 당시 사정과 지리적 여건을 고려하면 후자는 그 가능성이 충분하다. 이는 지리교통상 조건뿐만 아니라 교역의 주대상물인 철이 갖는 무게의 속성상 다량을 장거리 운송하기에는 사람과 동물을 운반하는 육로보다는 배를 이용하는 해로가 훨씬 유리했을 것이다.

그렇다면 실직국을 비롯한 영동예 세력은 지리적 여건상 출항지로서 최적인 삼척을 출발하여 항해에 편리한 몇몇 곳의 중간 기착지를 경유하여 변진에 이르렀다고 생각된다. 아마『삼국사기』에서 고구려 영역의 최남단으로 기록된 울진, 영덕, 청하지역까지(인용문 F 참조) 내려갔을 것이다. 그리고 영덕지역에서 해안을 따라 바닷길로 남하하여 진한의 범위에 속하는 음즙벌국과 강역을 다투었던 안강 근처의 어느 지역에 이르렀고, 이곳을 중간 기착지 또는 거점으로 이용하였다. 또 다시 이곳을 출발하여 바닷길을 따라 신라가 앞서 정복하여 관할권을 행사하고 있던 우시산국, 거칠산국 지역을 지나 남해안의 변진에 이르러 물품을 교환하고 철을 구매하였을 것으로 보겠다.

최근 연구 결과에 따르면 삼척지역을 중심으로 한 실직국은 강릉지역을 중심으로 한 예국과 함께 대체로 예(濊, 東濊)계의 일원으로 파악되고 있다.[31] 사실 고고 발굴조사에 의하면 삼척을 중심으로 그 주변지역(북으로는 동해 지역과 옥계 지역, 남으로는 경북 동해안 지역 일대)을 아우르고 독자적인 세력을 형성한 것으로 알려진 실직국도 동예의 일원으로서 강릉의 예국과 같이 동예사회의 공통적인 문화상을 보여주고 있다.[32]

---

31) 이성주,「예국」,『강원도사』3. 고대, 강원도사편찬위원회, 2010 ; 이상수, 앞의 논문, 2010.
32) 이상수, 앞의 논문, 2014, 104쪽.

더욱이 동해시 송정동에서 발굴조사된 주거지들은 현재까지 확인된 영동지방 최대 규모의 마을유적으로서, 실직국의 문화상을 잘 보여준다. 이 유적에서는 다양한 종류의 유물들이 출토되었는데, 철기 생산과 제작 집단의 존재성을 시사하는 송풍관, 철기 생산 부산물 등이 다수 출토된 것에서 A.D. 1세기 말, 늦어도 2세기 전반부터 5세기 무렵까지 다량의 철기 생산을 위한 단야공방지가 운영되었음을 확인할 수 있다. 이것은 『삼국지』 위서 동이전에 보이는 바와 같이 예족이 철을 매개로 영남지역의 변진한(弁辰韓)의 정치체들과 대외적인 교역(교류)을 활발히 전개하였음을 시사해주고 있다.33) 더구나 현재까지 출토 사례를 종합하면 삼척 일대에서는 철 소재의 직접 생산보다는 1차 가공품 형태의 철을 수입하여 마을 내부에서 단야작업을 실시하였던 것을 짐작하게 한다.34)

이에 의하면 실직국은 외부로부터 1차 가공된 철을 수입하여 직접 단야하여 도구를 제작하는 아주 높은 수준의 철기문화단계에 이르렀다고 보겠다. 그렇다면 『삼국지』 위서 동이전의 기록에서 말했듯이, 이 철들은 철기 제작기술과 함께 변진에서 구입해 왔을 것이다.

그러므로 한반도 중부 동해안지역에 있었던 실직국 역시 다른 예세력과 마찬가지였을 것이다. 실직국은 울진, 영덕, 청하 지방 해안의 작은 항구들을 세력권으로 형성하여 중간 기항으로 삼아 해상활동을 하였다.35) 즉 실직국은 동해안으로 남하하여 곳곳에 중간 기착지로서 거점을 보유하고 있었다.36) 아마 102년에 음즙벌국과 분쟁의 대상이 된

---

33) 이상수, 앞의 논문, 2014, 98쪽.
34) 서영일, 앞의 논문, 2014, 61쪽.
35) 서영일, 앞의 논문, 2003, 333쪽.
36) 뒷날 신라가 동북방으로 해안을 통해 거점을 확보하면서 진출하는 과정에서(김

실직곡국 역시 그 하나였을 것이며,37) 특히 실직곡국에는 상당수의 예계 실직국인이 거주하면서 교역 관련 업무를 담당하였을 것으로 추측된다.38)

결국 여기서 분쟁 대상인 실직곡국의 영토는 음즙벌국이 있었던 안강과 가까운 동해안 지역이었던 것으로 보겠다. 그러므로 실직곡국과 음즙벌국 모두 동해안이나 그 근처에 위치한 세력이었다. 그러면서 신라와 가까운 지역의 영토에 대한 다툼이 생겼고, 이에 이들은 신라 파사이사금에게 판결을 부탁했지만, 파사이사금은 이 분쟁의 내용이 변진에서 생산되는 철을 매개로 한 교역과39) 관련이 있었기에, 나이가 많아 이것에 대한 내력과 내용을 잘 아는 금관국 수로왕에게 결정을 부탁했던 것이라 하겠다.

이에 대해 수로왕은 금관국과 지리적으로 가까운 위치에 있어 영향력 행사에 유리한 음즙벌국의 편을 들어 주었다. 여기서 금관국 수로왕

창겸, 「신라의 동북방 진출과 이사부의 우산국 정복 출항지」, 『사학연구』101, 2011), 역으로 이곳들이 활용되었을 것이다.

37) 한편 강봉룡은 사료의 '所爭之地'를 한·예·왜 사이에서 교역의 거점과 관련이 있고 또 음즙벌국(안강)과 실직곡국(삼척)의 중간에 위치하는 당시 沙道(영덕)로 비정하였다(강봉룡, 앞의 논문, 2011, 135~139쪽). 그러나 남쪽 금관국의 수로가 이 지역을 잘 알아 판결하기에는 너무 거리가 멀어 가능성이 적다.

38) 포항시 신광면 마조리에서 출토된 '晉率善濊佰長印'은 이 지역에서 활동한 濊人과 밀접한 관련이 있다. 최근 포항지역의 경우 晉으로부터 인장을 수여받은 거수가 존재하는 별도의 소국이었을 가능성이 이야기되었다(홍승우, 「4~6세기 신라의 동해안 지역 진출과 지방 지배방식」, 『4~6세기 영남 동해안 지역의 문화와 사회』, 동북아역사재단, 2009, 268쪽 ; 이상수, 앞의 논문, 2010, 84~85쪽 ; 주보돈, 앞의 논문, 2013, 395~396쪽).

39) 한편, 실직국은 동예의 어염을 변진에 수출하고 반대로 변진의 철을 수입하였을 것이다. 이를 위한 중간 교역지가 필요하였고, 그곳이 영일만 근처, 즉 음즙벌국과 경계를 접한 안강 부근의 해안지역이었다.

은 금관국의 시조와 동일인인 듯하다.40) 『삼국유사』「가락국기」에 의하면 금관국의 시조 수로왕은 A.D. 42년에 즉위하여 199년에 죽은 것으로 기록되어 있다. 그러나 인간이 150년 이상 생존한다는 것은 불가능하다. 그러므로 「가락국기」의 수로왕은 적어도 몇 명의 수로에 대한 합산한 재위연수라 보겠다. 다만 102년에 이 판결을 내린 수로왕은 나이가 많았다고 하니. 어쩌면 기록에 42년 즉위한 수로왕의 나이가 당시 20~30세에 해당했을 것이라면 이때 적어도 80세 이상에 달했을 것이므로 동일인으로 보겠다.

한편 이 사건에서 금관국 수로왕은 국제정치에서 흔히 나오는 '정직한 중재자(honest broker)'의 역할을 하였다. 다시 말해, 국제정치에서 말하는 정직한 중재자는 실제로 존재할 수 없다. 중재자란 중립적 위치에서 양쪽의 타협을 모색한다는 말인데, 한 사건에서 중립이란 것 자체가 어느 한쪽을 지지한다는 의미일 뿐이다. 한 사건이 분명히 어느 일방의 잘못으로 일어난 것이라고 판단하면서도 중립을 지키면서 문제를 일으킨 국가를 비난하지 않는다는 것은 결과적으로 그 국가를 지지하는 것이다.41)

이 사건에서 금관국 수로왕은 음즙벌국을 지지하는 판결을 하였다. 그 결과 분쟁지역은 음즙벌국에 속하게 되었을 것이다. 그러나 판결이란 공명정대하여 중립을 지켜야 함에도 받아들이는 편에서는 그렇지 못해 반발하는 세력도 있었다. 인용문 A에서 보듯이, 수로왕은 다투던

---

40) 연구자들은 이 수로왕은 금관가야의 시조 수로와 동일인이 아니라는 견해가 지배적이다.

41) 구대열, 「삼국통일과 국제정세」, 『삼국통일의 현재적 의의』, 국사편찬위원회·신라사학회 공동학술회의 자료집, 2014.6.27. 46쪽.

땅을 음즙벌국에 주도록 하였고, 파사이사금은 6부(部)로 하여금 수로왕을 위하여 연회를 베풀도록 하였는데, 5부는 모두 이찬(伊湌)으로 우두머리를 삼았지만, 오직 한기부(漢祇部)만은 직위가 낮은 자를 우두머리로 삼았다고 한다. 신라 6부 중에서 한기부는 수로왕의 판결에 대해 직접적으로 불만을 표시한 것이다. 한기부주를 비롯한 사로국 지배층은 수로왕의 불공정한 판결로 실직곡국이 억울함을 당했다고 여겼을 것이다. 어쩌면 이들은 실직곡국에 마음이 가 있었던 것이라 하겠다. 그래서 수로왕에 대한 의전상 잔치에 참여를 하였으나, 한기부는 신분이 낮은 자를 참석시킴으로써 불만을 표시하였다.

이러한 행위에 화가 난 수로왕은 그의 노(奴) 탐하리(耽下里)를 시켜 한기부의 우두머리 보제(保齊)를 죽이고 돌아갔다. 한편 탐하리는 도망하여 수로왕이 판결에서 편을 들어준 음즙벌국주(音汁伐國主) 타추간(陀鄒干)의 집에 의탁하였다. 이에 신라왕이 사람을 보내 탐하리를 찾았으나 타추간이 돌려보내지 않았다.

이에서 보건대, 실직곡국과 음즙벌국의 분쟁 판결을 맡은 금관국 수로왕은 음즙벌국의 편을 들어 주었고, 이로써 그 분쟁지는 음즙벌국이 소유하게 되었다. 그러나 신라는 이러한 결과에 불만을 가져 음즙벌국을 공격하여 멸망시켰다. 그리하여 신라는 분쟁지를 포함한 음즙벌국의 땅 전부를 차지하였다.

결국 음즙벌국과 금관국이 상호 협력관계인 반면에, 신라와 실직국의 관계는 삼척의 실직국이 안강 근처 지역에 무역중계지 실직곡국을 운영하며 신라와 우호적인 입장에 있었던 것으로 보겠다.

나. 실직국의 신라 항복

인용문 A에서 음즙벌국이 금관국 수로왕의 노 탐하리를 보호해 준 사건이 계기가 되어 사로국왕은 군사를 동원하여 음즙벌국을 공격하자 마침내 음즙벌국 우두머리가 무리와 함께 스스로 항복하고, 이어서 실 직국과 압독국 두 나라의 왕도 사로국에 항복했다고 하였다.

이미 언급했듯이, 이 기록에 대해서 음즙벌국과 실직국은 너무 먼 거 리에 위치하여 사실로 보지 않으려는 경향이 있었다. 그러나 두 나라의 위치에 대한 것은 앞에서 살펴본 바에 의하면 이곳은 실직국 중심지가 아니라 무역중계지의 하나임을 확인하였다. 그럼에도 신라의 실직국 복 속에 대해서는 논란이 되고 있다. 더구나 이 기록을 신라가 사로국 단 계에서 진한 사회 내에서 소국들을 복속시켜 나가는 시기로 보아 대체 로 2세기 초가 아니라 3세기 후반~4세기 중반의 사실을 반영한 것이 란 주장도 있다.42) 그러나 『삼국사기』에 파사이사금대 이미 항복한 실직국이 반(叛)했다는 기록과 왕이 항복한 압독국에 행행(行幸)했다는 기록이 있음으로 보건대 역사적 사실로 보아도 되겠다.43)

그런데 인용문 A에서 보면 음즙벌국은 신라와 대등한 위상을 지닌 독립된 국가가 아니라44) 신라와 상하관계에 있었던 것 같다. 이유는

---

42) 3세기 말엽~4세기 중엽(선석열, 「삼국사기 신라본기 초기기록 문제와 신라국가 의 성립」, 부산대 박사논문, 1996, 107~111쪽), 3세기 후반~4세기 전반경으로 보거나(주보돈, 「신라 국가 형성기 김씨족단의 성장배경」, 『한국고대사연구』 26, 2002, 132~133쪽), 또는 1세기에서 3세기까지 또는 3세기 후반을 전후한 시기의 사정을 담은 것이라 하였다(서영일, 앞의 논문, 2014, 55쪽).
43) 이우태, 앞의 논문, 1997, 44쪽.
44) 사로국이 진한지역의 새로운 중심국가로 등장하는 상황을 반영하고 있다(하일 식, 『신라 집권관료제연구』, 혜안, 2006, 193쪽).

최고 우두머리를 왕(王)이라 하지 않고 '주(主)'라 하였고 그의 호칭이 '간(干)'이었다. 이에 비해 압독국과 함께 항복한 실직국의 우두머리는 '왕(王)'이라 하여 신라에 복속되지 않은 상태의 독립국임을 표시하였다. 그러므로 실직국은 102년 신라에 항복하여 복속된 것을 알 수 있다. 여기서 군사적 정복을 당한 음즙벌국은 신라의 영토로 완전 편입된 것이고, 자발적으로 항복한 실직국과 압독국은 내부의 독립성을 유지하였을 것이다.

결국 삼척의 실직국은 안강 지역에 운영하던 중계무역지 실직곡국을 상실함으로써 남쪽 변진과의 교역 통로가 막히게 되었다. 더구나 곧이어 신라가 음즙벌국을 공격하여 멸하고 동해안으로 진출하여 장악하자 실직국은 변진과 교역상 동해안 항로가 완전히 막히게 되었다. 이에 위기를 느낀 실직국의 지배층은 남쪽 변진과의 교역을 위해 그 통로를 장악하고 있던 신라에 항복하였던 것이다. 이것은 안강지역의 무역중계지 실직곡국을 상실한 삼척의 실직국이 더 이상 독자적인 교역을 포기하고 사로국 중심의 교역권에 편입된 것이다.[45]

사실 『삼국사기』에 기록된 파사이사금대 압독국과 실직국의 항복이란 영토의 실제 병합을 의미하는 것이 아니라, 신라에 대한 상대 소국 지배자들의 복종 서약과 같은 것이었다. 이것을 신라에서는 '항복' 또는 '복속'이라 표현하였으나 실상은 복속이라기보다는 적대행위의 중지나 의례적인 조공의 약속 등에 불과한 것이었다. 따라서 이들 소국의 내부적인 통치질서에는 커다란 변화는 없었다.[46] 이것은 마치 동옥저(東沃沮)가 고구려에 대해 조부(租賦)로 맥포(貊布)와 어염(魚鹽) 등 해

---

45) 이부오, 앞의 책, 2003, 47쪽.
46) 이우태, 앞의 논문, 1997, 47쪽.

중식물(海中食物)을 1,000리나 져서 나른 것과47) 흡사한 양상으로 이해된다.48) 이와 같이 비록 복속되었다고는 하나 신라가 그 영토를 직접 지배하는 완전한 정복이 아니라 복속국 지배층이 독자적인 상태를 유지한 채 신라왕에게 조공하는 관계를 가진 맹주국으로서 간접지배하는 형태였다. 그러므로 이 시기에 있어서 복속이란 진한연맹주인 사로국(신라)에 대해 종주권을 인정하고 의례적인 공물을 납부하는 정도의 것이다.49) 이 경우 신라의 통제권은 교역과 대외교섭 주도권에 한정되었다.50) 그 결과 대외교역에서 열세였던 신라가 영일만 지역을 확보함으로써 남쪽 금관국 중심의 해상권과 보다 적극적으로 직접 대결하게 되었다.

결국 지금까지 논의한 것을 정리하면 다음과 같다.

오늘날 삼척의 실직국이 안강 부근에 있던 음즙벌국 근접지역에 실직곡국이라는 변진지역과의 무역중계지를 운영하다가 양국이 영토분쟁이 생겼다. 금관국 수로왕의 판결로 분쟁지는 음즙벌국에 속하게 되어 실직국은 무역중계지를 상실하였다. 그러나 사로국이 반발하여 탐하리 은닉사건을 핑계로 음즙벌국을 공격 정복하였다. 그리하여 음즙벌국과 실직곡국의 분쟁지를 포함한 음즙벌국의 영토 전부, 즉 영일만 일대는 신라에 편입되었다. 이에 실직국의 지배층은 남쪽으로의 해상권과 무역

---

47) 『三國志』 권30, 魏書 30, 烏丸鮮卑東夷傳 東沃沮.
48) 비록 시기와 지리적 여건은 차이가 있으나 '于山國이 귀복하여 해마다 土宜로써 조공하기로 하였다.'(『삼국사기』 권4, 지증왕 13년)는 기록에서도 미루어 짐작할 수 있다.
49) 2~3세기에 사로국에 복속된 진한 소국들은 자신들의 생산품의 일부를 조공으로 바쳤으나, 정치적으로는 상당한 독자성을 유지하고 있었다고 짐작된다(이우태, 앞의 논문, 1997, 49쪽).
50) 이부오, 앞의 책, 2003, 48쪽.

중계지로써 영일만일대를 활용하고자 신라에 자진 항복하였다. 그러나 실직국의 복속은 신라를 맹주국으로 받드는 형태에 불과한 것이고 실제는 독립성을 유지하였다.51)

3. 신라의 지방통치와 실직주

가. 고구려 남하와 신라의 대응

고구려는 만주와 한반도 서북부 지역에 유력한 정치세력으로 대두하여 A.D. 30년 낙랑동부도위(樂浪東部都尉)가 철폐되면서부터 동해안 지역으로 진출하기 시작하였다. 고구려의 동해안 세력에 대한 복속조치는 유이민을 발생시켜 그 여파가 신라에까지 미치게 되었으며, 이로써 고구려와 신라가 동해안로를 통해 처음 직접관계를 맺게 되었다.52)

그러나 고구려는 4세기 초까지는 한군현(漢郡縣)과 중국 및 북방 세력과의 대결에 관심을 집중하였으며, 또 4세기 전후반에는 백제와의 대결에 전념해야 했기에 동해안의 복속지역에 대해서는 공납제적 간접지배의 체제를 유지시키는데 만족하였다. 이에 비해 신라는 동해안 세력에 대하여 공납적 지배를 넘어서는 지배방식를 관철해가고 있었다.53)

---

51) 그러나 해당지역이 완전히 자치를 누린 것은 아니고, 부정기적으로 감찰 임무를 띤 자를 중앙에서 파견하고, 때로는 지방세력을 왕경으로 불러와 머물게 하는 등의 방법을 통해 통제하였다(주보돈, 앞의 책, 1998, 49~53쪽 ; 하일식, 앞의 책, 2006, 188~199쪽).

52) 강봉룡, 「5세기 이전 신라의 동해안 방면 진출과 동해안로」, 『한국고대사연구』 63, 2011, 129쪽.

53) 강봉룡, 앞의 논문, 2011, 132쪽.

신라는 초기국가 발전단계에서 102년 실직국이 항복해옴에 그 지역이 영역으로 편입됨으로써 점차 동해안을 따라 북쪽으로 깊숙이 진출하여 그 이북 지역의 동예(東濊, 말갈) 세력에게 압박을 가하게 되었다. 이에 위협을 느낀 말갈(靺鞨)로부터 직접 침입을 잇달아 받게 되었다. 125년(지마이사금 14) 정월 말갈이 신라 북경(北境)을 침입하여 관리와 백성을 죽이고 약탈하였으며, 7월 다시 대령책(大嶺柵)을 습격하고 니하(泥河)를 넘어 쳐들어 왔으며,54) 그리고 137년(일성이사금 4) 말갈이 변경을 침입하여 장령(長嶺)의 5책(柵)을 불태웠고, 또 139년(일성이사금 6) 10월 장령을 습격하여 노략질하였다.55) 신라는 이에 대비하여 140년(일성이사금 7) 2월 장령에 목책(木柵)을 세워 말갈을 방어하였다.

이처럼 신라는 세력을 삼척지역까지 확대함에 따라 말갈 및 한반도 동북부지역을 간접지배하던 고구려 세력과 직접 접촉하게 되었다. 203년(내해이사금 8) 10월 말갈이 신라 변경을 침입하였고,56) 245년(조분이사금 16) 10월 고구려가 신라 북변을 침입함에 우로(于老)가 군사를 이끌고 나아가 싸웠으나 이기지 못하고 마두책(馬頭柵)으로 물러나와 지켰다.57) 곧이어 253년(첨해이사금 7) 석우로(昔于老) 사건이 발생하였다.58) 이 사건에서 신라인들이 동해의 해상권 확보와 어염 등의 경제력 확보에 관심이 매우 컸던 것을 짐작할 수 있다.59)

---

54) 『삼국사기』 권1, 지마이사금 14년.
55) 『삼국사기』 권1, 일성이사금 4년, 6년.
56) 『삼국사기』 권2, 내해이사금 8년.
57) 『삼국사기』 권2, 조분이사금 16년 및 권45 석우로전.
58) 『삼국사기』에 전하는 석우로에 관한 내용은 원래 계절풍을 이용한 왜구의 침범이 잦았던 동해안의 于柚村 지역에 퍼져 있던 민간전승이 뒤에 신라왕족의 영웅설화로 변개, 확대되어 정리되었다는 견해도 있다(이기동, 「우로전설의 세계」, 『한국고대의 국가와 사회』, 일조각, 1985).

한편 고구려에 예속되어 어염을 받쳤던 동예가 신라로부터 위협을 받자 고구려는 어염 등 해산물 확보문제를 넘어 동해에서 제해권의 안정적 확보의 필요성을 느끼게 되었고, 이 문제를 해결하고자 지속적으로 신라를 침공하였다. 고구려는 광개토대왕 재위기인 395년(나물이사금 40) 8월 말갈로 하여금 신라 북변을 침범하였으나, 신라 중앙에서 보낸 군대에게 실직평야에서 대패하였다.[60]

이상에서 볼 때 오늘날 강원도의 동해안지역에는 초기에는 맥국(貊國), 예국(濊國), 실직국(悉直國) 등으로 기록된 독자세력이었으나 신라의 진출로 투항한 이후에는 일정기간 동안 신라의 간접지배를 받으면서 반독립적인 세력집단으로 존속하였다.[61] 그러나 고구려와 말갈세력의 계속된 침입에 효과적으로 대응하고자 드디어 4세기 말에는 신라 정부가 중앙 군대를 파견하여 주둔시키면서 실직지역은 신라의 직접지배권에 들어왔다. 이것은 397년(나물이사금 42) 7월 신라의 북변(北邊) 하슬라(何瑟羅)에 가뭄이 들고 메뚜기 떼가 나타나 흉년으로 백성이 굶주림에 그 지방의 죄수를 특사하고, 1년간 세금을 면제하여 주었다는 기

---

59) 김호동, 앞의 논문. 2001, 56쪽.

60) 『삼국사기』에 보이는 말갈의 실체에 대해서는 여러 주장이 있다. 조선 후기에 丁若鏞이 東濊로 본(『여유당전서』 6, 地理集, 彊域考, 靺鞨傳) 견해가 통설이지만, 최근에는 신라통일전쟁기 이전의 말갈은 동예를 신라말 고려초에 改書한 것이며, 통일전쟁기 이후의 말갈은 읍루—물길—말갈로 이어지는 집단으로 구분해 이해하거나(노태돈, 「삼국사기에 등장하는 말갈의 실체」, 『한반도와 만주의 역사 문화』, 서울대학교출판부, 2003, 281~319쪽), 또는 『삼국사기』의 백제본기와 신라본기에 기록된 말갈을 영서지방과 영동지방에 각각 세력기반을 둔 貊系靺鞨과 濊系靺鞨로 나누어 이해하기도 한다(문안식, 『한국 고대사와 말갈』, 혜안, 2003).

61) 공석구, 「강원도 동해안 지역의 고대 정치세력」, 『강원도와 고구려』, 강원도·강원발전연구원. 2006.

록으로 보아 더욱 그러하다.[62] 중앙정부가 특정 지역에 대하여 조세를 면제해 주었다는 것은 이미 그 곳을 직접지배하는 상태임을 의미한다. 간접지배였다면 아마 조공물을 면제해 주었다고 했을 것이다.

결국 이 시기 신라 정부는 하슬라를 동해안 북방지역의 중요한 거점의 하나로 직접지배를 시도하고 있었던 것이다. 이 과정에서 실직국은 적어도 4세기 후반 또는 5세기 초에 신라문물이 유입되고 확산되면서 이후 토착문화를 대신하여 신라 영역화에 따른 신라문화권으로 완전히 변화되었다.[63]

그러나 5세기에 들어서면서 상황은 달라졌다. 광개토왕비에서 보듯이 400년(광개토왕 10) 경자(庚子)에 고구려가 신라의 구원요청으로 보기(步騎) 5만을 보내어 신라를 침입한 왜군을 물리치고 임나가라(任那加羅) 종발성(從拔城)까지 진출하였다. 그리고 충주고구려비에서 '신라토내당주(新羅土內幢主)'라 하였듯이, 원정한 고구려군은 이후에도 신라영토 내에 계속 주둔하였다. 이로 인하여 동해안 일대의 주요 항구에 고구려 군사가 주둔하게 되어 동해연안해로에 대한 신라의 독점적 지배가 종식되었다.[64] 이로써 고구려는 400년에 단행한 남정을 계기로 하여 울진·영해·영덕·청하 지역을 세력권에 편입시킨 듯하다.

더욱이 장수왕과 문자명왕 재위기는 고구려의 동해안 진출이 본격화되었다. 장수왕의 남하정책으로 지금의 영덕 남쪽까지 고구려 영역으로 편입하였다. 당시 고구려군의 진격로는 강원 영서지역의 교통로를 남하하여 중간에 태백산맥을 넘어 삼척방면으로 나아간 다음 동해안을 따

---

62) "秋七月 北邊何瑟羅 旱蝗 年荒民飢 曲赦囚徒 復一年租調"(『삼국사기』 권3, 나물이사금 42년).
63) 이상수, 앞의 논문, 2014, 106쪽.
64) 서영일, 앞의 논문, 2003, 339쪽.

라 남진하였던 것으로 보인다.[65]

당시 고구려 세력은 해안을 따라 남쪽으로 아주 먼 곳까지 내려온 듯하다. 이것은 『삼국사기』 권35, 명주(溟州)조 내용에서 잘 알 수 있다.

F. 야성군은 본디 고구려의 야시홀군을 경덕왕이 개칭한 것이다. 지금의 영덕군이다. 이 군에 속한 현은 둘이다. 진안현은 본디 고구려의 조람현을 경덕왕이 개칭한 것이다. 지금의 보성부이다. 적선현은 원래 고구려의 청이현을 경덕왕이 개칭한 것이다. 지금의 청부현이다.

유린군은 본디 고구려의 우시군을 경덕왕이 개칭한 것이다. 지금의 예주이다. 이 군에 속한 현은 하나이다. 해아현은 본디 고구려의 아혜현을 경덕왕이 개칭한 것이다. 지금의 청하현이다.

울진군은 본디 고구려의 우진야현을 경덕왕이 개칭한 것이다. 지금도 그대로 부른다. 이 군에 속한 현은 해곡현 하나이다. 해곡(해서라고도 한다)현은 본디 고구려의 파차현을 경덕왕이 개칭한 것이다. 지금의 위치는 분명하지 않다(『삼국사기』 권35, 잡지4 지리2 溟州).[66]

이 기록에서 보건대 지금 경상북도 포항의 청하지역까지가 이 시기 고구려 세력권에 속하였던 것을 알 수 있다. 『삼국사기』 지리지에 보이는 이른바 '본고구려(本高句麗)'계의 지명은 신라의 한주(漢州)와 영동지역에는 동해안 지역의 북쪽 삭주(朔州) 정천군(井泉郡)에서부터 인용문

---

65) 이강래, 「삼국사기에 보이는 말갈의 군사활동」, 『영토문제연구』 1, 1985 : 『한국군사사논문선집-고대편-』, 국방군사연구소, 1996, 622~623쪽 ; 노태돈, 「삼국사기 신라본기의 고구려 관계 기사 검토」, 『경주사학』 16, 1997, 78~80쪽.

66) "野城郡本高句麗也尸忽郡 景德王改名 今盈德郡 領縣二 眞安縣本高句麗助攬縣 景德王改名 今甫城府 積善縣本高句麗靑已縣 景德王改名 今靑鳧縣 有隣郡本高句麗于尸郡 景德王改名 今禮州 領縣一 海阿縣本高句麗阿兮縣景德王改名今淸河縣 蔚珍郡本高句麗于珍也縣 景德王改名 今因之 領縣一 海曲一作西縣本高句麗波且縣 景德王改名今未詳"

F에서 보듯이 명주(溟州)의 유린군(有隣郡) 청하현(淸河縣)까지 분포되어 있다. 혹자는 이 기록에 근거하여 청하까지가 본래 실직국 영역이었던 것을 고구려가 정벌하고 영역으로 삼았던 것이란[67] 해석도 있다.

이러한 사정은 『삼국사기』에 395년 신라 북변을 침입한 말갈을 '실직지원(悉直之原)'에서 쳐부수고, 또 397년 하슬라 지역에 가뭄과 메뚜기떼로 인하여 흉년이 들어 1년간 조세를 면제해 주었다는 기록 이후에는 한동안 북쪽 변경에 대한 언급이 없다는 것에서도 짐작된다.

이 결과 한반도 동해안 지역은 5세기 전기에는 고구려의 영향력 아래에 놓여 있었다.[68] 즉, 400년부터 450년 무렵까지는 고구려가 청하 이북의 동해안 지역을 차지하고서 영역으로 하였다. 그러나 이 시기에도 지방 행정구역을 설치하고 각급 행정단위에 지방관을 파견하는 면의 지배에는 미치지 못하였고 주요 전략 거점에 군대를 주둔시키고 군사령관이 군정을 실시하면서 주변을 통제하는 점·선의 지배방식이었다.[69]

나. 신라의 직접지배와 실직주 설치

5세기 중엽에는 신라가 다시 이들 지역에 대한 지배권을 되찾았다.

---

67) 김일기, 앞의 논문, 1995, 31쪽.
68) 『삼국사기』 권35, 잡지4 지리2에 보면 본래 고구려 지명이었다가 신라로 영입되면서 지명이 바뀐 사실이 기록되어 있는데, 이들 군현명의 분포로 보면 한때는 고구려가 신라의 영역이 된 지역 내에서 큰 영향력을 행사하였다고 하겠다 (김정배, 「고구려와 신라의 영역문제」, 『한국사연구』 61·62합집, 1988, 14쪽).
69) 고구려 군사주둔지 주변에 산재해 있던 정치체 및 주변집단들은 공납·조공의 방식으로 고구려에 신속의 예를 표하는 형태였다(김창석, 앞의 논문, 2009, 107쪽).

그 시기는 아마 450년 무렵으로 추정된다. 왜냐하면 『일본서기』 권 14, 웅략천황(雄略天皇) 8년(464) 2월조에 신라가 고구려에서 파견한 군사 100인을 죽인 사건이 기록되어 있다.[70] 연구자들은 이 내용이 비록 464년조에 편재되어 있으나, 실제는 늦어도 450년 또는 454년, 즉 450년경에 있었던 사건으로 이해하고 있다.[71]

450년(눌지마립간 34) 7월 신라 하슬라성주(何瑟羅城主) 삼직(三直)이 실직지원(悉直之原)에 와서 사냥하는 고구려의 변장(邊將)을 피살한 사건이 발생하였다.[72] 이것은 신라의 전방 지역인 하슬라(강릉)보다 더 남쪽 아래 지역인 실직(삼척)까지 고구려의 변방 장수가 사냥온 것은 곧 고구려 장수의 신라 영역 침입이었고, 이에 신라의 하슬라성주 삼직이 응징한 사건이었다. 이때 고구려 장수를 죽인 하슬라성주는 신라 중앙에서 파견된 군사지휘관으로 파악된다.[73] 그러나 신라는 이 사건을 빌미로 고구려 장수왕의 침공을 받게 되었고, 비록 신라왕의 사과가 있

---

70) '中國'의 마음을 몹시 두려워하여 高麗와 우호를 맺었다. 이로 말미암아 고려왕이 날랜 병사 100명을 보내어 신라를 지켜 주었다. … 이에 신라왕은 고려가 거짓으로 지켜주는 것을 알고는 사자를 급히 보내어 나라 사람들에게 "사람들이여, 집안에서 기르는 수탉을 죽여라"라고 하였다. 나라 사람들이 그 뜻을 알고는 나라 안에 있는 고려 사람들을 모두 죽였다. 그런데 살아남은 고려 사람 1명이 틈을 타서 빠져나가 도망하여 자기 나라에 들어가 모든 것을 이야기하였다. 고려왕이 곧 군사를 일으켜 筑足流城(어떤 책에는 都久斯岐城이라고 한다)에 모여 진을 쳤다. … 이에 기습군사를 풀어놓아 보병과 기병이 협공하여 그들을 크게 깨뜨렸다. 두 나라의 원한은 이로부터 생겼다. 두 나라라는 것은 高麗와 新羅를 말한다(『日本書紀』 권14, 雄略天皇 8년 봄 2월).
71) 이에 대해서는 장창은, 『고구려 남방 진출사』, 경인문화사, 2014, 88~90쪽 ; 전덕재, 앞의 논문, 2013, 346~347쪽 참조.
72) 『삼국사기』 권3, 눌지마립간 34년.
73) 강종훈, 『신라상고사연구』, 서울대학교출판부, 2000, 194쪽 주85 ; 홍승우, 앞의 논문, 2009, 287~288쪽 ; 장창은, 앞의 책, 2014, 87쪽.

어 고구려군이 물러갔지만, 이 사건을 계기로 양국의 화평관계는 끊어지고 이후로는 충돌이 이어졌다.

454년(눌지마립간 38) 8월 고구려가 신라의 북변을 침범하였고, 468년(자비마립간 11) 봄 고구려와 말갈이 신라 북변의 실직주성(悉直州城)을 습격하였다. 이에 신라는 이해 9월 하슬라인 15세 이상 되는 자를 징발하여 니하(泥河)에 성을 쌓았다. 또 480년(소지마립간 2) 11월 말갈이 신라 북변을 침입하였으며, 481년(소지마립간 3) 2월 왕이 비열성(比列城)에 행차하여 군사들을 위문하고 군복을 하사하였다. 그러나 3월 고구려와 말갈이 신라 북변을 침입하여 호명(狐鳴) 등 7개 성을 빼앗고, 다시 미질부(彌秩夫)로 진군하였다. 이에 신라군은 백제 및 가야의 구원병과 함께 길을 나누어 방어하고, 적이 패하여 물러가자 그들을 니하 서쪽까지 추격하여 격파하고 1천여 명의 목을 베었다.74) 여기서 호명성(狐鳴城)은 경상북도 청송 또는 영덕, 그리고 미질부는 포항시 흥해읍으로 비정된다.

이러한 일련의 사건과 그 관련 기록에서 보듯이, 397년 이후 보이지 않던 실직과 하슬라 지역은 450년 무렵에는 실직성·하슬라성으로 칭하고 그 책임자를 성주(城主)라고 하여, 이 지역에 대한 방어를 튼튼히 하고자 축성하였다. 또 469년(자비마립간 12) 왕도(王都)의 방리(坊里) 명칭을 정하였는데, 이로써 6부의 변화와 함께 '왕도'가 성립되었고, 더불어 이것에 대비되는 '지방'도 이제는 피정복지가 아니라 국왕의 덕화 대상으로 자리 잡을 수 있게 되었다.75)

그리고 사방의식(四方意識)에서 북변(北邊)을 확인하고자 481년 소지

---

74) 『삼국사기』 권3, 소지마립간 2년과 3년.
75) 주보돈, 『신라 지방통치체제의 정비과정과 촌락』, 신서원, 1998, 66~66쪽.

마립간은 친히 비열성까지 행차하여 영토를 천명하였다. 이를 계기로 동해안 영동지역에 대한 종전의 점선지배에서 면지배 형태로 전환되었을 것으로 추측된다. 아울러 이 무렵을 전후하여 이 지역은 행정촌으로 편재되고 도사(道使)가 중앙에서 파견되어 지배하는 체제로 전환해 나간듯하다.[76] 이에서 추측건대 이들 지역은 신라 중앙에서 임명한 관리가 존재하였던 사실을 추측할 수 있다. 다시 말해 5세기 중반 이후에는 동해안 중부지역은 군사와 교통의 요충지를 거점으로 성을 편성하고 여기에는 성주를 임명하여 신라 중앙이 단위 지역으로 직접지배를 하였다.

일찍이 실직국이 항복하자 신라는 이에 저항하는 일부 세력을 사민시키고[77] 잔여 재지지배층으로 하여금 자주적으로 통치하는 간접지배를 하였다. 그러나 말갈과 고구려의 침입이 잦아짐에 4세기 말에는 중앙군을 보내어 지원하고 주둔시키면서 이 지역에 대한 중요성이 보다 부각되어 중앙정부가 군사책임자로 성주를 임명하여 직접 관리하였다. 그럼에도 곧이어 고구려의 대대적인 남하로 그 영향권에 한동안 들어갔다가 450년경 신라가 다시 수복하면서 일시 양국의 각축전이 극심하였으나, 결국 481년 소지마립간의 북변 순행을 전후하여 신라는 직접지배 방식으로 전환하여 중부 동해안 지역의 영토지배권을 확고히 하였다. 이어 487년(소지마립간 9) 3월 사방에 우역(郵驛)을 설치하고 담당 관청에 명하여 관도(官道)를 수리하여 중앙과 지방의 연결망을 구

---

76) 포항중성리신라비를 통해서 501년 이전에 신라가 동해안지역의 촌락을 행정촌과 자연촌으로 재편하고, 행정촌에는 道使를 파견하여 지배하였던 것에서 짐작할 수 있다.
77) "秋七月 悉直叛 發兵討平之 徙其餘衆於南鄙"(『삼국사기』 권1, 파사이사금 25년).

축하고, 497년(소지마립간 19) 9월에는 목민자(牧民者)를 모집하여[78]
지방에 파견하였던 것이다.

더욱이 6세기에 접어들어 신라가 급속하게 성장하면서 이 지역에 대
한 신라의 지배는 다시 커다란 변화를 겪게 된다. 500년에 즉위한 지
증왕은 국호(國號)와 왕호(王號)를 정하고, 우경(牛耕) 장려와 순장금지
법(旬葬禁止法), 상복법(喪服法) 시행 등을 통해 왕실의 위상과 경제 기
반을 확대하였다. 특히 6세기 전반기에 신라의 북방 진출은 거점을 확
보하는데 노력하였다. 이 목적을 위해 처음에 주목한 곳이 실직이었다.

앞서 신라는 포항지역을 복속하고 교통의 순탄함으로 인해 울진지역
까지는 그리 많은 어려움 없이 북상하였다. 그러나 내륙으로는 고구려
세력의 방해로 수월하게 북진하지는 못했던 것 같다. 이에 신라의 통치
는 울진을 거점으로 군사활동을 전개하면서 해로로 북상하여 거점을
확보하여 영역단위로 지배하는 형태였다.[79]

마침내 504년(지증왕 5) 파리(波里)·미실(彌實)·진덕(珍德)·골화
(骨火) 등 12성(城)을 쌓아 동해안 지역을 영토로 확보하였다. 인용문
C에서 보듯이 파리는 신라시대 해리현(海里縣)으로 지금 삼척이고, 미
실은 지금 흥해로 비정된다. 파리성과 미실성은 고구려의 침입에 대비
한 동해안로의 방어성이다. 이와 더불어 축성의 목적은 그 지역을 거점

---

78) 『삼국사기』 권3, 소지마립간 9년 3월과 19년 7월.
79) 동해안을 따라 남하하는 말갈과 고구려의 침입을 격퇴하는 과정에서 신라는 육
로에서 맞대응하여 전투를 치루는 한편, 동해 바다의 연안 해로로 북상하여 말
갈과 고구려 군대의 배후지역에 상륙하여 점령함으로써 군사적 거점지역을 확
보하고 뒤이어 기병과 보병이 육로로 진격하여 북상하는 방법으로 영토를 확대
해 나갔을 것이다. 특히 진흥왕이 원산만을 넘어 함경도 지역으로 진출은 육로
와 해로가 함께 이용한 것이라고 보겠다(김창겸, 앞의 논문, 2011, 178쪽).

화하고 통제하기 위한 것인데, 다음해(505) 2월 삼척지역에 신라가 대단위 통치구역으로써 실직주를 설치하고 이사부(異斯夫)를 군주로 삼아 파견하였다.[80] 이로써 실직군주(悉直軍主)가 몇 개의 단위지역을 통치하는 이른바 영역지배(권역지배)[81] 단계로 전환하였다. 그러므로 지증왕대 실직주의 설치로 삼척지역이 신라 북방 진출의 거점이 되었고, 또한 한반도 중부 동해안 일대의 해상권과 교역항들은 신라의 영향권에 놓이게 되었다.

그러나 중부 이북 지역에는 여전히 고구려의 세력이 영향력을 행사하였으며, 더구나 원거리에는 동해 바다 가운데 자리한 우산국(于山國)이 독립된 해상세력으로 위력을 떨치고 있었다. 신라는 이들에 대해 효과적으로 대응하고자 동북방지역의 최전방 기지를 좀 더 북쪽으로 이동하여 511년(지증왕 12) 강릉에 하슬라주를 설치하였다. 그리고 이사부는 실직군주에서 하슬라군주로 옮겼다.[82] 이로써 실직주가 설치된지 6년만에 신라 북방 진출의 거점이 실직주에서 북상하여 하슬라주로 옮겨졌으며, 이후 강릉지역을 최전방 거점으로 북방 진출이 추진되었다. 그리고 512년 6월에 이사부는 실직지역에 양성해 놓은 우수한 수군력을 동원하여 우산국을 정복하였다.[83]

하지만 그리 멀지 않은 시기에 주치는 다시 실직으로 옮겨진 듯하다. 이것은 524년(법흥왕 11)에 건립된 울진봉평리신라비에 보이는 '실지

---

80) 『삼국사기』 권4, 지증왕 6년.
81) 고구려 지방통치에서 '영역지배'와 '권역지배'의 개념은 노태돈, 「5~7세기 고구려의 지방제도」, 『한국고대사논총』 8, 1996과 김현숙, 『고구려의 영역지배방식 연구』, 모시는 사람들, 2005를 참조 바란다.
82) 『삼국사기』 권4, 지증왕 13년.
83) 김창겸, 앞의 논문, 2011.

군주(悉支軍主)'와 '실지도사(悉支道使)'라는 관직명에서 추측할 수 있다. 여기의 실지(悉支)는 실직(悉直)의 동음이사로서 같은 지역이다. 실지군주는 곧 505년(지증왕 6) 2월에 설치된 실직군주와 같은 관직이라 보겠다. 그렇다면 511년(지증왕 12) 강릉에 하슬라주를 설치되었던 사실과 연계하여 생각하면, 511년 이후에서 울진봉평리신라비가 건립된 524년 사이에 또다시 주치가 삼척지역으로 이동하였고 여기에 실직군주, 곧 실지군주가 설치된 것으로 생각된다.

또 실지도사(悉支道使)는 중앙에서 실직지역의 통치를 담당케 하여 파견한 도사라는 관리이다. 신라에서 도사의 파견은 늦어도 5세기 후반부터 시작되었다.84) 도사는 주(州)·군(郡)의 하위조직인 행정촌(行政村)과 성(城)에 파견된 지방관으로서, 조세 수취 등 행정적 임무 뿐 아니라 역역(力役) 및 군역 동원 등 중앙정부의 지방통치에 중요한 구실을 담당하였다. 더구나 유사시에는 군사지휘관으로서 군주(軍主)·당주(幢主)를 보조하는 역할도 했던 것으로 보인다.85) 그러므로 도사의 지방 파견으로 중앙권력의 직접적 지방지배를 실현할 수 있었다. 다만 이 무렵 도사의 파견은 전국을 대상으로 한 것이 아니라 중앙 정부의 지배력을 행사할 수 있었던 일부 지역에 한정되었다. 또 몇 명의 도사가 특정한 행정촌에 파견되어서 인근의 촌을 포함한 상당히 넓은 범위를 아울러 관장하였던 것으로 이해되고 있다. 그러므로 울진봉평리신라

---

84) 501년(지증왕 2) 건립된 포항중성리신라비와 503년(지증왕 4) 건립된 포항냉수리신라비에서 '奈蘇毒只道使'와 '耽須道使'가 확인됨으로, 501년 이전에 이미 동해안 지역은 행정촌으로 편제되었고 이곳엔 중앙에서 도사 등 지방관을 파견된 사실을 알 수 있다.
85) 한편, 도사는 행정관의 성격만을 띠고 있으며, 촌·성의 주민을 단위로 한 군사적 기능은 幢主와 村主가 담당하였던 것으로 보는 견해도 있다.

비의 실지도사는 신라 중앙정부에서 파견된 지방관으로서 삼척지역을 관장하였던 것이라 하겠다.

한편 561년에 건립된 창녕신라진흥왕척경비의 내용에 수가인명을 나열한 가운데 '于抽悉□□西阿郡行使大等'이란 직명이 보인다. 결락된 글자들을 추정하면 '우추실직아서아군행사대등(于抽悉直何西阿郡行使大等)'으로 복원된다. 여기서 '우추(于抽)'는 오늘날 울진지역(인용문 C), '悉□'는 실직(悉直)으로 지금의 삼척지역(인용문 F), '□西阿'은 하서아(河西阿) 또는 하서아(何西阿)로서 지금의 강릉지역에 비정된다.86) 그러므로 '우추실직하서아군행사대등'에서 보건대 진흥왕대 울진·삼척·강릉지역이 하나의 관할구역으로 편재되었고,87) 이곳을 다스리는 '행사대등(行使大等)'이란 관직이 있었고, 이것은 아마 '사대등'에 '행'이 붙은 것이라 하겠다.88)

이처럼 신라 진흥왕대 동해안을 통한 동북방 진출은 삼척지역을 중심으로 북쪽의 강릉을 전진기지, 남쪽의 울진을 후방기지로 하는 하나의 특별군사조직으로 편재하여 운영되었다. 그리고 신라 중고기에는 동북방 지역이 가진 정치·지리적 중요성으로 때문에 일찍부터 중앙정부에서 관리가 파견되고 또 군사적 성격으로 편재되었던 것이다.

---

86) "溟州 本高句麗河西良 一作何瑟羅 後屬新羅"(『삼국사기』 권35, 지리2 溟州).
87) "于抽悉□□西阿郡"에 대해서는 于抽·悉□·□西阿로 나누어 각각을 據點村으로 보고 이 세 지역이 모여 하나의 '于抽悉□□西阿郡'을 이루었다는 견해가 있고, 于抽郡·悉□郡·□西阿郡이라는 세 개 군으로 나누어 보는 견해도 있다.
88) 使大等의 성격에 대해서는 軍主의 輔佐官, 幢主·道使의 汎稱, 州郡의 民政官, 신라 중대의 州助나 長史에 해당하는 존재로 보는 등 여러 가지 견해가 있다.

4. 맺음말

이 글에서는 신라가 국가성장과정에서 동해안 지역에 있었던 중요한 정치세력의 하나인 실직국의 실체와 복속, 그리고 이후 신라의 동북방 진출과 연계하여 이 지역에 대한 지배통치의 변화에 대하여 살펴보았다. 이 내용을 간략하게 정리하면 다음과 같다.

삼척의 실직국이 안강의 음즙벌국 인근에 실직곡국이라는 변진과의 무역중계지를 운영하다가 영토분쟁이 생겼다. 금관국 수로왕의 판결로 분쟁지는 음즙벌국에 속하게 되어 실직국은 무역중계지를 상실하였다. 그러나 사로국이 음즙벌국을 공격 정복함으로써 분쟁지를 포함한 음즙벌국의 영토 전부, 즉 영일만 일대는 신라에 편입되었다. 그러자 실직국은 해상활동과 함께 영일만 일대를 활용하고자 신라에 자진 항복하였다. 이에 신라를 맹주국으로 받들게 하면서 실직국의 재지지배층이 독립성을 유지하고 자주적으로 통치케 하는 간접지배를 취하였다.

한편 신라는 실직국을 복속하면서 동예 및 고구려·말갈세력과 해상권은 물론 해산물 등의 경제력 확보를 두고 갈등 대립하였다. 이들이 자주 북변을 침입하자 신라는 군대를 파견하고 축성하면서 중앙정부가 성주(城主)를 임명하여 4세기 말에는 직접지배를 시도하였다. 그러나 400년에 있었던 광개토왕의 원정을 계기로 고구려군의 신라 주둔과 함께 5세기 중엽까지는 고구려의 간접지배를 받았다. 그리하여 『삼국사기』 지리지에는 삼척은 물론 청하지역까지를 본래 고구려에 속했다고 기록되었다.

5세기 중엽에 이르러 신라는 다시 동해안 지역을 수복하였다. 5세기 후반에 중앙정부가 지방에 대한 정비를 하면서, 고구려 침입에 시달리는 이 지역에 축성을 하고, 또 국왕이 친행하여 방어체제를 구축하고 영토를 확인하면서, 종전 점선지배에서 면지배로 전환해 나갔다. 더불어 행정촌과 성으로 편재하고 도사와 성주를 파견하여 직접지배를 하였다.

실직국이 항복한 이후 오랜 기간 신라는 이 지역을 간접지배 방식으로 계속 장악하고 있었다. 비록 4세기 말에 직접지배를 시도하였으나 곧바로 5세기 전반기에 일시적으로 고구려의 지배와 영향 하에 들어갔다. 5세기 중엽에 신라가 다시 지배권을 회복하고 늦어도 5세기 말에는 행정촌 체제로 편재되면서 단위지역으로 직접지배단계에 들어갔다. 더구나 505년(지증왕 6) 신라가 대단위 통치구역으로 실직주를 설치함으로써 군주(軍主)가 몇 개의 단위지역을 통치하는 이른바 영역지배 내지는 권역지배단계로 전환하였다. 이를 계기로 삼척지역은 신라의 동해안 북변으로 진출과 북방교역의 중요한 군사적 전진기지가 되었다.

그러나 중부 이북 지역에는 여전히 고구려 세력이 영향력을 행사하였으며, 더구나 울릉도의 우산국이 독립된 해상세력으로 위력을 떨치고 있었다. 신라는 이들에 효과적으로 대응하고자 511년(지증왕 12) 하슬라주를 설치하였고, 512년 6월 이사부는 우산국을 정복하였다.

결국 신라 중고기에 성취한 북방 진출은 삼척을 중심으로 북쪽의 강릉과 남쪽 울진을 묶어서 하나의 군사조직체제로 구축한 동해안 지역의 정치·군사·문화적 거점들을 축으로 추진되었다. 그 결과 신라는 이것을 기반으로 지증왕대 우산국을 복속하고, 또 북방으로 진출하여 진흥왕대 함흥지역까지 확보하는 최대 성과를 이루었다.

제 2 장
신라의 동북방 진출과 이사부의 우산국 정복

1. 머리말

바다는 인간의 생활에 있어서 중요한 활동무대이다. 특히 교통수단이 덜 발달한 시기에는 바다(해양)가 갖는 역할과 의미는 지리 교통상으로는 물론 국가발전에서 정치 군사적으로도 절대적이었다.

한반도의 동, 남, 서가 모두 바다로 둘러싸여 있어, 우리 민족은 이들 바다를 이용하며 발전해 왔다. 그래서 우리는 일찍부터 바다와 해양활동에 대한 관심을 가졌고, 많은 연구를 해왔다. 그러나 해양활동이 가장 왕성하였던 고대의 그것에 대한 연구는 황해(서해)와 남해에 비하여 동해에 대해서는 상대적으로 미약한 편이라 보다 적극적인 연구가 필요하다.

삼국시대 신라는 비록 백제나 고구려에 비하면 조금 덜 했지만, 그러나 동해 바다와 접해 있었기에 해양과 깊은 관계 속에 발전하였을 것으로 추측된다. 물론 신라가 본격적으로 국제사회에 진출한 것은 6세

기 중반에 이르러 한강유역을 점령하고 중국으로의 교통로를 확보한
뒤였지만, 이를 가능케 한 것은 훨씬 이전 시기에 있었던 신라의 동해
안 방면으로의 진출 경험이 그 밑바탕이 되었던 것이다.

이 글에서는 신라의 동북방 진출, 이사부의 해양활동, 그의 우산국
정복 출항지에 대해 연구하고자 한다.1) 먼저 이사부가 우산국을 점령

1) 이사부의 생애와 활동 그리고 우산국 복속과 동해 제해권 확보에 대한 연구로는
다음과 같은 것들이 있다. 강봉룡, 「이사부 생애와 활동의 역사적 의의」, 『이사
부와 동해』 창간호, 2010a ; 강봉룡, 「이사부의 동해안 진출과 우산국 정벌」, 『이
사부 삼척 출항과 동해비전』, 한국이사부학회 · 강원도민일보 · 삼척시, 2010b ;
권덕영, 「삼국시대 신라의 해양진출과 국가발전」, 『STRATEGY21』 4, 한국해양
전략연구소, 1999 ; 권오엽, 「신라국과 우산국」, 『일어교육』 39. 한국일본어교육
학회, 2007 ; 권오엽, 「신라인의 동해-우산국의 실체와 신라의 세계관」, 『역사속
의 동해, 미래의 동해』, 삼척시 · 강원도민일보, 2008 ; 권정, 「신라의 천하로서의
우산국」, 『일본학연구』 19, 단국대, 2006 ; 김윤곤, 「우산국 · 우산도인의 해상활
동과 환동해 문화권」, 『울릉도 · 독도 동해안 주민의 생활구조와 그 변천 · 발전』,
영남대출판부, 2003 ; 김정숙, 「고대 각국의 동해안 운영과 방어체계」, 『전근대
동해안 지역사회의 운용과 양상』, 경인문화사, 2005 ; 김창석, 「신라의 우산국 복
속과 이사부」, 『역사교육』 111, 2009 ; 김호동, 「삼국시대 신라의 동해안 제해권
확보의 의미」, 『대구사학』 65, 2001 ; 박도식, 「신라의 북방개척과 동해 제해권
장악에서 이사부의 활약」, 『제1회 신라장군 이사부 얼 선양세미나』, 해양소년단
강원연맹, 2005 ; 서영교, 「신라 중고기를 이끌어 간 인물 3인」, 『인문과학』 15,
목원대, 2006 ; 서영일, 「사로국의 실직국 병합과 동해 해상권의 장악」, 『신라문
화』 21, 2003 ; 신상성, 「이사부」, 『군사』 11, 국방부 전사편찬위원회, 1985 ; 윤
명철, 「해양조건을 통해 본 고대 한일관계사의 이해」, 『일본학』 14, 동국대 일본
학연구소, 1995 ; 윤명철, 「해양사관으로 본 한국고대사의 발전과 종언」, 『한국
사연구』 123, 2003 ; 윤재운, 「한국 고대의 해양문화와 이사부」, 『동해왕 이사부
재조명과 21세기 해양강국의 비전』, 강원도민일보 · KBS춘천방송총국, 2007 ; 이
규대, 「신라의 북방 진출과 이사부의 우산국 복속」, 『신라장군 이사부 얼 선양
세미나』, 제1회 및 6회 자료집, 2002 ; 이근우, 「고대 동해안의 해상교류와 이사
부」, 『이사부, 그 다이내믹한 동해의 기억-그리고 내일』, 강원도민일보사 · 삼척
시 · 강원발전연구원, 2008 ; 이명식, 「신라 중고기의 장수 이사부고」, 『신라문화
제 학술논문집』 25, 경주사학회, 2004 ; 이명식, 「삼국사기를 통해 본 이사부 인물고
찰」, 『동해왕 이사부 재조명과 21세기 해양강국의 비전』, 강원도민일보 · KBS춘

한 시기 이전에 있었던 신라의 동북방 진출과 실직주를 설치한 과정을 살펴보겠다. 그리고 이사부의 활동과 우산국 정벌에 대해 알아보고, 특히 이사부가 이끈 우산국 정복군이 출항한 지역을 추정해 보고자 한다.

이 연구의 목적은 이사부의 해양활동을 밝히는 것도 중요한 의미가 있지만, 궁극적으로는 이사부가 주체가 된 신라인의 동해안을 이용한 해양 경험에 대한 이해는 6세기 중반 신라의 황해 진출, 그 후 삼국통일의 완수, 8세기 해양을 통한 국제관계의 형성, 특히 9세기 장보고(張保皐)의 해상왕국 건설을 낳게 한 역사적 원인(遠因)과 배경을 파악하는 데 도움이 되기 때문이다.

2. 신라의 동북방 진출과 실직주 설치

(1) 신라의 동북방 진출

신라는 중고기에 이르러 비약적인 국가 발전을 하면서 대외적으로 영토를 확장해 나갔다.

상대 신라의 대외활동은 동해 방면으로부터 시작하였다. 동해는 왜

천방송총국, 2007 ; 이청희, 「울릉도를 개척한 해양진출의 선구자 신라장군 이사부」, 『제1회 신라장군 이사부 얼 선양 세미나』, 해양소년단 강원연맹, 2004 ; 임호민, 「병부령 이사부에 대한 기록 검토」, 『제7회 신라장군 이사부 얼 선양 세미나 자료집』. 한국해양소년단 강원연맹, 2008 ; 정진술, 「고대의 한·일 항로에 대한 연구」, 『장보고연구』 Ⅳ, 2005 ; 차장섭, 「이사부 유적과 해양 국방 요충지 삼척」, 『동해왕 이사부 재조명과 21세기 해양강국의 비전』, 강원도민일보·KBS 춘천방송총국, 2007.

가 신라를 침입하고 또 해양 이주민들이 신라로 들어오는 통로였으므로, 신라는 일찍부터 동해 진출에 관심을 보였다. 『삼국사기』에 의하면 A.D. 19년(남해차차웅 16)에는 북명인(北溟人)이 '예왕인(濊王印)'을 헌상하였고,[2] 40년(유리이사금 17)에는 화려현(華麗縣)와 불내현(不耐縣)이 연합하여 신라의 북경을 침입한데 대해서 예국(濊國) 거수(渠帥)가 이들을 패퇴시킴으로써 신라는 맥국과 우호관계를 맺었다고[3] 하여, 일찍부터 동북방 지역과의 관련 기록이 있다.

사실 신라는 경주 동남쪽에 있는 여러 소국들을 병합해 나갔다. 먼저 탈해왕대에 오늘날 울산광역시 울주지역에 있었던 우시산국(于尸山國)과 부산광역시 동래지역에 있었던 거칠산국(居柒山國)을 병합하였다. 또 102년(파사이사금 23) 경북 경주시 안강읍 부근의 음즙벌국(音汁伐國)과 실직곡국(悉直谷國)은 영토분쟁이 빌미가 되어, 음즙벌국이 신라에게 항복하고, 이어 실직국과 경북 경산의 압독국(押督國)도 스스로 항복하였다.[4] 108년(파사이사금 29)에는 경북 경주시 안강읍(또는 경남 창녕군 창녕읍)의 비지국(比只國), 경북 포항시 흥해읍(또는 경북 경주시 강동면 일대, 또는 대구시, 또는 경남 합천지방)의 다벌국(多伐國), 포항시 기계면(또는 경남 합천군 초계면 일대)의 초팔국(草八國)을 병합하였으며, 이를 전후하여 울산광역시 울주의 굴아화촌(屈阿火村)을 병합하였다.

비록 이들 나라의 위치 비정에는 연구자간에 이견이 있기는 하나, 이처럼 신라 초기의 정복활동이 주로 경주의 동쪽과 동해 방면으로 집중되었던 것은 동해로부터 압박해오는 해양세력의 도전을 받자 이것을

---

2) 『삼국사기』 권1, 남해차차웅 16년.
3) 『삼국사기』 권1, 유리이사금 17년.
4) 『삼국사기』 권1, 파사이사금 23년. 이에 대해 보다 자세한 것은 김창겸, 「신라의 실직국 복속과 지방통치의 추이」, 『신라사학보』 32, 2014를 참조하기 바란다.

타개하기 위한 적극적인 대응책이었다.5) 그리고 신라는 동해안으로 진출한 후에 그 방향을 바꾸어 오늘날 의성지역에 있었던 소문국(召文國), 이어서 김천의 감문국(甘文國)과 영천의 골벌국(骨伐國), 상주지역의 사량벌국(沙梁伐國) 등을 병합하면서 서북쪽으로 진출하였다.

이 중에서 실직국은 그 위치가 강원도 삼척지역으로 비정된다.6) 실직국은 신라에 내투한지 불과 2년 뒤 반란을 일으켰다가 진압된 뒤, 그 무리들은 남쪽으로 사민(徙民)되었다.7) 결국 신라는 실직국의 반란을 진압하고 그 토착지배세력을 이주시킴으로써 이 지역에 대한 지배력을 강화하고 동해안 중부 지역으로 진출할 수 있는 계기를 마련하였다.

그러나 실직국의 복속 이후부터 말갈족의 신라 침입이 잇달아 나타났다. 125년(지마이사금 14) 말갈은 신라의 북경(北境)을 침입하여 약탈한 뒤 다시 대령책(大嶺柵)을 습격하고 니하(泥河)를8) 건넜으며,9)

---

5) 삼국시대 신라의 동해안 진출에 대해서는 권덕영, 앞의 논문과 김호동, 앞의 논문 참조 바람.
6) 실직국의 위치는 대체로 강원도 삼척지방으로 비정하지만, 경주시 北川面(최병운, 「서기 2세기경 신라의 영역확대」, 『전북사학』 6, 1992, 26쪽), 興海(방용안, 「실직국에 대한 고찰」, 『강원사학』 3, 1987, 53~56쪽), 경주부근에서 삼척에 이르는 공간(김영하, 「삼국 및 남북국시대의 동해안지방」, 『한국고대사회와 울진지방』, 울진군·한국고대사학회, 1999, 74~75쪽) 등 설이 있다. 이에 대해서는 서영일, 앞의 논문, 2003과 김덕원, 「신라의 동해안 진출과 울진봉평비」, 『금석문을 통한 신라사 연구』, 한국학중앙연구원, 2005, 32쪽 주2 참조.
7) 『삼국사기』 권1, 파사이사금 25년 7월.
8) 泥河의 위치에 대해서는 德源, 咸興 일대, 남한강 상류, 강릉 일대, 낙동강 상류, 소양강 설 등이 있다. 한편 통일신라시대 발해와 관련하여 『신당서』에 기록되어 있는 니하의 위치에 대해서는 덕원설, 함흥일대설, 대동강설, 강릉일대설, 용흥강 설이 있다.
9) 『삼국사기』 권1, 지마이사금 14년.

137년(일성이사금 4) 말갈이 변경을 침입하여 장령(長嶺)의 5책을 불태웠으며, 139년(일성이사금 6) 장령을 습격하여 노략질하였다.10) 이처럼 신라가 영토를 삼척지역까지 확대함에 따라 말갈, 나아가서는 고구려 세력과 직접 접촉하게 되었다. 203년(내해이사금 8) 말갈이 신라의 변경을 침입하였고,11) 245년(조분이사금 16) 10월 고구려가 신라의 북변을 침입함에 우로(于老)가 군사를 이끌고 나아가 싸웠으나 이기지 못하고 마두책(馬頭柵)으로 물러나 지켰다.12)

위에서 언급했듯이, 신라는 먼저 우시산국(울산), 거칠산국(동래), 굴아화촌(울산) 등의 동남해안 방면으로 진출하였고, 다음에는 음즙벌국(포항), 실직국(삼척), 하슬라(강릉) 등 동북해안 방면으로, 그리고 소문국(의성), 감문국(김천), 골벌국(영천), 사량벌국(상주) 등 내륙 서북쪽으로 진출하였음을 볼 수 있다. 즉 신라가 국가성장기에 먼저 동해안지역으로 진출하였는데,13) 좀 더 구체적으로는 먼저 동남해안으로 진출하고 이어서 동북해안으로 진출한 것을 볼 수 있다.

신라의 동북방 진출은 두개의 방향으로 진행되었다. 그 하나는 태백

---

10) 『삼국사기』 권1, 일성이사금 4년, 6년.
11) 『삼국사기』 권2, 내해이사금 8년.
12) 『삼국사기』 권2, 조분이사금 16년.
13) 이에 대해서는 다음의 논문들이 참조가 된다. 김덕원, 앞의 논문 ; 문안식, 「삼국사기 신라본기에 보이는 낙랑·말갈사료에 관한 검토」, 『전통문화연구』 5, 1997 ; 서영일, 『신라 육상교통로 연구』, 학연문화사, 1999 ; 손정미. 「동해안지방 고분자료의 검토」, 『천마고고』 5, 2008 ; 이도학, 「신라의 북진경략에 관한 일고찰」, 『경주사학』 6, 1987 ; 이상수, 「영동지방 고분의 분포양상과 그 성격」, 『삼국의 접점을 찾아서』, 한국상고사학회, 2002 ; 이한상, 「동해안지역의 5~6세기대 신라분묘 확산양상」, 『영남고고학』 32, 2003 ; 이형우, 「사로국의 동해안 진출」, 『건대사학』 8, 1993 ; 최종래, 「강릉 초당동고분군의 조영집단에 대하여」, 『영남고고학』 42, 2007 ; 백홍기, 「신라의 동북경 변천에 관한 고찰」, 『논문집』 4, 강릉교육대학, 1972.

산맥을 경계로 하여 내륙지방의 진출이고, 또 다른 하나는 동해안을 따라 북상한 것이다.14)

2세기 초부터 5세기 초까지는 신라가 먼저 동해안으로 깊숙이 진출하여 삼척지방에까지 이르게 되고, 그곳의 동예(東濊) 세력에 타격을 주었다. 이와 관련하여 주목되는 것은 석우로(昔于老) 사건이다. 그 내용을 보면 우로가 왜왕(倭王)을 염노(鹽奴)로, 그 왕비를 취사부(炊事婦)로 삼겠다는 말이 있는데, 이에서 신라인들이 동해의 해상권 확보와 어염 등의 경제력 확보에 관심이 매우 컸던 것을 짐작할 수 있다.15) 그리고 신라에서는 이미 3세기에 동해 바닷물을 이용해서 소금 생산을 하였는데, 해안가에는 소금 생산을 전업으로 하는 전문집단이 있었다고 한다.16)

고구려에 예속되어 어염을 받쳤던 동예가 신라로부터 위협을 받자 고구려는 어염 등 해산물의 확보 문제를 넘어 동해에서 제해권의 안정적 확보의 필요성을 느끼게 되었다. 장수왕과 문자명왕의 통치기가 되면서 고구려의 한반도 동해안 진출이 본격화되었다. 당시 고구려군의 진격로는 강원 영서지역의 교통로를 남하하여 중간에 태백산맥을 넘어 삼척 방면으로 나아간 다음 동해안을 따라 남진하였던 것으로 보인다.17) 즉, 고구려는 396년과 400년의 남정(南征)을 계기로 하여 영서

---

14) 김창겸, 「신라 중사의 '사해'와 해양신앙」, 『한국고대사연구』 47, 2007, 177쪽.
15) 김호동, 앞의 논문. 56쪽
16) 통일신라시대에도 여전히 소금 생산은 바닷물을 쪄서 소금을 농축시키는 海水直煮式이었으며, 생산된 소금은 창고로 옮겨져 별도로 저장되었다(김상보, 「통일신라시대의 식생활문화」, 『신라 왕경인의 삶』-신라문화제학술논문집 28, 2007, 181쪽).
17) 이강래, 「삼국사기에 보이는 말갈의 군사활동」, 『영토문제연구』 1, 1985 : 『한국군사사논문선집-고대편-』, 국방군사연구소, 1996, 622~623쪽 ; 노태돈, 「삼국

지역까지 장악하게 되었고, 영동지역에 대한 지배체제도 강화한 듯하다. 그리하여 고구려는 울진·영해·영덕·청하지역까지 그 세력을 확장하고 있었다. 그 결과 동해안 지역은 5세기 초에서 말까지 고구려의 영향력 아래에 놓여 있었다.18) 그러나 이 시기에도 지방 행정구역을 설치하고 각급 행정단위에 지방관을 파견하는 면의 지배에는 미치지 못하였고 주요 전략 거점에 군대를 주둔시키고 군사령관이 군정을 실시하면서 주변을 통제하는 점선의 지배방식이었다.19)

이러한 상황은 6세기에 접어들어 신라가 급속하게 성장하면서 다시 커다란 변화를 겪게 된다. 437년에 즉위한 지증왕은 국호(國號)와 왕호(王號)를 정하고, 우경(牛耕) 장려와 순장금지법(殉葬禁止法), 상복법(喪服法) 시행 등을 통해 왕실의 위상과 경제 기반을 확대하였다. 특히 6세기 전반기에 신라의 북방 진출은 거점을 확보하는데 노력하였다. 그 목적을 위해 처음에 주목한 곳이 실직(悉直)이었다. 앞에서도 언급하였듯이 실직국(悉直國)은 지금의 강원도 삼척지역에 있었던 것으로 비정되는데, 102년(파사이사금 23) 신라에 항복하였다. 이후 장수왕의 남하정책으로 일시 고구려의 영토가 되었다. 특히 고구려의 남하에 영향을 받던 시기인 450년 신라가 실직에서 고구려의 변장(邊將)을 피살하는 사건이 발생하여 고구려의 침입을 받게 되었다. 반면에 신라 내부에서는 반고구려의 움직임이 일어나, 이후로는 고구려와 신라의 충돌이

사기 신라본기의 고구려 관계 기사 검토」, 『경주사학』 16, 1997, 78~80쪽.
18) 『삼국사기』 권35, 잡지4 지리2에 보면 본래 고구려 지명이었다가 신라로 영입되면서 지명이 바뀐 사실이 기록되어있는데, 이들 군현명의 분포로 보면 한때는 고구려가 신라의 영역이 된 지역내에서 큰 영향력을 행사하였다고 하겠다(김정배, 「고구려와 신라의 영역문제」, 『한국사연구』 61·62합집, 1988, 14쪽).
19) 고구려 군사 주둔지 주변에 산재해 있던 정치체 및 주변집단들은 공납·조공의 방식으로 고구려에 신속의 예를 표하는 형태였다(김창석, 앞의 논문, 107쪽).

이어졌다.

　신라는 포항지역을 복속하고 교통의 순탄함으로 인해 쉽게 울진지역까지 북상했다. 그러나 삼척지역으로는 험난한 지형으로 인해 곧바로 북진하지 못했던 것같다. 이에 신라는 울진을 거점으로 군사활동을 전개하면서 마침내 504년(지증왕 5)에 파리(波里)·미실(彌實) 등 12성을 쌓아 동해안 지역을 확보하였다. 여기서 파리는 지금의 삼척, 미실은 지금의 흥해로 비정된다. 축성의 목적은 그 지역을 거점화하고 통제하기 위한 목적인데, 이어 다음해(505) 2월 삼척지역에 실직주(悉直州)를 설치하고 이사부(異斯夫)를 군주(軍主)로 삼아 파견하였다.20) 그러므로 지증왕대부터 실직주의 설치로 삼척지역이 신라 북방 진출의 거점이21) 되었다. 실직주의 설치로 중부 동해안 일대의 해상권과 교역항은 신라의 영향권에 놓이게 되었다.

　그러나 중부 이북 지역에는 여전히 고구려의 세력이 영향력을 행사하였으며, 더구나 원거리에는 동해 바다 가운데 자리한 우산국(于山國)이 독립된 해상세력으로 위력을 떨치고 있었다. 신라는 이들에 대해 효과적으로 대응하고자 동북방지역의 최전방기지를 좀 더 북쪽으로 이동하여 511년(지증왕 12) 강원도 강릉지역에 하슬라주(何瑟羅州)를 설치하였다. 그리고 이사부는 실직군주(悉直軍主)에서 하슬라군주(何瑟羅軍主)로 옮겼다.22) 이로써 실직주가 설치된 지 6년 만에 신라 북방 진출의 거점이 실직주에서 북상하여 하슬라주로 옮겨졌으며, 이후 강릉지역을 최전방 거점으로 신라의 북방 진출이 추진되었다.

---

20) 『삼국사기』 권4, 지증왕 6년.
21) 김영하, 앞의 논문, 96쪽.
22) 『삼국사기』 권4, 지증왕 13년

524년(법흥왕 11)에 울진봉평리신라비가 건립되었다. 556년(진흥왕 17) 7월에는 안변에 비열홀주(比列忽州)를 설치하고 사찬(沙湌) 성종(成宗)으로 군주(軍主)를 삼았고, 568년(진흥왕 29)에는 비열홀주를 폐지하는 대신 고성(高城)에 달홀주(達忽州)를 두었다. 또한 함남 함흥의 황초령신라진흥왕순수비와 이원의 마운령신라진흥왕순수비에서 확인할 수 있듯이, 이 시기에 신라는 안변을 거쳐 함경남도 함흥과 이원에까지 진출하였다. 이에서 신라의 북방 진출은 울진 → 삼척 → 강릉 → 고성 → 안변으로 이어졌음을 알 수 있다.

이러한 신라의 동북방 진출은 육로만이 아니라 해로를 이용하는 것이 수월했을 듯하다. 즉 신라의 동해안에서 북방 진출은 육로와 해로가 함께 이용되었을 것이다.[23] 동해안 해안선이 단조롭고 간만의 차이도 적어서 연안항해가 수월하다. 각 지역간의 교통은 육로보다 해로를 활용하는 것이 편리하였다. 결국 신라의 동해안 진출은 육로와 해로를 동시에 이용하였는데, 아마 육로보다 해로를 우선시하였을 것이다.

더구나 5세기 초반~전반인 눌지왕대에 고구려에 인질로 간 복호(卜好, 寶海)를 구출하기 위하여 박제상이 북해지로(北海之路)로 고구려에 가서 도망할 날짜를 모의한 후, 먼저 5월 15일에 고성 수구에서 기다리고 고성 해변에 보해가 나타나는 과정은[24] 그의 탈출로가 해로였음을 말해준다. 이 루트는 어쩌면 내물왕대에 고구려의 도움을 얻기 위하여 백제의 차단을 꾀하면서 고구려의 옛 수도인 집안(集安)이나 427년

---

23) 김호동, 앞의 논문, 77쪽 ; 김정숙, 앞의 논문, 44~51쪽. 아마 동해안의 포항—영덕—울진—삼척—강릉—양양—고성—안변—이원으로 연결되는 北海路를 활용하였을 것이다(심현용, 「고고자료로 본 신라의 강릉지역 진출과 루트」, 『대구사학』 94, 2009, 28쪽).
24) 『삼국유사』 권1, 기이2 내물왕김제상.

천도 후의 수도인 평양(平壤)으로 가기 위한 지름길이었을 가능성이 있다.[25]

동해안에는 큰 항구가 발달하는데 비교적 좋은 조건을 갖춘 지역이 있다. 대표적인 지역이 울산·영일·삼척·원산 등이다. 동해안 연안 해로는 이 지역을 거점으로 상호 연결되었다.[26] 그러므로 신라는 일찍부터 영일만 지역에서 해로를 이용하여 동해안에 잇는 중간지점인 영덕, 울진, 삼척, 강릉 등 각 지역으로 진출하였으며, 또한 각 지역들은 해로를 통하여 서로 교류하였을 것이다.[27]

한편 신라는 북방으로 점차 영토를 확장해 나가는 과정에서 해로를 통한 이동과 상륙전이 있었다고 여겨진다. 다시 말해 신라의 대외로의 정치군사적 진출은 육로뿐만 아니라 강과 바다를 통해서도 이루어졌다. 결국 삼국시대 신라는 동해안 지역은 해안선을 따라 지속적으로 북상하였고, 이 과정에서 수군이 지상군과 함께 활동하였을 것으로 추정된다.[28] 동해안을 따라 남하하는 말갈과 고구려의 침입을 격퇴하는 과정에서 신라는 육로에서 맞대응하여 전투를 치루는 한편, 동해 바다의 연안해로로 북상하여 말갈과 고구려 군대의 배후지역에 상륙하여 점령함으로써 군사적 거점지역을 확보하는 방법으로 영토를 확대해 나간 것이라 보겠다. 특히 진흥왕이 원산만을 넘어 함경도 지역으로 진출과정은 육로와 해로가 함께 이용된 것이라고 보겠다.[29]

---

25) 홍영호, 「6~7세기 고고자료로 본 동해안과 울릉도」, 『이사부와 동해』 창간호, 2010, 208쪽.
26) 서영일, 앞의 논문, 332쪽.
27) 심현용, 앞의 논문, 27쪽.
28) 유재춘, 「동해안의 수군 유적 연구-강원도 지역을 중심으로-」, 『이사부와 동해』 창간호, 2010, 24~25쪽.
29) 김창겸, 앞의 논문, 178쪽.

동해안은 조류의 영향이 약하고 중간중간에 연안항해를 방해할 섬들이 거의 없어서 남북으로 이어지는 연안항해가 상대적으로 용이했다. 이렇게 연근해 항로를 이용하면서 징검다리식으로 곳곳에 거점을 삼고 문화를 발전시켰다.[30) 결국 삼국시대 신라의 동북방 진출은 실직과 하슬라를 거점지역으로 추진되었다. 이들 지역의 확보는 앞서 포항지역의 음즙벌국을 정복한 후 동해 바다로 진출하여 해안을 따라 북상하면서 흥해, 울진지역을 확보하여 중간 기착지로 삼고, 삼척으로 진출하고, 다시 강릉지역을 확보한 것이라 보겠다. 여기에는 육로를 통한 군사활동보다는 연근해로를 이용한 진출을 통해 접안이 가능한 곳곳을 거점으로 점령하면서 동시에 육로로의 진격으로 영역을 확보해 나간 육해 양동작전의 결과라고 보겠다.

결국 6세기 전반 신라의 북방 진출은 실직주와 하슬라주를 설치하여 삼척과 강릉에 동해안 지역의 정치·군사·문화적 거점을 마련함으로써 비롯된 것이었다. 신라는 이를 기반으로 우산국을 정복하고, 또 북방 진출을 도모하여 마침내 진흥왕대에는 함흥 일대를 확보하는 성과를 이룰 수 있었다.[31)

나. 실직주 설치

앞에서 신라의 동북방 진출은 동해안 중부지역을 확보하면서, 이곳

30) 윤명철, 「연해주 및 동해 북부 항로에 대한 연구」, 『이사부와 동해』 창간호, 2010, 102~103쪽.
31) 이후 639년(선덕여왕 8) 강릉에 北小京을 두고, 658년(무열왕 5) 河西州와 삼척에 北鎭을 설치하고, 668년(문무왕 8) 비열홀주를 둔 것도 이 지역이 해양과 북방의 진출 및 방어라는 목적이 있었다.

을 거점으로 북상이 본격화된 것을 살펴보았다.

5세기까지 신라는 중앙 정부에서 지방에 전면적으로 관리를 파견하여 통치하지 못하다가, 6세기에 들어오면서 중앙 정부의 조직화된 군대가 지방에 주둔하고, 그 군단을 중심으로 지방 통치가 이루어지게 되었다.

505년(지증왕 6) 최초로 실직주(悉直州)를 설치하고 그 장관으로 이사부를 군주(軍主)로 삼아 파견하였다. 아울러 국내 주·군·현(州郡縣)을 정하였다. 그리하여 이때부터 주군현제가 실시되었다. 하지만 당시 신라의 주는 군주가 이끄는 중앙군단의 주둔지로서, 전선의 변화와 전략·전술상 필요에 따라 옮겨 설치되는 군사적 특성이 있어, 주의 명칭 변경과 주치의 이동이 잦았다. 동해안 지역 역시 그러했다.32)

잘 알듯이, 실직주는 지금의 강원도 삼척지역인 실직을 치소로 하는 지방통치구역이다. 원래 실직국인데, 102년(파사이사금 23) 신라에 복속되었다. 그리고 505년(지증왕 6) 전국 주군현을 정할 때 실직주가 되었으며, 이사부가 군주로 임명되었다. 군주는 군사령관의 임무를 주로 하되, 행정도 함께 책임지는 지방관의 역할을 하였다. 그러다가 영토가 확장되고 군현제가 정비되면서 행정을 맡은 태수와 현령 등이 중앙에서 파견되었고, 군주는 군사력을 바탕으로 감독관 또는 보호자 역할을 하였다. 군주 외에 주에는 당주(幢主)와 도사(道使)가 있었는데, 이들이 지방민을 직접 통치하였다. 그들은 지방민으로 편성된 군단을

---

32) 『삼국사기』의 기록에 의하면, ①悉直州(지증왕 5, 505) → ②何瑟羅州(지증왕13, 512) → ③比列忽州(진흥왕 17, 556) → ④達忽州(진흥왕 29, 568) → ⑤牛首州 (선덕여왕 6, 637) → ⑥비열홀주(문무왕 8, 668) → ⑦수약주(문무왕 13, 673) → ⑧삭주(경덕왕 16, 757)로 변화과정을 거쳤다.

통솔하고, 지방민 동원이나 징세의 업무를 담당하였다.

그러므로 당시 주(州)는 군사적 성격이 강했다. 즉, 주는 영토가 확장되면서 전진기지 사령부 구실을 하였다. 그리고 주장관인 군주가 거느린 군대는 중앙군에 속하는 군단이었다. 결국 군사적 특성이 강한 군주가 파견된 것을 보면, 실직주는 일정한 영역을 관할하는 지방행정구역이 아니라 해당 방면의 영토 확장을 위한 군사적 전진기지였을 것이다.33)

신라 초기에는 계속되는 왜구 침입, 북쪽에 동예와 고구려가 버티고 있어 동해의 제해권 확보는 쉽지가 않았다. 더구나 동해에서 고구려의 기본 대왜항로는 동쪽 해안에서 출발하여 일본열도로 가는 동해 중부 사단항로이다. 원산 등 동해안 북부 항구에서 출발하여 육지를 따라 연안 항해를 해서 고구려 영토내의 최남단까지 내려온 다음에, 삼척 혹은 그 이하에서 먼 바다로 나가 사단으로 일본열도 혼슈(本州) 중부 이북 지방으로 항해했을 것이다.34) 즉 동해 중부 이북 출발 → 혼슈 중부 이북의 항로가 있다.

이 항로에는 우산국을 거칠 수 밖에 없다. 따라서 이 항로를 둘러싸고 고구려·신라·우산국, 왜의 쟁패가 치열했을 것이다. 이미 신라는 동해 남부를 출발 → 혼슈 중부 이남의 항로를 확보하고 있었으므로, 울진·삼척까지 영토를 확보하고, 나아가 우산국까지 정복함으로써 고구려의 대왜항로였던 동해 중부 이북 출발 → 혼슈 중부 이북 항로를

---

33) 따라서 실직주가 아니라 悉直停이 더 타당하다는 견해도 있다(濱田耕策, 「新羅の城·村設置と州郡制の施行」, 『朝鮮學報』 84, 1977 ; 강봉룡, 「신라중고기 주제의 형성과 운영」, 『한국사론』 16, 서울대학교, 1987).
34) 윤명철, 1995, 앞의 논문, 99~103쪽.

차단하여 동해안 지역의 경제력과 제해권의 확보를 통해[35] 고구려의 남하에 대한 저지가 가능해졌다.

삼척은 동해안에서는 가장 규모가 큰 교역항이었던 것으로 보인다. 더구나 삼척은 영주·봉화·정선·영월 등 영서지방과 영남 내륙지방으로 통하는 출입구가 된다. 육로와 해로가 교차하면서 해안과 내륙의 교역도 가능한 지역이다.[36] 이러한 과정에서 실직지역은 신라의 북쪽 바다, 즉 동해의 중부 이북 지역을 경영하는데 가장 중요한 거점의 하나이면서 바다로 나가는 출발지가 되었다.[37] 그런 까닭으로 이후에 실직의 비례산(非禮山)은 신라가 국가적 차원에서 모시는 중사(中祀)의 사해(四海) 중 북해(北海)의 제장으로 편제된 것이라 하겠다.[38]

결국 신라는 중고기에 이르러 비약적인 발전을 하면서 대외적으로 영토를 확장해 나갔는데, 동북방으로 진출은 동해안 연근해 해로를 최대한 활용하여 북방의 거점 확보에 노력하였으며, 이 과정에서 삼척지역에 실직주를 설치하고 이사부를 군주로 임명하여 최전방 군사기지이며 한반도 중부의 동해 바다로 나가는 출항지를 확보하여 우산국 정복

---

35) 신라가 동해안지역의 경략을 중요시하였던 것은 포항냉수리신라고비, 울진봉평리신라비, 황초령신라진흥왕순수비, 마운령신라진흥왕순수비 등의 유물은 물론 신라통일기를 전후한 시기의 활동한 자장·의상·원효 등 고승의 행적과 관련한 유적 및 설화가 아래로는 울산에서 위로는 강원도 강릉·영양 지역에 이르기까지 널리 퍼져있는 것에서도 짐작할 수 있다. 이처럼 신라의 동북방으로 영토확장과 삼국통일과정에서 동해안지역이 차지하는 위상 또한 높았던 것이다(김호동, 앞의 논문, 57쪽).

36) 서영일, 앞의 논문, 333쪽.

37) 동해 중부 해안지대의 해상 진출에 있어서 삼척 오십천 하구는 항구가 발달하기에 천혜의 조건을 갖춘 곳으로 동해 연안항로의 중간 기착지가 된다(서영일, 앞의 논문, 332쪽).

38) 김창겸, 앞의 논문, 2007, 177~180쪽.

의 기반을 구축하였다.

3. 이사부의 활동과 우산국 정복

가. 이사부의 생애와 활동

『삼국사기』에는 이사부 열전이 수록되어 있다. 이를 소개하면 다음
과 같다.

A. 異斯夫(혹은 苔宗이라고도 하였다)는 성이 김씨이며 나물왕의 4대
손이다. 智度路王 때 연해 국경지역의 지방관이 되었는데, 居道의 꾀를 답
습하여 馬技로써 加耶國(또는 加羅 라고 한다)을 속여 취하였다. 13년 임
진(512)에 阿瑟羅州 군주가 되어 于山國의 병합을 계획하고 있었는데, 그
나라 사람들이 어리석고 사나워서 위력으로는 항복받기 어려우니 계략으
로써 복속시킬 수 밖에 없다 생각하고, 이에 나무 사자를 많이 만들어 戰
船에 나누어 싣고, 그 나라 해안에 다다라 거짓으로 말하기를 "너희들이
항복하지 않으면 이 맹수를 풀어놓아 밟아 죽이겠다."고 하였다. 그 사람
들이 두려워서 곧 항복하였다. 진흥왕 재위 11년(550), 즉 大寶 원년에
백제가 고구려의 道薩城을 함락하고, 고구려가 백제의 金峴城을 함락하였
다. 왕이 두 나라 군사가 피로에 지친 틈을 타서 이사부에게 명하여 군사
를 내어 공격하게 하여 두 성을 취하여 증축하고 甲士를 머물게 하여 지켰
다. 이때 고구려에서 군사를 보내 금현성을 공격하다가 이기지 못하고 돌
아가니 이사부가 추격하여 크게 이겼다.[39]

이사부가 태어난 시기는 기록이 전하지 않아 정확하게는 알 수 없다.

---

[39] 『삼국사기』 권44, 이사부열전.

그의 성을 『삼국사기』에는 김씨(金氏), 『삼국유사』에는 박씨(朴氏)라고 기록되어 있으며,[40] 신라 17대 내물마립간의 4세손이라고 한다. 이름을 흔히 이사부(異斯夫)라고 하는데, 『삼국사기』 이사부열전에는 태종(苔宗), 『삼국유사』 기이 지철로왕조에는 이종(伊宗), 단양신라적성비에는 이사부지(伊史夫支), 『일본서기』에는 이질부례지(伊叱夫禮智) 등으로 표기되어 있다.

이사부는 일찍이 지증왕 때에 연해 국경지역의 지방관이 되었는데, 거도(居道)의 꾀를 답습하여 마희(馬戱)로써 가야국(加耶國)을 속여 정복하였다. 그리고 505년(지증왕 6) 2월에 신라에서는 군현제가 실시되어 실직주가 설치되고, 이사부는 최초 군주로 임명되었다.

  B. 悉直州를 설치하고 異斯夫로 하여금 軍主로 삼았다. 군주 이름은 이에서 비롯되었다.[41]

여기서 실직(悉直)은 오늘날 삼척을 말한다. '주(州)'는 중앙의 정예 군단인 '정(停)'이 주둔한 최전방 전진기지에 해당한다.

잘 알듯이, 군주의 기원은 군사적인 면에서 비롯되었다. 즉, 신라의 발전과정에서 영토의 확장은 대부분 정복과 투항을 통해 이루어졌는데, 복속된 지방은 성곽을 쌓고 다스리면서 수비했으며, 성주(城主)를 비롯한 여러 관리를 두었다. 이때 정복이나 고구려 · 백제와의 원활한 전쟁 수행을 위해 지역 단위의 군사적 · 행정적 통제 기구가 필요해짐에 따라 군주를 두게 된 것이다. 그리고 이러한 이유로 신라 중고기에는 잦

---

40) 『삼국유사』 권1, 기이2 내물왕김제상.
41) 『삼국사기』 권4, 지증마립간 6년 2월.

은 주치의 이동이 있었다. 따라서 이 시기의 군주는 지방행정 단위인 주의 장관이기보다는 일선 지휘관의 임무와 성격이 더 강하였다.[42] 즉 군주란 정(停)의 군사를 통솔하며 주의 행정업무까지도 총괄하는 역임을 수행했다. 그러므로 505년 실직주 설치와 이사부의 군주 임명은 지증왕대에 삼척이 동해안 진출의 전진기지였고, 이사부가 군단의 최고 사령관임을 말해 주는 것이다.[43]

흥미로운 사실은 지증왕 6년 2월 이사부가 실직군주에 임명된 직후인 11월에 '주즙의 이익을 통제하도록 조치하였다(制舟楫之利)'는 사실이다. 여기서 '주즙'의 사업은 운송·교역·수군의 활동을 겸하는 것으로, 이는 같은해에 이사부를 실직군주로 처음 임명한 사실과 관련이 있는 듯하다. 이사부는 실직군주로서 삼척지역의 민정은 물론 군정업무를 총괄하고 있었고, 삼척은 해안지역이기에 선박의 제조와 항해술과 관련한 오랜 전통과 숙련 기술을 보유하고 있었을 것이다. 그러므로 신라가 지증왕 6년에 주즙업무를 정하고 관리하는 제도를 만드는데 이사부가 중요한 역할을 했다고 생각된다.[44]

한편 이사부는 내물왕의 4세손이라고 했으므로, 내물왕의 증손인 지증왕보다는 한세대 뒤에 속한다. 이러한 이유에서 이사부를 실직군주로 임명한 배경에는 정치적 의도가 있었다는 견해도 있다. 이사부는 대략 5세기 후반에 재위한 소지마립간대에 출생하여 유년과 청소년 시절을

---

42) 신형식, 「신라군주고」, 『백산학보』 19, 1975 ; 주보돈, 「신라중고의 지방통치조직에 대하여」, 『한국사연구』 23, 1979 ; 강봉룡, 앞의 논문, 1987.
43) 이때의 군주는 지방행정구역의 장관이 아니라 실직에 주둔하게 된 6部人으로 구성된 停 군단의 사령관이라는 견해도 있다(전덕재, 「신라 한강유역 진출과 지배방식」, 『향토서울』 73, 2009, 118~121쪽).
44) 김창석, 앞의 논문, 118쪽.

보냈으며, 김씨족단 출신이고 내물왕계에 속하며, 젊은 나이에 삼척지역의 지방관이라는 중책을 맡게 된 것도 당시 왕위를 독점하고 있던 김씨 출신이었기 때문이라고 한다. 따라서 즉위시 64세 고령인 지증왕이 같은 내물왕계이면서 젊고 유능한 이사부를 잠재적인 정치적 경쟁자로 인식했을 여지가 있으며, 고구려의 침공 가능성이 높은 삼척지역에 이사부를 파견한 것은 그의 활동범위를 지방으로 한정하고 전략적 요충지인 동해안의 경영을 위임함으로써 그의 능력과 충성심을 시험하려는 복합 목적이 깔려 있는 조치였을 것이란 추측이 있다.[45)]

이러한 주장이 정치적인 면에서 타당성이 있는 듯하나, 필자는 이에 더해 경제적인 배경도 있었을 것으로 생각한다. 최근 동해안에서 가까운 지역에서 발견된 포항냉수리신라고비와 포항중성리신라고비 그리고 울진봉평리신라비 등의 내용을 보면 재산분쟁과 관련한 것이 포함되어 있다. 이처럼 동해안 일대에서 재산분쟁이 있었다는 것은 그만큼 소중한 재화가 생산되었음을 말해주는 것이다. 이 재화에 대해서는 기왕의 연구에서 여러 가지 추측이 있으나, 필자는 동해 바다에서 생산되는 어염(魚鹽)을 비롯한 해산물(海産物)로 보고자 한다. 일찍이 고구려가 동예지역의 어염 확보를 위해 노력하였던 것과 석우로(昔于老) 사건에서 보듯이, 신라 또한 동해 바다에서 생산되는 어염과 해산물을 확보하고자 하였고, 이것은 당시 신라왕실과 귀족들 사이에는 매우 관심 있는 재화의 획득이었기에 왕실 출신의 유능한 이사부를 실직군주로 파견한 것으로 생각된다. 그리고 이사부는 실직군주와 하슬라군주로서 많은 재화를 축적하였을 것이고, 이것이 뒷날 그의 정치생활에 중요한 경제자

45) 김창석, 앞의 논문, 117쪽.

원으로 작용하였을 것이라 추측된다.

503년(지증왕 4) 국호를 '덕업일신 망라사방(德業日新 網羅四方)'의 의미를 지니는 신라로 확정한 이후, 영토의 확장을 상징하는 '망라사방(網羅四方)'정책은 지증왕·법흥왕·진흥왕 3대에 걸쳐 계속되었다. 지증왕대에는 주로 동해안 방면으로, 법흥왕대에는 소백산맥으로, 진흥왕대에는 이 두 방면과 한강 및 가야 방면을 포함하여 본격적인 '사방'으로의 팽창이 대대적으로 진행되었다.46) 이러한 신라의 국토 확장과정에서 이사부는 핵심적인 인물로서 매우 중요한 활약을 하였고 큰 업적을 남겼다.

505년 신라 동북방 진출의 책임자격인 실직군주로 부임하였던 이사부는. 이어 512년 하슬라군주로 옮겼고 곧 우산국을 점령하였다. 또 이사부는 529년(법흥왕 16) 상신(上臣)으로 3,000명의 군사를 이끌고 낙동강 하류에 위치한 금관가야의 다다라(多多羅)·수나라(須那羅)·화다(和多)·비지(費智) 등 4개 촌을 공략하여 빼앗았다.47)

그리고 541년(진흥왕 2) 이사부는 병부령(兵部令)이 되었다.48) 기존의 연구에 의하면, 당시 병부령은 병부의 책임자로서 중앙과 지방의 군사(軍事)를 책임질 뿐만 아니라 상대등·시중을 겸할 수 있는 최고 요직이었다.49) 이로써 이사부는 당시 최고 실력자가 된 것을 알 수 있다. 게다가 훨씬 뒷시기인 문무왕대 선부(船府)가 독립 부서로 설치되기 이전에는 신라 중앙정부에서는 선박에 대한 업무는 병부에 소속된 대감·제감과 병부령이 담당하였다. 이는 거꾸로 말하면 이전까지는

---

46) 강봉룡, 앞의 논문, 2010a, 243~244쪽.
47) 『日本書紀』 권17, 繼體天皇 23년 4월.
48) 『삼국사기』 권4, 진흥왕 2년 3월.
49) 신형식, 「병부령고」, 『역사학보』 61, 1974.

선박에 대한 업무는 병부령이 최고책임자였던 것이다. 그러므로 이때 병부령에 취임한 이사부는 선박과 수군에 대한 총책임자였다. 물론 이에는 이사부가 당시 최고신분인 왕족의 일원이라는 신분상 이유가 있었지만, 한편으로는 아마 그가 앞서 512년에 우산국을 정복한 군사적 경험과 업적이 반영된 것이라 보겠다. 그뒤, 545년 이사부는 왕에게 국사 편찬의 필요성을 건의하여 거칠부(居柒夫) 등에게 명하여 『국사(國史)』를 편찬하게 하였다.

단양신라적성비(丹陽新羅赤城碑)에 의하면, 이찬(伊飡) 이사부는 파진찬(波珍飡) 두미(豆彌)와 아찬(阿飡) 비차부(比次夫)·무력(武力) 등을 이끌고 한강 상류지방을 경략하여 신라 영토를 크게 넓혔다. 또 550년 1월 백제가 고구려의 도살성(道薩城)을 함락하고, 3월에는 고구려가 백제의 금현성(金峴城)을 점령하는 등 양국의 충돌이 계속되었다. 이 틈을 타 이사부는 두 지역을 공략하여 점령한 뒤 성을 증축하고 1,000명의 군사를 주둔시켰다. 이어 금현성 탈환을 위해 재차 침입한 고구려의 군대를 다시 격파하였다.

한편 562년(진흥왕 23) 9월 이사부는 대가야를 정복하였다. 이때 종군한 사다함(斯多含)의 뛰어난 용맹과50) 이사부의 활약으로 대가야를 멸망시키고 낙동강 하류지역을 완전히 장악하였다.

이상에서 살펴보았듯이, 이사부는 지증왕대의 동북방의 최전방인 실직주와 하슬라주의 군주로 근무하는 동안 동해안 경영과 수군 활동, 우산국 복속 등을 통해 자신의 능력을 성공적으로 펼쳐 법흥왕대 중앙 정계에 성대한 인망과 함께 화려하게 복귀하였다. 그리고 법흥왕이 후

---

50) 『삼국사기』 권4, 진흥왕 23년 및 권44, 사다함열전.

사가 없는 정치적으로 불안정한 상황에서 이사부는 법흥왕의 조카인 삼맥종(彡麥宗, 진흥왕)의 후견인이 되어 그 즉위를 도왔을 것이다. 이것이 541년(진흥왕 2) 병부령에 취임하고 신료로서는 최고위직에 오르는 배경이 되었다고 본다. 따라서 이사부는 진흥왕이 즉위하고 지소태후(只召太后)가 섭정한 때부터 신라 정계의 최고 실력자로 부상한 셈이다. 마침내 562년에는 대가야 정복전에 나섰다. 이때도 병부령의 관직을 유지하고 있었을 것이다.[51]

요컨대, 이사부는 왕족출신 진골귀족 신분으로, 동해안 진출과 가야 정복을 이룬 무인(武人)으로 역할과, 국사(國事)를 총괄하고 국사(國史) 편찬을 진언하는 문인(文人)으로 역할로써, 신라의 국가 발전에 지대한 기여와 더불어 업적을 남겼다. 이것은 신라가 삼국 가운데 후진의 열세를 극복하고, 비약적인 발전을 거듭해 가면서, 결국에는 삼국통일을 달성하기 위한 초석을 놓는 역사적인 의미를 갖는다.[52] 그러므로 이사부는 지증왕 이래 법흥왕·진흥왕대까지 활약한 대표적인 신라 중고기 왕실의 중신으로서 장군이고 재상이며, 특히 우산국을 복속시킴으로써 동해의 해상권을 확보한 영웅이다.

나. 이사부의 우산국 정벌

앞에서 살펴보았듯이, 이사부의 생애와 활동에서 가장 크게 평가받은 것 중의 하나가 우산국 정복이다. 이에 대한 기록으로는 다음과 같은 것들이 있다.

---

51) 김창석, 앞의 논문, 121쪽.
52) 강봉룡, 앞의 논문, 2010a, 249~250쪽.

C—① 13년(512) 여름 6월에 于山國이 항복하여 해마다 토산물을 바쳤다. 우산국은 溟州의 정동쪽 바다에 있는 섬으로 혹은 鬱陵島라고도 한다. 땅은 사방 100리인데, 지세가 험한 것을 믿고 항복하지 않았다. 이찬 異斯夫가 何瑟羅州 軍主가 되어 말하기를 "우산국 사람은 어리석고도 사나워서 힘으로 복속시키기는 어려우나 꾀로는 복속시킬 수 있다."하고, 이에 나무 사자를 많이 만들어 전함에 나누어 싣고 그 나라 해안에 이르러 거짓으로 "너희가 만약 항복하지 않으면 이 사나운 짐승을 풀어 밟아 죽이겠다."고 말하자 그 나라 사람들이 두려워 곧 항복하였다.[53]

② [지증왕] 13년 임진(512)에 阿瑟羅州 군주가 되어 于山國의 병합을 계획하고 있었는데, 그 나라 사람들이 어리석고 사나워서 위력으로는 항복받기 어려우니 계략으로써 복속시킬 수 밖에 없다 생각하고, 이에 나무 사자를 많이 만들어 戰船에 나누어 싣고, 그 나라 해안에 다다라 거짓으로 말하기를 "너희들이 항복하지 않으면 이 맹수를 풀어놓아 밟아 죽이겠다."고 하였다. 그 사람들이 두려워서 곧 항복하였다.[54]

③ 또 阿瑟羅州(지금 溟州) 동쪽 바다에 順風으로 이틀 걸리는 곳에 于陵島(지금의 羽陵)가 있다. 이 섬은 둘레 26,730步이다. 이 섬 속에 사는 오랑캐들은 그 바닷물이 깊은 것을 믿고 몹시 교만하여 신하를 칭하지 않았다. 이에 왕은 伊湌 朴伊宗에게 명하여 군사를 거느리고 가서 치게 했다. 이때 이종은 나무로 獅子를 만들어 큰 배에 싣고 위협했다. "너희가 만일 항복하지 않으면 이 짐승을 놓아 버리겠다." 하니, 오랑캐들은 두려워하여 항복했다. 이에 伊宗에게 상을 주어 州伯을 삼았다.[55]

인용문 C-①에 의하면, 이사부가 정복한 이후로는 우산국이 해마다 신라에 토산물을 바쳤다고 한다. 이것은 거꾸로 말하면 이전에는 우산국이 토산물을 바치지 않았다는 것이다. 즉, 우산국은 바닷물이 깊고 지세가 험한 것을 믿고 신라에 복속되지 않고 맞섰다는 것이다. 따라서

---

53) 『삼국사기』 권4, 지증마립간 13년.
54) 『삼국사기』 권44, 이사부열전.
55) 『삼국유사』 권1, 기이1 지철로왕.

이 내용으로 본다면 우산국은 당시 신라에 조공을 거부할 만큼 동해상에서 하나의 독립된 해상세력으로 상당한 위력을 가지고 있었다고 보아야 할 것이다.

그러므로 이사부가 우산국을 정복함으로써, 이사부는 우산국으로부터 해산물을 비롯한 토산물을 수취하여 중앙정부에 공급하는 경제적 권한을 갖게 되었을 것이다.

더구나 이 시기 신라와 고구려의 관계를 생각하면, 고구려와 왜와의 해상교통로 중간 경유지에 있는 우산국의 정복은 신라로서는 이들 양자간의 교섭을 차단하려는 목적이 있는 것이라 하겠다. 따라서 이사부의 우산국 공격은 고구려와 왜를 의식한 정치군사적 목적 때문에 이루어 진 것이며, 동해의 중북부 해역을 무대로 하여 연해주로부터 한반도 동해안 지역, 그리고 일본열도까지도 포괄하는 관계망 속에서 동해의 제해권(制海權)을 확보한 것이다.

결국 이사부의 우산국 정복은 해산물을 비롯한 토산물의 수취라는 경제적 이익과 더불어 고구려의 대왜항로를 차단하는 동해에서의 제해권을 확보한 것이다.

이사부는 실직군주에 임명되자 곧바로 선박의 수리·건조와 수군의 양성에 주력한 듯하다. 이사부가 505년(지증왕 6) 2월 실직군주에 임명된 직후인 11월에 중앙정부는 선박 이용의 제도를 정하였다. 이는 시기적으로 보아 유추컨대 이사부의 활동과 선박의 이용 및 수군의 할용이 밀접한 관련이 있었던 것으로 추정하겠다. 결국 유력한 왕족의 일원으로서 이사부는 505년 실직군주에 부임하여 중앙정부에 선박 이용의 제도를 정하게 건의하고, 실직지역에서 선박을 건조하며 수군을 훈

런하고 준비하다가, 마침 512년 하슬라군주가 되어 이미 실직주에 양성해 놓은 선박과 수군을 동원하여 우산국을 정복한 것이다.

이때에 가야계 유민들의 뛰어난 해양기술이 이용된 듯하다. 『삼국사기』 진흥왕본기와 사다함열전의 내용을 보면, 사다함은 대가야 정벌시 전공의 대가로 좋은 토지와 포로 200명(또는 300명)을 받았다고 한다. 그렇다면 이사부 또한 그에 상응하는 포상을 받았을 것이다. 그리고 이에서 추측컨대 이사부는 이보다 앞선 지증왕대에 연해 국경지역의 지방관으로서, 거도(居道)의 꾀를 흉내내어 마기(馬技)로써 낙동강 유역의 가야국(加耶國, 금관국)을 속여 일부 지역을 취하였을 때도 또한 포상으로 가야인과 토지를 하사받았을 것이다.

그렇다면 지증왕대에 이사부에게 하사된 가야인들은 아마 이사부 집단에 소속된 양인(良人)과 예민(隷民)으로 편제되었을 것이다. 그리고 이사부는 곧이어 실직군주에 임명됨에 이들을 그곳으로 데리고 갔을 가능성이 크다. 이것은 동해안 지역에서 가야계통의 유적과 유물이 발굴되는 것에서[56] 추측이 가능하다. 그리고 이 시기에 사민된 집단을 모두 적대적으로 볼 수 없으며, 친신라계나 신라의 지배를 수용하는 집단, 내투자(來投者) 등은 새로운 왕조와 국가에 대한 충성 경쟁을 유도하기 위해서라도 변경으로 안치하였다.[57] 그 결과 이사부의 통솔하에 사민된 가야계통 목곽묘 집단의 후손들이 가진 항해술은 동해안의 연

---

56) 1992년 강원도 동해시 추암동유적의 B지구에서 대가야계 토기가 출토되었는데, 이것은 대가야계 인민이 이 지역으로 사민된 증거라는 주장이 있어 참고가 된다 (이상수, 「영동지역 신라고분에 대한 일고찰」, 『한국상고사학보』 18, 1995, 226~228쪽 : 이형기, 「멸망이후 대가야 유민의 동향」, 『한국상고사학보』 38, 2002, 115쪽).
57) 홍영호, 앞의 논문, 207쪽.

안항해는 물론 이사부의 우산국 정벌에 직간접적으로 기여했을 가능성이 크다.[58]

결국 505년 이사부는 실직군주에 임명되자 중앙정부에 선박 이용의 중요성을 건의하여 관련 제도를 정하게 하고, 또 가야 정벌시 공로로 하사받은 가야계 인민들을 이 지역으로 사민시켜 그들이 보유한 선진 조선술과 해양기술을 접합하고, 실직지역에서 수군을 양성하며 조련시켜 나가다가, 512년 하슬라군주로 옮긴 뒤 이들을 동원하여 우산국을 정복하였다.

4. 이사부의 우산국 정복 출항지 추정

이사부가 우산국을 정복하고 동해의 제해권을 확보할 수 있었던 것은 신라의 수군활동이 활발했던 배경에서 가능하였다. 신라는 한반도 동남부, 즉 지금의 경상도 지역을 기반으로 성장하였기에 자연환경적인 조건으로 동해안을 일찍부터 활용하여 정치군사적으로 진출하였다.

그리고 그 목적을 수행하고 달성하기 위해서는 수군과 군량물자를 수송할 수 있는 선박(船舶)이 필요하였다. 이러한 이유로 신라정부는 선박과 수군에 대한 관심이 컸으며, 이와 관련한 기구와 제도를 마련해

---

58) 강릉 샌드라인 고분군도 부산시 토기들의 출현으로 보아 부산 쪽의 물질문화와 관련이 있는 집단이 신라의 정책에 의해 사민되어 강릉에 이식되었을 가능성이 있다고 하면서, 더불어 바다에 능한 부산쪽 주민들을 강릉으로 사민시켰고, 이후 우산국 정벌에 활용하였을 가능성을 제기하였다(홍영호, 앞의 논문, 207~208쪽). 한편 이보다 좀 늦은 시기에 대가야세력을 비롯하여 복속된 세력들을 동해안 지역으로 사민한 것은 말갈을 비롯한 고구려의 침입을 방어하려는 것과 해상권을 장악하기 위한 목적이라고 한다(김덕원, 앞의 논문, 58쪽).

나갔다.

289년(유례이사금 6) 5월 왜의 침범에 대비하여 선박을 수리하였고,[59] 467년(자비마립간 10) 전함을 수리하였으며,[60] 505년(지증왕 6) 11월 선박 이용의 제도를 정하였다.[61] 이후에 배의 수리에 관한 일은 병부에서 맡았으며, 583년(진평왕 5) 정월에 처음으로 병부 소속의 선부서(船府署)를 설치하고 대감(大監)과 제감(弟監) 각 1인을 두었다.[62] 즉 대감과 제감은 병단(兵團) 조직으로서 수군의[63] 운용에 필수적인 전함에 대한 관리 등의 임무를 담당하였던 것으로 보인다.[64] 그러므로 678년(문무왕 18) 선부가 독립부서로 설치되기 이전에는 병부에 소속된 대감·제감이 선박에 대한 업무를 담당하였다. 결국 678년 이전까지는 선박에 대한 업무는 병부의 장관인 병부령이 최고책임자였던 것이다.

이처럼 선박 관련 업무를 맡은 부서와 담당 관원이 제도적으로 편제된 것을 고려하면 아마 그것은 국가적인 군사용 배의 제조 내지 통제였을 것이다. 아울러 이러한 선박 관련 관부의 존재는 중앙군에 수군이 존재했음을 말해주는 것이다. 특히 배의 효과적인 운용을 위한 여러 가지 방안이 강구되었을 것이다.[65]

---

59) 『삼국사기』 권2, 유례이사금 6년 5월.
60) 『삼국사기』 권3, 자비마립간 10년.
61) 『삼국사기』 권4, 지증왕 6년 11월.
62) 『삼국사기』 권4, 진평왕 5년 정월 ; 『삼국사기』 권38, 잡지7 職官 上. 한편 진평왕 5년에 설치된 선부서는 병부 소속의 부속관서로 보이며(이기백, 『신라정치사회사연구』, 일조각, 1974, 142쪽 각주10). 이 선부서가 병부에서 분리되어 船府 라고 하는 독립관부로 된 것은 문무왕 18년(678)이다.
63) 井上秀雄, 「三國史記にあらわれた新羅の中央行政官制について」, 『新羅史基礎研究』, 1974, 275쪽.
64) 이문기, 『신라병제사연구』, 일조각, 1997, 327쪽.

앞에서도 언급하였듯이, 신라의 동북방 진출은 군사적으로 중요한 지역을 거점으로 확보해 나가는 방법을 취하였다. 그러기에 신라의 동북지역 동해안 곳곳에는 군사거점지역이 있었다. 그리고 이들 지역에는 신라의 수군이 주둔하고 있었을 것이다. 이사부의 수군 활동도 이들 지역을 토대로 이루어졌던 것이다.

그러면 이사부가 우산국 정복을 위해 출항한 곳은 어느 지역일까? 현재 논의 중인 이사부 출항지에 대한 검토를 살펴보면, 비록 울진지역설이 있기는 하나, 대세는 강릉지역설과 삼척지역설로 구분된다.[66]

먼저 강릉지역설의[67] 대개는 삼국시대부터 강릉이 동해안지역의 가장 중요한 군사요충지였고, 고고학 연구의 성과에 의하면 강릉지역이 삼척지역보다 일찍 신라에 편입되었고 출토유물이 풍부하며, 우산국을 정벌했던 512년에는 이사부가 하슬라군주였다는 사실에 근거하여, 결국 이사부의 우산국 정복군의 출항지는 강릉지역의 안목항(강릉항)이라는 것이다.

그러나 이들의 주장에도 내적으로 안고 있는 문제점이 있다. 에둘러

---

65) 유재춘, 「동해안의 수군 유적 연구」, 『이사부와 동해』 창간호, 2010, 12~13쪽.
66) 일부에서는 울진지역설이 있다(이병휴, 「울진지역과 울릉도·독도와의 역사적 관련성」, 『울릉도·독도, 해안 주민의 생활구조와 그 변천·발전』, 영남대학교 민족문화연구소, 1987). 한편 2010년 3월 강릉원주대학교 인문과학연구소 공동연구팀, 2010년 4월 3일 KBS 역사스페셜, 2010년 8월 1일 한국이사부학회가 각각 이사부 출항지 문제를 집중적으로 다루었다. 먼저 KBS 역사스페셜 「동해의 수호신, 신라장군 이사부」에서는 강릉의 안목항과 삼척의 오분항을 출항지로 주목했지만, 두 곳 모두 가능성을 제시하면서 어느 한곳으로 결론을 내리지는 않았다. 이에 비해 강릉원주대학교 공동연구팀은 구체적인 논문을 통하여 남대천 하구 또는 안목항이라 하였고, 한국이사부학회는 삼척 오분항 또는 오라리 산성에 주목하였다.
67) 이 설을 주장하는 연구자로는 이성주·이규대·박도식·홍영호 등이 있다.

말하자면, 출항지를 논리적으로 입증하기 위해서 제일 중요한 것은 우산국에 다다르기 위한 항로(통상적인 뱃길), 수군시설로서의 항포구의 입지조건, 우산국과의 역사적인 관계 입증 등이 중요한데, 이러한 조건들을 충족시키지 못한다는 점에서 강릉을 출항지로 규정하는 데에는 미흡한 점이 많다.68)

그래서 최근에는 삼척지역설이 매우 강하게 제기되었다.69) 기존의 이들 견해를 참조하면서 필자 나름의 또 다른 시각에서 해석과 또 추가 자료를 이용하여 이사부의 우산국 정복 출항지가 삼척일 가능성을 규명해 보겠다.

먼저 이사부의 우산국 정복이 512년이라는 점에 천착할 필요가 있다. 이 해는 이사부가 실직군주에서 하슬라군주로 옮긴 시기로, 이로써 신라는 동해안 방면의 지방통치의 중심을 삼척에서 강릉지역으로 막 옮겼을 가능성이 크다. 그러므로 이러한 상황에서 이사부가 하슬라군주가 되어 곧바로 우산국 복속한 것은 이해하기 어렵고, 이사부가 종전에 재직했던 실직주의 행정·군정을 총괄하는 군주로서 우산국 복속을 위한 준비를 했음에 타당성이 있다. 즉, 삼척 해안지역이 선박의 제조, 항해술의 전통과 기술을 보유하였으며, 여기서 쌓은 수군 운용과 해상, 상륙시 전술 등의 지식, 경험과 실직주에 먼저 설치됐던 실직정의 군사 조직 등이 있었기에 하슬라군주로 옮겨가 곧바로 우산국을 복속했을 것이다.70)

---

68) 손승철, 「이사부 출항지 규명 의의」, 『이사부 삼척출항과 동해비전』, 한국이사부학회·강원도민일보·삼척시, 2010, 20~23쪽.
69) 이 설을 주장하는 연구자로는 김창석·김신·손승철·강봉룡·이상수·유재춘·장동호·윤명철 등이 있다.
70) 김창석, 앞의 논문, 105~131쪽.

결국 이사부가 우산국 정벌을 앞두고 하슬라군주로 임명된 것을 가지고 이사부가 통제하던 신라군이 모두 하슬라지역으로 거점을 옮겨가서 우산국 정벌에 임한 것으로 이해하는 것은71) 잘못이고, 더욱이 이미 여러 해 동안 실직군주를 지내면서 건설해 놓은 군사거점을 옮긴 것도 아니었다.72) 이것은 하슬라주를 설치하였으면서도 신라 중요한 군단인 정(停, 悉直停)을 곧바로 하슬라로 옮기지 않은 것에서도73) 분명히 알 수 있다. 그러므로 실직에 상당 기간 주둔하며 육성한 수군을 우산국으로 향하기 훨씬 좋은 여건을 가지고 있는 삼척지역에서 단지 군주 명칭이 바뀌었다고 옮겨가지는 않았다고 보겠다. 다시 말해 하슬라주가 설치되면서 실직이 갖는 위상에는 변동이 생겼으나 그 군사적 비중은 여전했다.74)

사실상 이사부가 실직주에서 하슬라주로 옮긴 바로 그해에, 바다가 깊고 지세가 험하며 성질이 사나운 우산국을 정복하기 위해서는 위험한 바다에서 험난한 파도와 싸우면서 전투를 수행할 군사를 조련하여 출항하기에는 시간이 절대적으로 부족하다. 육지에서 우산국까지라는 지리적 여건은 당시로서는 매우 먼 원정길이었다.75) 이를 수행하기 위

---

71) 심현용, 앞의 논문, 2009, 27쪽.
72) 유재춘, 「삼척 지역 일대 성곽 및 수군 유적 연구」, 『이사부 삼척출항과 동해비전』, 한국이사부학회·강원도민일보·삼척시, 2010, 185쪽.
73) 뒷날 신라 6정의 하나로 편제되는 하서정은 원래 실직정으로서 667년(무열왕 5)까지 여전히 삼척지역에 존재하였다. 그러므로 실직에 주둔하던 병력이 하슬라로 이동하면서 군단명칭도 하서정으로 개편되었다면 667년까지는 실직에 정이 주둔하고 있었음을 알 수 있다.
74) 심지어는 울진봉평리신라비의 내용을 보면 법흥왕대 울진지역의 반군을 진압하면서 대군을 동원하였을 때에도 실직군주가 군대를 통솔하였다.
75) 필자 가족은 2002년 8월 울릉도 도동항을 출발한 여객선(273톤, 35Knotes, 카타마란호)을 타고 삼척과 이웃한 동해항으로 항해하던 중 해상에서 태풍을 만난

해서는 상당히 오랜 기간에 걸쳐 건조한 병선이 동원되고 또 잘 조련된 군사들이라야 가능한 것이다. 그럼에도 우산국 정복을 성공적으로 수행한 것을 보면 이들은 이사부가 실직주군주로 재직하던 7년 동안에 걸쳐 준비한 선박과 잘 양성되고 조련된 수군이 동원된 것으로 추측된다.[76]

고구려와 왜의 침공이 거듭되고 양국이 외교적으로도 가까워지는 정세가 조성되면 신라로서는 북방과 동남방의 삼면에서 강대한 적대세력을 상대해야 하는 상황에 직면하게 된다. 이러한 당시 상황을 적극적으로 타개하기 위한 조치가 512년 우산국 정복이라고 생각한다. 고구려와 왜 사이의 교통로상에서 중간 경유지 구실을 한 우산국을 장악함으로써 양국의 교섭을 차단·방해할 수 있다. 이사부의 우산국 정복은 일차적으로 이러한 국제정치·군사적 목적 때문에 이뤄진 것이다.[77]

사실 이사부가 주치를 실직에서 하슬라로 옮긴 직후라 이 지역을 통치하는 행정문화의 중심 기능은 실직에서 하슬라로 옮겨졌을 것이다. 그리고 이에 따른 관리들의 이주 등으로 행정중심 기능이 축소되었기에 실직지역의 허탈감과 위세의 약화는 조금 있었을 것이다. 하지만 중요한 군단인 실직정이 여전히 실직에 존속하기에 군사의 주둔과 함께

배안 승객들이 매우 고통스럽고 고생하는 모습을 목격한 바 있다. 오늘날 발달된 대형 선박과 뛰어난 항해술에도 이 정도라면 이사부의 우산국 정복시는 그 위험이 엄청 더했을 것이다.

76) 강봉룡 또한 '이사부가 하슬라군주가 된 직후에 우산국을 정벌했을 가능성이 더 크다고 보면서, 하슬라와 실직은 각각 중심 도시적 성격과 군사적 성격을 강하게 띠고 긴밀한 관계를 유지해 왔을 것이고, 이사부가 하슬라군주로 이동해 가서도 실직군주를 통해서 실직에 남아있던 주력부대(실직정)를 통솔하였다고 한다면, 이사부의 출항지는 삼척에서 찾아야 할 것'으로 보았다(강봉룡, 앞의 논문, 2010b, 64쪽).

77) 김창석, 앞의 논문, 126쪽.

군사중심지로서, 특히 하슬라의 배후지역으로서, 그 중요성은 여전하였고 오히려 안정감을 갖게 되었을 것이다.

이에서 생각건대, 아무래도 당시 고구려와의 대치상황에서 위험을 무릅 쓰면서 신라 동북단 지역의 새로운 최전방 군사·행정 중심지로 건설하기 시작한 하슬라의 병력을 우산국 정복에 동원할 수는 없었을 것이다. 그보다는 하슬라의 배후지역으로, 이미 이사부 자신이 오래 전부터 군사조직을 구축해 놓은 곳이라 위험과 부담이 덜한 실직정의 병력을 주력부대로 동원하고 출발시키는 것이 전략상 보다 유리했을 것이다.

그리고 지리적 여건이나 계절상으로 보아도 그 출항지는 삼척지역일 가능성이 높다. 이사부가 우산국을 정복코자 출항한 시기가 음력 6월인데 이는 양력으로는 7~8월에 해당한다. 이 무렵에는 계절상 남동계절풍이 분다. 그렇다면 당시 선박과 항해기술상 우산국으로 들어가는 방법은 지리적 위상이 울릉도와 비슷하거나 남쪽에 위치한 곳에서 출발하여 바람을 이용하여 항해하는 것이 유리한 조건이었을 것이다.[78] 울릉도와 가장 가까운 한반도의 동해안 지점은 삼척시 임완항인데, 여기서부터 직선거리로 134㎞ 떨어져 있다.[79] 사실상 울릉도의 육안관측이 가능하고, 경사가 완만한 넓은 배후지를 보유하고 있으며, 울릉도와의 거리가 가까운 곳은 거의 대부분 삼척지역에 위치하고 있는 것으로 나타났다.[80]

---

78) 해류를 이용했을 때 삼척이 가장 유리했을 것이다. 삼척을 출발하면 뒷바람을 받아 울릉도에 가기에 유리하다. 반면에 강릉을 출발하면 남동풍이라 역풍을 맞게 되어 부적합하다.

79) 최몽룡 외, 『울릉도-고고학적 조사연구』, 서울대학교 박물관, 1998, 25쪽.

80) 장동호, 「항포구 자연환경 및 GIS 입지분석으로 본 출항지」, 『이사부 삼척출항

그런데 수군이 주둔하고, 또 그들을 태운 선박이 출항하기 위해서는 이 지역에 좋은 항구가 있어야 한다. 즉 우산국을 정복한 이사부 수군의 출항지는 구체적으로 삼척의 어디일까? 이것에 대해 삼척 오십천 하구 그리고 그에 접해 있는 오하리산성이 이사부가 우산국 정복을 위해 출항했던 출항지와 가장 밀접하게 관련된 항포구와 유적지를 갖고 있다는 주장이 있다.[81]

흥미로운 것은 근래까지도 삼척지역에 이사부와 관련한 민간신앙이 존재한다는 사실이다. 예를 들면, 삼척지역에서 풍어제에 모시는 신의 한 분이 '이사부신'라는 것이다. 삼척 오십천 하구 자연포구에 자리잡고 있는 오분동 어촌계원들이 신라장군 이사부를 신(神)으로 모셔온 것으로 알려졌다. 그 내용은 '삼척 오분동 어촌계 어민들은 매년 봄에 풍어와 안전을 기원하는 제례를 봉행하고 있는데, 해신(海神)·지신(地神)과 함께 신라 장군 이사부(異斯夫)를 제례의 대상으로 모셔왔다.'고 한다. 그리고 "메밥을 포함해 모든 제물을 3가지씩 동일하게 준비하는데 한분은 '울릉도를 정벌한 분'이라고 구전된다."고 한다.[82]

이 내용은 삼척이 과거 울릉도와 깊은 인연을 맺어 온 지역이라는 점을 말해주는 것이다.[83] 삼척의 어업인들이 신으로 받들고 있는 인물

과 동해비젼』, 한국이사부학회·강원도민일보·삼척시, 2010, 305쪽.
81) 이상수, 「유적을 통해본 이사부 출항지 검토」, 『이사부 삼척출항과 동해비젼』, 한국이사부학회·강원도민일보·삼척시, 2010, 143쪽.
82) 최동열 기자, 『강원도민일보』 2009년 9월 9일 기사, "삼척어민 수호신으로 '이사부' 모셔와 오분동 어촌계원 풍어 안전기원 제례 대상 해신·지신·이사부신 포함" 참조.
83) 그리고 풍어제를 지내는 곳은 오분항에서 배를 타고 남쪽으로 5분여를 이동하면 만나게 되는 자연포구로 뒤편에는 유서 깊은 '오하리산성'이 자리 잡고 있고, 예전에 포구로 활용됐기 때문에 요즘도 '선창'으로 불린다.

이 울릉도를 정벌한 분이라고 전해지는 것을 보면, 이들은 그 신을 512년에 우산국을 정벌한 신라 이사부 장군으로 믿고 제사를 받들어 모시고 있는 것이다.[84]

이상에서 살펴보았듯이, 512년 이사부가 실직군주에서 하슬라군주로 옮겼지만 그 수군 활동의 중심지는 삼척지역이며, 특히 오분항이 우산국 정복군의 출항지인 듯하다. 그리하여 오늘날에도 이 지역 어민들 사이에는 이사부를 풍어와 안전을 비는 제례의 대상으로 모시는 민간신앙이 존재한다.

5. 맺음말

삼국시대 신라의 동북방 진출과 이사부의 우산국 정복 및 출항지에 대해 살펴보았는데, 그 내용을 요약하여 다음과 같다.

일찍이 신라는 국가발전 과정에서 연근해항로를 이용하면서 동북방 곳곳에 거점을 삼고 문화를 발전시켰다. 먼저 포항지역을 정복한 뒤 동해 바다로 진출하여 해안을 따라 북상하면서 울진지역을 확보하여 중간 기착지로 삼고, 삼척으로 진출하고 다시 강릉지역을 확보하였다. 신라는 중고기에 이르러 비약적인 발전을 하면서 대외적으로 영토를 확장해 나갔는데, 동북방으로 진출은 동해안 연근해해로를 최대한 활용하여 북방의 거점 확보에 노력하면서, 동시에 육로로의 진격으로 영역을

---

84) 한편 '일제 강점기 강릉 단오제 때 대성황당에 모신 12신위 중에 이사부도 포함되어 있으며 연희 중의 양반광대 춤이 목사자를 이용한 이사부의 우산국 정벌 모습에서 연원했다.'고 보는 견해도 있다(秋葉隆, 「江陵端午祭」, 『日本民俗學』 2권5호, 1930, 63~170쪽 :『조선민속지』, 동문선, 1993, 199~202쪽).

확보해 나가는 육해양동작전을 수행하였다. 이 과정에서 실직주를 설치하고 이사부를 군주로 임명하여 최전방 군사기지이며 한반도 중부의 동해 바다로 나가는 출항지를 확보하여, 우산국 정복의 기반을 구축하였다.

이사부는 505년 실직군주에 임명되자 중앙 정부에 선박 이용의 중요성을 건의하여 관련 제도를 정하게 하였다. 또 지증왕대 낙동강 유역 금관가야의 4개 촌락을 점령한 공로로 받은 가야계 사람들을 이 지역으로 사민시켜 그들이 보유한 선진 해양기술을 접합시키고, 실직지역에서 수군을 양성하고 조련시켜 수군기지를 구축하였다. 그러다 512년 하슬라군주로 옮기고, 우산국을 정복하여 토산물의 수취와 동해의 해상권을 장악하였다. 그 결과 이사부는 동해안의 경제적 부를 확보하고, 정치군사적인 성대한 인망과 함께 중앙 정계에 화려하게 복귀하였다.

필자는 다음과 같은 까닭으로 이사부의 우산국 정복 출항지는 삼척지역이 타당한 것으로 보았다.

첫째, 이사부가 실직주에서 하슬라주로 옮긴 바로 그해에 위험한 바다에서 험난한 파도와 싸우면서 전투를 수행할 군사를 조련하여 우산국 정복군이 출항하기에는 시간이 절대적으로 부족하였음에도 성공적으로 정복을 한 것을 보면, 이들은 이사부가 실직주군주 시절에 장기간에 걸쳐 양성한 잘 조련된 수군들이 출정한 것이다.

둘째, 이사부는 당시 고구려와의 대치상황에서 위험을 무릅 쓰면서 새로운 신라의 동북단 지역의 최전방 군사·행정 중심지로 건설하기 시작한 하슬라의 병력을 우산국 정복에 동원할 수 없었을 것이고, 그보다는 하슬라의 배후지역으로 위험과 부담이 덜한 실직정의 병력을 출동시키는 것이 전략상 보다 유리했을 것이다.

셋째, 이사부가 우산국을 정복코자 출항한 시기가 음력 6월인데, 이 무렵에는 남동 계절풍이 부는 시기라, 지리적 위상이 울릉도와 비슷하거나 보다 남쪽에 위치한 곳에서 출발하여 바람을 이용하여 항해하는 것이 유리한 조건이었을 것이다. 울릉도와 가장 가까운 한반도의 동해안 지점은 삼척지역이다.

넷째, 오늘날 삼척 오십천 하구 자연포구의 오분동 어촌계원들이 풍어제에 신라장군 이사부를 신(神)으로 모셔오고 있다.

하지만 필자가 이사부의 우산국 정복 출항지를 삼척으로 본 것은 주력 부대의 출항지가 삼척이라는 것이지, 당시 하슬라군주 이사부의 지휘를 받고 통제하에 있던 군대는 하슬라주 영역내에 있는 여러 지역의 항구에 주둔하여 활동하면서 우산국 정복을 지원하는 공동작전을 펼친 결과였을 것으로 생각한다.

결국 신라는 바다를 이용한 동북방 진출과 이사부의 우산국 정벌을 통해 동해의 제해권을 장악한 경험을 바탕으로 진흥왕대 한강 유역을 확보한 후 서해안에서 해양활동과, 동해안에서 함흥지역으로의 진출이 가능했다.

제2부
중대 신라의 번영과 서해

제 1 장
신라 문무왕의 해양의식

1. 머리말

신라 문무왕은 백제·고구려를 멸망시키고 당 세력을 한반도에서 축
출함으로써 삼국통일을 완수하였다. 그리고 죽어서는 나라를 지키는 동
해의 용(龍)이 되어 왜(倭)의 침입을 막겠다는 유언(遺言)을 하였으며,
이것은 이른바 대왕암설화(大王岩說話)로 발전하였다. 이러한 연유로 후
대에 문무왕과 대왕암은 호국정신의 상징으로 인식되어 전해오고 있으
며, 이에 대한 지대한 관심과 함께 많은 연구가 이루어졌다.

그러나 최근에는 대왕암이 문무왕의 죽음과 어떤 관계가 있느냐와
더불어 이것의 진위논쟁이 제기되었다. 전통적으로는 대왕암이 수중릉
설(水中陵說, 藏骨處)이나 산골설(散骨說, 葬骨處)이건 문무왕과 관련이 있
다는 것이 일반적이지만,1) 반면에 문무왕 당대의 사실이 아니라 후대

---

1) 국립박물관, 『감은사지발굴조사보고서』, 1960 ; 황수영, 『신라의 동해구』, 열화
  당, 1994 ; 정영호, 「석굴 창건과 동해구 신라유적과의 관계」, 『정신문화연구』

에 왜구의 침입과 부회(府會)된 것이라는 주장도 제기되었다.2) 특히 문무왕의 진왜설(鎭倭說)을 사실로 보는 입장과3) 사실이 아니라고 보는 입장이 있다.4) 그럼에도 필자는 이것은 신라 문무왕과 신문왕대의 역사적 사실을 바탕으로 하면서,5) 여기에 후대에 설화적 윤색이 가미된 것으로 보고자 한다.

삼국통일과정에서 신라는 백제·고구려 및 당과 많은 전투를 치루었다. 육지에서 전투와 함께 강과 바다에서도 대규모 전투가 있었다. 문무왕은 여러 차례 해전(海戰)을 치루면서 해양(海洋)의 중요성을 충분히 실감하였다. 더구나 백제를 멸망시키는 과정에서 백제유민과 왜의 연합세력의 저항을 극복하는 어려움이 있었다. 이러한 이유와 배경에서 문무왕은 통일전쟁이 종료된 이후 곧바로 해양과 선박을 전담하는 관부인 '선부(船府)'를 설치하였으며, 또 왜와 일본열도로 망명한 백제 세력의 침공에 대한 노심초사하는 강박감이 드디어 그가 죽어서는 나라를 지키는 동해의 용이 되겠다는 유언을 하였으며, 그것은 대왕암과 감은사(感恩寺)를 비롯하여 만파식적설화(萬波息笛說話)로 승화된 것으로 이해하고자 한다.

본고에서는 문무왕이 이러한 해양의식을 갖게 된 배경으로 신라 삼

48, 1992 ; 장충식, 「문무대왕의 위적」, 『신라문무대왕』, 경주군, 1994.
2) 대표적인 사례로 신종원, 『한국 대왕신앙의 역사와 현장』, 일지사, 2008이 있다.
3) 황패강, 『신라불교설화연구』, 일지사, 1975, 250쪽 ; 武田幸男, 「創寺緣起からみた新羅人の國際觀」, 『中村治兵衛先生古稀記念 東洋史論叢』, 1986, 362~365쪽 ; 木村誠, 「文武大王代의 對倭關係」, 제18회 신라문화학술회의 발표문, 1999.8.30.
4) 중국과 사이에 용궁(용왕)이 있다는 인식을 일본으로 대가한 것(新川登龜男, 「入唐求法諸相」, 『日本古代의 對外交涉と佛敎』, 吉川弘文館, 1999, 184쪽)에 불과하여 굳이 말하자면 이른바 '가상적 사건'이라는 주장도 있다(두창구, 「만파식적고」, 『강원민속학』 7·8, 1990, 20쪽).
5) 김상현, 「만파식적설화의 형성과 의의」, 『한국사연구』 34, 1981.

국통일의 위업을6) 이루는 과정에서 있었던 해양을 무대로 했던 해전
들에 대해 살펴보고, 이어서 통일전쟁 종료후 설치한 해양 전담 관부인
선부(船府) 설치에 대해 검토하며, 그리고 문무왕의 유조(遺詔)와 대왕
암설화를 통해 호국성이 강한 문무왕의 해양의식이 가진 역사문화적
의미를 밝히겠다.

사실, 고래로 삼국통일과 문무왕에 대해 언급한 글이 대단히 많은 까
닭에, 여기에서 이들에 대한 연구사적 분석을 일일이 언급하면서 논지
를 전개하는 것은 무리이기에, 이 글의 서술과정에서 필요한 것만 언급
하고 인용함을 해량해 주길 바란다.

2. 문무왕의 해양인식 형성 - 통일전쟁과 해전 -

가. 백제·고구려 병합과 해전

신라의 해양 진출이 확대된 것은 6세기 중반에 한강유역을 차지한
이후이다. 한강 하류지역을 차지함으로써 중국과의 교통로를 확보하였고,
또 당군(唐軍)의 지원을 받아 백제와 고구려를 멸망시킬 수 있었다.

이 시기 신라 중앙정계의 중심인물인 김춘추(金春秋)의 아들이요 김
유신(金庾信)의 외조카인 김법민(金法敏, 문무왕)은7) 청년기부터 해양을

---

6) 이명식, 「신라 문무대왕의 민족통일 위업」, 『대구사학』 25, 1984.
7) 문무왕은 신라 제30대 국왕으로(재위 661~681), 성은 金氏이고 이름은 法敏이며,
   아버지는 태종무열왕 김춘추이고 어머니는 금관가야의 왕족 출신인 蘇判 金舒玄
   의 작은딸, 즉 金庾信의 누이인 文明王后 寶姬이다. 그리고 왕비 慈儀王后는 波珍
   湌 善品의 딸이다.

직접 경험하였으며 그 중요성을 잘 알고 있었다. 이미 진덕여왕대 고구려와 백제의 압력에 대항하기 위해 당으로 들어가서 외교 활동을 하였다.

A. 6월 唐에 사신을 보내 백제를 이긴 사실을 보고하였다. 왕은 비단에 5言詩 太平頌을 써서, 이를 춘추의 아들 法敏으로 하여금 당 황제에게 바치도록 하였다. … 高宗이 이 글을 아름답게 여기고, 법민에게 大府卿을 제수하여 돌려보냈다. 이 해에 처음으로 중국 연호 永徽를 사용하였다.[8]

이처럼 김법민은 650년(진덕여왕 4) 당에 사신으로 들어가 탁월한 외교 능력을 발휘하여 임무를 성공적으로 수행하고,[9] 당으로부터 대부경(大府卿)이란 관직을 받아 귀국하였다. 이 일을 통해 김법민은 한반도의 신라를 벗어나 당의 장안(長安)을 둘러봄으로써 당시 국제정세에 대한 안목을 넓힘은 물론, 특히 바다를 건너 당에 들어가고 또 당과 협력 관계를 구축하면서 해양과 해로의 중요성을 직접 체험하였던 것이다.

아버지 태종무열왕(김춘추)이 즉위한 뒤, 파진찬(波珍飡) 관등으로 병부령(兵部令)을 맡았으며, 얼마 뒤 태자에 책봉되었다. 660년 3월 소정방(蘇定方)은 13만 대군을 거느리고 산동반도(山東半島)의 래주(萊州)를 출발하여 백제를 치기 위해 황해(黃海)를 횡단(橫斷)하여 마침내 덕물도(德物島)에 이르렀다. 이때 김법민은 덕물도로 직접 가서 소정방을 맞이하였다. 즉 김법민은 신라와 당의 연합군이 백제정벌전쟁을 추진할 때에 해양을 통해 매우 중요한 역할을 하였다.

---

8) 『삼국사기』권6, 진덕여왕 4년.
9) 『삼국사기』권28, 의자왕 11년.

B. (6월) 21일 왕이 태자 법민으로 하여금 병선 100척을 거느리고 德物島에 가서 蘇定方을 맞이하게 하였다. 소정방이 법민에게 "나는 7월 10일 백제 남쪽에 도착하여 대왕의 군사와 만나 義慈의 도성을 격파하려 한다."고 말했다. ⋯ 정방은 기뻐하며 법민을 돌려보내 신라의 병마를 징발하게 하였다. 법민이 돌아와 정방의 군세가 매우 성대하다고 말했다. 왕은 기쁨을 금치 못하고, 태자와 대장군 庾信, 장군 品日·欽春(春을 純이라고도 함) 등으로 하여금 정병 5만을 거느리고 가서 응원하게 하였다. 왕은 金堗城에 머물렀다.[10]

이처럼 김법민은 660년 6월 21일에 병선 100척을 거느리고[11] 덕물도에 가서 당 소정방과 백제 침공에 대한 군사작전계획을 합의하고 돌아왔으며, 심지어 직접 출전하여 큰 공을 세웠다. 이때 김법민은 태자이자 군사통수의 최고 관직인 병부령으로서, 산동반도의 래주(또는 成山)를 출발한 소정방이 이끄는 당군의 서해 도항(渡航)과 신라 수군의 항해와 전투 능력에 대해 생각하고 느낀 바가 컸을 것이다.

더구나 황해를 건너와 덕물도를 거쳐 기벌포(伎伐浦)에서 백제 수군을 깨뜨리고 상륙한 당군은 황산벌전투를 치루고 탄현(炭峴)을 넘어온 김유신이 이끄는 신라군과 합세하여 백제를 단기간 내에 멸망시켰다. 여기서 주목할 점은 당군의 상륙지역이 기벌포라는[12] 것이다. 태자로

---

10) 『삼국사기』 권5, 태종무열왕 7년 6월.
11) 당시 신라 수군의 隻數는 동해의 수군을 합하면 150~200척은 될 것이라는 추측이 있다(이종학, 「문무대왕과 신라해상세력과 발전」, 『경주사학』 11, 1992, 69쪽). 그리고 이 신라 수군은 소정방의 당군에게 식량과 물품을 보급하고 당 수군과 합세하여 사비성 공격에 참여하여 형식상 나당 연합 수군의 모양새를 갖추었을 것이다(권덕영, 『신라의 바다 황해』, 일조각, 2012, 171쪽).
12) 혹은 熊津江口(『구당서』 권83, 열전33 소정방조), 彌資之津(『일본서기』 권26, 제명천황 6년 9월)이라고도 기록되어 있으나, 이곳들은 크게는 오늘날 금강 하구에 해당한다(강봉룡, 「해전을 통해서 본 신라의 삼국통일과 그 해양사적 의의」,

서 신라측 최고 군사통솔자였던 김법민은 이곳에서 당군의 상륙작전으로 백제를 멸망시킨 사건을 통해 전쟁에서 수군의 중요성과 관련하여 강한 인상과 신라 수군력 증강의 필요성을 절감하게 되었을13) 것으로 생각된다.

한편 김법민은 661년 아버지 태종무열왕이 죽자 이어서 즉위하니, 곧 문무왕이다. 문무왕은 부왕의 뜻을 계승하여 삼국통일전쟁을 수행하였다. 그 과정에서 문무왕이 재위한 21년 동안은 백제부흥군, 고구려, 당과 전쟁의 연속이었다. 물론 육지에서의 전투도 많았지만, 여러 차례 해전을 치루고, 또 수륙양동작전을 수행하였다.

먼저 백제부흥군과 전쟁과정에서의 신라 수군 및 해전에 대한 것을 살펴보자.

문무왕이 즉위한 661년에 옹산성(甕山城)과 우술성(雨述城)에 웅거하던 백제 잔적(殘賊)을 공격해 항복을 받고 그 곳에 웅현성(熊峴城)을 축조하였다. 한편 백제부흥군은 661년 4월 사람을 보내어 왜에 가 있던 백제왕자 부여풍(扶餘豊)의 귀국을 거듭 요청하여, 9월에 부여풍은 5,000여명의 호위병을 거느리고 귀국하였다. 백제부흥군은 그를 왕으로 추대하고선, 주류성(周留城)에 근거를 두고 웅진성(熊津城)을 공격해 신라와 당의 주둔군을 괴롭혔다. 왜는 백제부흥군을 지원하여 662년 1월 무기와 물자를, 5월 170척 함대의 수군을 파견해 주었다. 왜의 지원으로 기세가 강해진 백제부흥군은 복신(福信)의 지휘 하에 본부를 임존성(任存城)에서 주류성으로 옮기고 더욱 강하게 저항하였다.14)

『대외문물교류연구』 4, 2006, 17쪽).
13) 고경석, 「통일 직후 해양체제의 구축과 해양이념의 고양」, 『한국해양사』Ⅱ, 한국해양재단, 2013, 110쪽.
14) 『구당서』 권199상, 열전 149상, 동이 백제전.

한편 백제부흥군의 저항이 거세지자 당의 웅진도독(熊津都督) 유인궤(劉仁軌)는 위협을 느끼고 본국의 당 고종(高宗)에게 병력을 증원해 파견해 줄 것을 요청하였다. 당은 우위위장군(右威衛將軍) 손인사(孫仁師)에게 치주(淄州)·청주(靑州)·래주(萊州)의 군사 7,000명을 거느리고 황해를 건너 출병시켰다. 산동반도를 출발한 손인사는 덕물도를 거쳐 웅진부성(熊津府城)에 가서 유인원 군대와, 또 신라군과 합세하였다. 손인사가 거느린 군대는 산동 해안지역에서 선발되었다. 그러므로 당군은 수군이 주력을 이루었다.15)

663년(문무왕 3)부터 신라군의 압박이 강화되자 부여풍은 고구려와 왜에 구원병을 파견해 줄 것을 요청하였다. 고구려는 군대를 파견하지 않았으나, 663년 3월 왜는 상모야군치자(上毛野君稚子)가 27,000명 군대를 거느리고 출병하였다.16) 부여풍은 백강(白江)으로17) 가서 왜군을 맞이하고 합세하여 진영을 정비하였다. 이에 대응하여 신라와 당의 연합군은 육군과 수군으로 나누어 수륙양동작전으로 백제부흥운동의 본거지인 주류성을 진격하였다. 문무왕과 유인원 그리고 손인사는 육군을 지휘하여 주류성을 향해 진격했고, 유인궤 등은 수군과 군량선을 이끌고 주류성의 앞바다를 향해 진격하였다.18)

한편 왜의 군선 1,000척은 백강에 정박하고 백제부흥군의 정예 기

---

15) 김영심, 「신라·당의 황해횡단항로의 연계와 백제·고구려의 멸망」, 『한국해양사』
   Ⅰ, 한국해양재단, 2013, 576쪽.
16) 『일본서기』 권27, 天智天皇 2년 3월.
17) 白江, 白村江, 白江口의 위치에 대해서는 심정보, 「백강의 위치에 대하여」, 『한
   국상고사학보』 2, 1989 ; 서정석, 「백제 백강의 위치」, 『백산학보』 69, 2004 ;
   노중국, 『백제부흥운동사』, 일조각, 2003 ; 강봉룡, 앞의 논문, 2006 ; 김영관, 「백
   강구의 위치와 백강전투」, 『군사』 65, 2007 참조바람.
18) 『구당서』 권84, 열전34 劉仁軌.

병이 강 언덕에서 군선을 호위하는 형태를 취하였다. 즉 백제·왜 연합 군은 해전에 더 큰 비중을 두어 나당연합군의 상륙을 저지하려는 작전 을 폈다. 웅진강을 출발한 당의 수군은 663년 8월 17일 백강에 도착 하여 전열을 갖추었다. 이것이 백강전투이다.19) 8월 27일 왜군 선발 대와 당 수군이 백강에서 대치하면서 벌어진 제1차 전투에 이어, 8월 28일 제2차 전투가 벌어졌다. 신라와 당의 연합 수군은20) 네 차례의 접전 끝에 백제·왜 연합군을 화공(火攻)하여 군선 400척을 불태우는 대승을 거두었다.21)

이처럼 백강전투에서는 나당연합군의 수군이 왜의 수군을 대파하였 고, 육상에서는 신라군이 백제부흥군을 격파하였다. 문무왕은 김유신 등 28명의 장군과 함께 당에서 파견되어 온 손인사의 증원병과 연합해 수륙양공작전을 펼쳐 백제부흥군의 본거지인 주류성을 비롯해 여러 성 을 함락하였다.

C. 龍朔 3년(663)에 이르러 총관 孫仁師가 병사를 거느리고 와서 부성 을 구원할 때, 신라의 병마도 역시 정벌에 참여하였다. 행군이 주류성 아 래에 이르렀을 때 왜국의 수군이 와서 백제를 도우려 하였다. 왜선 1,000 척이 白江에 머물러 있었고, 백제의 정예 기병들이 강가에서 배를 지키고 있었는데, 신라의 정예 기병들이 중국 군대의 선봉이 되어 먼저 강 언덕의 진지를 쳐부수니, 주류성은 대적할 용기를 잃고 곧바로 항복하였다.22)

19) 변인석, 『백제의 최후, 백강구전쟁』, 무공문화, 2015. 또 白江口戰鬪, 白村江戰鬪 라고도 부른다.
20) 당 수군에 신라 수군이 합류하여 편성된 조직이었다(김영관, 『백제부흥운동사연 구』, 서경, 2005, 197쪽).
21) 한편 나당연합군이 승리한 요인의 하나로써, 신라가 미리 전남 도서 중간기착지 들의 배후지를 점령하고 방화하여 왜군의 진군속도를 지연시키는 작전의 결과 라는 주장도 있다(서영교, 「백강구전투와 신라」, 『역사학보』 226, 2015, 56쪽).

아울러 나당연합군이 주류성을 공격하는 수륙병공작전을 펼 때, 수군이 군사와 군량을 탑재한 병선을 운용하였다. 이것은 당시 수군의 주요 임무가 군수물자와 원군의 수송·보급이었음을 잘 보여주는 사례이다.[23]

이어서 신라가 지수신(遲受信)이 끝까지 항거하던 임존성마저 정복함으로써 백제부흥운동은 종식되고 말았다. 백강전투는 백제와 왜, 신라와 당의 세력이 충돌한 국제전으로 동아시아사에서 획기적인 사건이었다. 백제에 구원군을 보낸 왜는 백강전투를 통해 동아시아의 국제무대에 본격적으로 진출하게 된 것이다. 신라는 백강전투를 통해 신라 수군의 실력을 왜의 수군, 당의 수군과의 비교 검증해 볼 기회가 되었다. 나아가서는 당 수군과의 합동전투를 통해 당 수군이 가진 전술과 무기, 부대편성체계 등을 습득할 수 있었을 것이다.

반면에 백제부흥군은 백강전투의 패배와 주류성의 함락으로 그 기세가 완전히 꺾이게 되었다. 그 결과 백제고지에서 부흥운동은 종지부를 찍기에 이르렀고 당시 백제유민들은 어쩔 수 없이 신라에 복종할 수밖에 없었고, 그렇지 않으려면 본토를 떠나 다른 지역으로 뿔뿔이 흩어졌다.[24] 특히 일본열도로 이주하는 경우가 많았는데, 671년 11월경 백제유민들이 대규모 일본으로 이주하는 일이[25] 발생하였듯이, 많은 수의 백제유민이 피눈물 속에 뒷날 고향을 되찾고 신라에 대한 복수를

---

22) 『삼국사기』 권7, 문무왕 11년
23) 강봉룡, 「나당전쟁과 해전, 그리고 신라의 삼국통일」, 『한국해양사』 I, 한국해양재단, 2013, 635쪽.
24) 周留城의 扶餘豐, 任存城의 遲受信은 고구려로 망명하였다(『삼국사기』 권28, 의자왕 20년 말미).
25) 『日本書紀』 권27, 天智天皇 2년 9월 참조.

다짐하면서, 고국을 등지고 바다 건너 일본으로 망명의 길을 떠났던 것이다.26)

그런데 대규모 백제유민들의 일본으로 도망과 이주현상을 지켜본 문무왕에게는 평생 동안 이들의 침공에 대해 노심초사하고, 포괄적으로는 이들과 왜의 침입에 대한 의구심과 공포심으로 정신적 강박감을 갖게 되었을 것이다.

한편, 신라 문무왕은 당과 연합해 고구려를 정벌하였다. 우선 문무왕은 즉위하던 해(661) 당의 소정방이 군대를 이끌고 고구려를 침공함에, 문무왕은 김유신을 비롯한 김인문(金仁問)·진주(眞珠) 등 장군으로 하여금 신라군을 출병시켜 당군의 고구려 공격에 호응하게 하였다.27) 그리고 666년에는 고구려를 정벌하고자 한림(漢林)과 삼광(三光)을 당에 보내 출군을 요청해, 667년 이세적(李世勣)이 이끄는 당군과 연합해 평양성을 공격하려 했으나 미수에 그쳤고, 또다시 668년부터 본격적으로 고구려를 공격하였다. 당군이 신성(新城)·부여성(扶餘城) 등 여러 성을 차례로 공격해 쳐부수고 압록강을 건너 평양성을 포위, 공격하자 문무왕도 이해 6월 김유신·김인문·김흠순(金欽純) 등이 이끄는 신라군을 파견해 당군과 함께 평양성을 공격하였다. 이리하여 9월 고구려

---

26) 그 예로 664~669년 백제왕 善光을 포함한 백제인 3천여 명 이상이 왜로 이주하였으며, 왜에서는 백제 멸망후 이주한 백제인들에게 관위를 주기 위해 665년 백제국의 고급 계급을 검토하였고, 671년에는 백제인들에게 작위를 주었다(『일본서기』 권27, 천지천황 참조). 한편 상당수 백제유민들, 특히 반신라적 인물들은 바다를 통해 遼東을 거쳐 당으로 이주하였다(이상훈, 「나당전쟁기 기벌포전투와 설인귀」, 『대구사학』 90, 2007, 64쪽).

27) 대동강을 통해 고구려의 平壤城을 공격하던 소정방의 당군이 淵蓋蘇文의 굳센 항전으로 고전하자, 662년 김유신을 비롯한 9명의 장군으로 하여금 당군에게 군량까지 보급하게 했으나 소정방은 물러가고 말았다.

보장왕(寶臧王)으로부터 항복을 받았다.

고구려를 멸망시키는 과정에서 신라는 육로로의 공격이 중심이었으나, 아울러 해상과 해군도 최대한 이용하였다.

D—① 乾封 2년(667) 대총관 英國公(李世勣)이 遼東을 친다는 말을 듣고, 나는 漢城州에 가서 그곳에서 병사를 보내 국경에 모이도록 하였다. 신라 군대가 홀로 쳐들어갈 수 없어서 우선 세 차례 첩보병을 보내고, 배를 잇달아 띄워서 중국 군대의 상황을 살피도록 하였다. 첩보병이 돌아와서 한결같이 말하기를 '중국 군대가 아직 평양에 도착하지 않았다.'고 하기에, 우리는 우선 고구려의 七重城을 쳐서 길을 열어 통하게 해놓고, 중국 군대가 오기를 기다리기로 하였다.[28]

② 건봉 3년(668) 大監 金寶嘉를 시켜 바닷길로 들어가 英公(이세적)의 명령을 받아오도록 하였는데, 그가 신라 군사는 평양에 모이라는 분부를 받아 왔다.[29]

신라는 고구려 공격을 위해 군대를 국경지대인 한산주(漢山州)에 주둔시키고 당군이 도착하기를 기다렸다. 이때에도 신라는 선박을 이용하여 서해 바다에 첩보병을 보내어 당군의 도착을 살피며 공격 시기를 맞추고 있었다. 심지어 신라는 대감 김보가를 시켜 서해 바닷길로 들어가 이세적으로부터 군사협력 명령을 받아오기도 하였다.

이것은 고구려를 멸망시킬 때에도 당군과 공동작전을 펴면서, 수군을 최대한 이용하였음을 알 수 있겠다.

이상에서 살펴보았듯이, 신라는 이미 백제 멸망시에 당 수군의 역할을 경험한 바 있기에 고구려를 멸망시키고자 공격할 때에도 당의 수군

---

28) 『삼국사기』 권7, 문무왕 11년.
29) 『삼국사기』 권7, 문무왕 11년.

과 보조를 맞추었으며, 그것이 서해상에서 이루어졌다. 결국 신라는 고구려 침공에도 해양과 당 수군에게 절대적으로 의존하였고, 또 그 중요성을 확인하였다.

나. 나당전쟁과 해전

나당연합군이 백제와 고구려를 멸망시킨 뒤, 당은 한반도 전체를 차지하려는 야욕을 노골적으로 드러냈다. 이와 달리 신라는 백제와 고구려의 고지에 대한 지배권을 확보하고자 당 세력을 몰아내기 위한 전쟁을 치루야 했는데, 이 과정에서 육지에서 전투와 함께 해전이 갖는 의미 또한 매우 중요하다.

이른바 나당전쟁은 670년 3월 신라의 설오유(薛烏儒)가 고구려유민 고연무(高延武)와 함께 압록강 넘어 요동(遼東)으로 진출한 것을 계기로 본격화되어 676년까지 7년간에 걸친 기간 동안 여러 차례 대규모 전투를 치루었다.

당은 670년 고간(高侃)・이근행(李謹行)의 행군(行軍)을 편성하였고, 671년 설인귀(薛仁貴)의 웅진도독부(熊津都督府) 구원군을 파견하였으며, 674년 유인궤(劉仁軌)의 추가 원정군을 파견하였다. 그러나 당군은 675년 매초성전투(買肖城戰鬪)에서 패배함으로써 대세가 기울어졌고, 마침내 676년 기벌포전투를 끝으로 한반도에서 완전히 철수하게 되었다.

나당전쟁에서는 초기 고간・이근행의 육군이 요동을 거쳐 한반도로 투입되었으나, 671년 설인귀의 웅진도독부 구원군은 해로로 투입되어 상륙전을 감행하였으며, 674년 편성되는 유인궤의 신라원정군 다수도

해로(海路)로 투입되었을 가능성이 높다. 또한 675년 매초성전투에 앞서 이와 연계된 당 수군의 공격으로 천성전투(泉城戰鬪)가 있었으며, 676년 기벌포전투 또한 당 수군의 상륙전을 수반한 전투로 보아야 할 것이다.[30]

지금부터는 나당전쟁시 여러 해전에서 문무왕을 비롯한 신라인들이 경험한 해전에 대해 살펴보겠다.

신라가 당의 세력을 물리칠 수 있었던 원인과 배경에는 육전에서 승리와 함께 해전, 수륙합동전의 승리가 매우 중요하게 작용하였다. 이런 까닭으로 이것에 대해서는 일찍이 이야기된 바가 많다. 그 사례를 들면 문일평(文一平)은 다음과 같이 말하였다.

E—① 唐兵과 交戰한지 전후 7년 동안에 百濟 故地에서와 高句麗 舊疆에서 水陸 대결전이 여러번 연출되었다.[31]
② 문무왕 十一年 辛酉에는 신라가 公然히 唐兵을 石城에서 격파하니 이로부터 무릇 六七年 동안에 百濟 故地에서와 高句麗 舊境에서 여러 번 水陸大戰이 연출된 바 그 결과는 흔히 신라측이 유리하게 되었고 최후에 가서는 大小 二十二戰에 모두 신라가 全勝하였는데 이후에는 唐兵이 다시 來犯하지 못하였음으로 신라통일이 이에 이르러 비로소 완성된 셈이다. 이해가 곧 文武王 十六年 丙子이다.[32]

사실 나당전쟁시 전투는 육지에서도 있었지만 바다와 강에서도 중요한 대전이 벌어졌다. 당시 당군은 육지로 침공도 했지만, 보다 이동과

---

30) 이상훈, 「나당전쟁기 당의 병력운용과 전후수습책」, 『중국사연구』 55, 2008, 72쪽 주77.
31) 문일평, 「장편신라사 - 신라의 통일과 및 그 성운」, 『조광』 1-1, 1935.11.
32) 문일평, 「병자를 통해 본 조선 - 신라가 반도서 당병격퇴(1)」, 『조선일보』 1936. 1.3.

운송이 유리한 수군을 동원하여 공격하였다.[33] 그리하여 신라는 당 수군의 움직임을 주시하면서 대응하였다.

> F. 總章 원년(668) … 또한 '당나라가 배를 수리하면서 겉으로는 왜국을 정벌한다고 하지만 실은 신라를 치려는 것이다.'라는 소문이 들려오니, 백성들이 듣고서 놀라고 겁을 내면서 불안해 하였다.[34]

이처럼 당 수군과 선박의 움직임에 신라인들은 민감하게 반응하였다. 그리고 669년에 백제부흥군이 '신라가 반역한다.'고 당에 거짓으로 알림에, 신라는 당에 사신을 보내 반역할 뜻이 없음을 해명하였다.

그리고 신라는 곧 백제고지를 공략하기 시작하였다. 문무왕은 670년 품일(品日)·문충(文忠) 등이 이끄는 신라군으로 하여금 63개 성(城)을 공격해 빼앗도록 했으며, 그 곳의 인민을 신라의 영토로 이주시키고, 천존(天存) 등은 7개 성을, 군관(軍官) 등은 12개 성을 함락시켰다. 신라군은 이 과정에서 백제고지에 주둔한 당군과 충돌을 피할 수 없게 되었다. 670년 당은 엄청난 수의 선박과 군사를 동원하여 신라를 공격하였다. 즉 신라가 백제부흥군을 진압하면서 백제고지를 영토화해 나감에 당은 대군을 파견하여 신라를 취고자 하였다.

> G. 咸亨 원년(670) … 당에서는 한 명의 사신을 보내어 근본적인 이유를 물어보지도 않고서 곧바로 우리의 터전을 뒤엎고자 수만의 군사를 보냈으니, 병선은 푸른 바다를 덮어 배의 머리와 꼬리가 강어귀에 줄을 이었다.[35]

---

33) 서영교, 『나당전쟁사연구』, 아세아문화사, 2006, 221~238쪽.
34) 『삼국사기』 권7, 문무왕 11년 7월 26일 답설인귀서.
35) 『삼국사기』 권7, 문무왕 11년 7월 26일 답설인귀서.

당은 한반도를 차지하고자 서해 바다를 덮을 듯한 병선을 보내어 금강 하구에 이르렀던 것이다. 백제고지를 차지하고자 파병된 당군은 바다를 건너와 한반도에 상륙해야 했기에, 나당전쟁에서 신라로서는 해전의 승리가 매우 중요하였다. 그리하여 신라는 당 수군의 침입을 방어하고자 노력하였다. 특히 신라는 백제 사비성의 함락과 백제부흥군 진압시에 당의 수군이 상륙함으로써 백제가 결국에는 멸망하는 것을 직접 목격하였다. 이에 신라는 나당전쟁을 치루면서 당 수군의 상륙을 저지하는데 주력하였다. 다시 말해, 당의 수군이 상륙하여 한반도에 주둔하고 있던 당의 육군에게 군수물자를 지원하고, 또 이들이 합세하는 세력을 강화하는 것을 차단하는 작전을 폈다.

신라는 나당전쟁과정에서 서해상으로 침공하는 당군에 맞서 여러 차례 힘겨운 전투를 치룬바 있는데, 이에 대한 해결책, 즉 문무왕과 신라인들이 가졌던 당의 침공에 대한 두려움과 그것을 물리치려는 의식은 마침내 초월적 존재인 불력(佛力)에 의존하였다.

H. 이때 당나라의 遊兵과 여러 將兵들이 鎭에 머물러 있으면서 장차 신라를 치려했으므로 왕이 이를 알고 군사를 내어 쳤다. 이듬해 唐 高宗이 仁問 등을 불러들여 꾸짖기를, "너희가 우리 군사를 청해다가 고구려를 멸망시키고 나서 이제 우리를 침해하는 것은 무슨 까닭이냐." 하고 이내 圓扉에 가두고 군사 50만 명을 훈련하여 薛邦을 장수로 삼아 신라를 치려고 했다.

이때 義相法師가 留學하러 당나라에 갔다가 인문을 찾아보자 인문은 그 사실을 말했다. 이에 의상이 돌아와서 왕께 아뢰니 왕은 몹시 두려워하여 여러 신하들을 모아 놓고 이것을 막아 낼 방법을 물었다. 角干 金天尊이 말했다. "요새 明朗法師가 龍宮에 들어가서 秘法을 배워 왔으니 그를 불러 물어보십시오." 명랑이 말했다. "狼山 남쪽에 神遊林이 있으니 거기에 四

天王寺를 세우고 道場을 開設하면 좋겠습니다." 그때 貞州에서 사람이 달려와 보고한다. "당 군사가 무수히 우리 국경에 이르러 바다 위를 돌고 있습니다." 왕은 명랑을 불러 물었다. "일이 이미 급하게 되었으니 어찌 하면 좋겠는가." 명랑이 말한다. "여러 가지 빛의 비단으로 절을 假設하면 될 것입니다." 이에 채색 비단으로 임시로 절을 만들고 풀로 五方의 神像을 만들었다. 그리고 瑜伽의 明僧 12명으로 하여금 명랑을 우두머리로 하여 文豆婁의 祕法을 쓰게 했다. 그때 당 군사와 신라 군사는 아직 交戰하기 전인데 바람과 물결이 사납게 일어나서 당나라 군사는 모두 물속에 침몰되었다. 그 후에 절을 고쳐 짓고 四天王寺라 하여 지금까지 壇席이 없어지지 않았다. 國史에는 이 절을 고쳐 지은 것이 調露 元年 己卯(679)의 일이라고 했다. 그 후 辛未(671)에 당나라는 다시 趙憲을 장수로 하여 5만 명의 군사를 거느리고 쳐들어왔으므로 또 그전의 비법을 썼더니 배는 전과 같이 침몰되었다.36)

의상의 귀국 시기는 대체로 670년(문무왕 10)으로 보고 있다.37) 위의 인용문 H에서 보면 당시 정주(貞州) 사람이 달려와 "당 군사가 수없이 우리나라 국경에 이르러 바다 위를 돌고 있다."고 보고하였다. 정주는 오늘날 임진강 어구의 황해도 풍덕 지역에 해당한다. 이곳에 당군이 왔다는 것은 당군이 신라를 침공하고자 서해를 건너와 호시탐탐 때를 노리고 있다는 것을 말한다. 이것에 위협을 느낀 신라 문무왕은 명랑법사에게 불력, 즉 문두루비법(文豆婁祕法)을 쓰게 하여 당군을 서해 바다에 침몰시켰다고 한다. 이렇듯이 문무왕의 국가수호는 불교신앙과 매우 깊게 연결되어 있으며, 이것은 태풍의 도움으로 신라의 해군이 승리한 것을 불교 색채를 가미하여 설화화한 것이다.

671년(문무왕 11) 정월 신라는 군사를 출전시켜 백제를 공격하여,

36) 『삼국유사』 권2, 기이2 文虎王法敏.
37) 이호영, 「대당전쟁」, 『신편한국사』 9.통일신라, 국사편찬위원회, 1998.

웅진 남쪽에서 전투를 하였다. 또 신라는 당군이 백제를 구원하러 온다는 말을 듣고, 대아찬(大阿飡) 진공(眞功) 등을 보내, 군량 등 보급품을 전달하려는 이들의 상륙을 저지하고자 옹포(甕浦)를 지키게 하였다.[38] 그러나 당군은 옹포를 지키던 신라의 수군을 물리치고 기벌포를 통해 백제 내지로 진입하였다.[39]

671년 6월 죽지(竹旨) 등이 석성전투(石城戰鬪)에서 당군 5,300명을 죽이는 큰 전과를 올렸다. 이에 7월 26일 설인귀는 글을 보내 "본인 설인귀의 병선은 돛을 펴고 깃발을 달아 북쪽 해안을 순시하면서도, 예전에 받은 신라의 고통을 불쌍히 여겨 차마 병사를 풀지 않았는데, 왕은 도리어 외부의 원조를 믿고 나와 대적하려 하니, 이것은 어찌된 잘 못인가."라고 항의하였다. 다시 말해, 당의 설인귀가 이끄는 수군은 북쪽 서해 바다를 순시하면서 신라를 위협하고 있었다. 비록 당이 신라에게는 신라를 위한다는 핑계를 내세우고 있지만, 이것은 오히려 신라를 침공하기 위한 것이었고, 신라인들은 이러한 당의 행위에 위협을 느끼었으며, 당에 강하게 대적한 것이다. 설인귀(薛仁貴)의 항의에 대해 문무왕은 신라의 행동이 정당함을 주장하는 글을 보냈다.

이처럼 문무왕은 당의 설인귀가 이끄는 수군의 침입에 위협을 느끼고 신경을 곤두세웠다. 그리고 당의 수군에 대해 적극적인 공세를 취하였다. 671년 9월에 당 장군 고간(高偘) 등이 번병 4만을 거느리고 평양에 도착하여, 도랑을 깊이 파고 보루를 높이 쌓고 대방(帶方)을 침범

---

38) 1월 신라가 당 구원군의 상륙을 저지하기 위해 옹포에 수비케 한 것은 군량을 실은 함대의 상륙을 저지하기 위한 것이고, 또 6월 가림성의 벼를 짓밟은 것은 백제에 주둔하고 있는 당군에 대한 군량 등 군수물자의 조달을 차단하기 위한 조치였다(강봉룡, 앞의 논문, 2006, 33쪽).

39) 이상훈, 앞의 논문, 2007, 52쪽.

하자, 신라는 이에 대한 보복으로 10월 6일 당의 선박을 공격하였다.

I. 문무왕 11년(671) 겨울 10월 6일, 당 나라 수송선 70여 척을 공격하여, 郎將 鉗耳大侯와 군사 100여 명을 사로잡았다. 물에 빠져 죽은 자는 이루 셀 수 없었다. 이 싸움에서 級飡 當千의 공로가 첫째이므로 沙飡의 관등을 주었다.[40]

당천을 비롯한 신라 수군은 당의 조선(漕船) 70여 척을 공격하여 많은 당 수군을 수장시키고 낭장 겸이대후를 비롯한 100여 명을 사로잡는 대승을 거두었다. 즉 신라군이 당의 설인귀가 웅진을 공격하고자 수군을 금강 입구에 정박시키려는 것을 대파한 것이다.[41] 이 전투는 신라가 당이 해로를 통하여 수십 척의 운송선을 보내 무기와 군량을 보급하려는 것을 저지한 사건으로, 나당전쟁에서 중요한 전과를 거둔 해전의 하나이다.

그리고 672년(문무왕 12) 7월 당의 고간이 군사 1만, 이근행(李謹行)이 군사 3만을 거느리고 동시에 평양에 와서 8개의 군영을 짓고 주둔함에, 8월 신라는 한시성(韓始城)과 마읍성(馬邑城)을 공격하여 승리하였다. 또 당은 군대를 진군시켜 백수성(白水城)에서 500여 보(步) 떨어진 곳에 군영을 설치하였다. 신라는 고구려군과 연합하여 그들과 격전을 벌여 수천 명의 머리를 베었다. 고간 등이 퇴각하자, 이를 추격하여 석문(石門)에서 전투를 벌였으나 패배하였다. 그리하여 신라는 당의 침

---

40) 『삼국사기』 권7, 문무왕 11년 10월.
41) 한편 이것을 인용문 H의 말미에 언급된 당 장수 趙憲이 이끈 5만군을 신라가 문두루비법으로 침몰시킨 것과 같은 사건이며, 그 장소는 대동강 입구라는 견해도 있다(권덕영, 앞의 책, 2012, 174~178쪽).

입에 대비하여 한산주에 주장성(晝長城)을 쌓고, 어쩔 수 없이 672년 9월에 문무왕은 전년에 사로잡아 두었던 당의 병선(兵船) 낭장 겸이대후, 래주사마(萊州司馬) 왕예(王藝), 본열주장사(本烈州長史) 왕익(王益) 등과 병사 170명을 돌려보냈다.42)

문무왕은 다른 한편으로는 당 수군의 상륙을 저지하기 위해 서해에 대한 방비에 힘을 쏟았다.

J. 문무왕 13년(673) 9월 … 임금이 대아찬 徹川 등을 보내 병선 100 척을 거느리고 서해를 지키게 하였다. 당의 병사가 말갈과 거란의 병사와 함께 북쪽 변경을 침범하였는데, 9차례 싸워 우리 병사가 승리하였다. 2,000여 명의 목을 베었고, 당의 병사 중 瓠瀘와 王逢 두 강에 빠져 죽은 자가 이루 셀 수 없을 정도였다.43)

문무왕은 673년 철천에게 한반도 서해안을 지키게 하여 당 수군의 침략에 대비함으로써 제해권을 장악하였다. 그리고 신라는 육지에서 벌어진 여러 차례 당과의 전투에서 대승을 거두었다. 승리의 이유는 신라가 육군을 보강하는 한편 서해를 철저히 방비하여 당 수송선의 상륙을 저지하면서 군량과 무기의 보급을 차단한 상황에서 당의 육군이 제대로 힘을 발휘할 수 없었던44) 것이라 보겠다.45)

---

42) 『삼국사기』 권7, 문무왕 12년 9월.
43) 『삼국사기』 권7, 문무왕 13년 9월.
44) 고경석, 앞의 논문, 2013, 110쪽 ; 강봉룡, 앞의 논문, 2013, 638~639쪽.
45) 나당전쟁기 당군은 군사작전은 물론 군량 등 군수물자의 보급까지도 스스로 해결했다. 신라는 이러한 당군의 약점을 노렸다. 적극적으로 해전을 수행하여 당 수군의 상륙을 저지시키고 지원군과 군수물자의 수송, 보급을 차단함으로써, 이미 주둔해 있던 당 육군의 사기를 저하시키고 무력화시키는 작전을 폈다(강봉룡, 앞의 논문, 2013, 635쪽).

675년 나당전쟁이 최고조에 이르렀다. 675년 2월 유인궤는 당의 선군(船軍)으로 칠중성(七重城)을 공격하였다. 칠중성전투는 당이 선군을 이용하여 신라의 교두보를 공격한 것이다. 또 말갈병을 보내 바다로 가서 남경(南境)을 공략하도록 하였다.[46]

특히 675년 9월에는 천성(泉城)에 주둔한 신라군은 설인귀 함대의 포위를 받았으나, 도리어 반격하여 승리하였다.

> K. 9월 설인귀가 … 風訓을 길잡이로 삼아 천성을 쳐들어 왔다. 우리 장군 文訓이 맞아 싸워 이겨서 1,400명을 목 베고 병선 40척을 빼앗았으며 설인귀가 포위를 뚫고 도망감에 전마 1,000필을 얻었다.[47]

설인귀는 당시 당에 숙위하고 있던 신라인 풍훈을 안내자로 삼아 천성에 쳐들어와 상륙하고자 함에 신라 장군 문훈이 1,400명을 죽이고 병선 40척, 전마 1,000필을 획득하는 전과를 올렸다. 천성에 대해서는 백수성(白水城)・천산(泉山)과 함께 동일지역인가와 또 천성의 위치 비정문제에 대해서는 다양한 견해가 있기는 하지만, 그럼에도 천성전투는 해전으로 이해된다.[48] 사실 천성전투에서 대패한 당의 설인귀 군대는 보급선단과 그것을 호위하는 전함으로 이루어졌기에[49] 수군부대로 보겠으며, 이 전투는 신라 수군이 승리한 해전이었다.

이어 신라군은 9월 29일 이근행이 당의 20만 명 대군을 이끌고 주둔하고 있던 매초성을 공격하여 크게 격파해 이들을 물리쳤으며, 말

---

46) 이것은 劉仁軌가 이끈 군대가 船兵을 동원하고 있었음을 짐작케 한다(윤경진, 「매소성 전투와 나당전쟁의 종결」, 『사림』 60, 2017, 168쪽).
47) 『삼국사기』 권7, 문무왕 15년 9월.
48) 민덕식, 「나당전쟁에 관한 고찰」, 『사학연구』 40, 1989, 429.
49) 서영교, 앞의 책, 2006, 234쪽.

30,380필을 얻고 그 밖의 많은 수의 병기를 획득하는 대승을 거두었다. 임진강과 한강의 합류 지점에 있었던 천성해전과 임진강 중상류의 매초성전투의 승리는 북쪽 육로를 통한 당군의 침략을 저지하는 효과를 가져왔다. 이것은 당 수군과 군수물자의 상륙을 저지하고 한반도에 주둔하고 있던 육군과의 합세를 차단함으로써 거둔 신라의 승리였다. 결과적으로 매소성전투는 나당전쟁에서 실질적 승패를 가른50) 결정적인 수륙전투(水陸戰鬪)라 하겠다.

한편, 천성해전에서 참패한 설인귀는 수군으로 편성된 부대를 이끌고 해로로 계속 남하하여, 드디어 676년 기벌포를 공격해 왔다.51)

> L. 11월 沙飡 施得이 수군을 거느리고 설인귀와 所夫里州 伎伐浦에서 싸웠으나 크게 패하였다. 다시 진군하여 크고 작은 22차례 싸움에서 승리하고 4,000여 명을 목 베었다.52)

비록 신라군은 처음에는 설인귀에게 패했지만, 결국은 사찬 시득이 지휘하는 신라 수군은 당군을 대파하였다.

기벌포에서 금강을 따라 거슬러 올라가면 백제 도성과 직접 연결되며, 금강은 병력의 수송과 군수물자의 보급로 역할을 하였다. 때문에 백제 도성을 장악하기 위해서는 먼저 금강 하구의 기벌포를 장악해야만 했다.53)

---

50) 서영교, 앞의 책, 228쪽 ; 이상훈, 『나당전쟁연구』, 주류성, 2012, 205쪽 ; 윤경진, 앞의 논문, 2017.
51) 비록 『삼국사기』에는 기벌포전투가 676년 11월에 기록되어 있으나, 671년 11월에 발생한 사건이라는 주장도 있다(池內宏, 「高句麗滅亡後의 遺民의 叛亂及び唐と新羅との關係」, 『滿鮮史硏究』 上世2, 吉川弘文館, 1960, 464~484쪽).
52) 『삼국사기』 권7, 문무왕 16년 11월.

보다 앞서 660년 7월 당과 신라연합군이 백제의 도성 사비성(泗沘城)을 공격하여 함락할 때에도 기벌포는 요충지로서 중요시된 바 있다. 백제 성충(成忠)이 의자왕에게 올린 상소에서 "만약 다른 나라의 군사가 오면 육로로는 험한 심현(沈峴)을 넘지 못하게 하고 수군은 기벌포(伎伐浦)의 언덕에 들어오지 못하게 하라."는54) 기록이 있다. 당의 수군이 기벌포를 들어오지 못하게 하는 것이 최상책이라 하여 이곳의 중요성을 강조하였다. 또 흥수(興首)도 "백강(白江 혹 伎伐浦라고 한다)과 탄현(炭峴 혹 沈峴이라 한다)은 우리나라의 요충지이다. … 당군이 백강을 통해 들어오지 못하게 하고 신라군이 탄현을 넘지 못하게 하라."고55) 하였다.

신라 문무왕은 백제를 멸망시킬 때 당군이 기벌포에 들어오면서 사비성이 함락되는 것을 목격하였다. 그리하여 신라로서는 기벌포의 중요성을 이미 잘 알고 있기에 당군의 기벌포로 공격과 상륙을 저지하고자 총력을 다하여 싸웠다. 그 결과 22번 싸워 이기고 4,000여 명을 죽이는 전과를 거두었다.

기벌포해전에서 신라군은 당군과의 전투에서 누선(樓船)을 중심으로 하는 대규모 접전도 물론 발생하였지만 소규모 병선을 이용한 게릴라식 전투도 적잖이 발생하였다.56) 그런데 기벌포해전에서 신라군이 사살한 당군의 수가 4,000여 명이었다고 한다. 여기에는 기벌포 일대로

---

53) 이상훈, 앞의 논문, 2007, 56쪽 주55. 이런 이유로 660년 소정방이 상륙한 지점과 663년 백강전투시 상륙을 나당연합군이 상륙을 시도한 곳도 기벌포 지역이었다고 보겠다. 기벌포 위치에 대해서는 이상훈, 앞의 책, 228~242쪽 참조.
54) 『삼국사기』권28, 의자왕 16년 3월.
55) 『삼국사기』권28, 의자왕 20년 5월.
56) 이상훈, 앞의 논문, 2007, 65쪽.

집결하던 당 잔류군과 옛 백제군을 비롯한 반신라적 백제유민도 상당수가 포함되었을 것이다.[57]

기벌포해전에서 대패하자 백제고지에 주둔해 있던 당군은 모두 철수하였다.[58] 다시 말해 신라가 기벌포해전에서 승리함으로써 당 수군의 상륙을 저지하였다. 그리하여 당은 서해에서 제해권을 상실하였고,[59] 한반도에서 당의 군사적 위치는 추락하였다.[60] 그 결과 신라는 당으로 하여금 재침략 의지와 능력을 완전히 상실하게 하였다.

이처럼 기벌포해전은 나당전쟁을 종결하는 의미를 지닌 전투였다. 이 전투에서 신라의 승리는 당으로 하여금 한반도를 점령 통치하려는 생각을 포기케 하는데 결정적 영향을 끼쳐,[61] 마침내 영토화하려는 야욕을 확실하게 꺾었다. 이로써 신라는 서해의 해상권을 장악하였다. 당은 어쩔 수 없이 676년 안동도호부(安東都護府)를 평양에서 요동성(遼東城)으로 옮겼다. 그 결과 신라는 통일전쟁을 마무리할 수 있었다.

이상에서 살펴보았듯이, 신라의 통일전쟁은 육지에서 승리도 중요했지만, 백제부흥군 및 당군과의 바다에서 직접간접 전투의 승리, 또 해로를 이용해 당군의 육지에서 전투를 위한 군수물자의 수송을 차단한 해양군사활동이 매우 중요하게 작용하였다.

특히 통일전쟁 과정에서 문무왕은 자신이 직접 해양을 통한 활동과 경험을 하였고, 또 해양에서 전투를 신라군의 최고통수권자로서 지휘하

---

57) 이상훈, 앞의 논문, 2007, 26쪽.
58) 서인한, 『나당전쟁사』, 국방군사연구소, 1999, 150~152쪽.
59) 신형식, 「삼국통일전후 신라의 대외관계」, 『신라문화』 2, 1985, 10~11쪽.
60) 노태돈, 「나당전쟁기(669~676) 신라의 대외관계와 군사활동」, 『군사』 34, 1997, 14쪽.
61) 이종학, 「신라삼국통일의 군사적 고찰」, 『군사』 8, 1982, 196쪽.

고 지켜보았다.62) 그리하여 문무왕은 생전에 이미 바다(해양)에 대해
관심이 매우 컸고, 그 중요성을 잘 인식하였다.

3. 문무왕의 해양인식 실천 - 선부 설치와 호국룡 -

가. 선부(船府) 설치

신라는 중고기에 이르러 비약적인 국가발전을 하면서 적극적인 해양
활동을 전개하였다. 467년(자비왕 10) 담당 관부에 명하여 전함(戰艦)
을 수리하도록 하였고,63) 505년(지증왕 6)에는 선박 이용의 제도를
정하였다. 더구나 512년(지증왕 13) 하슬라군주(何瑟羅軍主) 이사부가
동해상의 우산국을 정복하였다. 그리고 532년(법흥왕 19) 해상왕국 금
관가야(金官加耶)를 병합하고, 또 562년(진흥왕 23) 대가야(大加耶)를
멸망시킴으로써 이들의 선박 건조와 항해 기술이 신라로 유입되어 급
격한 해양문화의 발전이 이루어졌다.64)

아울러 553년 신라가 한강 하류지역을 차지하여 중국과의 교통로를
확보함으로써 서해로의 해양진출이 본격화되었다. 다른 한편으로는 동
해 바다를 이용해 동북방면으로 더욱 북상해 556년(진흥왕 17) 비열홀

---

62) 660년 백제토벌전에 태자로서 직접 참전한 이래 문무왕은 재위 동안 있었던 주
요 전쟁에 참가하여 최고군통수권자로서 전쟁을 지휘하고 포상과 처벌을 시행
하였다(이문기, 「신라 문무왕대의 군사정책에 대하여」, 『역사교육논집』 32, 2004,
189쪽).
63) 『삼국사기』 권3, 자비마립간 10년.
64) 김창겸, 「신라의 동북방 진출과 이사부의 우산국 정복 출항지」, 『사학연구』 101,
2011, 68쪽.

주(比列忽州)를 설치하고 사찬 성종(成宗)을 군주로 임명하였으며, 곧이어 함흥평야까지 진출하여, 568년에는 황초령과 마운령에 진흥왕순수비(眞興王巡狩碑)를 건립하였다.

특히 553년 신라는 한강 하류지역을 차지한 이후에는 주로 당항성(黨項城)을 서해 진출의 거점 기지로 삼아 적극적으로 중국의 남조(南朝)와 북조(北朝)와 교류하였다. 신라가 한강 유역을 차지하기 이전에는 자체적으로 대중국사신을 파견하지 못하고, 백제의 사신을 따라, 또는 고구려의 사신을 따라서 통교를 하다가, 드디어 한강유역을 비롯한 경기만 일대를 장악한 뒤에는 남쪽의 백제와 북쪽의 고구려의 방해를 피해가면서 나름대로 대중국항로를 가지게 되었다.

그리하여 대중국외교를 통한 외교활동이 한층 확대되자 수군과 선박에 대한 중요성이 높아져 보다 체계적인 관리가 필요해졌다. 583년(진평왕 5)에 병부(兵部) 내에 선박과 해양에 관한 업무를 전담하는 관서인 선부서(船府署)를 설치하고,65) 여기에 대감(大監)과 제감(弟監) 각각 1인을 소속시켰다. 그러나 이때 선부서는 아직까지는 독립된 관부가 아니라 군사적 목적에서 병부의 지휘를 받는 관부였다.

이 무렵 중국 대륙에서 수·당의 교체와 더불어 국제정세가 급변하면서, 마침내 6세기 중반에 이르러 한국의 삼국간 역학관계에 큰 변화가 나타났다. 신라에 대한 백제의 공세가 매우 격심해져 642년에는 신라의 서변 40여 성을 함락되었다. 특히 백제와의 전략상 요충지인 대야성(大耶城)이 함락되었는데, 이때 김춘추(金春秋)의 사위인 김품석(金品釋)과 딸 고타소랑(古陀炤娘)이 죽임을 당하였다. 더구나 643년 11월

---

65) 『삼국사기』 권4, 진평왕 5년.

에는 백제와 고구려가 연합작전으로 신라의 당항성을 공격한 사건이 발생하였다. 신라에게 당항성은 당과 통교하는 중요한 해양거점이고 기지였다. 그러므로 신라로서는 이곳을 상실하면 당과의 교통로가 막히게 되는 절체절명의 심각한 위기에 부딪히게 되자, 당에 사신을 보내어 구원을 요청하였고, 그 결과 고구려와 백제군을 물러가게 하였다. 이러한 고구려와 백제의 군사적 연합에 의한 신라 당항성 공격은 아마도 해상 항로를 봉쇄하려는 전술로 이어진 듯하다.66)

이것은 648년 김춘추가 당에서 귀국할 때 고구려 수군이 항로를 차단하고 김춘추 사행단을 공격한 것에서도 짐작할 수 있다. 이것은 신라가 당과 맺은 나당동맹을 방해하려는 군사적 행동이었다. 결국 이제는 삼국간의 전투무대가 육지에서 해상으로 확대된 것이다. 이 과정에서 645년 당이 고구려의 요동(遼東)을 공격한 이후에는 국제관계가 고구려―백제―왜, 당―신라의 양진영으로 형성되고, 그 결과 서해 바다를 무대로 하여 한반도를 둘러싸고 동아시아의 많은 국가와 세력들이 참여하는 국제전으로 발전하였다.

특히 660년부터 신라와 당의 연합군이 백제와 고구려를 차례로 멸망시키는 과정과, 또 이후 신라가 한반도 전체를 영역화하려는 당 세력에 맞서 이를 물리치는 과정에서 많은 해전을 치루면서 문무왕은 제해권 장악의 필요성은 물론 해양과 선박 관리에 대한 중요성을 절대적으로 인식하였다. 그리하여 663년(문무왕 3)에 선부경(船府卿) 2인을 두었다.67) 아마 선부경 2인은 국가 소유는 물론 민간을 포함한 모든 선

---

66) 임기환, 「7세기 발해·황해를 둘러싼 동아시아 세계의 갈등」, 『한국해양사』 I, 한국해양재단, 2013, 528쪽.
67) 『삼국사기』 권6, 문무왕 3년.

박과 해양업무를 맡았을 것이다.

더구나 신라는 나당전쟁 과정에서 여러 차례 큰 해전을 치루면서 군선(軍船)과 모든 선박이 동원되었을 것이며, 특히 663년 백강 입구와 676년 기벌포에서 치룬 치열한 해전에서 신라의 선박들이 크게 망가졌을 것이다. 이에 선박에 대한 대대적인 보수가 필요했고,[68] 또 새로운 선박의 건조와 더불어 선박과 해양에 대한 중앙 정부 차원에서의 체계적인 관리가 필요했을 것이다.

이에 신라는 선박과 해양을 관리하는 중앙 관부를 설치하였다.

M—① 문무왕 18년(678) 봄 정월, 船府令 1인을 두어 선박에 관한 일을 맡게 하고, 左右理方府에 卿을 각 1인씩을 더 두었다.[69]

② 선부 : 예전에는 兵部의 大監과 弟監으로 하여금 선박에 관한 일을 담당하게 하였으나 문무왕 18년에 선부를 별도로 설치하였다. 경덕왕 때 그 명칭을 利濟府로 고쳤다가 혜공왕 때 이전 명칭으로 회복시켰다. 여기에는 令 1명을 두었는데, 관등은 大阿湌으로부터 角干까지이다. 卿 2명을 문무왕 3년에 두었는데, 신문왕 8년에 1명을 증원하였다. 관등은 조부의 卿과 동일하다. 大舍는 2명인데 경덕왕 때 그 명칭을 主簿로 고쳤다가 혜공왕 때 다시 대사라고 하였다. 관등은 조부의 대사와 동일하다. 사지는 1명인데 경덕왕 때 사주로 고쳤다가 혜공왕 때 다시 사지라 하였다. 관등은 조부의 사지와 동일하다. 사는 8명인데 신문왕 원년에 2명을 증원하였고 애장왕 6년에 2명을 감하였다.[70]

문무왕은 통일전쟁이 종료된 직후인 678년 정월에 선부령을 둠으로

---

68) 이에 대해서 2017년 7월 7일 군산대학교에서 개최된 제8회 전국해양문화학자대회장에서 서영교(중원대학교 교수)의 교시가 있었다.
69) 『삼국사기』 권7, 신문왕 18년.
70) 『삼국사기』 권38, 잡지7 직관 상.

써, 선부라는 독립된 관부를 설치하였다.

이에서 보건대, 병부 설치 이전에는 군사적인 업무와 함께 선박에 대한 업무를 어떤 부서에서 담당(1단계)하다가, 516년(법흥왕 3)경에 병부가 설치되어 병부에서 업무를 전담하게 되었다(2단계). 그리고 583년 별도로 선부서가 설치되어 대감과 제감이 선박 관련 업무를 담당하였으며(3단계), 통일전쟁이 종료된 직후에 678년(문무왕 18) 문무왕이 선부령을 설치하고 선부로 승격시켜 독립 부서로서 업무를 전담하게 하였다(4단계).[71]

그러면 문무왕이 통일전쟁이 종료된 직후에 선부를 설치한 이유는 무엇일까? 이것은 아무래도 통일전쟁과 깊은 관련이 있는 듯하다. 즉 한반도를 무대로 한 신라와 백제·고구려 간의 통일전쟁에 바다 건너 당과 왜가 참전하여 동북아 국제전으로 확대되고, 특히 이들 간의 전투는 육전보다는 해전의 비중이 훨씬 커졌다. 더욱이 백강전투와 기벌포 전투를 치루면서 신라는 물론 왜와 당에게도 바다에서의 주도권 경쟁, 이른바 제해권 확보가 매우 중요한 문제로 되었다. 그리하여 신라 문무왕은 해양의 중요성을 인식하고, 그 이동 수단인 선박에 대한 관심이 각별해져 선박과 해양을 전담할 선부를 설치한 것이라 하겠다.

한편 선부의 기능에 대해서는 논란이 있다. 연구자들은 선부를 신라 수군과 연계하여 관심을 가져왔다. 선부가 신라의 수군을 관장하는 부서였는가 하는 문제이다.[72] 어쨌든 주즙(舟楫)을 관장하였다고 하니

---

71) 강봉룡, 「문무대왕의 선부 설치와 신라선」, 『2017년 제8회 전국해양문화학자대회자료집2』, 2017, 58쪽.
72) 井上秀雄이 진평왕대에 선부서를 설치한 것이 신라의 군제에서 별도 水軍이 발생한 것으로 파악한 이후(井上秀雄, 『新羅史基礎研究』, 東出版, 1974), 많은 연구자들이 이 견해를 따르는 실정이다.

선박과 해양 관련 업무를 전담한 것은 물론이고, 아마 이와 관련된 일부 수군도 운용하였을 것으로 추측된다. 결국 전체 군사업무를 총괄하는 부서는 병부이지만, 선부에도 선박의 운용과 관련한 수군과 기술병이 배속되었고, 이들을 관장하였을 것이다.[73]

지금까지 살펴본 바에 의하면 661년 즉위한 문무왕은 통일전쟁 과정에서 여러 차례 해전을 치루면서 해양은 물론 선박과 수군의 필요성과 중요성을 절감하게 되었고, 이에 백강전투가 치열했던 663년(문무왕 3) 선부서에 경(卿) 2인을 두어 선박을 전담하도록 하였으며, 그리고 678년(문무왕 18) 선부서를 병부로부터 완전히 독립 승격시켜 명칭을 선부라 하고, 장관인 선부령을 두었던 것이다.

결국 선부는 통일전쟁 중 여러 차례의 크고 작은 해전을 치루면서 기존에 보유하고 있던 선박들이 파손되었거나 또는 건조한지 오래되어 노후된 선박을 대대적으로 수리하고, 한편으로는 향후 비상사태에 대비하여 전쟁과정에서 습득한 우수한 기술을 적용해 훌륭한 성능을 갖춘 새로운 선박을 제조하였을 것이며, 이것을 체계적으로 관리하고 이용할 수군을 관장하는 업무를 담당하였을 것이다. 이로써 종전 군사적 업무에 한정되었던 선부서의 업무가 민간을 포함한 모든 선박과 해양업무를 맡게 되었다.[74]

---

73) 그러므로 수군을 독립시켜 선부에 속하게 하였다거나, 선부가 수군활동을 총괄하는 기관으로 보기는 어렵다(고경석, 앞의 논문, 2013, 114~115쪽).
74) 권덕영, 「삼국시대 신라의 해양진출과 국가발전」, 『STRATEGY21』 4, 한국해양전략연구소, 1999, 207쪽.

나. 대암왕설화와 해양의식

문무왕은 삼국통일을 완수한 위대한 영주라는 평가와 함께 호국의
상징으로 숭배되었다. 문일평(文一平)은 문무왕의 업적을 다음과 같이
말하였다.

> N. 新羅의 疆域은 辰韓地에 始起ᄒ니, 今 慶州가 卽 肇基 흔지라. … 文
> 武王 麗濟를 倂有흠이 三面은 際海ᄒ고 西北은 浿江以南의 地를 有흔지
> 라.75)

이처럼 문무왕이 고구려와 백제를 병합함으로써 신라가 드디어 삼면
의 바다를 접하게 되었고, 이것은 문무왕의 위업이라 하였다.

또 고유섭(高裕燮)은 문무왕의 위대한 업적과 그 정신을 다음과 같이
찬미하였다.

> O. 경주에 가거든 文武王의 偉蹟을 찾으라. 구경거리의 경주로 쏘다니
> 지 말고 문무왕의 精神을 기려 보아라. 太宗武烈王의 偉業과 金庾信의 勳
> 功이 크지 아님이 아니나 이것은 文獻에서도 우리가 기릴 수 있지만 문무
> 왕의 위대한 정신이야말로 경주의 유적에서 찾아야 할 것이니 경주에 가
> 거들랑 모름지기 이 문무왕의 유적을 찾으라.
> 乾川의 富山城도 南山의 新城도 安康의 北兄山城도 모두 문무왕의 國防
> 的 經營이요, 鳳凰臺의 高臺도 臨海殿의 雁鴨池도 四天王의 護國利도 모
> 두 문무왕의 政經的 治績 아님이 아니나, 무엇보다도 경주에 가거든 東海
> 의 大王岩을 찾으라.76)

---

75) 「지리」1, 『대한자강회월보』 3, 1906년 9월 25일 간행.
76) 고유섭, 「경주기행의 일절(중)」, 『고려시보』 1940.8.1.

흥미로운 것은 문무왕의 대표적인 정신으로 호국사상(護國思想)을 들수 있는데, 이것이 특히 해양과 불교와 매우 긴밀하게 연결되어 있다고 보겠다.

다시 말해 문무왕은 해양을 매개로 한 호국정신과 불교숭배의식이 매우 각별하였다. 이러한 문무왕의 호국정신은 스스로 유언하기를 화장하여 동해 바다에 산골(散骨)하면 자신이 신라를 지키는 동해의 용이 되겠다고 밝히는 것으로 승화되었다.

> P—① 가을 7월 1일 왕이 별세하였다. 시호를 文武라 하고 여러 신하들이 유언에 따라 동해 어구 큰 바위에 장사지냈다. 俗說에 전하기를 왕이 龍으로 변하였다고 하였다. 이에 따라 그 바위를 大王石이라고 불렀다.[77]
> ② 大王이 나라를 다스린 지 21년만인 永隆 2년 辛巳(681)에 죽으니 遺命에 의해서 東海 가운데 큰바위 위에 장사지냈다. 왕은 평시에 항상 智義法師에게 "나는 죽은 뒤에 나라를 지키는 大龍이 되어 불법을 崇尙하고 나라를 수호하려 한다."고 말했다.[78]

문무왕의 유언은 실제 시행되어 화장한 뒤 동해중(東海中) 바위에 장사지내니, 그것이 대왕암(大王岩, 大王石)이라고 하였으며, 또 신라인들은 물론 후대인들도 그가 용이 되어 불법을 숭상하고 나라를 수호하고 있다고 믿고 숭배하였다.

문무왕을 비롯한 신라인들의 이와 같은 해양을 통한 국가 방위와 호국의식은 통일과정에서 백제부흥군과의 전쟁, 그리고 당과의 해전을 통해 형성된 것이라 하겠다. 이미 앞에서 약간 언급하였듯이, 백제 멸망

---

77) 『삼국사기』 권7, 문무왕본기 말.
78) 『삼국유사』 권2, 기이2, 文虎王法敏.

과 백강전투에서 패전후 일본열도로 망명간 백제유민을 포함한 왜세력의 동해와 남해 바다로의 침략에 대비하면서, 아울러 당의 서해 바다로의 침공에 대비하는 조치를 취할 필요가 있었다.

사실상 문무왕의 해양의식은 아주 특별하였다. 이것은 앞에서 살펴보았듯이, 자신이 생전에 삼국통일을 이루면서 직접 해양활동과 해양을 무대로 한 전투를 통한 경험에서 해양의 중요성을 인식하고 형성된 것이다. 그리고 문무왕의 이러한 인식은 해양과 선박을 전담하는 선부를 설치하고 선부령을 임명하여 제도적으로 완비하였다. 하지만 이것에 안심하지 못하고 자신의 사후까지 걱정하고 바다를 지키겠다는 의지와 각오가 비장하고도 특별했다. 그리하여 문무왕의 해양의식은 사후에 바다를 지키겠다는 다짐으로 발전하였다.

신라 사람의 문무왕에 대한 이러한 생각과 믿음은 신문왕대에 이르러 감은사의 창건, 이견대와 만파식적 설화를 낳았다.

Q. 제31대 神文大王의 이름은 政明이고 성은 金氏이다. 開耀 元年 辛巳 (681) 7월 7일 즉위하였다. 아버지 文武大王을 위하여 東海 가에 感恩寺를 세웠다. 절에 있는 기록에는 이렇게 말했다. 文武王이 倭兵을 진압하고자 이 절을 처음 創建했는데 끝내지 못하고 죽어 바다의 龍이 되었다. 그아들 神文王이 王位에 올라 開耀 2년(682)에 공사를 끝냈다. 金堂 뜰아래에 동쪽을 향해서 구멍을 하나 뚫어 두었으니 龍이 절에 들어와서 돌아다니게 하기 위한 것이다. 대개 遺言으로 遺骨을 간직해 둔 곳은 大王岩이고, 절 이름은 感恩寺이다. 뒤에 龍이 나타난 것을 본 곳을 利見臺라고 했다.

이듬해 壬午 5월 초하루(다른 책에는 天授 元年이라 했으나 잘못)에 海官 波珍喰 朴夙淸이 아뢰었다. "동해 속에 있는 작은 산 하나가 물에 떠서 감은사를 향해 오는데 물결에 따라 이리저리 왔다갔다 한다고 합니다." 왕이 이상히 여겨 日官 金春質(혹 春日)을 명하여 점을 치게 했다. "대왕의 아버님

께서 지금 바다의 용이 되어 三韓을 鎭護하고 계십니다. 또 金庾信公도
33天의 한 아들로서 지금 인간 세계에 내려와 大臣이 되었습니다. 이 두
聖人이 德을 함께 하여 이 성을 지킬 보물을 주시려고 하십니다. 만일 폐
하께서 바닷가로 나가시면 반드시 값으로 칠 수 없는 큰 보물을 얻으실 것
입니다." …

　왕이 대궐로 돌아오자 그 대나무로 피리를 만들어 月城 天尊庫에 간직
해 두었는데 이 피리를 불면 敵兵이 물러가고 病이 나으며, 가뭄에는 비가
오고 장마 지면 날이 개며, 바람이 멎고 물결이 가라앉는다. 이 피리를 萬
波息笛이라 부르고 國寶로 삼았다.[79]

　이처럼 신라사회에서는 문무왕이 동해의 용이 되었고, 또 김유신이
불교에서 33천의 한 아들로서 다시 천신(天神)이 되어서, 이 두 성인이
마음을 같이 하여 삼한을 진호한다고 믿었으며, 더구나 이들이 내린 만
파식적으로 신라는 태평성대를 이루었다고 주장하고 있다.

　후대인들은 문무왕이 왜구의 잦은 침략으로부터 나라를 지키고자 동
해의 대룡(大龍), 즉 호국룡이 되었다고 믿고 있다. 이것은 사실로서 신라
문무왕릉비에 "화장(火葬)을 하라 하니, 그달 초열흘에 화장하여 … 부
처의 가르침을 흠모하여, 장작을 쌓아 장사를 지내니 … 경진(鯨津, 동
해)에 뼈 가루를 날리셨네."라는 기록이 있듯이, 그의 장례는 실제 화
장을 하였으며 동해 바다에 산골하였다. 이러한 문무왕의 호국정신은
당시 신라사회의 정신적 지주인 불교사상에 기초한 것이다. 우리가 잘
알듯이, 신라 삼국통일의 정신적 기반은 호국불교이다.[80] 더욱이 문무
왕은 나당전쟁이 한창 치열했던 서해상에서 명랑법사의 문두루비법으

---

79)『삼국유사』권2, 기이2 萬波息笛.
80) 이기영,「삼국통일에 기여한 신라불교의 정신」,『국토통일』1973년 11월호, 38
　～39쪽.

로 당군(唐軍)을 물리쳤다.[81] 그리고 그는 백제 승려 경흥(璟興)을 높이 받들었듯이[82] 백제와 고구려의 불교사상을 신라에 융합하고자 시도하였다.

이러한 문무왕의 불력을 통한 국가수호의식은 결국 자신이 생전에 동해구(東海口)에 감은사를 세움으로써 '욕진왜병(欲鎭倭兵)'하고자 하였으며, 또 죽어서 직접 대룡이 되어 불교를 숭상하여 왜의 침입을 격퇴하겠다는 유언으로 종결되었다. 앞에서 언급하였듯이 비록 '왜'라고 표현하였으나, 여기에는 백제 멸망후 왜와 연계하여 신라를 공격할 것으로 여겨진 백제유민 세력에 대한 공포심과 강박감이 포함된 것이라 하겠다.[83]

그리고 이 유언의 내용을 아들 신문왕이 문무왕을 화장하고 대왕암에 산골하였고, 감은사를 창건하는 것으로써 문무왕의 염원을 효행으로 실천하였던 것이다. 또 호국룡은 이에 대한 보답으로 신문왕에게 만파식적을 주었다는 설화로 상징화되었다.[84]

결국 문무왕의 불교와 해양을 매개로 하는 호국정신은 7세기 삼국의 항쟁과 통일전쟁을 주도하고 완수하는 과정에서, 그의 지난한 삶과 다양한 체험을 통해 형성된 것이다.

---

81) 『삼국유사』 권2, 기이2 文虎王法敏 ; 권5, 신축6 明郞神印.
82) 『삼국유사』 권5, 감통7 憬興遇聖. 그리고 김수태, 「백제 의자왕대의 불교」, 『백제문화』 41, 공주대학교, 2009 ; 박찬흥, 「『삼국유사』 감통편 '경흥우성'조를 통해 본 경흥의 생애」, 『신라문화제학술논문집』 32, 경주시, 2011 참조.
83) 최근 이재석도 문무왕의 유언으로 조영된 대왕암과 감은사의 전승 속에서 신라측에게 남겨진 백촌강전투의 유산을 발견할 수 있다는 견해를 보였다(이재석, 「백촌강 전투의 사적 의의」, 『한국민족문화』 57, 2015, 168쪽). 한편 서영교는 이것을 문무왕이 당과 일본이 신라를 치기 위해 동맹군을 형성할지도 모른다는 불안에 괴로워 한 것을 보여주는 것이라 하였다(서영교, 앞의 책, 335쪽).
84) 이와 더불어 문무왕의 鎭倭兵은 신문왕대에는 鎭護三韓意識으로 확대된 듯하다.

4. 맺음말

필자는 신라 문무왕이 삼국통일을 완수한 뒤에 선부를 설치하고, 특히 그의 호국정신은 삼국통일과정에서 직접 체험한 해전 및 해양인식과 깊은 연계성이 있음을 살펴보았다. 문무왕은 통일과정에서 백제 멸망과 백제부흥군 진압시 서해안 금강 하구에서 치룬 해전과 나당전쟁시 당 세력을 몰아내고자 당 수군의 상륙을 저지하여 당시 한반도 내지에 주둔하고 있던 당의 육군에게 군수물자 공급과 이들의 합세를 차단한 서해안에서의 여러 차례 해전에서 승리함으로써 삼국통일이 가능했음을 살펴보았다. 그리고 이러한 문무왕의 해전의 중요성과 해양에 대한 인식이 통일전쟁후 선박의 수리와 건조, 그리고 해양을 관리하는 선부의 설치와 자신이 동해룡이 되는 유언으로 발전한 것으로 추론하였다.

사실 문무왕의 호국정신은 통일전쟁을 치루면서 확고해졌다. 아울러 문무왕의 호국정신은 해양 및 불교숭배의식과 매우 밀접한 연관성이 있는데, 이것 역시 문무왕의 해양경험과 해양인식에서 비롯된 것이다. 이러한 문무왕의 해양에 대한 이상과 정신은 그가 일생을 마감하면서 유언하기를 자신을 화장하여 동해에 산골하면 신라를 지키는 동해의 대룡이 되겠다고 밝히는 것으로 승화되었다. 이것은 동해를 통한 왜와 백제유민 세력의 침공에 대한 두려움과 노심초사한 강박감에서 기인한 것이다.

한편 백제와 고구려를 멸망시키고 당 세력의 침공마저도 물리친 신라 문무왕은 아주 강한 자주성과 천하관을 드러냈다. 문무왕은 스스로

신라는 제후국이 아니라 삼한일통(三韓一統)을 이룬 천자국(天子國)이라
는 의식을 표현하였다. 아버지 무열왕에게 '태종(太宗)'이라는 묘호를,
어머니 훈제부인(訓帝夫人)에게 '문명황후(文明皇后)'라는 호칭을 부여하
여 자신이 황제임을 자부하고, 또 보덕국(報德國)과 탐라국(耽羅國) 등
을 제후국으로 편재하여 중앙 황제국의 위상을 가졌다.[85]

---

85) 김창겸, 「신라국왕의 황제적 지위」, 『신라사학보』 2, 2004, 220~221쪽. 또 先代
   廟에 제후국의 5대조가 아니라 천자국 7대조를 모셨다는 견해도 있다(박남수, 「신
   라 문무대왕의 삼국통일과 종묘제 정비」, 『신라사학보』 38, 2016, 302쪽).

제 2 장

당 파견 신라사신의 항로와 해양경험

— 『태평광기』를 중심으로 —

1. 머리말

인간은 육지를 중심으로 생활한다. 그러나 땅을 연결하는 매개가 물이며, 보다 큰 대륙을 연결하는 것은 바다이다. 흔히 지역이나 국가는 바다와 강 또는 산맥과 같은 자연지형을 경계로 구분되어진 경우가 허다하다. 이것은 동일 지면으로 연결된 내륙을 경계로 한 것보다 구분이 훨씬 분명하여 분쟁과 갈등이 덜하기 때문이다. 특히 전통시대 넓고 깊은 바다를 사이에 둔 경우에는 더욱 유용하였다.

그러나 국가와 국가 간에 자국의 이익을 위한 외교관계상 이 바다를 건너 상호 의사를 전달하는 사신이 왕래해야만 했다. 이 경우에는 오늘날에 비해 교통수단이 발달하지 못한 상태라 여러 가지 위험과 어려움이 따랐으며, 그들은 이것에서 벗어나고자 노력하였다. 즉, 보다 안전한 항로를 찾고 튼튼하고 빠른 배를 건조하고, 또 다른 한편으로는 항해의 두려움에서 벗어나고자 신앙심을 발현하였다.

　신라 역시 중국 왕조와 외교에 노력하였다. 특히 신라가 당의 도움을 받아 백제와 고구려를 병합하여 일통삼한을 이루는 과정에서는 더욱 그러 했었다. 그 이후에는 당과의 국제관계가 신라의 국익을 위한 국내 정치안정과 사회경제적 교류 및 사상·예술 등 모든 분야에서 연관된 요인은 너무나 절대적이었다. 이런 이유로 신라는 당에 자주 사신을 보냈다.

　당 역시 신라에 사신을 자주 파견하였다. 그런데 이 사신들은 황해(黃海, 서해) 바다를 건너는 과정에서 여러 가지 위험을 맞이하였고, 더불어 다양한 해양 경험을 하였다. 그러자 당나라 사람들은 신라로의 사행을 죽음의 길 내지는 고난의 대상으로 여겼다. 그리하여 그들은 사행과정에서 겪은 사실에다가 공포심을 더하여 다양한 이야기를 만들어 냈다. 그 대표적인 사례가 『태평광기(太平廣記)』에 수록되어 있다.

　『태평광기』는 중국 한(漢)에서 북송(北宋) 초기까지의 소설류를 광범위하게 수집한 책인데, 북송 초인 978년(태평흥국 3)에 이방(李昉) 등 13인에 의하여 칙령에 따라 편집되고 인쇄되었다. 전 500권이고 목록 10권이며, 7,000여 편의 이야기가 내용에 따라 신선(神仙)·방사(方士)·이승(異僧)·보응(報應)·명현(名賢)·공거(貢擧)·호협(豪俠)·유행(儒行)·서(書)·화(畵)·의(醫)·상(相)·주(酒)·화해(諧諧)·부인(婦人)·정감(情感)·몽(夢)·환술(幻術)·신(神)·귀(鬼)·요괴(妖怪)·재생(再生)·용(龍)·잡전기(雜傳記) 등 92개 항목으로 크게 분류·수록되어 있다.1) 우리나라에는 고려 초인 11세기 중후반에 『태평광

---

1) 약 500종의 고소설 및 소설집에서 채록했는데, 현재는 그 절반이 실전되었기 때문에 이 책은 매우 귀중하다. 원본은 981년에 목판 인쇄되었으나, 증쇄되지 않아

기』가 전래되었고, 조선 초기에는『태평광기상절(太平廣記詳節)』과『태평광기언해(太平廣記諺解)』로 편찬되어 널리 애독되었다.2)

『태평광기』의 내용은 한대(漢代)에서 당대(唐代)에 이르는 동안 수집된 것으로 지괴(志怪)·질사(軼事)·잡기(雜記)적 내용의 고사(故事)가 위주인데, 비록 야사적 성격을 띠고 있기는 하지만, 부분적으로는 정사(正史)의 부족한 면을 채워주고 있다.3)『태평광기』에는 신라 관련 내용이 26개 조항에 수록되어 있다.4) 이 중에는 신라에 다녀간 당나라 사람에 대한 기록도 있는데, 특히 당에서 신라에 파견한 사신과 관련한 사항이 더러 있다.

『태평광기』에 수록된 당에서 신라에 파견된 사신들은 가공의 인물이 아니라 대체로 역사상 실존한 인물들이었다. 그런 이유로 이들과 관련한 이야기가 전적으로 허구라기보다는 실제 경험한 내용이 설화적으로 재구성된 것으로 볼 수 있다.

그러므로 이 내용에 좀 더 천착해 보면 당에서 신라에 파견된 사신들의 여정, 즉 항로와 해양경험을 살펴볼 수 있다. 이러한 연구는 국내

서 그다지 많이 전파되지 못했다. 明末에 이르러서야 비로소 談愷·許自昌이 교정하여 다시 간행했으며, 淸의 黃晟이 소형본으로 출판하여 보급시켰다고 한다.
2)『태평광기』가 처음 우리나라에 전래된 시기는,『三國史記』·『三國遺事』·『高麗史』등에 그 서명이나 내용이 보이고,「한림별곡」에 "太平廣記 四百餘卷"이라는 구절이 있고, 또 송 元豊年間(1078~1085)에 고려의 사신 朴寅亮이 중국에 도착했을 때『태평광기』의 고사를 전고로 사용하여 시를 지었다는 내용에 근거하여, 11세기 중후반에『태평광기』가 전래되었음이 확인되었다. 조선 초기에 중국 판본이 재차 수입되어 당시 식자층의 필독서가 되었다. 世祖 8년(1462)에 成任이『太平廣記詳節』을 간행했으며, 그 후『太平通載』를 다시 간행하고, 明宗代(1545~1567) 전후하여『太平廣記諺解』가 간행되었다.
3) 李昉 등 모음, 김장환 외 옮김,『태평광기』1, 학고방, 2000.
4) 여기서는 김장환,「태평광기 소재 신라 관련 기사」(상)·(하)『신라사학보』3·4, 2005를 참조하였다.

에 관련 자료가 영성하여 어려운 상황에 있는 이 분야의 연구에 또 다른 하나의 시도로써, 신라사와 고대 한중관계사의 이해에 도움이 되리라는 생각에서, 이 글을 작성한다.

2. 당 파견 신라사신과 『태평광기』

가. 당 파견 신라사신들

우선 『삼국사기』에 기록된 당에서 보내온 신라사신의 기록을 검출하여 정리하면 다음 「표 1」과 같다.

〈표 1〉 『삼국사기』 소재 당 파견 신라사신

	인명	관 직	연 대	목 적
1	張文收	太常丞	眞德女王 8년(654)	조제
2	邢璹	左贊善大夫 鴻臚少卿	孝成王 2년(738)	조제
3	魏曜	贊善大夫	景德王 2년(743)	조제, 신라왕 책봉
4	歸崇敬	倉部郎中御史中丞	惠恭王 4년(768)	신라왕 책봉
5	蓋塤	戶部郎中	宣德王 6년(785)	신라왕 책봉
6	韋丹	司封郎中 兼御史中丞	昭聖王	신라왕 책봉
7	元季方	兵部郎中	哀莊王 6년(805)	당 덕종 죽음 통보, 신라왕 책봉
8	崔廷	職方員外郎 攝御史中丞	憲德王 1년(809)	조제, 신라왕 책봉
9	源寂	太子左諭德 兼御史中丞	興德王 2년(827)	신라왕 책봉
10	胡歸厚	太子右諭德 御史中丞	景文王 5년(865)	조제, 신라왕 책봉

위의 <표 1>에서 보듯이, 『삼국사기』에는 당에서 보내어 신라에 도착한 사신에 대하여 10건이 기록되어 있다. 이 중에서 가장 먼저 기록되어 있는 장문수를 제외한 9건은 모두 통일신라시대의 일인데, 그 중에서도 6차례는 신라 하대에 있었다.

한편 『삼국사기』에는 기록되어 있지 않으나, 중국의 정사인 『구당서(舊唐書)』와 『신당서(新唐書)』를 비롯해 『책부원구(冊府元龜)』 등을 통해서 당에서 신라에 보낸 사신은 더 있었음을 알 수 있다. 이러한 내용은 『해동역사(海東繹史)』에서도 정리된 바가 있다. 여기서는 편의상 이것들을 모두 포함하고 있는 『증보문헌비고(增補文獻備考)』 권171, 역대 조빙(朝聘)1 '신라'에 수록된 내용을 중심으로 검출하면 다음과 같다.

A-(1) 庾文素 : 唐 高祖 武德 4년(621, 진평왕 43) 조서를 내려 通直散騎侍郎 庾文素에게 節符를 가지고 신라에 사신으로 가서 答을 전하게 하였다(『신당서』).

(2) ???(a) : 진평왕 46년(624, 무덕 7) 唐이 사신을 보내어 왕을 책봉하여 柱國樂浪郡公新羅王으로 삼았다. 이로부터 당에서 대대로 사신을 보내어 왕을 책봉하였는데 다 기재할 필요가 없다.

(3) ???(b) : 문무왕 5년(665, 인덕 2) 당에서 사신을 보내어 와서 伊湌 金文王의 상을 조문하고 자의 1습, 요대 1조, 채능라 100필, 조 200필을 추증하였는데, 왕이 사자에게 금과 비단을 후하게 주어서 보냈다.

(4) 法安 : 문무왕 9년(669, 총장 2) 당에서 승려 법안을 보내어 자석을 구하고 또 백제 땅을 마음대로 취한 일로써 조서를 내려

매우 질책하니, 왕이 級湌 祇珍山을 보내어 자석 두 상자를 바치고 또 角干 金欽純과 波珍湌 金良圖를 보내어 사죄하였다.

(5) ???(c) : 신문왕 12년(692, 사성 9) 당에서 사신을 보내 칙명으로 太宗王의 묘호를 고치게 하니, 왕이 사죄하고 고치기를 청하였다.

(6) ???(d) : 효소왕 원년(692, 사성 9) 당에서 사신을 보내 왕을 책봉하여 新羅王輔國大將軍行左豹韜衛大將軍鷄林州都督으로 삼았다.

(7) 盧元敏 : 성덕왕11년(712, 당 현종 先天 원년) 당에서 盧元敏을 보내어 칙명으로 왕의 이름을 고치게 하였다. 황제와 이름이 같기 때문이다.

(8) 金思蘭, 何行成 : 21년(733, 성덕왕 32) 정월 경신에 太僕卿員外置同正員 金思蘭을 신라에 사신으로 파견하였다(『책부원구』). 中使 何行成을 파견하여 金思蘭과 함께 신라로 가게 하였다(『文苑英華』).

(9) 邢璹, 楊季鷹 : (開元) 25년(737, 신라 효성왕 1) 興光이 죽었다. 조서를 내려 太子太保로 추증하고, 이어 左贊善大夫 邢璹을 攝鴻臚少卿에 섭직시켜 신라에 가서 조제하게 하고, 아울러 그의 아들 承慶을 책봉하여 아버지의 開府儀同三司新羅王을 잇게 하였다. 형숙이 장차 출발할 때에 시를 지어 서문을 쓰고, 太子 이하 모든 관원들로 하여금 賦詩를 지어 전송하게 하였다. 玄宗이 형숙에게 "新羅는 君子의 나라로 불리며, 자못 학문을 알아서 中華와 유사한 데가 있다. 卿의 학술이 강론를 잘하기에 이번의 使

臣으로 선발하여 보내는 것이다. 그 나라에 가서 經典을 闡揚하여 大國의 儒敎가 성대함을 알게 하오." 하였다. 또 그 나라 사람들 중에 바둑을 잘 두는 사람이 많다는 말을 듣고, 바둑에 능한 率府兵曹 楊季鷹을 邢璹의 副使로 삼아 보냈다. 형숙 등은 그 나라에 이르러 蕃人으로부터 대단한 존경을 받았다. 그 나라의 바둑 수준은 대개가 季鷹보다 낮았다. 이에 형숙 등에게 金寶와 藥物 등의 푸짐한 선물을 주어 보냈다(『구당서』 권199상 열전149상 동이 신라)5)

(10) 魏曜 : 天寶 2년(743, 경덕왕 2) 承慶이 죽었다. 조서를 내려 贊善大夫 魏曜를 보내어 가서 弔祭케 하였다. 그 아우 헌영을 책봉하여 신라왕으로 삼고, 아울러 그 형의 관작을 잇게 하였다(『구당서』 권199상 열전149상 동이 신라)6)

(11) 歸崇敬, 陸珽, 顧愔 : ① (大曆) 3년(768, 혜공왕 4) 代宗은 倉部郎中兼御史中丞賜紫金魚袋 歸崇敬에게 符節과 冊書를 주어 가서 弔祭하게 하였다. 乾運을 開府儀同三司新羅王으로 삼고, 乾運의 어머니는 太妃로 책봉하였다(『구당서』 권199상 열전149상 동이 신라).

---

5) 이외에도 같은 내용의 기록이 『구당서』 권9 본기9 玄宗 하, 『신당서』 권220 열전145 동이, 『唐會要』 권95 新羅, 『冊府元龜』 권964 外臣部9 封冊2와 권965 外臣部20 褒異2, 『太平御覽』 권781 四夷部2 東夷2 新羅, 『玉海』 권32 聖文 御製記序와 권153 朝貢 外夷來朝 內附, 『동사강목』 제4하 무인년 효성왕 2년, 『양촌선생문집』 권34 동국사략론, 『해동역사』 권10 세기10 신라에도 실려 있고, 특히 형숙의 바둑이야기는 『오주연문장전산고』 人事篇 技藝類 雜技 戲具辨證說 圍棋와 雜技 圍碁辨證說에도 기록되어 있다.

6) 이와 같은 내용이 『해동역사』 권21 예지4 상례, 『동사강목』 제4하 계미년, 『해동역사』 권10 세가10 신라, 『해동역사』 권21 예지4 상례에도 있다.

② 代宗 大曆 2년(767, 혜공왕 3)(삼가 살펴보건대 어떤 데에는 3년으로 되어 있다) 2월 신라왕 金憲昌이 졸하였다. 조서를 내려서 倉部郞中 歸崇敬을 弔祭冊立使로, 監察御史 陸珽과 顧愔을 副使로 삼아 보냈다. 이보다 앞서 외국에 사신으로 가는 자들은 금과 비단을 싸 가지고 가서 중국에 없는 물품을 무역하여 왔는데, 귀숭경의 짐 꾸러미에는 오직 이불과 옷가지뿐이었으므로 東夷 사람들이 그의 淸德을 서로 전하였다. 돌아와서는 國子司業兼集賢學士에 제수되었다(『구당서』)[7]

(12) 孟昌源 : 德宗 貞元 원년(785, 선덕왕 6) 정월 祕書丞 孟昌源을 國子司業兼御史中丞으로 삼아 신라에 조제책립사로 보냈다. 이보다 앞서 建中 4년(783)에 신라왕 金乾運이 졸하자 나라 사람들이 신라의 上相 金良相을 세워 왕으로 삼았는데, 이때에 이르러서 맹창원을 파견하여 조문하고 책봉한 것이다(『책부원구』)

(13) 蓋塤 : 貞元 元年 良相에게 檢校太尉都督雞林州刺史寧海軍使新羅王을 주자. 곧 戶部郞中 蓋塤에게 명을 내려 지절을 가지고 명을 책봉하였다. 이해 良相이 죽었다. 上相 敬信을 세워 왕을 삼았고 그 관작을 잇게 하였다. 敬信은 즉 從兄弟이다(『구당서』 권199상 열전149상 동이 신라).[8]

---

7) 이와 같은 내용이 『구당서』 권149 열전99, 『신당서』 권58 志48 藝文2 乙部 地理類, 『玉海』 권153 朝貢 外夷來朝 內附, 『해동역사』 권21 예지4 상례, 『동사강목』 제5상 병오 무신년, 『오주연문장전산고』 경사편4 사적류1 史籍總說 '중국 사람이 기록한 동국 사실', 『청장관전서』 권60 盎葉記7 '중국사람들이 기록한 우리나라 고사', 『해동역사』 권21 예지4 상례, 『해동역사』 권37 교빙지5 상국사1에도 있다.
8) 이러한 사실은 『신당서』를 인용한 『해동역사』 교빙지에도 있다.

(14) 韋丹 : (정원) 16년(800, 애장왕 1) 俊邕에게 開府儀同三司檢校
太尉新羅王을 주고, 司封郎中兼御史中丞 韋丹에게 持節를 가지
고 가 책봉케 했다. 위단이 鄆州에 이르러 俊邕이 죽고 그 아
들 重興이 즉위한 것을 들음에 위단에게 돌아오라 하였다.[9]

(15) 元季方 : 永貞 元年에 兵部郎中 元季方을 보내어 지절을 가지
고 가 重興을 왕으로 책봉하였다.[10]

(16) 張惟則 : 5년(810, 헌덕왕 2) 內給事 張惟則을 신라에 사신으로
보냈다(『杜陽雜編』)

(17) 李汭 : 8월 京兆府功曹 李汭를 殿中侍御史로 삼아 신라에 가는
사신의 副使에 충원하였다(『책부원귀』). 조정에서 신라에 사신
을 보내면 신라에서는 반드시 금은보화로 후하게 선물을 주었
다. 그런데 이예가 判官이 되어 이를 하나도 받지 않자, 동료
들이 몹시 질시하였다(『國史補』).

(18) 崔廷 : 7년 重興이 죽었다. 그 재상 金彦昇이 즉위하여 왕이
되었다(헌덕왕 1, 809) 사신 金昌南 등을 보내와 슬픔을 아뢰었
다. 그 해 7월 彦昇에게 開府儀同三司檢校太尉持節大都督雞林

---

9) 한편 『해동역사』에는 "『삼국사기』를 살펴보면, 이는 마땅히 정원 15년의 일로,
신라 원성왕이 훙하고 소성왕이 즉위하였으며, 그 다음해에 소성왕이 훙하고 애
장왕이 즉위하였을 때의 일이다."고 하였다.
10) 이와 같은 사실은 『동사강목』 제5상 병오 을유년 애장왕 6년(당 順宗 永貞 원
년, 805)에도 실려 있다. 한편 『해동역사』 권37 교빙지5 상국사1에는 '삼가 살
펴보건대 『國史補』에 元義方이 신라에 사신으로 갔다고 하였는데, 연도를 상고
할 수가 없다. 혹 이는 원계방이 잘못 표기된 것인가?'라고 하였다. 그리고 『동
문선』 제33권 表箋 「謝嗣位表」에는 "또 근래 皇華 元季方이 계림의 정사를 기록
한 시에 이르기를, '다만 시서의 가르침만 아름답게 여기고 일찍이 전쟁의 소란
함이 없었다.'는 기록도 있다.

州諸軍事兼持節充寧海軍使上柱國新羅國王을, 彦昇의 아내 貞氏
을 책봉하여 妃로 삼고, 이어 그 재상 金崇斌 등 3인에게 문
극을 내리고 역시 본국의 예에 준하여 주게 명하였다. 아울러
명하여 職方員外郞攝御史中丞 崔廷을 持節弔祭로 冊立하고, 그
質子 金士信을 부사로 삼았다.11)

(19) 趙恭 : 헌덕왕 11년(819, 원화 14) 당나라에서 李師道를 토벌
하는데 楊州節度使 趙恭을 보내어 우리 군사를 징발하니, 왕이
順天將軍 金雄元에게 명하여 갑병 3만 명을 거느리고 가서 돕
게 하였다.

(20) ???(e) : 15년(820, 헌덕왕 12) 2월 신라 볼모인 試太子中允
賜紫金魚袋 金士信을 신라에 가는 사신의 副使에 충원하였다.

11) 『해동역사』에서는 『구당서』를 인용하여 소개하면서, 다만 『책부원구』에는, "7
년 7월 경오 崔稜을 新羅弔祭冊立使로, 신라의 볼모인 試衛尉少卿 金沔를 부사
로 삼았다 하였는바, 『구당서』와는 조금 차이가 있다."고 하였다. 한편 「최정묘
지명」에는, '최정은 貞元 초에 進士에 급제하였고, 뒤이어 山南西道節度使 嚴震
이 벼슬을 주어 종사하였고, 계속해서 秘書省校書郞, 監察御使를 받았다. 엄진이
정원 15년(799) 죽자 자리를 계승한 嚴礪는 조정에 최정을 侍御使로 바꾸어 줄
것을 청하여 임금께 아뢰었다. 원화 초년에 엄려가 鎭劍南東川으로 옮기고, 다시
최정을 檢校刑部員外郞監領州事로 삼을 것을 표주하였다. 엄려가 죽은 뒤에 조
정에서 총애하는 명을 더하여 변방나라를 돕게 하니, 드디어 珍王府의 諸依를
배수하였다.'고 하였다. 그런데 『구당서』 권117 엄려전에 의하면 엄려는 원화 4
년 3월에 죽었는데, 재임기간 내에 뇌물을 받고 법을 어김으로 인해서 당 조정
에서 감찰어사 元稹을 파견하여 관리 감찰하도록 하였다고 기록되어 있다. 그때
최정은 엄려의 판관이었으며 또한 탄핵을 받았다. 이것은 '이름을 외람되이 參
佐라 하였으나 몸을 용납한 것을 말한 것이 아니다. … 그러나 죄로써 으뜸을
차지하는 것이 아니다. 법이 은혜에 합하게 되면, 또한 은혜로써 다스림을 더하
여, 또 벼슬을 버리고 직책을 멈추게 하고, 하여금 너그럽게 죄를 사해 준다.'라
고 하였다(拜根興, 「9세기 신라와 당과의 관계 고찰」, 『佛敎硏究』 25, 2006, 17
8~179쪽).

(21) 源寂 : 大和 5년 金彦昇이 죽으매 아들 金景徽로 잇게 하고 開
府儀同三司檢校太尉使持節大都督雞林州諸軍事兼持節充寧海軍使
新羅王으로, 景徽의 어머니 朴氏를 太妃로, 아내 朴氏를 妃로
삼고, 太子左諭德兼御史中丞 源寂에게 持節하고 弔祭와 册立을
명하였다.

(22) 薛宜僚 : 武宗 會昌 연간에 左庶子 薛宜僚를 新羅册贈使에 충
원하였다. 설의료가 외국에 도착해서 책봉하는 예를 거행하기
도 전에 병에 걸려 졸하자, 判官 苗甲이 正使를 대신하여 예를
행하였다(『女俠傳』)[12]

(23) 胡歸厚, 裵光 : 경문왕 5년(865, 당 의종 함통 5) 당에서 右諭德
胡歸厚, 光祿主簿 裵光 등을 보내어 헌안왕에게 비단 1000필
을 부의하고 아울러 왕을 예전과 같이 책봉하였다.[13]

(24) ???(f) : 헌강왕 4년(878, 당 희종 건부 5)에 당에서 사신을 보
내어 왕을 책봉하였는데, 봉작은 예전과 같았다.

이처럼 『증보문헌비고』에서 당에서 신라에 다녀간 많은 사신들을 확
인하였다. 위의 사항을 정리하면 다음 <표 2>와 같다.

---

12) 『해동역사』 권37 교빙지5 상국사1에도 실려 있다.
13) 「숭복사비」, 『역주 한국고대금석문』 Ⅲ, 1992, 273쪽에는 '중국의 사신 胡歸厚
가 복명할 때 風謠를 많이 채록하였는데, 당시의 재상에게 아뢰기를 "저 이후로
는 武夫를 해동에 사신으로 보내는 것은 좋지 않겠습니다. 왜냐하면 鷄林에는
아름다운 산수가 많은데, 東王(경문왕)이 시를 모아 인쇄한 책을 주기에 저는 시
짓는 것을 배웠던 덕분으로 억지로 부끄러움을 참고 화답하였지만, 그렇지 않았
더라면 해외의 웃음거리가 되었음이 틀림없다."라고 하니, 識者들이 옳은 말로
여겼다.'는 기록이 있다.

〈표 2〉『증보문헌비고』 소재 당 파견 신라사신

	인명	관직	파견 연대	목적	비고
1	庚文素	散騎常侍	진평왕 43년(621), 무덕4	신라 조공 답례	
2	???(a)		진평왕 46년(624), 무덕8	신라왕 책봉	
3	張文收	太常丞	眞德女王 8년(654)		
4	???(b)		문무왕 5년(665), 인덕2	김문왕 상 조문	
5	法安		문무왕 9년(669), 총장2	磁石 구함. 백제고지 차지 문책	
6	???(c)		신문왕 12년(692), 사성9	태종 묘호 문책	
7	???(d)		효소왕 1년(692), 사성9	신라왕 책봉	
8	盧元敏		성덕왕 11년(712), 선천1	신라왕 개명 요구	
9	何行成		성덕왕 32년(733), 개원21		金思蘭 동행
10	邢璹	左贊善大夫	孝成王 2년(738), 개원26	성덕왕 조제	부사 솔부병조 참군 楊季鷹
12	魏曜	贊善大夫	景德王 2년(743), 천보2	신라왕 책봉	
13	歸崇敬	倉部郎中	惠恭王 4년(768), 대력3	신라왕 책봉	왕모 책봉, 陸珽·顧愔 동행
14	孟昌源	國子司業兼 御史中丞	선덕왕 6년(785), 정원1	혜공왕 조제, 선덕왕 책봉	
15	蓋塤	戶部郎中	원성왕 1년(785)	선덕왕 책봉	
16	韋丹	司封郎中	昭聖王 2년, 애장왕 1년 (800), 정원 16	소성왕 책봉	소성왕 사망, 鄆州에서 되돌아감
17	元季方	兵部郎中	哀莊王 6년(805)		
18	張惟則				
19	李沘				
20	崔廷	職方員外郎	憲德王 1년(809), 원화4	신라왕 책봉	부사 신라질자 金士信
21	趙恭	양주절도사	헌덕왕 11년(819), 원화 14	군사 징발	이사도 토벌군
22	???(e)		헌덕왕 12(820)		부사 신라질자 金士信
23	源寂	太子左諭德	興德王 2년(827)		
24	薛宜僚	左庶子	武宗 會昌年間	신라책봉사	判官 苗甲 동행
25	胡歸厚	太子右諭德 御史中丞	景文王 5년(865)	헌안왕 부의, 신라왕 책봉	광록주부 裵光 동행
26	???(f)		헌강왕 4년(878), 건부5	신라왕 책봉	

위의 <표 2>에서 보듯이, 『증보문헌비고』에는 당에서 신라에 보낸 사신은 모두 26건이 기록되어 있다.14) 그러나 실제는 이보다 훨씬 더 많았을 것이다.15)

어째든 『증보문헌비고』의 내용 중에는 『구당서』와 『신당서』·『삼국지』·『문헌통고』·『독례통고』·『문원영화』·『순종실록』·『국사보』·『두양잡전』·『여협전』·『태평광기』 등의 문헌을 인용하고 있다. 그리고 이들 기록은 『태평광기』의 내용을 그대로 전재한 경우도 여럿 있다. 즉 『해동역사』를 비롯한 일부 사서에서는 『태평광기』의 내용을 역사적 사실로 보는 관점에서 편찬되었다.

신라와 당을 오간 사신의 역사적 성격을 정리하면 다음과 같다.

양국 사이의 중대한 결정은 사신의 교류를 통하여 실현하였다.16) 그 왕래가 빈번하여, 신라는 이에 대하여 상당히 중시하였다. 그리고 당 사절은 거의가 책봉사(冊封使)로서 신왕(新王)의 승인, 전왕(前王)의 추봉(追封) 및 조위(弔慰)가 그 중심이었다. 이들은 당 황제의 조(詔)를 지니고 있기 때문에 흔히 지절사(持節使)라 칭해지기도 한다.17) 가끔 군사 징발과 외교의례상 호칭·명칭의 개정 요구 등도 있었다.

당은 신라왕을 책봉할 뿐만 아니라 또한 신라 내에 친당세력을 심어

---

14) 809년 崔廷 사행시에 신라 金士信이 副使를 맡았다고 하고, 또 820년 사신 ???(E)가 올 때도 김사신이 부사를 맡았다고 하여 혼란을 보이나. 이는 『책부원구』의 기록대로 809년에는 崔稜이 新羅弔祭冊立使이고 신라질자 試衛尉少卿 金汚가 부사를 맡았던 모양이다.

15) 당이 신라에 보낸 사절의 회수는 총 42회에 이른다는 연구가 있다(권덕영, 『신라의 바다 황해』, 일조각, 2012, 120~135쪽 표3-6, 3-7, 3-8 참조). 게다가 배근흥은 9세기 당이 신라에 파견한 사신은 19차례가 넘는다고 보았다(拜根興, 앞의 논문, 2006, 195~200쪽 표1, 표2 참조).

16) 拜根興, 앞의 논문, 167쪽.

17) 신형식, 『삼국사기연구』, 일조각, 1981, 261~264쪽.

놓을 필요가 있었을 것이다. 이를 고려하여 신라 왕실 및 고관에게 지극히 호의적으로 대하는 것이 능률적인 일이었기에 신라왕의 어머니와 왕비를 책봉하는 동시에 왕실·귀족 등에게 관작과 문극을 주었던 것이다.[18] 한편 당 사신들은 '형숙·양계응(A-10)'과 '이예(A-19)'의 사행에 대한 기록에서 보듯이 신라로부터 많은 금은보화를 받아갔다.

한편 당에서 신라로 보낸 사신단은 정사(正使)와 부사(副使), 판관(判官) 등으로 구성되었다. 이 중 정사는 사신단의 우두머리로서 전체 사신의 임무를 책임진다. 부사는 사신단의 부직으로서 사신단의 임무를 완수하는 것을 돕는데, 이 역할은 당에서 숙위하던 신라인이 맡는 경우도 있었다.[19] 또 판관은 사무가 번잡하면 2명, 번잡하지 않으면 1명을[20] 대동하였다. 그리고 사신단을 호위하는 군사를 데리고 갔다.[21]

당의 사신은 신라의 사신에 상응하는 인물로 선발하여 보냈다.[22] 당은 신라의 조공사에 대한 답방의 형식으로 사신을 보냈는데 양국 간의 자존심의 대결이 심하였다. 양국은 고위층 인사뿐만 아니라 학문과 식견, 심지어는 바둑의 능력이 뛰어난 자를 선발하여 사절 일행으로 파견하는 까닭에 서로가 상응하는 인물을 파견하였다.

그리고 사신들에게는 위단(韋丹)의 말처럼 주현(州縣)의 10개 관직을

---

18) 拜根興, 앞의 논문, 2006, 166쪽.
19) "헌덕왕 18년 12월 신라 인질 金允夫가 예전의 규례대로 중국사신이 신라로 들어갈 때 신라에서 숙위하러 와있던 사람들을 副使로 차임해 사신과 함께 돌아가서 조서를 통역하게 해 주기를 요청하였는데 허락하지 않고, 다만 고한대로 부사로 차임하기만 하였다."(『해동역사』권10 신라, 敬宗 寶曆 2년).
20) 『唐六典』 권2.
21) 李大龍, 『唐朝和邊疆民族使者往來研究』, 黑龍江敎育出版社, 2001 : 『당조와 변강 민족의 사신 왕래 연구』, 동북아역사재단, 2007. 141~142쪽.
22) 滯唐宿衛나 宿衛學生이 외교관 역할을 한 것은 金雲卿·金忠信의 예에서 알 수 있다.

팔아 밑천을 삼을[23] 권리와 개인적인 매매로써 이익을 얻는 등 여러 특혜가 주어졌다. 특히 이들은 당에서 출발시 가져온 자금으로 신라 물건을 구입하여 돌아가 무역을 통해 많은 이윤을 챙기기도 했고,[24] 때로는 신라의 진귀한 것들을 강탈해 가기도 했다.[25]

나. 『태평광기』 소재의 당 파견 신라사신들

『태평광기』에 수록된 당에서 신라에 가거나 다녀온 사람은 누구인가? 이것을 알아보기 위해서는 우선 『태평광기』에 수록된 내용에 신라 관련 기사는 어떤 것이 있는지를 살펴볼 필요가 있다.

B-(1) 白幽求 : 당 貞元 11년에 秀才 백유구는 연이어 낙방하다가 그 해 뜻을 잃자, 신라 왕자를 따라 바다를 건너 大謝公島에 머물렀다.[26]

---

23) 『신당서』 권197 순리전. "신라왕이 죽자 司奉郎中이 가서 조문하게 하였다. 故事에 외국 사신으로 가면 州縣의 10개 관직을 하사하여 그것을 팔아 밑천으로 삼게 하였다. 그것을 私覿官이라 한다. 위단이 말하길 '외국에 사신으로 가면 자금이 부족하다. 마땅히 천자에게 청해야지 어찌 관직을 팔아 돈을 받겠는가.' 하고, 곧 써야할 비용을 상소하니 황제가 有司에 명하여 그에게 주게 하고 명령을 기록하였다. 가기 전에 신라의 새로 된 왕이 죽어 돌아와서 容州刺史가 되었다"
24) 歸崇敬 代宗大曆初 爲倉部郎中 充冊立新羅王使 故事使新羅者 至海東多有所求 或携賚帛而往 貿易貨物 規以爲利(『책부원구』 권654 奉使部 廉愼歸崇敬).
25) 『삼국유사』 권2 元聖大王에 보면 당 사신이 신라 護國龍 세 마리를 몰래 잡아갔다는 내용이 있다.
26) 唐貞元十一年 秀才白幽求 頻年下第 其年失志 後乃從新羅王子過海 於大謝公島(『태평광기』 권46 神仙46). 한편 『全唐詩』 第十二函 第七冊 春臺仙 '遊春臺詩'에도 "貞元十一年春中 秀才白幽求從新羅王子 過海失風 …"라 하여 같은 내용이 수록되어 있다.

(2) 唐憲宗皇帝 : 당 헌종은 신선불사의 도술을 좋아했다. 元和 5년
   (810) 內給事 張惟則이 신라국에서 돌아왔다.[27]

(3) 金可記 : 김가기는 신라 사람으로 賓貢科에 급제하여 진사가 되
   었다. … 3년 후, 그는 본국으로 돌아가고 싶어져 바다에서 배
   를 타고 돌아갔다. 그는 다시 돌아와 道服을 입고 종남산으로
   들어갔다.[28]

(4) 胡蘆生 : 당나라 때 劉闢은 처음 과거에 급제하고 나서, 점쟁이
   호로생을 찾아가 점을 쳐서 자신의 官祿에 대해 물어 보았다. …
   이공은 웃으면서 그에게 감사했지만, 마음속으로는 '비단 초롱'
   이란 말을 이상하게 생각했다. 몇 년 뒤 張建은 徐州刺史에 임
   명되었을 때, 조정에 상주하여 이공을 巡官校書郎으로 삼았다.
   마침 관상을 잘 보는 신라 승려가 있었는데, 그가 張公(張建)에
   게 재상이 될 수 없다고 말하자, 장공은 몹시 불쾌해 했다.[29]

(5) 悟眞寺僧 : 당 貞觀年間(627~649)에 王順山 오진사의 스님이
   밤에 藍溪에 갔는데, 문득 『法華經』을 염송하는 소리가 가늘고
   멀게 들렸다. … 후에 어느 신라 스님이 오진사에 객거했는데,
   1년이 조금 넘은 어느 날 절의 스님들이 모두 산을 내려가 신
   라 승려 혼자 남아있게 되자, 그는 돌상자를 훔쳐 달아났다. 오
   진사의 스님들은 그의 행방을 추적했으나 이미 海東(新羅)으로

---

27) 唐憲宗好神仙不死之術 元和五年 內給事張惟則自新羅國廻(『태평광기』 권47 神仙
   47)
28) 金可記 新羅人也 賓貢進士(『태평광기』 권53 神仙53)
29) 唐劉闢初登第 詣卜者胡蘆生筮卦以質官祿 生雙瞽 卦成 謂闢曰 … 後數年 張建封鎭
   徐州 奏李爲巡官校書郎 會有新羅僧能相人 言張公不得爲宰相 甚不快 因令使院看
   諸判官有得爲宰相否(『태평광기』 권77 方士2).

돌아간 뒤였다. 이때가 開元 말년(741)이었다.[30]

(6) 邢璹 : 당의 형숙은 신라에 사신으로 갔다가 돌아오는 길에 炭山에서 정박했다.[31]

(7) 僧金師 : 睢陽에 新羅에서 온 金師라는 스님이 있었는데, 그는 錄事參軍 房琬에게 이렇게 말했다.[32]

(8) 李藩 : 재상 이번은 일찍이 東都인 洛陽에 머물렀으며, 나이 서른에 가깝도록 벼슬을 하지 못했다. …… 몇 년 후 張建이 僕射에 임명되어 양주를 다스리게 되자, 이공을 巡官校書郎으로 삼아달라는 주청을 올렸다. 마침 신라의 스님이 그곳에 있었는데, 그는 사람의 관상을 잘 보았고 또한 장건이 재상에 오르지 못할 것이라고 예언했다.[33]

(9) 蕭穎士 : 소영사는 문장과 학술이 詞林(文壇)에서 으뜸이었다. 그는 명성을 누리고 있었지만, 재능이 묻혀 있어 관직에 나아갈 기회를 만나지 못하였다. 일찍이 신라사신이 와서 이렇게 말했다.[34]

(10) 歸崇敬 : 귀숭경은 여러 벼슬을 거쳐 膳部郎中(尙書省의 屬官)이 된 뒤에 新羅冊立使에 임명되었다.[35]

---

30) 唐貞觀中 有王順山悟眞寺僧 夜如藍溪 忽聞有誦 法華經者 其聲纖遠 … 後新羅僧客 於寺 僅歲餘 一日寺僧盡下山 獨新羅僧在 遂竊石函而去 寺僧跡其往 已歸海東矣 時 開元末年也(出『宣室志』)(『태평광기』 권109 報應8 法華經)

31) 唐邢璹之使新羅也 還歸 泊于炭山(『태평광기』 권126 報應25)

32) 睢陽有新羅僧 號金師 謂錄事參軍房琬云(『태평광기』 권147 定數2)

33) 李相藩 嘗寓東洛 年近三十 未有宦名 … 數年 張建封僕射鎭揚州 奏李公爲巡官校書 郎 會有新羅僧 能相人 且言張公不得爲宰相(『태평광기』 권153 定數8)

34) 蕭穎士 文章學術 俱冠詞林 負盛名 而湮沈不遇 常有新羅使至(『태평광기』 권164 明賢)

35) 歸崇敬累轉膳部郎中 充新羅冊立使(『태평광기』 권177 器量2)

(11) 周昉36) : 唐의 주방은 字가 景玄이고 京兆人이다. 그는 節度使
의 후예로 학문을 좋아하고, 그림에 있어서는 회화의 오묘함
을 모두 표현할 줄 알았으며, 재상들 사이에서 노니는 귀공자
였다. … 貞元年間(785~804) 말에 신라국의 어떤 사람이 江
淮 일대에서 (주방의 그림을) 모두 고가로 수십 권 구입해 갔
다. 주방이 그린 佛像·眞仙(眞人)·인물·남녀는 모두 神品에
들었으며, 오직 안장을 얹은 말과 鳥獸·竹石·초목에 있어서
만 그 모습을 완전히 표현해내지 못했을 뿐이다.37)

(12) 邊鸞 : 唐의 변란은 京兆 사람이다. … 貞元年間(785~804) 신
라국에서 공작을 바쳤는데 그 공작은 춤출 줄 알았다. 德宗이
변란을 불러서 玄武門에서 공작 모습을 그리도록 했다.38)

(13) 馮涓 : (唐) 大中 4년(850)에 풍연은 進士科에 급제했는데, 榜
에 이름이 적힌 사람들 중에서 文名이 가장 높았다. 그 해에
新羅國에서 누각을 지었는데, 많은 돈과 비단을 보내와서는
(馮涓에게) 글을 지어주길 奏請했으므로 당시 사람들이 그를
영광스럽게 여겼다.39)

---

36) 주방에 대해『全唐詩』第十一函 第六冊 歐陽烱 一作迥 '題景煥畵應天寺壁天王歌'
"錦城東北黃金地 故跡何人興此寺 白眉長老重名公 曾識會稽山處士 寺門左壁圖天
王 威儀部從來何方 鬼神怪異滿壁走 當簷颯颯生秋光 我聞天王分理四天下 水晶宮
殿琉璃瓦 綵伏時驅狒裝 金鞭頻策騏麟馬 毘沙大像何光輝 手擎巨塔凌雲飛 地神對
出寶餠子 天女倒披金縷衣 唐朝說著名公畵 周昉毫端善圖寫"란 기록이 있다.
37) 唐周昉字景玄 京兆人也 節制之後 好屬學 畵窮丹青之妙 遊卿相間 貴公子也 … 貞
元末 新羅國有人於江淮 盡以善價收市數十卷 將去 其佛像眞仙人物子女 皆神也
唯鞍馬鳥獸竹石草木 不窮其狀也(『태평광기』권213 畵4)
38) 唐邊鸞 京兆人 … 貞元中 新羅國獻孔雀 解舞 德宗召於玄武門寫貌(『태평광기』권
213 畵4)
39) 大中四年 進士馮涓登第 榜中文譽最高 是歲新羅國起樓 厚賞金帛 奏請撰記 時人榮

(14) 薛宜僚 : 설의료는 會昌年間(841~846)에 左庶子가 되어 新羅
로 보내는 冊贈使로 뽑혔다. 그는 靑州에서 배를 타고 바다를
건너게 되었는데 배가 거듭 풍랑을 만나 위험을 당했고, 登州
에 이르러서는 배가 완전히 바다에 표류하게 되는 바람에 다
시 청주로 돌아가 정박하게 되었다.40)

(15) 韋隱 : (唐) 大曆年間(766~780) 將作少匠 韓晉卿은 딸을 尙
衣奉御 위은에게 시집보냈다. 위은이 명을 받들고 新羅로 갔는
데, 1程을 갔을 때 갑자기 슬퍼지며 부인이 보고 싶어졌다.41)

(16) 萬佛山 : (唐) 황제는 불교를 숭상해서 각종 향료를 빻아 은가
루와 섞어서 佛室에 바르게 했다. 그때 新羅國에서 오색 氍毹
(양탄자)와 萬佛山을 진상했는데, 만불산은 높이가 1丈이었다.
황제는 그것을 불실에 갖다놓게 하고 오색 구유를 그 바닥에
깔게 했다.42)

(17) 辟塵巾 : 皇甫는 高瑀에게 좌우의 사람들을 물리게 하고는 말
했다. "제가 新羅에서 수건 하나를 얻었는데 먼지를 피할 수
있으니, 이것을 바쳐 갑지회의 목숨을 구하고자 합니다." …
황보현진은 갑지회의 목숨을 구하게 된 일을 갖추어 기술하면
서 또 말했다. "약은 海東(新羅)에서 납니다. 지금 나에게 바늘
하나가 있는데, 효력은 수건보다 못하지만 한 몸의 먼지는 피

之(『태평광기』 권265 輕薄1)
40) 薛宜僚 會昌中爲左庶子 充新羅冊贈使 由靑州泛海 船頻阻惡風雨 至登州却漂 廻泊
靑州(『태평광기』 권274 情感)
41) 大曆中 將作少匠韓晉卿女 適尙衣奉御韋隱 隱奉使新羅 行及一程 愴然有思(『태평
광기』 권358 神魂)
42) 上崇釋氏敎 乃舂百品香和銀粉以塗佛室 遇新羅國獻五色氍毹 及萬佛山 可高一丈
上置於佛室 以氍毹籍其地 氍毹之巧麗(『태평광기』 권404 寶5)

할 수 있습니다." 감군사가 절하며 달라고 청하면서 말했다.
"이것을 얻는 것으로 충분하오"43)

(18) 李德裕 : 이덕유가 文宗과 武宗 때 한창 재상의 권력을 잡고
있을 때는 그 위세와 은택에 비할 자가 없었다. … 신라 승려
는 이덕유가 진기한 것을 좋아한다는 사실을 알고 황금과 비
단으로 그것을 사서 보냈다. 또 煖金帶와 辟塵簪은 모두 세상
에 보기 드문 보물이었다. 나중에 이덕유가 남쪽으로 좌천되
었을 때 그것들을 모두 惡溪에 빠뜨렸는데, 崑崙奴에게 물속으
로 들어가서 찾아오게 했더니, 그것들이 鰐魚 굴 속에 있어서
결국 가져올 수 없었다고 말했다.44)

(19) 五鬣松 : 段成式이 살던 修行里의 사택 大堂 앞에 오렵송 두
그루가 있었는데, 그 크기가 주발만 했다. 달린 열매는 그 맛
이 新羅의 것과 차이가 없었다. 오렵송은 껍질이 비늘처럼 생
기지 않았다. 唐나라의 中使 仇士良의 水磑亭子에 껍질이 비늘
처럼 생기지 않은 양렵송이 있고 또 칠렵송이 있었는데, 어디
서 온 것인지는 알 수 없었다. 민간에서는 그것을 '孔雀三鬣松'
이라 불렀다. 소나무의 생명력은 뿌리에 있는데, 뿌리 밑에 돌
이 있으면 소나무가 옆으로 누워 천년도 살지 못한다.45)

---

43) 皇甫請避左右 言某於新羅獲巾子 可辟塵 欲獻此贖甲 … 皇甫具述救甲之意 且言 藥
   出海東 今余一針 力差不及巾 可令一身無塵 監軍拜請曰 獲此足矣(『태평광기』 권
   404 寶5)
44) 李德裕在文宗武宗朝 方秉相權 威勢與恩澤無比 … 龍皮有新羅僧得自海中 海旁居
   者 得自魚厴 有老人見而識之 僧知李好奇 因以金帛贖之 又煖金帶辟塵簪 皆希世之
   寶 及李南遷 悉於惡溪沉溺 使崑崙沒取之 云在鰐魚穴中 竟不可得矣(『태평광기』
   권405 寶6)
45) 段成式修行里私第大堂前 有五鬣松兩株 大才如椀 結實 味與新羅者不別 五鬣松皮

146   신라와 바다

(20) 海石榴花 : 新羅에는 海紅(海棠)과 해석류가 많다. 唐나라 贊皇
公 李德裕가 말하길, 꽃 중에 '海'자가 붙은 것은 모두 海東(新
羅)에서 전래된 것이라고 했다. 章川花는 해석류와 약간 비슷
한데, 5송이의 꽃이 무더기로 피고 잎이 좁고 길며 서로 중첩
되어 있다.46)

(21) 茄子故事 : 新羅에서 심은 가지가 있었는데, 색은 좀 흰 편이
었고 모습은 계란처럼 생겼다. 西明寺 造玄 스님의 승원 안에
그것과 같은 품종의 가지가 있었다. 『水經』에 다음과 같은 구
절이 있다. "石斗城 서쪽 맞은편에 채소밭이 있는데, 그 길이
가 100리나 된다. 위쪽에는 커다란 갈대밭이 있고 아래쪽에
는 가지 밭이 있다."47)

(22) 元義方 : 원의방은 新羅에 사신으로 갔다.48)

(23) 汧陽令 : 唐나라 때 어떤 견양현령이 있었는데 그 성명은 알
수 없다. 그는 관직에 있을 때 뜬금없이 "출가하고 싶다"고 말
하며 간절하게 불경을 염송했다. … 그리고는 부적을 써서 新
羅로 보내자 여우는 부적을 가지고 날아갔다. 지금도 신라에
는 劉成神이 있는데 그 나라 사람들은 그를 경건히 모신다.49)

不鱗 唐中使仇士良水礎亭子 有兩鱉皮不鱗者 又有七鱉者 不知自何而得 俗謂孔雀
三鱉松也 松命根 下遇石則偃差 盖不必千年也(『태평광기』 권406 草木1)
46) 新羅多海紅幷海石榴 唐贊皇李德裕言 花中帶海者 悉從海東來 章川花差類海石榴
五朵簇生 葉狹長 重沓承(『태평광기』 권409 草木4)
47) 有新羅種者 色稍白 形如雞卵 西明寺僧造玄院中 有其種 水經云 石斗西對蔡浦 長百
里 上有大荻荻浦 下有茄浦(『태평광기』 권411 草木6)
48) 元義方使新羅(『태평광기』 권423 龍6)
49) 唐汧陽令不得姓名 在官 忽云欲出家 念誦懇至 … 書符流于新羅 狐持符飛去 今新羅
有劉成神 土人敬事之(『태평광기』 권449 狐3)

(24) 長鬚國 : 唐 大足年間(701~702) 초에 어떤 선비가 新羅國의
사신을 따라갔다가 풍랑에 떠밀려 한 곳에 도착했는데, 그곳
사람들은 모두 수염이 길고 쓰는 말이 당 말과 통했으며 '장수
국'이라고 불렸다.50)

(25) 新羅 : 신라국은 동남쪽으로 日本과 가깝고 동쪽으로 長人國과
인접해 있다. 장인국의 사람들은 키가 3丈이나 되고 톱 같은
이에 갈고리 같은 손톱을 하고 있다. 또 불에 익힌 음식을 먹
지 않고 짐승을 사냥하여 먹으며 때때로 사람도 먹는다. 그들
은 벌거벗고 사는데 검은 털이 몸을 덮고 있다. 그 나라의 경
계는 수천 리에 걸쳐 산이 이어져 있으며 중간에 있는 산골짜
기는 철문으로 봉쇄했는데 그것을 '鐵關'이라 부른다. 항상 수
천 명의 弓弩手로 하여금 그곳을 지키게 하기 때문에 그곳을
통과할 수 없다(『기문』)

    … (唐 玄宗) 天寶年間(742~756)에 贊善大夫 魏曜를 신라국
에 사신으로 보내 어린 임금을 冊立하게 했는데, 위요는 연로
했기 때문에 그 일을 심히 꺼려했다. 당시 신라를 다녀온 적이
있는 빈객이 있었기에 위요가 그를 찾아가서 (신라로 가는)
여정에 대해 물었더니, 빈객이 다음과 같은 이야기를 해주었
다. … 근자에 어떤 海商이 신라로 가던 중에 한 섬에 잠시 정
박했는데, 그곳은 온 땅이 모두 검은 칠한 숟가락과 젓가락으
로 덮여 있었다(『유양잡조』)

    六軍使 西門思恭이 한번은 어명을 받들고 신라에 사신으로 갔

---

50) 唐大足初 有士人隨新羅使 風吹至一處 人皆長鬚 語與唐言通 號長鬚國(『태평광기』
    권469 水族6)

는데, 바람과 물살이 순조롭지 못하여 어디가 끝인지도 모를 망망대해에서 몇 달 동안 표류했다. … 나중에 그는 마침내 북쪽 해안에 도착하여 거인의 손가락 3개를 조정에 바쳤는데, 조정에서는 그것에 옻칠을 하여 궁중 창고에 보관했다. 서문사공은 主軍(六軍使)이 되고 나서부터 차라리 金玉은 남에게 줄지언정 평생 음식은 손님에게 대접하지 않았는데, 그것은 지난날 식량이 떨어져서 당한 어려움을 잘 알고 있기 때문이었다(『옥당한화』)51)

(26) 狗國 : 陵州刺史 周遇는 육식을 하지 않았다. 그는 일찍이 劉恂에게 이야기하기를, "몇 해 전 靑社(靑州) 바다에서 閩 땅으로 돌아오는 길에 폭풍을 만나 닷새 밤낮을 표류했는데, 대체 몇 천리를 다녔는지 알 수 없으나 대략 여섯 개 나라를 지나갔다네. 첫 번째 나라는 구국이었네. 같은 배를 타고 있던 사람 중에 新羅 사람이 있었는데, 그 사람이 구국이라고 하더군."52)

이상에서 살펴보면, 『태평광기』에 수록된 신라 관련 사항은 모두 26개 조항이다.

---

51) 新羅國 東南與日本隣 東與長人國接 長人身三丈 鋸牙鉤爪 不火食 逐禽獸而食之 時亦食人 裸其軀 黑毛覆之 其境限以連山數千里 中有山峽 固以鐵門 謂之鐵關 常使弓弩數千守之 由是不過(出『紀聞』) … 又天寶初 使贊善大夫魏曜使新羅 策立幼主 曜年老 深憚之 有客曾到新羅 因訪其行路 客曰 … 又近有海客往新羅 次至一島上 滿地悉是黑漆匙筯 …(出『酉陽雜俎』) 又六軍使西門思恭 常銜命使于新羅 風水不便 累月漂泛于滄溟 … 後得達北岸 遂進其三指 漆而藏于內庫 泊拜主軍 寧以金玉遺人 平生不以飮饌食客 爲省其絶糧之難也(出『玉堂閒話』)(태평광기 권481 蠻夷2)

52) 陵州刺史周遇不茹葷血 嘗語劉恂云 頃年自青杜之海 歸閩 遭惡風 飄五日夜 不知行幾千里也 凡歷六國 第一狗國 同船有新羅 云是狗國(『태평광기』 권483 蠻夷4)

이 내용 중에 등장하는 당에서 신라에 간 인물은 백유구(白幽求), 장유칙(張惟則),53) 김가기(金可記), 형숙(邢璹), 귀숭경(歸崇敬), 설의료(薛宜僚), 위은(韋隱), 원의방(元義方), 유사인수신라사(有士人隨新羅使), 해상(海商), 위요(魏曜), 서문사공(西門思恭) 등 12건이다.

그러나 백유구는 직접 사행을 간 것이 아니라 단지 신라 왕자를 따라서 신라에 갔다고 했으니, 어쩌면 당에 숙위를 하던, 또는 당에 사행을 왔던 왕자 내지는 가왕자(假王子)가 귀국할 때 이들을 따라 신라로 갔다는 것에 불과한 내용이라, 신라에 사신을 간 사람은 아니다.

한편 장유칙은 내급사(內給事)라는 관직을 가진 상태에서 신라에서 돌아왔다는 것으로 보아 신라에 공식 사신 내지는 사행의 구성원으로 다녀왔다고 보아도 되겠다.

김가기는 다른 문헌 기록을 보면, 어쩌면 신라에 다녀간 것은 사실인 듯하나, 그의 행적 자체가 워낙 신이하게 기록되어 있어, 정식으로 신라에 사신으로 다녀갔다고는 보기 어렵다. 또 해상(海商)의 경우는 이름 그대로 해상이지 사신은 아니다.

형숙은 신라에 사신으로 다녀간 것은 분명하다. 다만 그 시기를 『태평광기』에서 대보연간(742~756)이라 한 것과는 달리 『삼국사기』에서는 효성왕 2년(738)이라 하였다. 그리고 위요와 귀숭경은 『삼국사기』를 비롯한 여러 정사에도 그 기록이 확인됨으로 사실로 확신해도 된다. 귀숭경의 경우는 중국측 기록에도 "그 재상이 권력을 다투어 서로 쳐서

---

53) 장유칙에 대해서는 『退溪先生文集攷證』 卷1 詩 "次韻答金應霖云云 詩魂(朱)蘇仙 仙去餘詩魂 回雙轂(賈島)百年雙轂轉 伏(老)禍兮福所倚 福兮禍所伏 九閽(選註)天門 九重 九人守閽 謂之九閽 芝朮養生顏益古(杜陽錄)元和中 張惟則海上遇神仙 曰鳳芝 龍朮 受命無彊"라는 기록도 있다.

나라가 크게 어지러워 졌는데, 3년만에 평정되었다(『신당서』신라전)"고
하여, 당의 책봉사 귀숭경이 신라에 왔을 때 이 대란을 직접 경험한 것
으로 기록되어 있다.[54] 그리고 귀숭경이 신라에 사신으로 갔을 때 종
사한 고음(顧愔)은 『신라국기(新羅國記)』를 지었다.

  한편 『태평광기』의 기록에서 원의방(元義方)은 『해동역사』에서 지적
한바 있듯이 『삼국사기』에 기록된 원계방(元季方)과 동일인이다.[55]

  그런데 설의료와 위은, 서문사공, 그리고 대족연간에 다녀간 이름을
알 수 없는 사신에 대해서는 아직까지 이른바 정사(正史)에서 확인하기
가 어려워 조금 더 고려해 볼 여지가 있다. 그럼에도 위은은 대력연간
(766~780)에 사신을 받들고 신라에 갔다는 것에서, 어쩌면 768년 신
라책립사 귀숭경의 사행에 함께 했던 것으로 짐작해도 될 듯하다. 그리
고 설의료는 책증사라는 직책을 가졌고, 또 서문사공도 신라사신으로
갔다는 기록이 있음으로, 두 사람은 신라에 사신으로 간 것을 사실로
받아드려도 좋을 듯하다.

  결국 『태평광기』에서 신라에 갔다고 한 당의 사신을 정리하면 다음
<표 3>과 같다.

---

54) 이기백, 「신라 혜공왕대의 정치적 변혁」, 『신라정치사회사연구』, 일조각, 1974,
   230쪽.
55) 『海東繹史』권37, 교빙지7 상국사1. "삼가 살펴보건대 『國史補』에, 元義方이 신
   라에 사신으로 갔다고 하였는데, 연도를 상고할 수가 없다. 혹 이는 元季方이 잘
   못 표기된 것일까"

〈표 3〉『태평광기』소재 당 파견 신라사신

	인 명	관 직	연 대	목 적	비 고
1	張惟則	內給事	元和 5년(810)		
2	邢璹		大寶年間(742~756)	新羅使	
3	魏翟	贊善大夫	景德王 2년(743)	使新羅	
4	歸崇敬	膳部郎中		新羅冊立使	
5	薛宜僚	戶部郎中	會昌年間(841~846)	冊贈使	
6	韋隱	尙衣奉御	大曆年間(766~780)	奉使新羅	
7	元義方			使新羅	元季方과 동일인
8	????		大足年間(701~702)		隨新羅使 有士人
9	西門思恭	六軍使		사신	

위 내용을『삼국사기』에 기록된 당에서 온 신라사신에 대한 사례와 대비해 보면 형숙, 위요, 귀숭경, 원의방(원계방)은 일치함을 볼 수 있다. 그리고 위은, 설의료, 서문사공의 사행도 사실이라 보겠다. 그렇다면『태평광기』에 수록된 신라에 온 당의 사신은 대부분이 실제와 연계되어 있는 내용임을 알 수 있다.

그리고『전당시』등에 기록되어 있는 내용을 보면 더 많은 인물이 실제로 신라에 사신으로 다녀간 사실을 확인할 수 있다.56) 이렇듯이『태

---

56) 李大龍, 앞의 책에 제시한 신라에 간 당 사신을 정리하면 다음과 같다.

	성명	시간	관직	사행 목적	자료 출처
1	미상	624(무덕 7)	미상	진평왕 책봉	구당서 동이전
2	미상	635(정관 9)	미상	선덕왕 책봉	구당서 동이전
3	미상	648(정관 22)	미상	진덕왕 책봉	책부원구 외신부
4	張文收	654(영휘 5)	太常丞	진덕왕 조제, 김춘추 책봉	신당서 동이전 등
5	張友收	660(현경 5)	태상승	진덕왕 조제,	책부원구 외신부
6	미상	661(용삭 1)	미상	김춘추 조제, 법민 책봉	책부원구 외신부
7	미상	681(개요 1)	미상	정명 책봉	책부원구 외신부
8	미상	693(천수 3)	미상	정명 조제, 이홍 책봉	신당서 동이전
9	미상	702(장안 2)	미상	흥광 책봉	구당서 동이전

평광기』의 기록 중에는 더 많이, 어쩌면 전부가 역사적 사실과 연관된 내용일 가능성이 크다.

『태평광기』의 내용을 『삼국사기』의 신라에 온 당 사신 관련 기록과 종합하여 정리하면 <표 4>와 같은 사실을 알 수 있다.

〈표 4〉『삼국사기』와『태평광기』소재 당 파견 신라사신

	인명	관 직	파견연대	목 적	비 고
1	張文收	太常	眞德女王 8(654)		
2	???		大足年間(701~702)	隨新羅使	有士人 隨新羅使
3	邢璹	左贊善大夫	孝成王 2(738)	新羅使	大寶年間(742~756)
4	魏曜	贊善大夫	景德王 2(743)	使新羅	
5	韋隱	尙衣奉御	大曆年間(766~780)	奉使新羅	
6	歸崇敬	倉部郞中	惠恭王 4(768)	新羅冊立使	膳部郞中, 崔琠·顧愔
7	蓋塤	戶部郞中	宣德王 6(785)		
8	白幽求		貞元 11(795)	新羅王子 수행	
9	韋丹	司封郞中	昭聖王		
10	元季方	兵部郞中	哀莊王 6(805)	使新羅	元義方과 동일인
11	崔廷	職方員外郞	憲德王 1(809)		
12	張惟則	內給事	元和 5(810)		
13	源寂	太子左諭德	興德王 2(827)		
14	薛宜僚	戶部郞中	會昌年間(841~846)	冊贈使	
15	胡歸厚	太子右諭德 御史中丞	景文王 5(865)		
16	西門思恭	六軍使		사신	

10	邢璹	737(개원 25)	찬선대부겸홍려소경	흥광 조제, 승경 책봉	책부원구 외신부
11	魏曜	743(천보 2)	찬선대부	승경 조제, 헌영 책봉	구당서 동이전
12	歸崇敬	767(대력 2)	창부낭중겸어사중승	김헌영 조제, 건운 책립	신당서 동이전
13	昌源	785(정원 1)	국자사업겸어사중승	건운 조제, 김양상 책립	책부원구 외신부
14	蓋塤	785(정원 1)	호부낭중	김양상 책봉	신당서 동이전
15	韋丹	800(정원 16)	사봉낭중겸어사중승	준옹 책봉, 도중 귀환	구당서 동이전
16	元季方	805(정원 21)	병부낭중겸어사대부	신라왕, 왕모, 왕비 책봉	책부원구 외신부,구당서 동이전
17	崔延廷	812(원화 7)	직방낭중겸어사중승	긴언승과 왕비 책봉	책부원구 외신부,구당서 동이전
18	미상	824(장경 4)	미상	金雲卿 선무위사 동행	책부원구 외신부
19	源寂	825(태화 5)	태자좌유겸어사중승	언승 조제, 경회 책봉	책부원구 외신부,신당서 동이전

앞의 <표 4>에서 대족연간(701~702)에 신라에 온 이름을 알 수
없는 사신은 아마 701년에 신라왕 흥광(興光, 성덕왕)을 책봉하러 왔던
사신과 동일인으로 이해가 된다. 즉 이때에 어떤 사인(士人)이 사신과
함께 신라에 다녀간 기록이 『태평광기』에 수록된 것이라 하겠다.

그렇다면『태평광기』에 수록된 신라사신의 기록은 대체로 사실로 보
아도 무난할 듯하다.57) 그리고『삼국사기』에 기록된 사신들과 마찬가
지로 이들도 높은 학문을 가진 자들이었다.58)

3. 『태평광기』와 당 신라사신의 항로

가. 당과 신라사신의 항로

앞에서 『태평광기』에 수록된 신라를 다녀간 당 사신의 내용이 실제
였음을 확인하였다. 그러므로 이들이 신라에 다녀온 길이라고 기록되어
있는 것은 당시 당 사신들이 신라를 오간 항로와 대체로 비슷한 것으
로 생각해도 큰 무리는 없을 것이다. 여기서는 『태평광기』를 통해 당
사신이 신라에 온 항로를 추적해 보겠다.

---

57) 『해동역사』 권40 교빙지와 『증보문헌비고』 권171 교빙고에서 이미 『태평광기』
의 내용을 함께 언급한 것에서도 그러하다.

58) 『태평광기』 권4881 '신라'에는 당 등주의 상인이 학식이 부족해 신라에서 조롱
당한 글이 있다. "又登州賈者馬行餘轉海 擬取昆山路適桐廬 時遇西風 而吹到新羅
國 新羅國君聞行餘中國而至 接以賓禮 乃曰 吾雖夷狄之邦 歲有習儒者 擧于天闕 登
第榮歸 吾必祿之甚厚 乃知孔子之道 被于華夏乎 因與行餘論及經籍 行餘避位曰 庸
陋賈豎 長養雖在中華 但聞土地所宜 不讀詩書之義 熟詩書 明禮義者 其唯士大夫乎
非小人之事也 乃辭之 新羅君訝曰 吾以中國之人 盡聞典教 不謂尙有無知之俗歟 行
餘還至鄉井 自慙以貪吝衣食 愚昧不知學道 爲夷狄所嘆 況哲英乎(出『雲溪友議』)

신라와 당 사이에는 여러 차례의 사신이 왕래하였다. 신라에서 당으로 파견된 사신들은[59] 왕경인 경주에서 출발하여 육로로 서해(황해) 바닷가에 이른 뒤, 다시 배를 타고 황해 바다를 항해하여 중국측의 동해 바닷가에 도착한 뒤, 육로로 당의 수도 장안(長安)까지 갔다.

중국에서 한반도로 오는 항로는 대체로 같다.[60] 당에서 신라로 보내진 사신들은 장안을 출발하여 육로로 바닷가에 이른 뒤, 황해 바다를 항해하여 신라의 서해안에 도착한 뒤, 다시 육로를 이용하여 경주에 도착하였다. 그러므로 당에서 신라로 보낸 사신은 중국에서의 육로 또는 수로, 황해 해로, 신라 서해안에서 경주까지의 육로 등 3구간으로 구성되어 있다.

기존의 연구를 통해서 이들의 여정을 살펴보도록 한다.

1) 당 장안에서 황해안에 이르는 육·수로

당의 사신이 신라로 가기 위해서는, 육로를 택하여 발해국을 거쳐 신라에 오지[61] 않는 한, 우선 중국의 동해(東海, 황해)안에 이르러 신라로 출발하기 적합한 항구에 도착해야만 했다. 이 글에서는 발해 땅을 거치지 않은 것을 전제로, 당 파견 신라사신이 장안에서 중국 동해안, 즉 황해 바닷가의 항구까지 이르는 행로에 대해 살펴보자.

당의 사신은 신라로 가기 위하여 먼저 장안을 출발하여 북쪽 산동반

---

59) 권덕영은 신라시대 遣唐使를 178회라고 하였고(『고대한중외교사』, 일조각, 1997, <표1-1>~<표1-8> 참조), 한편 李大龍은 신라에서 당으로 파견된 사신을 64회로 계산하였다(앞의 책, 145쪽 <표 5> 참조).
60) 전해종, 「고려와 송의 교류」, 『동아시아의 비교와 교류』, 지식산업사, 2000, 79~80쪽. 다만 계절과 풍향에 따라서 다소 달라지기도 했다.
61) 특별히 764년(경덕왕 23) 韓朝彩처럼 발해를 거쳐 신라에 온 당 사신도 있다(『續日本記』 권25, 天平寶字 8년 7월).

도 등주(登州)나 남쪽 강회(江淮)지역으로 갔다.

당대에는 주요 간선도로가 장안을 중심으로 하여 방사선 모양으로 전국에 퍼져있는데, 대체로 7개 대로가 있었다. 그 중의 하나가 장안—등주를 잇는 육로이다. 이 길은 등주—래주(萊州)—청주(靑州)—치주(淄州)—제주(齊州)—운주(鄆州)—활주(滑州)—변주(汴州)—정주(鄭州)—낙양(洛陽)—협주(陜州)—화주(華州)—장안에 다다른다. 등주를 통하여 장안으로 오가던 신라의 견당사들은 주로 이 길을 이용하였을 것이다.[62]

한편 강회(江淮)지역과 장안(長安) 사이에는 강남하(江南河)·산양독(山陽瀆)·변하(汴河) 등의 운하와 회수(淮水)·장강(長江)·절강(浙江) 등의 수로를 이용하여 왕래할 수 있었고, 변주에서 장안까지는 당시 제 1의 대로로 연결되었다. 신라의 견당사 역시 이 길을 이용하였을 것이다.[63]

2) 당에서 신라에 이르는 해로

통일신라기를 중심으로 신라인이 이용한 당과의 항로를 정리하면 다음과 같다.[64] 중국 당의 황해연안 출입 관문으로 대표적인 곳은 산동반도이다. 산동반도는 황해로 돌출하여 북·동·남 3면이 바다로 광범위하게 둘러진 지형인데, 한반도와 가장 근접한 곳이고, 항구로서는 천혜의 조건을 갖추고 있다. 이 산동반도에서 일찍부터 한반도로 진출하는 항구로 이용된 곳이 등주이다. 그러므로 등주지역을 중심으로 그 항로를 살펴보자.

---

62) 신라에서 당으로 간 사신들도 이 길을 따라 장안에 들어갔다.
63) 권덕영, 앞의 책, 208쪽.
64) 이하는 윤명철, 『장보고시대 해상활동과 동아지중해』, 학연문화사, 2002, 63~70쪽을 참조하였다.

① 환황해 연근해 항로(황해 북부 연안항로)

이 뱃길은 중국 남쪽의 절강성(浙江省) 해안을 출발하여 산동반도를 거쳐 요동반도로 북상한 다음, 동으로 방향을 틀어 압록강 유역인 서한만에 진입하고, 이어 대동강 하구와 경기만을 지나 계속 남항하여 서남해안, 남해안의 일부, 일본 대마도(對馬島)와 구주(九州) 북부로 이어진 긴 항로이다.

남양반도 지역, 인천만, 강화만, 해주만, 강령만 등의 범경기만과 금강 하구 유역, 영산강 하구, 해남 등, 또한 황해 북부의 대동강 하구, 압록강 하구, 요동반도의 끝, 노철산수도(老鐵山水道) 등은 이 항로의 중요한 경유지이다. 중국 연안에서는 요동반도의 여순(旅順), 산동반도의 봉래(蓬萊, 登州)와 영성(榮城, 赤山), 회하(淮河) 하구 유역, 양자강 하구 유역, 절강성의 항주만과 주산군도(舟山群島) 및 영파(寧波) 지역 등이다. 일본지역은 대마도, 구주 북부의 하가다[博多] 지역, 우사[宇佐] 지역 등 서북부의 지역 등이 이 항로상에 위치한다.

이 항로는 항해거리가 대단히 멀고 중간 곳곳에 성격과 이익을 달리하는 해양집단들이 항해를 방해하고 심지어는 약탈 등을 할 수 있는 등 위험부담이 다소 있다. 하지만 항해 자체로서는 위험성이 비교적 적은 가장 안전한 항로이다. 비록 항선(航線)의 처음과 끝이 일률적으로 연결되지 않고 중간중간에 몇몇 거점들을 연결하는 불연속적인 항로임에도 불구하고 역사의 초창기부터 이용했다.

이 연근해항로 가운데에는 노철산항로(老鐵山航路)가 있어. 산동반도의 동북단인 봉래에서 요동반도의 여순까지는 이른바 묘도군도(廟島群島)가 점점이 이어지고 있다. 발해와 황해를 가르고 있으므로 발해해협이라고 부르는데 수심이 얕고 섬들 간의 거리가 매우 짧아 초보적인 항해술과 조선 능력만 갖추어도 항해가 가능했다.

『신당서』 권43, 지리지에 인용된 가탐(賈耽)의 『도리기(道理記)』(『皇華西達記』)에는 "등주(登州)에서 동북쪽으로 바다로 나아가 대사도(大謝島), 귀흠도(龜歆島), 어도(淤島), 오호도(烏湖島)를 지나는데 300리, 북쪽으로 오호해(烏湖海)를 건너서 마석산(馬石山) 동쪽의 도리진(都里鎭)까지 가는 데 200리, 동쪽으로 바닷가를 따라 청이포(靑泥浦), 도화포(桃花浦), 행화포(杏花浦), 석인왕(石人汪), 탁타만(橐駝灣), 오골강(烏骨江)까지가 800리이다. 이어 남쪽으로 바닷가를 따라서 오목도(烏牧島), 패강구(浿江口), 초도(椒島, 豊川府)를 지나면 신라 서북쪽의 장구진(長口鎭)에 도달한다. 또 진왕석교(秦王石橋), 마전도(麻田島), 고사도(古寺島), 득물도(得勿島 또는 德勿島: 南陽의 바다에 있다)를 지나 1000리를 가면 압록강과 당은포(唐恩浦)에 이르고, 이어 동남쪽으로 육로를 통해 700리를 가면 신라의 왕성(王城, 경주)에 도달한다."고,[65] 이 항로에 대해 상세하게 설명되어 있다.

이 항로는 요동반도 남부해안을 지나 반드시 한반도 북부의 서한만 유역과 인근 바다를 통과해야 한다.

---

65) 『신당서』 권43, 지리7하. "登州 東北海行 過大謝島龜歆島末島烏湖島三百里 北渡烏湖海 至馬石山東之都里鎭二百里 東傍海壖 過靑泥浦桃花浦杏花浦石人汪橐駝灣烏骨江八百里 乃南傍海壖 過烏牧島貝江口椒島 得新羅西北之長口鎭 又過秦王石橋麻田島古寺島得物島 千里至鴨淥江 唐恩浦口 乃東南陸行 七百里至新羅王城 自鴨淥江口舟行百餘里 乃小舫泝流東北三十里至泊汋口 得渤海之境 又泝流五百里 至丸都縣城 故高麗王都"

② 황해 중부 횡단항로

이 뱃길은 한반도의 중부지방, 즉 경기만 일대의 남양(南陽) 덕물도와 풍천(豊川) 초도(椒島) 등 여러 항구에서 횡단성 항해를 하여 산동반도의 여러 지역에 도착하는 항로이다.

한반도의 경기만에는 대외항로의 기점이고 출발점이며 동시에 경유지로서 자격을 갖춘 항구가 여러 군데 있었다. 인천만 지역, 강화도의 주변지역, 그리고 남양만 일대가 그러하다.

이 시기 황해 서안에서 가장 대표적인 항구는 산동성 북부 해안의 등주항이다. 후대에 빈해여진(瀕海女眞), 정안국(定安國), 고려(高麗) 등의 사신들이 모두 이곳에 도착하였다. 발해관(渤海館)이 있었고, 원인(圓仁)의 『입당구법순례행기(入唐求法巡禮行記)』 기록에 따르면 등주부성(登州府城) 남쪽에는 신라관(新羅館)이 있었다. 가탐이 쓴 『도리기』에는 이곳이 신라로 가는 출발항구로 되어있다.

등주 외에도 산동반도의 동쪽 끝인 성산(成山), 동남쪽인 적산포(赤山浦), 유산포(乳山浦) 등도 신라인들이 거주하면서 항구로 사용된 지역이다. 원인은 847년 9월 2일에 적산포 앞의 막야구(莫耶口, 현재 石島)를 출발하여 신라 해역을 거쳐 일본으로 돌아갔다.

이처럼 이 항로는 산동반도의 적산, 등주와 청도만(靑島灣)의 밀주(密州) 등 여러 지역에서 출발하여 횡단하다가 백령도, 현재의 연평군도 등 황해도 근해의 섬들을 멀리서 보면서 한반도 근해를 남하하다가 중간에 영산강 하구의 무주 등을 경유하여 청해진에 도착한다. 이 경우 대개 한반도 서쪽과 남쪽의 바다에서 순풍을 만나면 6~7일에 등주와 래주 등 여러 주로 갈 수 있다.66)

결국 등주지역을 출발한 당 사신이 신라로 오는 항로는 북쪽으로 올라갔다가 압록강 입구에서 한반도의 연안을 따라 남하하는 환황해 연근해 항로(황해 북부 연안항로)와 황해를 가로질러 한반도에 다다르는 황해 중부 횡단항로 두 길이 있었다.

3) 서해안에서 신라 왕성에 이르는 육로[67]

한반도의 서해안은 지리적으로 중국과 가깝다. 여러 문헌기록을 통해서도 당을 왕래하는 신라와 당 사람들은 대부분 서해안 항구를 이용하였다.[68]

신라시대 서해 연안의 항구로는 지금의 경기도 화성시 남양만에 있던 당은포(唐恩浦), 충남 당진군의 대진(大津), 전북 옥구군 임피면 금강 하구의 진포(鎭浦), 전북 부안군의 변산반도 남단인 신라시대 희안현(喜安縣) 연안, 그리고 지금의 전남 나주군 영산강 하구에 있던 회진(會津) 등을 들 수 있다. 이 가운데 당은포와 회진은 신라와 당의 왕래 시 가장 빈번히 이용되었다.

신라에서 당으로 가는 사신들은 당은포에서 출발하였다.[69] 반면에 당에서 신라로 오는 경우에도 산동반도의 등주에서 황해도 서단을 경

---

66) 『해동역사』 권40, 교빙지8 사행해로. "우리나라의 서쪽과 남쪽의 바다에서 등주와 내주 등 여러 주로 갈 경우, 순풍을 만나면 6~7일이 지나지 않아서 도달할 수 있다."
67) 이하의 내용은 권덕영, 앞의 책, 1997, 189~194쪽의 내용을 참조하였다.
68) 그 예를 들면 764년(경덕왕 23) 발해를 거쳐 신라에 온 당 사신 韓朝彩가 신라의 '西津'에서 당으로 돌아갔고, 또 신라 말의 선승 麗嚴은 靈覺山에서 내려와 서해 연안에서 당으로 가는 배를 기다렸다. 이처럼 신라에서 당으로 가기 위해 배를 타던 곳은 주로 서해안에 있었다.
69) 「낭혜화상비」을 보면 無染이 822년(헌덕왕 14) 당은포에서 출발하는 朝正使인 王子 金昕의 배를 타고 입당하였다.

유할 경우, 당은포는 해로의 최종 기착지였고, 신라 입국의 관문이었다. 그리고 앞에서 언급하였듯이, 가탐의 『도리기』에 의하면 당에서 신라로 들어가는 길은 등주를 출발하여 요동반도 서남단의 노철산을 경유, 서해안을 따라 남하하여 초도, 마전도, 덕물도 등을 거쳐 당은포에 이르렀다가 육로를 따라 동남쪽으로 700리를 가면 신라 왕성에 이른다고 하였다. 그러므로 당은포는 신라시대 당을 왕래하는 사신은 물론 유학생·구법승과 상인을 실은 선박들의 중요한 입항지이며 출항지였다.[70]

아울러 회진도 신라와 당을 오가는 중요한 항구 중의 하나였다. 896년(진성여왕 10) 입절사(入浙使) 최예희(崔藝熙)는 회진을 출발하여 입당하였고, 반면에 이때 함께 입당한 이엄(利嚴)은 당을 출발하여 911년(효공왕 15)에 회진으로 들어왔다.[71] 또 837년(희강왕 2) 김의종(金義琮)을 비롯해[72] 입당구법승 경유(慶猷)·향미(逈微) 등도 회진으로 귀국하였다. 특히 입절사란 당의 절강성 방면으로 가는 사신이었으므로 회진을 출발하여 절강 방면으로 갔던 것이다. 이처럼 회진은 당으로 출발하는 중요한 항구로서, 황해를 횡단하여 당의 남쪽으로 가는 항로였다.

결국 신라에서 당으로 향하는 서해연안의 가장 대표적인 항구는 당은포와 회진 두 곳을 들 수 있다. 이처럼 신라 왕경에서 당으로 가는

---

70) 『해동역사』 권40 교빙8에는 "唐 貞觀 16년(642)에 백제가 고구려와 더불어 모의하여 唐項城을 빼앗아 신라 사람들이 조공하러 들어오는 길을 끊었다(『舊唐書』). 삼가 살펴보건대 당항성은 지금의 安山郡으로, 이 당시에 신라의 貢道가 경기의 西海를 경유하였다는 것을 알 수가 있다."고 하였다.
71) 「진철대사비명」.
72) 836년(흥덕왕 11) 謝恩 兼 宿衛로 입당하였던 金義琮은 837년(희강왕 2) 서학 구법승 효뵬과 함께 회진을 통해 귀국하였다(『祖堂集』 권17, 동국혜목산화상전).

것은 북쪽으로 가는 당은포로(唐恩浦路)와 남쪽으로 향하는 회진로(會津路)라는 두 길이 있었다.

이 중에서 신라의 견당사들이 당은포로 가는 길은 계립령을 이용한 문경-연풍-충주를 잇는 고갯길인데, 남쪽으로는 함창-상주-선산을 거쳐 경주에 이르렀다. 즉, 계립령을 넘어 충주를 거쳐 당은포에 이르는 길이다. 다시 말해 황해를 건너 당은포에 도착한 당의 사신들은 여주를 거쳐 남한강 수로를 따라 충주에 도착하였다가 계립령을 넘어 함창-상주-선산-경주에 이르거나, 아니면 당은포에서 육로로 죽산을 거쳐 충주에 이른 뒤 계립령을 넘어 함창-상주-선산-경주에 이르렀을 것으로 추정된다. 반면에 회진에 도착한 당의 사신들은 광주-남원-대구-경주에 도착하였던 것으로 보인다.73)

그리고 이들 사신이 당의 장안을 출발하여 신라 왕경(경주)에 도착하는 데는 상당한 기간이 소요되었다. 먼저 등주를 이용할 경우, 장안에서 등주까지 60일, 황해를 횡단하여 당은포에 이르는데 15일, 당은포에서 신라 왕경까지 15일, 총 90일(약 3개월) 정도 걸렸다. 그러므로 같은 길로 오갔다면 왕래에는 최소한 6개월 이상이 소요되었다.74)

한편 회진을 경유하였다면, 당의 장안에서 강회까지 약 73일에서 91일, 강회에서 황해를 횡단하여 회진에 이르는데 약 15일, 그리고 회진에서 신라 왕경까지 약 12일 등 총 5개월 내지 6개월 정도 이상이 걸렸다.75) 그러므로 같은 길로 오갔다면 한 차례의 왕래에는 적어도 10개월에서 12개월 이상의 기간이 소요되었다.

---

73) 권덕영, 앞의 책, 1997, 192~194쪽.
74) 권덕영, 앞의 책, 1997, 220쪽.
75) 권덕영, 앞의 책, 1997, 225쪽.

4) 신라 견당사의 귀국항로

한편 신라 견당사의 귀국항로는 당에서 신라로 파견된 사신의 항로와 대체로 일치했을 것이다. 그러므로 여기서는 견당사의 귀국항로에 대해서 살펴볼 필요가 있다.[76]

「보림사보조선사비문」에 의하면, 체징(體澄)은 837년(희강왕 2)에 입당했다가 940년(문성왕 2) 2월에 평로사(平盧使)를 따라 귀국하였다. 평로사는 평로지방을 거점으로 하여 신라와 당을 왕래한 사신을 불렀던 명칭이며, 평로는 만당기 청주(青州) 관하의 현으로 치청절도부(淄青節度府)가 있었던 곳이다. 그런데 청주는 등주와 장안을 잇는 북로 중간에 있었으므로 체징이 동행한 평로사는 북로를 따라 신라에 돌아온 곳이다.

884년(헌강왕 10)경의 견당사 김인규(金仁圭) 일행 역시 장안 행로를 제외한 나머지 구간은 북로를 이용하였다. 김인규와 함께 귀국한 최치원(崔致遠)에 의하면, 그들은 884년 10월부터 등주 관내 유산포(乳山浦)에서 출항을 시도하였으나 날씨가 여의치 않아 다음해 정월에야 겨우 그곳을 떠나 신라에 돌아가게 되었는데, 그는 3월에 신라에 도착하였다. 그리고 비록 견당사는 아니지만 839년 6월 28일에 일본 구법승 원인(圓仁)이 적산 법화원에서 만난 당 사신 청주병마사(青州兵馬使) 오자진(吳子陳) 일행은 적산포, 847년 윤3월에 당의 부사(副使) 김간중(金簡中) 일행은 유산포에서 출항하여 신라로 갔다. 그러므로 이들 역시 북로를 택하여 신라에 들어왔을 것이다.

결국 당의 신라사신이 당은포로를 택하는 경우에는 산동반도의 등주

---

76) 이하의 내용은 권덕영, 앞의 책, 1997, 236~238쪽의 내용을 인용 참조하였다.

를 공식적인 출발지로 하였다. 다만 날씨와 바람 등 현지 기후 사정에 따라 등주뿐 아니라 주변의 유산포·성산포·적산포 항구에서 출발하였다. 반면에 남로를 택하여 귀국한 경우로는『책부원구』권49, 외신부 조공5에 실려 있는 흥덕왕 11년(836) 12월의 견당사의 사례가 있다.

이러한 신라견당사의 귀국항로에서 보건대, 당에서 신라에 보낸 사신의 행로는 크게 두 가지가 된다. 하나는 장안—등주—환황해 연근해 항로(황해 북부 연안항로) 또는 황해 중부 횡단항로 이용—당은포—경주에 이르는 북로이고, 다른 하나는 장안—강회지역—황해 남부 사단항로 이용—회진—경주에 이르는 남로이다.77)

나.『태평광기』소재 당 파견 신라사신의 항로

당에서 신라에 파견된 사신들은 앞에서 언급한 두 갈래의 길을 오갔다. 그러면 지금부터는『태평광기』의 기록을 통해, 당에서 신라에 다녀온 사신들은 어떤 길을 거쳤는지를 살펴보자.

---

77) 권덕영, 앞의 책, 1997, 209쪽. 한편 중국에서 한반도로 오는 해로에 대해 全海宗, 앞의 책에서 '그 하나는 한반도의 서해안에서 산동반도 북안의 登州나 萊州에 이르는 것이고, 다른 하나는 양자강 하류의 明州나 揚州에 이르는 것이다. 이 두 해로는 각기 우회항로와 직항로가 있다. 山東 北岸에 이르는 우회항로는 한반도의 西路岸을 북상하여 요동반도 동남 연해의 長山群島, 登州 북방의 廟山群島 등 島嶼를 경유하는 것이고, 직항로(북방 직항로)는 옹진반도 서해를 도해하는 것이다. 揚子江口에 이르는 우회항로는 옹진반도 서남해에서 산동반도 남안으로 渡海하여 그로부터 중국의 연해를 남하하여 양자강구에 이르는 것이고, 직항로(남방 직항로)는 한반도의 서해안을 남하하여 흑산도 근해에서 서남방으로 양자강 하류 지방에 直渡海하는 것이'라 하였다.

C-(1) 白幽求는 당에 왔던 신라 왕자를 따라 황해 바다로 들어가
대사공도에 도착해 머물던 중 폭풍을 만나 표류하여 남쪽으로
가 명주에 도착하였다. 즉 신라 왕자는 당에 갔다가 돌아오는
길에 풍랑을 만나 표류하였다.[78]

(2) 張惟則이 당 헌종대 신라에서 돌아오는 과정에서. 바다에서 산
으로 된 섬을 경유하여 도성에 도착하였다.[79]

(3) 邢璹이 신라에 사신으로 갔다가 돌아오는 길에 탄산에 배를 정
박하였다가, 상인 무리를 만났고, 그들로부터 재물을 약탈해 당
의 도성에 도착했다.[80]

---

[78] 唐 貞元 11년에 秀才 백유구는 연이어 낙방하다가 그 해 역시 뜻을 잃자, 新羅王
子를 따라 바다를 건너 大謝公島에 머물렀다. 그러던 중, 밤중에 폭풍을 만나 일
행 수십 명과 함께 표류하게 되어 남쪽으로 이틀 밤낮을 내달렸는데, 몇 천 만
리를 갔는지 알 수 없었다. … 그리고는 아득히 굽이진 길을 따라 섬에 올라 걸
었다. 그러던 중, 인가의 연기를 보게 되어 천천히 그 앞으로 가서 물으니, 明州
라고 대답했다. 백유구는 고국으로 돌아온 것을 기뻐했다. 그리고는 그때부터
곡식을 끊고 늘 복령을 복용했다. 그는 산수 유람을 즐겼으며, 오래도록 五岳에
서 지내면서 영원히 벼슬살이에 뜻을 두지 않았다(『태평광기』 권46 神仙46 백
유구)

[79] 唐 헌종은 신선불사의 도술을 좋아했다. 元和 5년(810)에 內給事 張惟則이 新羅
國에서 돌아와 말했다. 바다에서 산으로 된 섬 사이에 정박했는데, 문득 닭 울고
개 짖는 소리가 들리면서 연기와 불이 보이는 것 같았다. 그래서 달빛을 받으며
한가로이 걸어서 약 1~2리쯤 갔더니, 꽃과 나무 사이로 누대와 전각의 황금 창
과 은 대문이 보였다. … 장유칙은 마침내 그것을 가지고 배로 돌아왔는데, 왔
던 길을 돌아보았더니 아무런 흔적도 없었다. … 장유칙은 도성에 도착하자 즉
시 그 일을 갖추어 아뢰었다(『태평광기』 권47 神仙47 당헌종황제)

[80] 당나라의 형숙은 신라에 사신으로 갔다가 돌아오는 길에 炭山에서 정박했다. 상
인 100여 명을 만났는데, 몇 척의 배에 실려 있는 화물은 모두 진주와 비취, 沈
香木, 상아와 무소 뿔 등으로 수천만금어치나 되었다. 형숙은 그들이 방비하지
않는 틈을 타서 모두 죽이고 바다 속에 던져버린 뒤 그 화물을 차지했다. 형숙
은 도성에 도착한 뒤 사람들이 알까봐 두려워서 表文을 올려 그 화물을 진상했
는데, 형숙에게 다시 하사하라는 칙명이 내려져 형숙은 그것을 마음대로 사용했

(4) 歸崇敬이 신라왕을 책봉하는 사신으로 배를 타고 가다가 바다 가운데서 풍랑을 만났다.[81]

(5) 신라 사람이 강회에서 周昉의 그림을 구입해 갔다.[82]

(6) 薛宜僚는 신라 책증사에 뽑혀 신라로 가는데, 청주에서 배를 타고 바다를 건너, 등주에 이르렀으나 배가 표류하는 바람에 다시 청주로 돌아가, 그 역전에서 1년을 머물렀다. 이때 청주절도사 오한진으로부터 후한 대접과 기생 단동미를 사귀었다. 결국 신라에 도착했으나 책봉례를 올리기 전에 피로와 상사병이 나서 죽었다. 그리하여 판관 묘아무개가 대사를 대신하여 책례를 행하고, 설의료의 관을 옮겨 청주에 도착하였다.[83]

다(『태평광기』 권126 報應25 형숙)

81) 귀숭경은 여러 벼슬을 거쳐 膳部郞中이 된 뒤에 新羅冊立使에 임명되었다. 배가 바다 한 가운데에 도착했을 때 물살이 빨라지더니 결국 배가 부서져 물이 새어 들어왔다. 사람들이 놀라 허둥대자 뱃사공은 귀숭경에게 작은 배로 옮겨탈 것을 청했다. 그러자 귀숭경이 말했다. "배 안에 수십 수백 명의 사람이 있는데, 어찌 나 홀로 배를 옮겨 타겠는가" 얼마 후 파도가 점점 가라앉아 결국 배 안의 사람은 모두 해를 면할 수 있었다(『태평광기』 권177 器量2 귀숭경).

82) 唐의 주방은 字가 景玄이고 京兆 사람이다. … 貞元年間(785~804) 말에 新羅國의 어떤 사람이 江淮 일대에서 (주방의 그림을) 모두 고가로 수십 권 구입해 갔다. 주방이 그린 佛像・眞仙(眞人)・인물・남녀는 모두 神品에 들었으며, 오직 안장을 얹은 말과 鳥獸・竹石・초목에 있어서만 그 모습을 완전히 표현해내지 못했을 뿐이다(『태평광기』 권213 畫4 주방)

83) 설의료는 會昌年間에 左庶子가 되어 新羅로 보내는 冊贈使로 뽑혔다. 그는 靑州에서 배를 타고 바다를 건너게 되었는데 배가 거듭 풍랑을 만나 위험을 당했고, 登州에 이르러서는 배가 완전히 바다에 표류하게 되는 바람에 다시 청주로 돌아가 정박하게 되었다. … 설의료는 결국 외국에 도착했는데, 아직 冊禮를 올리기도 전에 사절단의 행렬이 아침저녁으로 너무나 떠들썩해 그만 병이 나고 말았다. 그는 判官 苗아무개에게 말했다. "동미가 왜 자꾸 꿈에 보이는 것일까" 그러고 그는 며칠 후에 죽고 말았다. 묘아무개가 大使의 책례를 집행했고, 설의료는 즉시 관에 담겨져 국내로 옮겨져 청주에 도착했다. 단동미는 사정을 고하고 역

(7) 韋隱이 신라에 사신으로 갔는데 부인의 혼과 같이 바다를 건너 신라에 갔다가 고향에 돌아오니 2년이 지났다.[84]

(8) 元義方이 신라에 사신으로 갔다가 계림주를 출발하여 바다 위에 섬을 들린 뒤에 오다가 풍랑을 만나 3일 후에 산동반도의 萊州에 도착하였다.[85]

(9) 당의 선비가 신라사신을 따라 갔다가 풍랑을 만나 부상주에 이르렀다가, 다시 등주로 돌아왔다.[86]

으로 와서는 소복으로 갈아입고 장례를 치렀다. 그녀는 슬피 울며 설의료의 관을 쓰다듬다가 크게 한번 통곡을 하더니 이내 죽고 말았다. 이는 깊은 사랑에 서로가 마음이 통했던 것으로 매우 기이한 일이다(『태평광기』권274 情感 설의료).

84) 大曆年間(766~780)에 將作少匠 韓晉卿은 딸을 尚衣奉御 위은에게 시집보냈다. 위은이 명을 받들고 新羅로 갔는데, 1程을 갔을 때 갑자기 슬퍼지며 부인이 보고 싶어졌다. 그리하여 위은은 부인 생각을 하다가 잠이 들었는데, 갑자기 부인이 장막 밖에 와 있다는 생각이 들어 깜짝 놀라 물었더니, 부인이 대답했다. "당신이 바다를 건너가는 것이 안타까워 함께 따라가고자 길을 나섰는데, 아무도 이 사실을 모르고 있습니다." 위은은 좌우의 관리들을 속여 이렇게 말했다. "기생을 한 명 들여서 잠자리 시중을 들게 할 참이오." 아무도 이를 이상하게 여기는 사람이 없었다. 위은이 사신으로 갔다가 고향으로 돌아올 때는 이미 2년이 지나 있었는데, 이때도 부인은 위은과 함께 왔다. 위은이 돌아와서 부인 대신 시부모님께 머리 숙여 사죄했는데, 방안에 똑같은 부인이 앉아 있는 것이었다. 두 사람은 서로 다가가더니 갑자기 몸이 합쳐져 하나가 되었다. 위은을 따라온 사람은 다름 아닌 부인의 혼이었다.『독이기』(『태평광기』권358 神魂1 위은).

85) 원의방은 신라에 사신으로 갔다. 그는 雞林州를 출발해 돌아오는 길에 바다 위에 떠 있는 한 섬을 만나게 되었는데, 마침 섬 안에 샘물이 있는 것을 보고 뱃사람들은 모두 그 물을 길어 마셨다. 그때 갑자기 샘물 속에서 작은 뱀이 나타나자 뱃사람이 급히 말했다. "용께서 노하셨습니다." 그리고는 다시 길을 떠났으나 채 몇 리도 못 갔을 때 동시에 바람이 불고 구름이 끼며, 천둥과 번개가 내리치기 시작하더니 3일 밤낮동안 그치지 않았다. 비가 갠 뒤에 저 멀리 해안과 성읍이 보였는데, 그 곳은 바로 萊州였다(『태평광기』권423 龍6 원의방)

86) 唐 大足年間(701~702) 초에 어떤 선비가 新羅國의 사신을 따라갔다가 풍랑에 떠밀려 한 곳에 도착했는데, 그곳 사람들은 모두 수염이 길고 쓰는 말이 당나라

(10) ① 贊善大夫 魏曜는 신라사신으로 가게 되자 매우 꺼려하며, 신라를 다녀온 적이 있는 빈객을 만나 여정에 대해 물었다.

② 西門思恭이 신라에 사신으로 갔는데, 바람과 물살이 순조롭지 못하여 어디가 끝인지도 모를 망망대해에서 몇 달 동안 표류했다.[87]

앞에 제시한 근거들에 의하면, 『태평광기』에 기록된 당 사신이 신라의 왕경(경주)를 다녀간 행로는 대체로 다음과 같이 정리할 수 있다.

당에서 신라로 파견된 사신들은 대부분이 산동반도를 거쳐 바다를

___

말과 통했으며 '장수국'이라고 불렀다. 사람들이 아주 많고 물산이 풍성했으며 집 모양과 衣冠은 중국과 약간 달랐는데, 그 지명은 '扶桑洲'라고 했다. 그 나라 관서의 관리 품계에는 正長·戢波·日沒·島邏 등의 명칭이 있었다. … 용왕은 새우 왕이 들어 있는 가마솥 하나를 놓아주라고 명한 뒤, 두 사자에게 선비를 중국으로 돌려보내주라고 했다. 선비는 하루 저녁 만에 登州에 도착했는데, 두 사자를 돌아보았더니 다름 아닌 커다란 용이었다.『유양잡조』(『태평광기』 권469 水族6 長鬚國).

87) 天寶年間(742~756)에 贊善大夫 魏曜를 신라국에 사신으로 보내 어린 임금을 冊立하게 했는데, 위요는 연로했기 때문에 그 일을 심히 꺼려했다. 당시 신라를 다녀온 적이 있는 빈객이 있었기에 위요가 그를 찾아가서 여정에 대해 물었더니, 빈객이 다음과 같은 이야기를 해주었다. 永徽年間(650~655)에 당나라는 신라·일본과 모두 우호관계를 맺고 있었기에, 사신을 보내 두 나라에 모두 보답했다. 사신이 신라에 도착한 후에 장차 일본으로 가려 했는데, 해상에서 풍랑을 만나 수십 일 동안 그치지 않고 파도가 크게 일었다. 사신은 파도를 따라 표류하면서 어디로 가는지도 몰랐는데, 갑자기 바람이 멈추고 파도가 잠잠해지더니 어떤 해안가에 도착했다. 그때는 해가 막 지려고 했으므로 몇 척 배에 함께 타고 왔던 사람들이 곧장 배를 대고 해안으로 올라갔는데 약 100여 명이었다. … 그리하여 사신 일행과 부인들은 모두 고향으로 돌아올 수 있었다(『기문』). … 六軍使 西門思恭이 한번은 어명을 받들고 신라에 사신으로 갔는데, 바람과 물살이 순조롭지 못하여 어디가 끝인지도 모를 망망대해에서 몇 달 동안 표류했다. 그러다 어느 날 갑자기 남쪽의 한 해안에 도착했다.「만이」(『태평광기』 권481 新羅).

통해 신라로 왕래하였다. 우선 장안을 출발하여 청주에서 등주로 갔다. 이 경우에 거의 육로를 이용하였으나, 간혹 배를 타고 간 경우(설의료)도 있다. 그리고 등주를 출발하여 황해를 건너 신라로 갔다.[88]

한편 이와 달리 신라 사람이 강회(江淮)에서 주방(周昉)의 그림을 구입해 간 경우처럼, 때로는 남쪽의 강회에서 출발하는 경우도 있었다.

그런데 이들은 바다의 풍랑이 심하거나 일기가 불순한 경우에는 출발조차 하지 못하고 1년 동안 기다리는 수도 있었는데, 이 경우에는 현지에서 기생과 사랑 놀음에 빠지기도 하였다(설의료). 또 비록 출발은 했으나 배를 타고 가다가 바다 가운데서 풍랑을 만나(귀숭경) 고생을 하기도 했다. 이것은 당에서 신라로 가는 사신만이 아니라 상인들도 마찬가지였다. 더욱이 당에 다녀가는 신라사신 또한 그러했다(신라왕자와 백유구). 그리하여 이들은 짧게는 며칠, 길게는 몇 개월을 표류하다가 엉뚱한 지역이나 섬에 도착하는 경우가 많았다(백유구, 마상여, 서문상여). 특이하게도 몰래 부인을 동행한 경우도 있었다(위은).

이처럼 어렵게 신라에 도착한 당의 사신들은 신라왕을 책봉하거나 추증하는 등 임무를 수행하였다. 때로는 신라 왕경에 도착은 했으나 피로와 정신적 고통으로 임무를 미처 수행하지 못하고 객사하는 경우도 있었다. 그리하여 정사(正使)가 아니라 부사(副使)가 사행의 임무를 대신하는 경우도 있었다(설의료). 그리고 이들은 신라에 머물면서 신라

---

88) 송의 사신들로 대체로 등주를 출발하여 고려로 갔다. 즉 "송 淳化 4년 진정을 고려에 사신으로 파견하였다. 진정 등이 登州의 東牟에서 八角海口로 나아가다가 고려의 사신 白思柔가 탄 海船 및 고려의 뱃사공을 만났다. 이에 즉시 그 배로 올라가 芝岡島에서 순풍을 타고 큰 바다로 나갔다. 이틀을 항해하여 甕津口에 도착해서 육지로 올라가 160리를 가서야 고려의 경내에 도착하였는데, 海州이다."(『宋史』)

조정으로부터 금은보화를 선물로 받고, 또 당에서 출발할 때 가져온 재화를 이용해 많은 귀중품을 구입하는 화물교역을 통해 이윤을 챙겼다.

반면에 신라에서 임무를 완수하고 신라 왕경을 출발한 당의 사신들은 배를 타고 바다를 건너, 다시 산동반도의 등주(당 선비)와 래주(원의 방)로 돌아왔다.[89] 그러나 이때도 또한 풍랑을 만나 표류하다가(원의 방) 엉뚱한 지역이나 섬에 경유하는 등(장유칙. 형숙) 고생이 이만저만이 아니었다(당 선비). 그러나 때로는 도중에 상인의 무리를 만나 그들의 재물을 약탈하여 개인적으로 치부를 하기도 하였다(형숙). 반대로 해적을 만나 몽땅 빼앗기는 경우도 있었다.

그리고 이들은 산동반도의 주요 교통거점인 청주(靑州)를 거쳐(설의료) 당의 도성에 도착했다(형숙). 그리하여 사행을 완료하고 고향에 돌아가니 무려 2년이란 세월이 소요되었다고 한다(위은). 이처럼 신라에 사신으로 다녀오는 길은 멀고도 위험하였다. 그리하여 이들은 출발하기에 앞서 미리 그 여정에 대한 사전 지식을 갖고자 노력하였다(위요).

이상에서 살펴보았듯이, 『태평광기』에 등장하는 신라로 가는 당 사신들은 장안을 출발하여 북쪽의 등주 또는 남쪽의 강회로 갔다. 즉, 장

---

89) 다음 기록에서 보듯이 고려시대에도 사신들이 도착하는 곳은 등주와 래주가 최적지였다. "옛날에 고려 사람들이 오면서 대부분 登州와 萊州를 경유하였는데, 등주와 내주에서 梁汴까지는 山河가 가로막고 있어서 거리가 매우 멀다. 오늘날에는 三韓의 사신들이 곧장 四明으로 오는데, 海道가 아득하고 중간에는 많은 섬들이 가로막고 있으며, 암초에 부딪히면 배가 부서지고 大洋에 들어가면 배가 전복된다. 그런데다가 또 黑風과 海動의 변고가 있는데, 이를 만나면 천지가 깜깜해지고 파도가 하늘로 솟구치므로 뱃사람들이 꼬불꼬불 돌아서 이를 피해 간다. 急水門을 나서서 群山島에 이르면 비로소 '평안하게 왔다.'고 하는데, 수십 일을 가지 않으면 도착할 수가 없다. 그러나 남북으로 오갈 적에 만약 순풍을 만나면 험난한 곳을 평지처럼 지날 수가 있다."(『文獻通考』)

안에서 북쪽으로 출발한 당의 신라사신들은 산동반도의 청주 등 중요 거점을 거쳐 등주항에 도착하여, 일기가 순탄한 날을 기다렸다가 등주항을 출발해 대사공도(大謝公島, 大謝島)를 거쳐 황해를 항해하여(백유구) 여러 가지 위험과 고비를 넘기며 신라에 도착하였다. 한편 남쪽으로 출발한 사신들은 강회에 도착한 뒤 황해를 건너 신라에 도착하였다. 그리고 신라사행을 완료하고 고향에 돌아가니, 위은의 경우 2년, 최정의 경우는 1년 또는 3년이란 긴 세월이 걸렸다고[90] 한다.

결국『태평광기』에 수록된 당 사신들이 신라에 오고간 항로는『신당서』등 역사 문헌을 통해 살펴본 항로와 거의 비슷하다. 바꾸어 말하자면 사서에 보이는 신라에 다녀간 당의 사신들의 여정 역시『태평광기』에 보이는 내용과 궤적을 같이하였다고 보겠다.

90) 周紹良 主編,『唐代墓志滙編』長廣26, 上海古籍出版社, 1992의 唐故朝散大夫光祿卿致仕上柱國賜紫金魚袋崔公墓誌에는 "신라왕의 죽음을 만나 바깥 오랑캐를 다루도록 하는 자로 뽑혔다는 나라의 명이 선포하니, 이런 이유로 공을 발탁하여 상서 직방원외랑 섭어사중승에 임명하고 자금어대를 주어 弔祭冊立使를 삼았다. 1년이 되어 돌아오니 太府少卿을 주어 외국에서의 공을 보답하였다."고 기록하였다. 한편, 같은 책, 崔廷夫人의 묘지명에는 최정이 "원화 연간에 자리가 省署에 맞으면 현종황제가 그 인물을 좋게 여겨 중국에 중용하고 드디어 旌旄를 빌어 金紫를 하사하니 명을 받고 樂浪國에 가 조제하였다. 비록 바다는 끼어 있으나 서둘러갔다. … 왕복 3년에 6친을 다 여의고 부인이 처음 갈 때부터 돌아왔음을 아뢰기까지 머리는 쑥대밭 같고 얼굴은 젖어서 간절한 뜻을 다하여 복의 도움을 구해가는 것을 도와달라고 했는데, 과연 편안하게 속히 돌아왔다.'고 하여, 3년이 거렸다고 했다(拜根興, 앞의 논문, 177쪽).

4. 『태평광기』 소재 신라사신의 해양경험과 인식

가. 해난과 신이체험

앞에서 보았듯이 당의 신라사신들은 대부분이 북쪽의 산동반도 지역을 출발하여 신라에 이르렀고, 간혹 남쪽의 강회를 출발한 경우도 있었다. 그리고 사행의 임무를 완수한 후 산동반도 지역으로 귀국하였다.

그러나 이들의 항해가 순조로운 것만은 아니었다. 사정에 따라 아주 위험한 고비를 겪기도 하고, 심지어는 목숨을 잃는 경우도 종종 있었다. 사실상 바닷길은 대단히 어려웠다. 돛에 의지하여 건너갔는데, 풍랑을 만나면 다른 곳으로 표류해 가서 생사가 순식간에 달라졌다. 또 큰 파도가 한번 칠 때마다 배를 수십여 리나 밀어내니, 일엽편주로 파도 사이에 떠 있는 것은 창해일속에 불과하여. 배를 타고 있는 사신들의 목숨이란 오로지 하늘과 바다와 파도에게 맡겨져, 그저 바람 앞에 등불과 같은 상황이었다.

『태평광기』에도 이와 관계된 내용이 수록되어 있다.

> D-(1) 귀숭경은 신라에 사신으로 가다가 파도가 거세어 배가 부서지고 목숨이 위태로운 지경에 이르렀다.91)
>
> (2) 원의방은 신라에 사신으로 다녀오다가 비바람과 천둥번개를 만

---

91) 歸崇敬이 大曆 초에 倉部郎中에 제수되어 신라에 사신으로 갔다. 그런데 바다에서 파도가 쳐서 배가 거의 부서지게 되자 뭇사람들이 모두 놀라 배 한 척에 귀숭경을 실어 보내 죽음을 면하게 하려고 하였다. 이에 귀숭경이 말하기를, "지금 같은 배를 타고 있는 사람이 수십 명이나 되는데, 어찌 차마 나 혼자서만 구제될 수 있겠는가." 하니, 잠시 뒤에 바람이 그쳤다(『신당서』)

나 3일 동안 고생한 끝에 겨우 래주에 이르렀다.92)

(3) 백유구는 신라 왕자를 따라 바다를 건너 大謝公島에 머물던 중, 폭풍을 만나 표류하게 되어 남쪽으로 이틀을 내달렸는데, 몇 천만리를 갔는지 알 수 없었다. 바람이 차츰 잠잠해지면서 천천히 가던 중, 山林을 보게 되어 곧 노를 바로 잡고 그곳으로 향했다.

(4) 어떤 선비가 신라국의 사신을 따라갔다가 풍랑에 떠밀려 새우의 나라 '長鬚國'에 이르렀고, 용궁에 갔다가 등주로 돌아왔다.93)

(5) 西門思恭은 신라에 사신으로 갔는데, 바람과 물살이 순조롭지 못하여 어디가 끝인지도 모를 망망대해에서 몇 달 동안 표류했다. 그러다가 어느 날 갑자기 남쪽의 한 해안에 도착했다. 그리고 식량이 떨어져 고생을 하였다.94)

---

92) 元義方이 신라에 사신으로 갔다. 鷄林州에서 출발해 오다가 海島 가에 도착하니 흐르는 샘물이 있었다. 이에 뱃사람들이 모두 물을 길어서 담았는데, 잠시 뒤에 홀연히 작은 뱀이 샘 안에서 나왔다. 그러자 뱃사람이 대뜸 용이 노한 것이라고 말하였다. 마침내 배를 띄워 채 몇 리도 오기 전에 비바람과 천둥 번개가 치더니 3일 밤낮을 그치지 않았다. 비가 그치고 나서 멀리 해안가에 城邑이 보이기에 물어보니 바로 萊州였다(『국사보』).

93) 唐 大足年間(701~702) 초에 어떤 선비가 新羅國의 사신을 따라갔다가 풍랑에 떠밀려 한 곳에 도착했는데, 그곳 사람들은 모두 수염이 길고 쓰는 말이 당나라 말과 통했으며 '장수국'이라고 불렀다. … 선비는 하루 저녁 만에 登州에 도착했는데, 두 사자를 돌아보았더니 다름 아닌 커다란 용이었다『유양잡조』(『태평광기』 권469 長鬚國).

94) 六軍使 西門思恭이 한번은 어명을 받들고 신라에 사신으로 갔는데, 바람과 물살이 순조롭지 못하여 어디가 끝인지도 모를 망망대해에서 몇 달 동안 표류했다. 그러다가 어느 날 갑자기 남쪽의 한 해안에 도착했다. … 서문사공은 主軍(六軍使)이 되고 나서부터 차라리 金玉은 남에게 줄지언정 평생 음식은 손님에게 대접하지 않았는데, 그것은 지난날 식량이 떨어져서 당한 어려움을 잘 알고 있기 때문이었다(『옥당한화』)

위 인용문의 내용은 모두가 신라로 가다가 표류한 사례이다. 이들은 파도가 치고 비바람이 불면 속수무책으로 목숨은 위태로워 천우신조가 있기를 바라며 도움을 청하는 것이 최후의 바램이었다. 그러나 배는 침몰하거나 난파하여 목숨을 잃는 경우가 많았으며, 때로는 겨우 목숨을 구했다손 치더라도 며칠 또는 몇 달을 표류하다가 엉뚱한 곳에 도착하는 등 온갖 고생을 다하였다. 풍랑을 만나 어려움을 겪기는 후대에도 마찬가지였다.[95]

표류하게 되면 우선적으로 식량이 문제였다. 이것은 서문사공의 경우가 잘 말해주고 있다. 그리고 신라로 가는 사신에게는 무엇보다도 바다에서 먹는 식수가 가장 중요한 것 중의 하나였다. 그래서 출발하기 전에 독에 물을 채워서 배에 싣고 갔다.[96] 그러나 항해 일자가 길어지다 보면 물이 떨어지고 그러면 섬에 들러 샘물을 마셨다. 이 경우에 뱀이 나타나기도 했는데, 이들은 이 뱀을 용의 상징으로 여겼다.

사신들은 표류하거나 항로를 잘못 잡아 엉뚱한 곳에 이르러, 당나라와는 다른 아주 특이한 종족과 문화를 경험하였다. 그리하여 귀국 후에

---

95) 路允迪이 고려에 사신으로 가다가 중간에서 풍랑을 만났다. 그런데 다른 사람이 탄 배는 모두 물에 빠지고, 노윤적이 탄 배만은 신령이 돛대에 내려 보호하였으므로 아무 탈이 없었다. 사신 갔다가 돌아와서 조정에 이 일을 아뢰자, 특별히 神廟를 지어 주고 '濟順'이라는 廟號를 하사하였다『東西洋考』(『해동역사』 권40 교빙지8 海道).

96) 바닷물은 맛이 몹시 짜고 써서 입에 댈 수 없다. 그러므로 무릇 배가 큰 바다를 건너가려고 하면 반드시 물독(水櫃)을 갖추어서 샘물을 많이 비축해 마실 것에 대비한다. 대체로 큰 바다 한가운데에서는 바람은 그리 심하게 걱정하지 않고, 물이 있고 없음으로 생사가 판가름 난다. 중국 사람들이 서쪽에서부터 큰 바다를 횡단하여 오는 데 여러 날이 걸리므로, 고려 사람들은 샘물이 반드시 다 떨어졌으리라 짐작하고서 큰 독에다 물을 싣고 배를 저어와 맞이한다. 이에 각각 차와 쌀로 갚아 준다.『高麗圖經』(『해동역사』 권40 교빙지8 海道).

는 용궁을 다녀왔다거나, 신선을 만났다거나, 식인국·거인국·야차국 등에 붙잡혔다가 구사일생으로 도망쳐 고향에 돌아왔다는 등 신이한 체험의 여행담을 남겼다. 때로는 인어를 보았다거나,[97] 귀신배를 목격했다는[98] 이야기도 있다. 또 고려시대이기는 하지만, 거북을 만나 곤욕을 치른 이야기도 있다.[99]

사실상 신라로 온 당의 사신은 자국의 이익을 위하여 수 천만리에 달하는 해륙 여정을 오가면서 때로는 슬프고 때로는 웅장한 시를 남겼다. 신라의 왕경(경주)은 한반도 동남부에 자리 잡고 있으나, 당의 도성 장안은 해양에서 멀리 떨어져 내륙 한가운데인 위하(渭河) 평원에 위치하고 있다. 당의 사신들이 사명을 완성하기 위해서는 긴 육상과 끝이

---

97) 待制 査道가 고려에 사신으로 갔다. 날이 저물어 어느 산에 정박하여 머물다가 모래밭을 바라다보니 붉은 치마를 입고 양쪽 어깨를 드러낸 채 머리는 산발을 한 어떤 여인이 있었는데, 팔꿈치 뒤에는 희미하게 붉은 지느러미가 나 있었다. 이에 사도가 뱃사람에게 명하여 상앗대로 물속으로 밀어 넣어 부인의 몸이 손상되지 않게 하였다. 부인이 물을 만나 이리저리 자유롭게 움직여 보다가 몸을 돌려 사도를 바라보고 손을 들어 절하면서 감사해하고 그리워하는 듯한 모습을 하다가 물속으로 들어갔다. 뱃사람이 말하기를, "제가 바닷가에 살지만 이런 것은 보지 못하였습니다." 하니, 사도가 말하기를, "이것은 人魚이다. 능히 사람과 더불어 간통하는데, 물고기이면서 사람의 성질을 가진 것이다." 하였다(『甄異記』).
98) 『睽車志』에 "四明 사람 鄭邦傑이 고려와 일본을 왕래하면서 배를 타고 가다가 깃발이 번쩍번쩍 빛나는 가운데 양쪽 뱃전에 수십 명이 앉아 있는 것을 보고는 鬼刬船이라 하였다." 하였다
99) 公弼 路允迪이 三韓에 사신으로 갔는데, 배를 타고 가던 중 바다 가운데에서 갑자기 黑山이 파도 사이에서 솟아오르는 것이 보였다. 그 산꼭대기에는 광채가 있어서 마치 두 해가 한꺼번에 솟아오르는 것과 같았다. 이에 관리들이 크게 놀라자, 뱃사람이 말하기를, "이는 큰 거북이 나와서 노는 것으로, 두 개의 해와 같은 것은 그 거북의 두 눈입니다. 빨리 세 가지의 犧牲을 갖추어서 제사 지내야 합니다." 하였다. 이에 공필이 祝辭를 부르라고 하고는 관속을 거느리고 焚香하고 再拜한 다음 희생을 바다에 던져 넣었다. 그러자 얼마 있다가 없어졌다(『寓簡』)

없는 듯한 해상의 여정을 거쳐야만 했다. 망망대해 가운데서 당의 사신은 바다 위에서 표류하거나 혹은 고기 배속에 장사지내는 일이 빈번하게 발생했으며, 나아가 신라와의 교류는 그 형체가 없는 가운데 처량하고 슬픈 분위기를 증가시켰다.100) 그리하여 당에서는 신라로 떠나는 사신을 위하여 작별의 시를 지어 위로하곤 하였다.101)

사실 당에서 신라로 간 사신이 해상에서 위험을 만나는 것은 흔히 있는 일이었다. 왕문(王文) 일행은 840년(개성 6) 신라에 가서 애도를 전하기를 "왕의 일을 마치고 뱃머리를 돌려가는 힘든 여정에서 조수가 빠지고 역풍이 불어 멀리 가는 배가 가로 막혀 본국에 이르지 못하고 배에서 두려움에 떨었다. 밤새 근심해도 할 수 없고 정신이 오락가락한데 여명이 되었다. 오호라! 위험하고 어려움을 모두 맛보는구나. 예측하지 못하는데 요상하고 괴이함이 다투어 일어난다. 파도가 휘몰아쳐 하늘을 뒤덮고 구름이 자욱이 끼어 해를 가린다. 부사를 서로 잃고 배에 의외의 변이 생기고 병독과 열악하여 서로 거듭되어 질병이 이에 따라 생겼다. 귀국하리라는 희망을 붙들고 잠과 식사를 조금 해봐도 약과 침이 효과가 없고 죽음의 그늘이 덮었다."고 하였다.102)

또 묘홍본(苗弘本)은 회창(會昌) 연간에 "신라사신의 부사를 맡아 명에 따라 나라에 도착했으나 병으로 인해 죽어 공이 그 예를 맡았다."라고 하였다.103) 이것은 정사를 맡은 설의료는 신라에 도착한 뒤 돌연 병으로 죽었고, 부사 묘홍본은 사명을 욕되지 않게 다하여 예정된 교섭

---

100) 拜根興, 앞의 글, 171~172쪽.
101) 사실 『全唐詩』와 『文苑英華』에는 많은 사람들의 작품이 남아있다.
102) 周紹良 主編, 앞의 책, 會昌037, 上海古籍出版社, 1992 ; 拜根興, 앞의 논문, 173쪽 재인용.
103) 『海東繹史』 권37, 上國使 ; 周紹良 主編, 앞의 책, 大中093.

임무를 원만히 완성한 사실을 말한다. 다만 여기서의 묘홍본을 『태평광
기』에는 '묘갑(苗甲, 묘아무개)'이라고 하였다.

『태평광기』에는 당에서 신라에 갔다가 혹 도중에 곤란을 당하거나
혹 다른 곳에 표류당했던 사건이 많이 있었다고 기록되어 있다.104)

이처럼 태풍과 해류와 돌발사고로 배가 부서지고 사람이 죽은 일이
자주 발생하였다. 그러나 해상의 안전을 보장할 수 없었기 때문에 당
조정은 적합한 인물을 뽑아서 신라에 사신으로 보내는 것은 매우 어려
운 일이었다. 그리하여 당에 있는 신라인이 부사 혹은 정사를 맡아 신
라사신으로 나가고,105) 양국의 교섭을 부분적으로 주제하였다.106)

나. 해양인식과 신앙

이러한 경험을 직접 겪었거나 또는 전해들은 당시 사람들, 특히 신라
로 가는 당 사신들에게는 황해 바다는 공포와 경외의 대상이었으며, 이
러한 인식에서 해양에 대한 신앙을 갖게 되었다.

지금부터는 『태평광기』를 통해서 당의 신라사신과, 그리고 이들과
관련된 해양인식과 신앙에 대해서 살펴보도록 한다.

E-(1) 白幽求는 신라로 가다가 풍랑을 만나, 도교에서 신선인 서

---

104) 『태평광기』권481 新羅.
105) 『책부원구』권976 외신부 포이3. "개성 원년(836) 신라국 질자인 試光祿卿 紫
金魚袋 金允夫가 글을 올려 말하기를 "본국의 왕이 신에게 명하여 26년을 질
자로 있었다. 성은으로 말미암아 세 차례나 관직을 제수받고 다시 본국으로 가
서 선위와 책립하는 副使를 맡게 되었다"
106) 이것은 9세기 당과 신라의 교섭에서 중요한 문제 중의 하나이다(拜根興, 앞의
논문, 173쪽).

악진군을 만났고, 고국에 돌아온 뒤에는 곡식을 끊고 복령을 복용하며, 산수 유람하고, 오악을 유람하며 인간 세상에 뜻을 두지 않았다.107)

(2) 장유칙은 신라에 다녀오다 바다 섬에서 신선을 만났는데, 당 헌종 친구라고 하며 황금거북 인장을 주기에 받아와 바쳤다.108)

(3) 邢璹은 新羅에 사신으로 갔다가 돌아오는 길에 炭山에서 상인 100여 명을 죽이고 수천만금어치나 되는 화물을 차지했다.109)

---

107) 백유구는 新羅 왕자를 따라 바다를 건너 大謝公島에 머물렀다. … 이에 붉은 옷을 입은 사람은 손가락으로 가리키면서 西岳眞君을 따라가라 했다. 진군들도 각각 산을 내려 왔으며, 용·호랑이·난새·봉황·붉은갈기말·거북·물고기와 旛旗·정절·羽扇·旄旗 등도 있었다. 진군들을 모시는 천여 명 정도의 시종들도, 해수면을 밟고 걸었다. 백유구 역시 배를 몰아 서악진군의 뒤를 따라갔는데, 저절로 순풍이 불어와 번개처럼 빨리 나아갔다. 새벽이 되어 한 섬에 이르자, 백유구는 진군이 날아가는 것을 보게 되었다. 배로 가기에는 한계가 있었으므로, 배에서 내려 섬에 닿았으며, 눈으로만 진군을 전송했다. … 백유구는 고국으로 돌아온 것을 기뻐했다. 그리고는 그때부터 곡식을 끊고 늘 복령을 복용했다. 그는 산수 유람을 즐겼으며, 오래도록 五岳에서 지내면서 영원히 벼슬살이에 뜻을 두지 않았다(『태평광기』 권46 神仙46)

108) 바다에서 산으로 된 섬 사이에 정박했는데, … 그 안에 공자 몇 명이 있었는데, 章甫冠을 쓰고 紫霞衣를 입고서 느긋하게 시를 읊조리고 있었다. 장유칙은 그들이 異人임을 알아보고 마침내 뵙기를 청했다. 공자가 말했다. "그대는 어디에서 왔소?" 장유칙이 그 연유를 자세히 말했더니, 공자가 말했다. "당 황제(헌종)는 내 친구요. 그대는 나중에 돌아가거든 대신 말을 전해 주었으면 하오." 이윽고 한 시동에게 황금 거북 인장을 꺼내 오라고 명하여 장유칙에게 주면서 보물 상자에 넣어 두게 하고는, 다시 장유칙에게 말했다. "황제에게 안부 전해 주시오." 장유칙은 마침내 그것을 가지고 배로 돌아왔는데, 왔던 길을 돌아보았더니 아무런 흔적도 없었다. 황금 거북 인장은 길이가 5촌이고 위에 황금 玉印을 지고 있는데, 도장 면의 넓이는 1촌8푼이고 그 篆文은 "鳳芝龍木, 受命無疆"이라 쓰여 있었다. 장유칙은 도성에 도착하자 즉시 그 일을 갖추어 아뢰었더니, 헌종이 말했다. "전생에 짐이 선인이었단 말인가" 그리고는 황금거북 인장을 보며 한참 동안 기이함에 찬탄했지만 그 글씨를 알 수 없었다(『태평광기』 권47·1 唐憲宗皇帝).

（4）元義方과 뱃사람들이 바다 한 섬의 샘물을 마시자 샘물 속에서 작은 뱀(용)이 노하였다. 바람이 불고 구름이 끼며, 천둥과 번개가 내리치기 시작하더니 3일 밤낮동안 그치지 않았다.110)

（5）어떤 선비가 新羅國의 사신을 따라갔다가 풍랑에 떠밀려 새우의 나라 '장수국'에 이르렀고, 용궁에 갔다가 登州로 돌아왔는데, 그를 데려다 준 용왕의 사자는 커다란 용이었다.111)

（6）① 新羅 동쪽에 長人國이 있는데, 사람들은 키가 3丈이나 되고

---

109) 唐 형숙은 新羅에 사신으로 갔다가 돌아오는 길에 炭山에서 정박했다. 상인 100여 명을 만났는데, 몇 척의 배에 실려 있는 화물은 모두 진주와 비취, 沈香木, 상아와 무소 뿔 등으로 수천만금 어치나 되었다. 형숙은 그들이 방비하지 않는 틈을 타서 모두 죽이고 바다 속에 던져버린 뒤 그 화물을 차지했다(『태평광기』 권126·12 邢璹).

110) 원의방은 新羅에 사신으로 갔다. 그는 雞林州를 출발해 돌아오는 길에 바다 위에 떠 있는 한 섬을 만나게 되었는데, 마침 섬 안에 샘물이 있는 것을 보고 뱃사람들은 모두 그 물을 길어 마셨다. 그때 갑자기 샘물 속에서 작은 뱀이 나타나자 뱃사람이 급히 말했다. "용께서 노하셨습니다." 그리고는 다시 길을 떠났으나 채 몇 리도 못 갔을 때 동시에 바람이 불고 구름이 끼며, 천둥과 번개가 내리치기 시작하더니 3일 밤낮동안 그치지 않았다. 비가 갠 뒤 저 멀리 해안과 성읍이 보였는데, 그 곳은 곧 萊州였다. 『국사보』(『태평광기』 권423 元義方).

111) 唐 大足年間(701~702) 초에 어떤 선비가 新羅國의 사신을 따라갔다가 풍랑에 떠밀려 한 곳에 도착했는데, 그곳 사람들은 모두 수염이 길고 쓰는 말이 당나라 말과 통했으며 '장수국'이라고 불렸다. 사람들이 아주 많고 물산이 풍성했으며 집 모양과 衣冠은 중국과 약간 달랐는데, 그 지명은 '扶桑洲'라고 했다. 그 나라 관서의 관리 품계에는 正長·戢波·日沒·島邏 등 명칭이 있었다. … 그리고 선비를 데려가서 둘러보게 했는데, 집채만 한 쇠 가마솥 수십 개 안에 새우가 가득 들어 있는 것이 보였다. 그 중에서 붉은 색에 팔뚝만한 크기의 새우 5~6마리가 선비를 보고 팔짝팔짝 뛰었는데, 마치 구해달라고 하는 것과 같았다. 선비를 데려왔던 사람이 말했다. "이것이 바로 새우 왕입니다." 선비는 자기도 모르게 슬피 눈물을 흘렸다. 그러자 용왕은 새우 왕이 들어 있는 가마솥 하나를 놓아주라고 명한 뒤, 두 사자에게 선비를 중국으로 돌려보내주라고 했다. 선비는 하루 저녁 만에 登州에 도착했는데, 두 사자를 돌아보니 다름 아닌 커다란 용이었다. 『유양잡조』(『태평광기』 권469·17 長鬚國).

짐승을 사냥하여 먹으며 사람도 먹는다. 그들은 벌거벗고 사는데 검은 털이 몸을 덮고 있다(『기문』)112)

② 당의 사신이 신라에서 일본으로 가려다 풍랑을 만나 표류하다가 어떤 해안가에 도착했다. 그곳에는 거인들이 사는데, 키가 2장이나 되고 몸에 옷을 갖춰 입었으며 말이 통하지 않았다. 거인 종족이 당나라 사람들을 삶아서 먹었으며, 남자는 잡아먹고 부인들만 남겨놓아 옷을 만들게 했다.113)

③ 어떤 海商이 신라로 가던 중에 한 섬에 잠시 정박했는데, 검은 색 숟가락과 젓가락 모양의 나무 꽃잎과 꽃술이 있다.114)

④ 西門思恭이 신라사신으로 갔는데, 표류하다가 남쪽 한 해안

---

112) 신라국은 동남쪽으로 日本과 가깝고 동쪽으로 長人國과 인접해 있다. 장인국 사람들은 키가 3丈이나 되고 톱 같은 이에 갈고리 같은 손톱을 하고 있다. 또 불에 익힌 음식을 먹지 않고 짐승을 사냥하여 먹으며 때때로 사람도 먹는다. 그들은 벌거벗고 사는데 검은 털이 몸을 덮고 있다. 그 나라의 경계는 수천 리에 걸쳐 산이 이어져 있으며 중간에 있는 산골짜기는 철문으로 봉쇄했는데 그것을 '鐵關'이라 부른다. 항상 수천 명의 弓弩手로 하여금 그곳을 지키게 하기 때문에 그곳을 통과할 수 없다.『기문』(『태평광기』 권481 신라).

113) 당의 사신이 신라에 도착한 후에 장차 일본으로 가려다 해상에서 풍랑을 만나 수십일 동안 표류하다가 어떤 해안가에 도착했다. 그곳에는 거인들이 사는데, 키가 2장이나 되고 몸에 옷을 갖춰 입었으며 말이 통하지 않았다. 거인 종족이 당나라 사람들을 삶아서 먹었으며, 진한 술을 꺼내와 함께 잔치를 즐기면서 밤 깊도록 모두 취했다. 그들은 남자는 잡아먹고 부인들만 남겨놓아 옷을 만들게 했다.

114) 근자에 어떤 海商이 신라로 가던 중에 한 섬에 잠시 정박했는데, 그곳은 온 땅이 모두 검은 칠한 숟가락과 젓가락으로 덮여 있었다. 그곳에는 커다란 나무가 많았는데, 그 사람이 나무를 올려다보았더니 숟가락과 젓가락은 바로 그 나무의 꽃잎과 꽃술이었다. 그래서 그는 숟가락과 젓가락 100여 쌍을 주워가지고 돌아와서 사용해보았는데 너무 투박해서 쓸 수가 없었다. 그러다가 우연히 그것으로 차를 저어보았더니 젓는 대로 녹아 없어졌다.『유양잡조』(『태평광기』 권481 신라).

에 도착했는데, 거인들을 만나 고생하다가 겨우 도망쳤다.115)

(7) 周遇이 말하기를 靑社(靑州) 바다에서 閩 땅으로 돌아오는 길에 폭풍을 만나 닷새 밤낮을 표류했는데, 狗國, 毛人国, 野又国, 大人国, 流虬国, 小人国을 보았다.116)

---

115) 六軍使 西門思恭이 한번은 어명을 받들고 신라에 사신으로 갔는데, 바람과 물살이 순조롭지 못하여 어디가 끝인지도 모를 망망대해에서 몇 달 동안 표류했다. 그러다가 어느 날 갑자기 남쪽의 한 해안에 도착했는데, 그곳에도 밭두둑과 경물이 보이자 마침내 육지로 올라가서 사방을 둘러보았다. 얼마 후 신장이 5~6장이나 되는 거인 한 명이 나타났는데, 옷차림이 특이하고 목소리가 천둥치는 것 같았다. 거인은 서문사공을 내려다보며 마치 경탄하는 듯하더니, 곧장 다섯 손가락으로 그를 집어 들고 100여 리를 가서 한 바위동굴 속으로 들어갔다. … 서문사공이 검을 휘둘러 거인의 손가락 3개를 잘랐는데 손가락이 지금의 다듬이 방망이보다 굵었다. 거인은 손가락을 잃고서 물러가자 서문사공은 마침내 닻줄을 풀고 배를 출발시켰다. 배 안에서 서문사공은 물과 식량이 다 떨어져 한 달 동안 아무것도 먹지 못하다가 결국 몸에 걸치고 있던 옷을 씹어 먹었다. 나중에 그는 마침내 북쪽 해안에 도착하여 거인 손가락 3개를 조정에 바쳤는데, 조정에서는 그것에 옻칠을 하여 궁중창고에 보관했다.『옥당한화』(『태평광기』 권481 신라).

116) 陵州刺史 周遇는 육식을 하지 않았다. 그는 일찍이 劉恂에게 다음과 같은 이야기를 해주었다. "몇 해 전에 靑社(靑州) 바다에서 閩 땅으로 돌아오는 길에 폭풍을 만나 닷새 밤낮을 표류했는데, 대체 몇 천 리를 다녔는지 알 수 없으나 대략 여섯 개의 나라를 지나갔다네. 첫 번째 나라는 구국이었네. 같은 배를 타고 있던 사람 중에 新羅 사람이 있었는데, 그 사람이 구국이라고 하더군. (그곳에 도착하고서) 얼마 있으려니 과연 벌거벗은 사람처럼 보이는 어떤 물체가 개를 안고서 밖으로 나왔다가 배를 보고는 놀라 달아났네. 또 毛人國을 지나갔는데, 그곳 사람들은 몸집이 작고 모두 머리카락이 얼굴을 뒤덮고 있었으며 몸에는 검은 원숭이처럼 털이 나 있었네. 또 野叉國에 당도했는데, … 고개를 돌려보니 몇 명의 야차 무리가 잡은 사람을 함께 먹고 있었다더군. 그래서 같은 배에 타고 있던 사람들은 놀라움과 두려움에 떨며 어찌할 줄 몰랐네. 잠시 후에 백여 명의 야차가 우리 쪽으로 왔는데, 그들은 모두 붉은 머리카락을 하고 있었으며 벌거벗은 채 입을 벌리고 눈을 부라리고 있었네. 그 중에는 나무창을 든 야차도 있었고 자식을 옆에 낀 여자야차도 있었네. 뱃사람과 상인 50여 명이 함께 활과 창, 검으로 그들과 대적한 끝에 결국 두 명의 야차를 화살로 맞

위에서 보듯이, 『태평광기』에는 아주 다양한 해양에 대한 인식과 신앙이 형성되어 있다.

무엇보다도 바다에는 용이 산다고 생각하였다. 그 예로 원의방의 경우는 섬의 샘물을 마시어 용이 노했다거나, 어느 선비처럼 용궁에 들어가 용왕을 만났다는 등 용신앙이 절대적이었다.

그리고 신선사상이 있었다. 백유구(白幽求)는 도교에서 신선인 서악진군을 만났고, 고국에 돌아온 뒤에는 곡식을 끊고 복령을 복용하며, 산수 유람하고, 오악을 유람하며 인간 세상에 뜻을 두지 않았다. 또 장

혀 쓰러뜨리자 야차들은 즉시 (쓰러진) 야차를 끌고 가면서 우는 소리를 내며 도망쳤네. 그들이 떠나가자 우리는 나무를 베어 울짱을 만들어 놓고 그들이 다시 오는 것을 막았네. 야차들 또한 활이 두려워 더 이상은 나타나지 않았네. 그곳에서 이틀간 머물면서 배 수리가 끝나자 우리는 다시 바람을 따라 떠나갔네. 우리는 또 大人國을 지나갔는데, 그곳 사람들은 모두 기골이 장대하고 거칠었으나 우리가 배 위에서 북을 두드리고 소리를 지르는 모습을 보더니 놀라 달아나 밖으로 나오지도 않았네. 또 流虬國(流求國)을 지났다네. 그 나라 사람들은 몸집이 모두 작았는데, 하나같이 마와 베로 만든 옷을 입고 있었으며 예의가 발랐네. 그들은 앞 다투어 음식을 가져와서는 못과 쇠 등과 바꾸자고 했네. (우리 배에 타고 있던) 신라 사람은 그곳 사람들의 말을 반쯤 통역할 수 있었는데, 그들이 손님을 속히 떠나보내려 한다고 했네. 그 나라에서는 물에 떠내려 온 중국 사람을 만나면 재난이 생기게 될까봐 걱정한다고 하면서 말이네. 그래서 우리는 다시 길을 떠났다가 小人國을 지나게 되었는데, 그 나라 사람들은 모두 벌거벗고 있었고 5~6세 가량의 어린아이만큼이나 몸집이 작았네. 그때 뱃사람들은 이미 음식이 동이 났기에 서로 서로 소인들이 사는 집을 찾아 나섰는데, 잠시 후 과연 30~40 마리의 소인을 찾아내 가지고 온 다음 삶아 먹었네. 다시 이틀 동안 항해한 뒤에 우리는 섬 하나를 만나 물을 얻을 수 있었네. 거기에 갑자기 한 무리의 산양이 나타났는데, 사람을 보고도 귀를 쫑긋 세운 채 뚫어지게 바라만 볼 뿐 전혀 두려워하거나 피하려하지 않았네. 그 산양들은 살지고 몸집 또한 커서 처음에는 섬에 사는 사람이 기르는 것인가 보다 생각했으나 섬에 사람의 흔적이라곤 조금도 찾아볼 수 없었기에 산양을 잡았는데, 딱 백 마리만 잡아서 모두 먹어 치웠다네."『영표록이』(『태평광기』 권 483 蠻夷4 狗國)

유칙은 신라에 다녀오면서 신선을 만났는데, 그는 도교신(道敎神)의 모습으로 자하의(紫霞衣)를 입었으며, 도교에 심취한 당 헌종의 친구라고까지 하였다.

흥미로운 것은 바다 속에 물고기들의 나라가 있다고 믿었다. (5)의 어떤 선비가 신라국의 사신을 따라갔다가 풍랑에 떠밀려 새우의 나라 '장수국'에 이르렀고, 용궁에 갔다가 등주로 돌아왔는데, 그를 데려다 준 용왕의 사자는 커다란 용이었다는 이야기는 용신왕과 함께 수염이 달린 왕새우에 대한 특별한 의미부여를 하고 있었던 것을 보여준다.

그리고 항상 자신들보다 큰 인간이 존재한다고 믿었다. 그러면서 이들 인간은 동물의 상태로서 야만스럽고 무식하며 인간을 잡아먹는 공포의 대상으로 인식하였다. 서문사공이 거인국에 갔다가 고생한 이야기와 주우(周遇)가 구국(狗國), 모인국(毛人國), 야차국(野叉國), 대인국(大人國), 유규국(流虯國), 소인국(小人國)을 보았다는 이야기가 그러하다. 그리고 때로는 귀국(鬼國)이 있다고 믿었다.117) 즉, 당만이 천하의 중심이며 최고의 문화를 가졌다는 의식 속에 사방에는 오랑캐가 산다고 생각하였다.

신라의 사행이 당나라 사람들에게 무서움과 고생 내지는 공포의 대상이었던 것과는 달리, 반면에 일확천금을 획득할 욕망의 대상이기도 하였다. 형숙(邢璹)의 경우는 신라에 사신으로 갔다가 돌아오는 길에 탄산(炭山)에서 상인 100여 명을 죽이고 진주와 비취, 침향목(沈香木),

---

117) 신라 사람이 바다에 표류하여서 鬼國에 도착하였는데, 귀국 사람들이 그들을 잡고서 말하기를, "너는 우리와 함께 겨(糠)를 3자(尺) 높이로 쌓겠는가, 아니면 너의 코를 1길(丈) 길이로 늘이겠는가?" 하였다. 이에 그 사람이 겨를 쌓겠다고 하였는데, 쌓지 못하였다. 그러자 귀국 사람이 그의 코를 뽑아서 코끼리의 코와 같게 만들었다.『유양잡조』(『해동역사』 권40 교빙지8 표류)

상아와 무소 뿔 등으로 수천만금어치나 되는 화물을 차지했다. 또 신라
는 신비의 대상이었기에 영약을 구할 수 있다고 믿는 경우도 있었던
것 같다. 실제 인삼을 구한 경우도 있다.118)

그리고 바다를 건너는 자는 안전을 제일로 삼았다. 만약 위험한 상황
을 만나면 정성을 다해 우러나는 마음으로 경건하게 기도하고 슬프게
애원하면 감응하지 않는 것이 없다는 생각을 하였다. 그래서 이들은 바
다를 다스리는 해신(海神)이 있다고 믿었고, 이 해신에 대하여 항상 숭
배하는 믿음과 함께 행위를 하였다. 해신은 용왕을119) 비롯해 천후(天
后, 天妃), 고래, 거북(자라), 여성신 등으로 상징되었는데, 그 대표적인
것이 용왕신앙과 용신제였다.120) 그리고 해안의 중요한 산신(山神)에
게도 출항하기에 앞서 항해의 무사와 안녕을 비는 제사를 드렸다.121)
이러한 제의와 함께 한편으로는 바다의 신에게 불경과122) 패경의

118) 王光謙은 溫州府의 諸生이다. … 도중에 갑자기 태풍이 불어서 표류하다가 모
르는 곳에 도착하였는데, 산이 있는 것을 보고는 그곳에 정박하였다. 어느 날
빈 골짜기의 石窟로 들어갔다가 곁에 풀이 있어서 그 뿌리를 캐어서 먹었더니,
기갈이 갑자기 그치고 정신이 상쾌해졌다. 識者가 말하기를, "그것은 人蔘이
다." 하였다. 얼마 뒤에 산에 올라가서 바다 쪽을 바라보니 홀연히 작은배 수
십 척이 나타났다. … 이들은 모두 조선의 해변을 순시하는 배들이었다(『見聞
錄』)
119) 천하의 동서남북에 모두 용이 있다는 사해용왕의 관념이 있었다. 『韓昌黎集』
권11 南海神廟碑에 의하면 唐에서는 동해신 光德王, 남해신 光利王, 서해신 光
潤王, 북해신 光澤王을 사해신으로 모셨다(葉濤, 「山東沿海漁民的海神信仰與祭
祀儀式」, 『제3회 국제학술회의논문집』, 한국민속학회, 1999, 270쪽).
120) 아울러 다음과 같은 기록도 있다. 『金臺紀聞』에, "天妃가 그 신이니, 여자 세
사람이다. 宋 宣和 연간에 고려에 사신을 보냈는데, 중간에서 풍랑을 만났으나
이 신의 도움으로 인하여 살아날 수 있었다. 사신으로 갔던 노윤적이 이 사실
을 조정에 아뢰자, 비로소 그 신에게 제사를 지냈다." 하였다.
121) 신라견당사 金仁圭를 따라 귀국한 최치원은 출항에 앞서 산신에게 순풍을 불
게 해 본국으로 무사히 돌아갈 수 있게 해주기를 빌었다(崔致遠, 「祭巉山神文」)

권축을 줌으로써 무사 항해를 도모하였다.123) 주로 대자대비(大慈大悲)로써 도탄에 빠진 중생을 구제한다는 관음보살(觀音菩薩)에게 항해의 무사를 빌었다. 한편 고려시대에는 풍랑을 만나면 불서(佛書)를 암송하거나 바다에 던짐으로써 위험에서 벗어나고자 하였다.124) 그러나 『태

122) 김문경, 「신라무역선단과 관세음신앙」, 『장보고와 21세기』, 혜안, 1999, 127~128쪽.
123) 원풍 초에 厚卿 安燾와 和叔 陳陸 두 學士가 三韓에 사신으로 갔는데, 바다를 건너는 배 속에 佛經과 지나가는 곳에서 끌어 모은 敗經의 卷軸을 안치하여 바다에 흩뿌리는 데 대비하였다. 바다로 나아간 지 이틀 만에 바람의 기세가 몹시 험악하여 파도가 갑작스럽게 일어나 앞뒤의 배가 서로 멀어지게 되었는데, 바다 神과 갖가지 괴물이 뱃전을 부여잡고 올라와 불경과 패경의 권축을 요구하는 의사를 보였다. 이에 먼저 권축을 주었는데, 계속해서 오는 자가 많았다 (『春渚紀聞』).
124) ① 呂相端이 고려에 사신으로 갔는데, 바다를 지나면서 祝文을 올리기를, "돌아오는 날 걱정이 없으면 마땅히 금으로 쓴 『維摩經』으로 사례하겠다." 하였다. 그런데 돌아올 때 파도가 갑자기 쳐서 결국 『유마경』을 물에 빠뜨리고 말았다. 그러자 음악 소리가 배 아래에서 나기 시작했는데, 음조가 맑고 뛰어나 인간 세상의 음악에 비할 바가 아니었으며, 『유마경』은 물에 천천히 가라앉았다. 崔伯易가 禮部에 있을 적에 고려에 사신으로 간 사람들의 故事를 찾아보다가 마침내 申公의 고사를 얻었으므로 楊康國·錢勰 등이 모두 이 『유마경』을 베껴 가지고 갔다. 豐稷이 掌牋 楊表를 위하여 말하기를, "동해 바다는 龍王의 보배를 보관해 두는 장소이다. 짙은 안개와 같은 기운이 서려 있어, 비록 바람이 불지 않더라도 역시 큰 파도가 일어난다. 사신으로 가는 사람이 나무 상자 안에 누워 있으면 비록 배가 흔들리더라도 몸은 흔들리지 않는다. 그러나 음식물을 먹으면 모두 토하여 오직 약간의 장물만 마실 수 있다. 배 앞에는 집채만 한 큰 거북이 나타나는데, 두 눈이 큰 촛불과 같아서 그 빛이 모래밭을 비추므로 뱃사람들이 이것을 보고 길을 찾으니, 이 거북을 보면 걱정할 것이 없다." 하였다(『孫公談圃』)
② 『玉壺淸話』에 "呂端이 고려에 사신으로 가다가 파도를 만나서 돛대가 부서지고 키가 부러졌다. 이에 뱃사람들이 크게 두려워했으나 공은 태연스레 글을 읽었는데, 마치 齋閣에 앉아 있는 듯했다." 하였다.
③ 王子 飛觀文이 바다를 건너서 三韓에 사신으로 갔다. 그는 매번 파도를 만나 위태로울 때면 佛書를 잘라서 바다에 던지곤 했는데, 이상한 괴물들이 출몰

평광기』에는 인신공양(人身供養)과 같은 신앙은 보이지 않는다.

5. 맺음말

중국의 당은 신라에 사신을 자주 파견하였다. 이 사신들은 황해 바다를 건너는 과정에서 여러 가지 위험을 맞이하였고, 더불어 다양한 해양 경험을 하였다.

『태평광기』의 내용은 한대(漢代)에서 당대(唐代)에 이르는 동안 수집된 것으로 지괴・질사・잡기적 내용의 고사(故事)가 위주이다. 또한 비록 설화적 성격을 띄고 있기는 하나, 부분적으로는 정사(正史)의 부족한 면을 채워주고 있다. 특히『태평광기』에는 신라 관련 내용이 26개 조항에 수록되어 있다. 이 중에는 신라에 다녀간 당 사신과 관련한 사항이 더러 있다.

이 내용 중에 등장하는 당에서 신라에 간 인물은 장유칙(張惟則), 형숙(邢璹), 귀숭경(歸崇敬), 설의료(薛宜僚), 위은(韋隱), 원의방(元義方), 유사인수신라사(有士人隨新羅使), 위요(魏曜), 서문사공(西門思恭) 등 9명이다. 이것을『삼국사기』에 기록된 당에서 온 신라사신에 대한 사례와 대비해 보면 형숙, 위요, 귀숭경, 원의방(원계방) 및 유사인수신라사의 경우는 일치한다. 즉,『태평광기』와『삼국사기』의 해당 기록이 동일한 사실이라는 것을 확인할 수 있다. 그러므로『태평광기』에 수록된 당에서 신라에 파견된 사신들은 가공의 인물이기보다는 대체로 실존 인물들이

하면서 앞 다투어 탈취해 갔다. 그러나 道書를 잘라 넣으면 돌아보지도 않았다 (『聞見後錄』).

었다.

『태평광기』의 내용을 분석해 보면, 당 사신들은 장안을 출발하여 대부분이 북쪽의 등주에, 간혹 남쪽의 강회에 도착한 뒤 황해를 건너 신라에 도착하였다. 이처럼 역사 문헌에 보이는 신라에 다녀간 당 사신들의 여정 역시 『태평광기』에 보이는 내용과 대동소이한 것이 확인된다.

당 사신들은 신라를 왕래하는 과정에서 목숨을 건 항해를 하였으며, 이 과정에서 풍랑을 만나 배가 침몰하거나 난파하여 목숨을 잃는 경우가 많았으며, 때로는 장시간 표류하다가 엉뚱한 곳에 다다르는 등 온갖 고생을 다하였다. 사신들은 표류하거나 항로를 잘못 잡아 엉뚱한 곳에 이르러, 당과는 다른 아주 특이한 종족을 만나고 또 문화를 경험하였다. 그리하여 귀국 후에는 용궁을 다녀왔다거나, 신선을 만났다거나, 식인국·거인국·야차국 등에 붙잡혔다가 구사일생으로 겨우 도망쳐 고향에 돌아왔다는 등 신이한 체험을 하였다고 여행담을 남겼다.

이러한 배경에서 당에서는 신라사행과 관련하여 용신앙·신선사상과 더불어 장수국·구국·모인국·야차국·대인국·유규국·소인국 등이 존재한다는 생각에서 비롯된 공포의 대상으로 여기면서도, 다른 한편으로는 신라사행은 일확천금을 획득할 기회로 생각한 듯하다. 특히 신라를 신선의 나라로 생각하였다.

그러면서 이들은 사행의 안전을 바라는 마음에서 해룡과 해신, 그리고 산신에게 제의를 올리고 기원하였다. 아울러 불경을 암송하거나 바다에 던지는 행위로써 위험에서 벗어나고자 하였다.

이상에서 『태평광기』의 내용을 통해 당에서 신라를 다녀간 사신들과 관련한 내용을 검출, 분석하여 그들의 여정과 해상에서 경험 및 그들이 가졌던 해양인식에 대해 살펴보았다. 그러나 『태평광기』가 완전한 역사서라기보다는 지괴류에 해당하기 때문에 그 내용을 전적으로 신빙하고 역사적 사실로 받아들이기에는 일정한 한계가 있다. 그럼에도 필자는 이 기록들을 고대 한중해양교류사의 연구에 원용할 수 있다는 가능성을 확인하였다.

제 3 장
신라 중사의 '사해'와 해양신앙

1. 머리말

신라는 건국기부터 해양과 밀접한 관계를 맺어 바다로 진출하였고, 특히 해양 방어에 큰 관심을 가졌다. 더욱이 신라는 지리적 위치상 동해를 직접적으로 접하고 있어, 이 지역에서 생산되는 해산물의 확보라는 경제적 문제와 함께, 이곳으로 침입하는 왜구 문제, 그리고 왜와 통교상, 동해는 국가적 차원에서 중요한 관심 지역의 하나였다.

한편 삼국기 신라는 지리적 여건상 동해안에 치중하였으나, 대중국 외교를 수행하는 과정에서 서해(황해)안에 대한 중요성을 인식하게 되었고, 통일전쟁기부터는 그 의존도가 더욱 커졌다. 그러다가 백제를 병합한 뒤에는 한반도의 서남해안을 장악하고, 이 지역을 통하여 중국·일본과 활발한 통교가 이루어졌다. 그 결과 신라는 종래의 동해안은 물론 서해안과 남해안의 방어도 국가적인 차원에서 관장하게 되었다. 그리고 이러한 해양에 대한 관심과 양상은 국가제사에도 반영되었다.

신라인들의 해양에 대한 의식의 한 단면을『삼국사기』권32, 잡지1 제사 신라조의 기록이 상징적으로 보여준다. 이 제사지의 내용에서 명산대천제사는 대사(大祀)·중사(中祀)·소사(小祀)로 나누고, 중사는 오악(五岳)·사진(四鎭)·사해(四海)·사독(四瀆)과 표제명이 없는 제장이 나열되어 있는데, 이 중 사해는 바다에 대한 국가제사이다.

일찍부터 연구자들이 신라의 국가제사에 대해 관심을 가져 많은 연구업적이 있으나,1) 바다에 대한 제사만을 다룬 전문논고는 없다. 이 글에서는 신라 국가제사 중 사해(四海)의 성격에 대하여 고찰하고자 한다.

먼저 사해의 제장과 그 의미에 대해 살펴보겠다. 그리고 사해의 성립배경을 신라의 영토확장 및 교통로의 확립과 연계하여 살펴보고, 사해를 통해 신라의 해양신앙2) 및 인식에 대해 언급하고자 한다.

---

1) 辛鍾遠,「三國史記 祭祀志 硏究」,『史學硏究』38, 1984 ; 濱田耕策,「新羅の祀典と名山大川の硏究」,『泡沫集』4, 1984 ; 井上秀雄,「祭祀儀禮の受容-新羅の律令制と祭祀制度-」,『古代東アジアの文化交流』, 溪水社, 1993 ; 최광식,『고대 한국의 국가와 제사』, 한길사, 1994 ; 최광식,「신라 대사·중사·소사의 제장 연구」,『역사민속학』4, 1994 ; 최광식,「신라와 당의 대사·중사·소사 비교연구」,『한국사연구』95, 1996 ; 최광식,「신라 국가제사의 체계와 성격」,『한국사연구』118, 2002 ; 나희라,「한국고대의 신관념과 왕권」,『국사관논총』69, 1996 ; 김두진,「신라의 종묘와 명산대천의 제사」,『백산학보』52, 1999 ; 채미하,「삼국사기 제사지 신라조의 분석」,『한국고대사연구』13, 1998.
2) 고대 한국의 해양신앙에 대해서는, 목포대학교 도서문화연구소,『서해안의 해신신앙연구』, 2003 ; 목포대학교 도서문화연구소,『동아세아의 해양신앙과 해신 장보고』, 2005 ; 하효길,「한국 서해안일대의 해양신앙」,『부안 죽막동 제사유적 연구』, 국립전주박물관. 1998 ; 송화섭,「변산반도의 관음신앙」,『지방사와 지방문화』, 2002 ; 채미하,「청해진의 사전편제와 해양신앙」,『진단학보』99, 2005 등이 참조가 된다.

2. 사해 제장의 위치와 의미

가. 사해 제장의 위치 비정

흔히 사해(四海)라고 하면 네 방향에 있는 바다를 지칭하는 말이고, 특히 불교에서는 수미산(須彌山)을 둘러싼 사방의 바다를 뜻한다. 한편 광의로는 땅 전체라는 뜻인 온 천하(四表와 같은 의미)를 의미한다. 즉, 중국에서의 사해는 이적(夷狄)이 거주하는 지역을 포함하여 왕화(王化)가 미치는 사방(四方)의 끝을 가리키는 말로서, 당대(唐代)에는 중사(中祀)로서 제사되었다. 물론 이러한 개념에 바탕을 둔 사해 제사는 신라가 중국과 통교 이후에 수용한 것으로 보인다.

『삼국사기』 권32, 제사지의 중사에는 사해가 기록되어 있다.

> A. 三山五岳 이하 名山大川에 지내는 제사는 大祀, 中祀, 小祀로 나누었다.
>   대사는 세 산에 지냈는데, 첫째 奈歷 習比部, 둘째 骨火 切也火郡, 셋째 穴禮 大城郡이었다.
>   중사는 五岳과 四鎭과 四海와 四瀆에 제사지내는 것을 말한다. 오악은 동쪽 吐含山 大城郡이고, 남쪽 地理山 菁州이고, 서쪽 鷄龍山 熊川州이고, 북쪽 太伯山 奈巳郡이고, 중앙 父岳으로 公山이라고도 하며 押督郡이었다.
>   四鎭은 동쪽 溫沫懃 牙谷停이고, 남쪽 海恥也里로 悉帝라고도 하며 推火郡이고, 서쪽 加耶岬岳 馬尸山郡이고, 북쪽 熊谷岳 比烈忽郡이었다.
>   四海는 동쪽 阿等邊인데 斤烏兄邊이라고도 하며 退火郡이고, 남쪽 兄邊 居柒山郡이고, 서쪽 未陵邊 屎山郡이고, 북쪽 非禮山 悉直郡이었다.
>   四瀆은 동쪽 吐只河인데 槧浦라고도 하며 退火郡이고, 남쪽 黃山河 歃良州이고, 서쪽은 熊川河 熊川州이고, 북쪽은 漢山河 漢山州이었다.
>   그리고 俗離岳 三年山郡, 推心 大加耶郡, 上助音居西 西林郡, 烏西岳 結巳郡, 北兄山城 大城郡, 淸海鎭 助音島이다.

小祀는 霜岳 高城郡, 雪岳 㺚城郡, 花岳 斤平郡, 鉗岳 七重城, 負兒岳 北漢山州, 月奈岳 月奈郡, 武珍岳 武珍州, 西多山 伯海郡 難知可縣, 月兄山 奈吐郡 沙熱伊縣, 道西城 萬弩郡, 冬老岳 進禮郡 丹川縣, 竹旨 及伐山郡, 熊只 屈自郡 熊只縣, 岳髮 일명 髮岳 于珍也郡, 于火 于西良郡 于火縣, 三直 大城郡, 卉黃 牟梁, 高墟 沙梁, 嘉阿岳 三年山郡, 波只谷原岳 阿支縣, 非藥岳 退火郡, 加林城 加林縣 어떤 本은 靈嵒山 虞風山이 있으나 加林城은 없으며, 加良岳 菁州, 西述 牟梁이었다(『삼국사기』 권32, 잡지 1 제사).

위의 자료에서 보듯이, 신라에서 중사의 대상인 네 방향의 바다를 제사지내던 곳을 사해라 하였다. 그러므로 여기서 사해는 말 그대로 동서남북 네 방면의 땅 끝부분에 해당하는 바다를 제사지내던 곳을 지칭한다. 구체적으로 말하자면 동쪽 아등변, 남쪽 형변, 서쪽 미릉변, 북쪽 비례산 등이다.

그러면 이 지역들이 어디인가를 기존의 여러 연구를 참조하여 재검토해 보면 다음과 같다.

1) 동 : 아등변

앞의 인용문에서, 사해 중 동쪽은 아등변(阿等邊) 또는 근오형변(斤烏兄邊)이라고도 하는데 퇴화군(退火郡)에 있다고 하였다. 『삼국사기』 권34, 지리지1 양주(良州)조에는 의창군(義昌郡)의 옛 지명이 퇴화군이라 하였다. 그러면 아등변은 어디인가? 먼저 생각할 수 있는 것은 아등변은 동해안의 어느 지역임은 분명하다. 한편 근오형변은 『삼국사절요』 권12, 선덕왕 4년(783)조에는 '근오형변(近烏兄邊)'으로 표기되어 있다. 그래서 이병도(李丙燾)는 '근오형변(近烏兄邊)'의 '형(兄)'자는 '지(只)'(古音이 支와 같음)의 잘못인 듯하다고 하였다.3) 만일 그렇다면 이는 의창군 임정현(臨汀縣)의 옛 지명인 '근오지(斤烏支)'와 상통한다.4) 그리고 『신증동국여지승람』 권22, 흥해군 고적조에는 아등변(阿等邊)은 근오형변(斤烏兄邊)이라고 하며, 신라에서 동해신을 이곳에서 제사지냈음이 중사에 실려 있다고 하였다.

신라시대의 퇴화군은 오늘날 포항시 흥해 지역이다. 퇴화군은 757년(경덕왕 16) 의창군으로 고쳐졌고, 안강현(安康縣)·기립현(鬐立縣)·신광현(神光縣)·임정현(臨汀縣)·기계현(杞溪縣)·음즙화현(音汁火縣) 등 6현을 관할하였다. 근오지가 이때에 임정현이 된 것이다. 임정현은 고려초인 930년(태조 13) 영일현(迎日縣 또는 延日縣)으로 개명되고, 1018년(현종 9) 경주부에 내속되었으며, 조선시대에는 경주부의 영현이 되었다. 1895년(고종 32) 영일현이 영일군으로 개편되어 동래부 소관이 되었다가, 1896년 연일군이 되어 경상북도에 속하게 되었다. 그러므로 근오지의 위치는 오늘날 포항시 영일 지역이다.

이후 1914년 흥해군·연일군·장기군·청하군을 영일군으로 통폐합할 때, 연일군 지역은 연일면·동해면·오천면·대송면·포항면 5개 면으로 나누어졌다. 이 중 오천면은 12개 동(옛 연일군 고현면, 일월면 등)으로 개편되었다. 이후 1973년 오천면의 신정동·금광동·일월동이 동해면으로, 인덕동·청림동이 포항시로 편입되었으나, 1980년 오천읍으로 승격되었다. 한편 1983년 동해면 일월동은 포항시에 편입되었다.

그런데 여기서 일월동이란 명칭은 '일월지(日月池)'에서 연유했다고 한다. 일월지(경상북도 지방기념물 제20호)는 현재 포항시 남구 오천읍 용

---

3) 이병도, 『국역삼국사기』, 을유문화사, 1977, 501쪽 주1.
4) 『삼국사기』 권34, 지리지1 良州.

덕리 60번지 해병부대 내에 있다.5) 일월지는 신라시대 하늘에 제사지
내던 곳이다. 『삼국유사』 권1 기이편 연오랑세오녀조 말미에 "하늘에
제사지낸 곳을 영일현 또는 도기야라 한다(祭天所名迎日縣 又都祈野)."와
『동국여지승람』 권23 영일현 고적조에 "일월지는 현의 동쪽 10리에
있는 도기야이다(日月池 縣東十里都祈野)."라는 기록이 있다. 그러므로 도
기야는 신라시대 연오랑세오녀와 관련하여 동해 바다에 제사를 지낸
곳이다. 당시 신라왕은 제사에 사용한 비단을 어고(御庫)에 간직해 국
보로 삼았는데, 그 비단은 세오녀의 귀한 왕비가 짜주었던 것이기에 이
창고를 귀비고(貴妃庫)라 불렀다고 한다. 이에서 미루어 짐작컨대 도기
야는 신라의 제천처(祭天處)이었음을 알 수 있다. 그리고 동해면 도구동
에는 연오랑세오녀를 모신 일월사당이 복원되어 있으며, 일월지 부근에
는 신라시대부터 일월에 제사지내는 천제단이 있어 매년 9월 중양절에
해와 달에 제사지냈는데, 일제강점기에 철거되었다고 한다. 또 종전의
일월동은 포항시 남구 청림동과 동해면 도구리의 중간에 있었던 촌락
이라고 한다. 그러므로 연오랑세오녀의 제사처는 포항시 오천읍(烏川邑)
과 남구 청림동(日月洞)과 동해면의 접경지역인 듯하다.

이상에서 짐작컨대 아등변은 연오랑세오녀설화와 깊은 연관이 있으
며 일월지 부근인 듯하다. 그 위치는 포항시 오천읍 용덕리와 청림동
및 동해면 도구리의 접경지역으로 추정된다.

2) 남 : 형변

남쪽의 형변(兄邊)은 거칠산군(居柒山郡)에 있다고 하였다. 거칠산군

---

5) 일월지에서 용이 승천한다는 전설이 있어 '龍德'이라 명명되었다고 전한다.

은 신라시대 양주(良州) 동래현(東萊縣)의 옛 지명이다. 본래 거칠산국(居柒山國)은 장산국(萇山國) 또는 내산국(萊山國)이라고도 하였는데, 신라 탈해이사금대에 거도(居道)가 이를 멸하였다.

『신증동국여지승람』권23, 동래현 고적조를 보면, 형변부곡(兄邊部曲)이 동래현 남쪽 바닷가에 있고 신라가 남해신(南海神)을 여기서 제사하였으며 중사에 올렸다고 되어있다. 그러므로 형변은 동래 남쪽 바닷가 어느 지역이었다.

한편『신증동국여지승람』권23, 동래현 사묘조에 모등변신사(毛等邊神祠)가 동평현(東平縣) 남쪽 1리에 있다고 한다. 동평현은 신라시대 대증현(大甑縣)인데, 경덕왕대 동평으로 고쳐서 양주 동래현의 속현이 되었다. 현재 부산광역시 부산진구 당감동 일대로 추정되며, 그 위치는 해변에서 10리 정도 안으로 들어와 있다. 즉 모등변신사와 형변이 동일한 제장일 가능성이 있다.6)

결국 형변은 지금의 부산 남쪽 바닷가에 있었던 것으로 추정된다.7)

3) 서 : 미릉변

서쪽의 미릉변(未陵邊)은 시산군(屎山郡)에 있다고 하였다. 시산군은 전주(全州) 임피군(臨陂郡)의 옛 지명이다.8) 즉 시산군은 757년(경덕왕 16) 임피군으로 고쳐 함열·옥구·회미 등 현을 관할하였다. 그러다가 고려시대에 임피현으로 강등되어 회미·옥구·만경을 관할하였다. 즉

---

6) 후대의 조선통신사는 일본으로 출발하기 전에 부산시 동구 범일동에 있는 영가대에서 무사 항해를 비는 해신제를 지냈다.
7) 최근 경남문화재연구원이 부산시 기장군 대라리에서 삼국시대 제사유적을 발굴하였다(「부산 기장서 고대국가 흔적 발견」, 연합뉴스 2007.5.28).
8)『삼국사기』권36, 지리지3.

임피현은 현재의 군산시 임피면이다.9) 그리고 『대동지지』 임피 단유 조에 미릉변은 신라시대에 서해의 중사로 모셨는데 고려시대에 폐지하였다고 기록되어 있다.

백제의 사비시대인 634년에 조영된 부여 궁남지(宮南池)에서 1995년에 출토된 목간(木簡)에 "매라성 법이원 답수형(邁羅城 法利源 畓水形)"이란 기록이 있는데, 이 매라성은 백제 멸망후 당군(唐軍)이 설치한 웅진도독부(熊津都督府) 직할 13개 현 중의 하나인 매라현(邁羅縣)과 같은 곳으로, 그 위치는 현재의 전라북도 옥구로 비정된다. 일찍이 백제는 왕성을 중심으로 5방제(方制)를 실시하였다. 그 중에서 서방의 소재지를 조선 후기 실학자 정약용(丁若鏞)은 '옥구해상(沃溝海上)'이라고 하였는데,10) 이 옥구 해상에는 고군산도(古群山島)와 같은 좋은 항구가 있다. 특히 백제 후기에 별도(別都)랄까 아니면 한때 왕도(王都)로 중요시하였던 익산(益山)과 관련하여 이곳은 해양교통상 대단히 중요한 지역이었던 것으로 보인다.

그러므로 미등변은 현재의 전라북도 군산시 임피면 서쪽 해안가에 있었던 것으로 추정된다.

4) 북 : 비례산

북쪽의 비례산(非禮山)은 실직군(悉直郡)에 있다고 하였다. 실직군은 본래 실직국(悉直國)이었는데, 파사이사금대에 신라에 항복하였다. 그리하여 신라는 505년(지증왕 6)에 주(州)를 삼아 이사부(異斯夫)를 군주

---

9) 정구복 외, 『역주삼국사기』 4 주석편 하, 1997, 25쪽 주65.
10) 이기동, 「한국고대사상에 있어서 익산문화권의 위치」, 『백제연구』 16, 2004, 60쪽.

(軍主)로 임명하였고, 경덕왕대에 명주(溟州)의 삼척군으로 이름을 고치고 영현으로 죽령(竹嶺)·만경(萬卿)·우계(羽谿)·해리(海利) 등 4현을 두었다.[11]

『대동지지』삼척 단유조에는 비례산은 신라 사전(祀典)에 이르기를 삼척군에 있으며 북해(北海)이므로 중사에 실려 있으나 지금은 자세하지 않다고 하였다. 참고로 『삼국사기』권5에 의하면 661년(무열왕 5) 실직을 북진(北鎮)으로 삼았다고 하였다.[12]

그런데 신라의 사해 중 동·남·서는 그 제장의 지명이 바닷가를 의미하는 '변(邊)'이지만, 북해만은 비례산이라 하여 산(山)에 있어 특이하다. 아울러 『동국여지승람』권44, 삼척도호부 사묘조에 의하면, 가물 때 기우한다는 두타산사(頭陁山祠)와 일명 대천왕사(大天王祠)라고도 하는 근산사(近山祠)가 있다고 한다. 그렇다면 혹여 비례산은 이 중의 하나가 아닐까 추측해 볼 수도 있는데, 해안으로부터는 근산사가 가깝다.[13]

---

11) 『삼국사기』권35, 지리4 溟州 三陟郡.
12) 『삼국사기』권5, 태종무열왕 5년.
13) 한편 『신증동국여지승람』양양도호부 사묘조에 동해신사가 부의 동쪽에 있는데 봄가을 향을 내려 제사를 지냈다고 했다. 그리고 『대동지지』양양 단유조에는 東海神堂은 동쪽 13리에 있으며 고려시대에는 동해이므로 중사에 실려있고 본조에서도 그대로 따랐다고 했다. 또 『세종실록지리지』양양도호부조에도 東海神祠堂은 부의 동쪽에 있는데 봄가을로 향과 축문을 내려 중사로 하여 제사하였다고 되어 있다(동해신묘에 대해서는 장정룡, 「동해신묘의 문화사적 고찰」, 『강원도민속연구』, 국학자료원, 2002 참조). 이것은 신라시대 경주를 중심으로 정북향에 해당하는 삼척에 北海神의 제장이 있었던 것과는 달리, 고려시대는 북쪽으로 영토의 확장과 변화에 따라 개경에서 정동향인 양양에 東海神祠가 설치되었음을 보여준다. 이는 梁誠之의 상소에서 嶽鎮海瀆名山大川의 제사는 모두 삼국과 고려의 옛것을 모방했는데 … 東南西海神祠는 모두 開城府를 기준으로 정한 것이라 방위가 틀린다고 하면서, 동해신을 강릉, 서해신을 인천, 남해신을 순천,

나. 사해의 국토지리적 의미

지금까지 살펴본 바에 의하면 신라 사해의 제장에서 동 아등변은 지금의 포항 흥해, 남 형변은 부산 동래, 서 미릉변은 군산시 임피면, 북 비례산은 삼척이다. 보다 정확한 위치를 찾으려면 고고학적 발굴조사가 이루어져야 하겠지만, 오늘날 지리학적 위치에서 보면 이들은 모두가 한반도 북부와 중부를 구분하는 선보다 남쪽에 있다.

이러한 사실은 신라의 다른 국가 제장들과 비교해 볼 필요가 있다. 우선 대사인 삼산은 습비부(習比部)의 내력산(奈歷山), 절야화군(切也火 郡)의 골화산(骨火山), 대성군(大城郡)의 혈례산(穴禮山)으로 오늘날 그 위치는 정확하게 알 수 없지만, 추측컨대 모두 경주를 둘러싼 지역에 있었다. 그리고 중사 중 오악은 통일전에는 경주평야를 중심으로 한 지역에 있었고,[14] 통일후에는 토함산(동악), 지리산(남악), 계룡산(서악), 태백산(북악), 부악(중악)이다. 또 사진(四鎭)은 동 온말근(울산 온양), 남 해치야리(경남 밀양), 서 가야갑악(충남 덕산), 북 웅곡악(안변)이고, 또 사독(四瀆)은 동 토지하(포항 흥해 곡강), 남 황산하(경남 양산), 서 웅 천하(충남 공주), 북 한산하(한강)이다. 이에서 볼 때 사해는 국가제장 중 신라 영토에서 가장 외곽에 설치되었으며, 그 의미는 사해라는 말 그대로 신라의 통치력이 미치는 범위의 국토 전체를 포함하는 신라의 독자적인 천하를 상징하는 것이다.

신라의 국가제사는 대사인 삼산 3개 처, 중사 중 오악 5개 처와 사

북해신을 갑산으로 옮겨 제사하기를 청한 것(『세조실록』 권3 세조 2년 3월 정유)에서도 알 수 있다.
14) 이기백, 「신라 오악의 성립과 그 의의」, 『진단학보』 33, 1972 ; 『신라정치사화사연구』, 일조각, 1974, 206쪽.

진·사해·사독 각 4 개씩 12개 처, 그리고 소사 24개 처 등으로 편제되었다. 이것은 신라가 『주역(周易)』은 물론 음양오행설(陰陽五行說)에 입각해 전국토를 편제하였던 것과15) 궤를 같이 했음을 보여주는 것이다.

신라는 백제와 고구려를 멸망시켜 일통삼한(一統三韓)을 이룬 직후, 늦어도 옛 고구려 지역의 영유권을 완전히 확보하기 이전에, 전국에『삼국사기』제사조의 대사·중사·소사를 편제한 듯하다. 그리고 이후에 중사 중 표제가 없는 속리악(俗離岳) 이하 6개 처가 필요에 따라 추가된 것이다.

결국 신라 사해의 제장을 보면 동·남·서는 모두 바닷가에 위치했지만, 유독 북해만 산 위에 있었다. 또 사해는 왕경인 경주를 중심축으로 하여, 대사 및 중사에서 삼국통일 이전의 오악을 비롯하여 사진·사독 등 다른 국가제장과 더불어 신라 국토 전체를 방사선형의 거미줄처럼 편제한 구조에서, 육지에서 바다로 진출하는 교통상 중요한 네 곳의 거점이었던 것이다. 그리고 사해는 비록 동해 아등변만 경주에서 정동향이 아닐 뿐이지, 남해 형변은 정남향, 미릉변은 정서향, 비례산은 정북향이라 해도 좋을 정도이다.

그러므로『삼국사기』에 기록되어 있는 사해는 통일 이후 신문왕대에 완성된 9주5소경(九州五小京)으로 편제된 신라국토 전체를 대상으로 한 것이 아니라, 삼국통일을 완수하기 이전의 왕경 경주를 중심으로 한 사방의식에서 편제된 것임을 알 수 있다.

---

15) 김태식,「신라의 국토 편성, 그 설계도로서의 음양오행설과 천문지리관」,『신라사학보』 2, 2004.

3. 사해의 성립배경과 시기

가. 신라의 발전과 사해

신라의 사해는 이미 삼국기에 성립된 듯하다. 그리고 국가의 발전과 함께 영토를 확장해 나가는 과정에서 지방을 지배 통치하기 위한 수단의 한가지로 교통로를 확보함과 더불어, 제장의 위치 또한 외부로 확대되면서 이전되어 설치된 것이라 하겠다. 왜냐하면 삼국기 백제 영토였던 서해의 미릉변까지 여기에 포함되었기 때문에 특히 그러하다.

앞 장에서 살펴보았듯이, 신라 사해의 위치는 오늘날 지리학적 구분에서 한반도의 북부와 중부를 나누는 경계선 이남에 있었다. 다시 말하자면, 『삼국사기』 제사지의 '명산대천' 제사에 기록되어 있는 제장 중에는 735년(성덕왕 34) 정식으로 당으로부터 영유를 인정받고, 748년(경덕왕 7)과 762년(경덕왕 21)에 군현을 설치한 대동강 이남에서 북한강 이북 사이에 소재하는 지명은 없다. 이로 볼 때 명산대천 제사가 대·중·소사에 편제된 것은 아무리 늦어도 735년 이전일 것으로 생각된다.16)

---

16) 구체적으로 신라 9주가 완비된 685년(신문왕 5) 이후부터 735년(성덕왕 34) 이전으로 보는 입장이 대체적이나(井上秀雄, 앞의 논문, 84쪽 ; 노중국, 「통일기 신라의 백제고지지배」, 『한국고대사연구』1, 1988, 137쪽 ; 최광식, 앞의 책, 309쪽), 좀 더 생각해 볼 문제이다. 한편 신라 지증왕대에 중국의 제사제도를 받아들여 기존의 諸神들에 等級을 부여하는 제도화 작업이 있었고(一次祀典), 또 신문왕대에 일련의 사전 개편이 있었으며(二次祀典), 그리고 하대의 첫 왕인 선덕왕이 중국 당의 책봉을 받기위해 신라 사전을 제후의 예로 통일하여 이 문제를 해결하고자 사직단을 설립하고 사전을 수정한(三次祀典) 것으로 파악하고, 아울러 『삼국사기』 제사지 신라조의 내용은 최후의 사전을 하나하나 언급한 것이라는 견해도 있다(신종원, 앞의 논문, 1984, 39 ~45쪽).

신라 사전의 성립은 보다 이른 시기에 중국의 제사제도를 받아들여 명산대천과 진·해·독을 중심으로 통일 이전의 대사·중사·소사가 정비되었다. 그러나 삼국통일 이후에 신라의 사전은 약간의 변화가 요구되었다. 무엇보다도 영토의 확장에 따라 남해와 서해 바다를 직접적으로 관장하게 되면서 중사·소사를 재편할 필요가 생겼기 때문이다. 그리고 제례의식에서도 당시 국제관계에서 조공 대상인 중국 당을 의식한 5묘(廟)를 새로 제정하여 종묘(宗廟)는 제후(諸侯)의 제도를 취하였다.

그러나 당을 의식한 사전(祀典) 개편에서 일률적 사대의 예를 취하지 않고, 신궁(神宮)을 세워 천지신(天地神)에 제사하고, 또 외형은 제후국의 5묘이나 별묘를 두어 실제는 7묘를 갖추는 등 신라의 독자성을 유지하였다. 다시 말해 신라국왕이 내적으로는 황제적 위상을 갖고 독자국 체제를 발현한 그 하나의 양태로서 전국을 9개 주(州)로 나누었다. 그리고 오악을 설정하고, 또 사진·사독과 사해까지 갖추었다. 신라국왕의 천자적 의식은 이미 중고기의 진흥왕부터 보인다. 그리고 이러한 의식은 통일전쟁기를 거치면서 나당전쟁에서 승리한 자신감에서 당당히 황제적 묘호(廟號)인 태종(太宗)를 칭하고 드디어는 전국의 영토에 대해 황제적 체제를 도입한 것이다.[17]

신라의 국가적 성장과 발전은 곧 영토의 확장과 그 흐름을 같이 하였다.[18] 일찍이 경주분지의 사로국(斯盧國)에서 일어나 일통삼한(一統三韓)을 이룬 신라의 발전은 곧 영토 확장의 역사였다. 그러면서 영토의 확장은 지배권의 확보를 위한 통치체제가 설치되었고, 또 이와 더불어

17) 김창겸, 「신라국왕의 황제적 지위」, 『신라사학보』 2, 2004.
18) 신형식, 「신라군주고」, 『백산학보』 19, 1975.

그 지역에 중앙의 통치권이 전달되기 위한 수단의 하나인 교통로가[19] 확립되었다.

이 과정에서 신라는 확장된 지역에 대해 영토의식을 강조하기 위하여, 그 제장을 외부로 확대하면서 이전하였다. 필자는 이러한 관점에서 지금부터 신라 사해의 성립배경과 그 과정에 대해 살펴보고자 한다.

1) 신라의 동방 진출과 아등변

동해의 아등변은 지금의 포항 오천읍이다. 그러므로 아등변이 사해의 동쪽 제장으로 설치된 것은 신라의 동해안 진출 및 그 지역에 대한 국가적 중요성과 깊은 관계가 있는 것이다.

B.C. 50년(박혁거세 8)과 A.D. 14년(남해왕 11)에 각각 있었던 왜구의 침입을[20] 비롯해 신라 초기부터 왜가 크고 작은 규모와 병력으로 신라의 변경을 침입하거나 혹은 왕경을 위협하였다. 신라는 경주의 지역적 위치가 동해 바닷가에서 가깝기 때문에 왜구의 침입에 대한 적절한 대응과 더불어, 동해안 제해권의 확보를 위해 노력하였다. 그러나 신라 초기에는 왜구의 계속된 침구, 그리고 북쪽에 동예(東濊)와 고구려가 버티고 있어서 동해의 제해권 확보에는 어려움이 많았다. 결국 동해는 신라초부터 왜구의 침범과 그 방어에 고심해야만 할 중요한 지역이었다.[21]

---

19) 고대국가 성장의 한 요소로서 교통로와 그 확대가 지니는 의미는 중요하다(이도학, 「고대국가의 성장과 교통로」, 『국사관논총』 74, 1997 ; 서영일, 『신라 육상교통로 연구』, 학연문화사, 1999).

20) 『삼국사기』 권1, 시조박혁거세거서간 8년과 남해차차웅 11년.

21) 자비왕대 초 왜가 月城을 포위하고 活開城의 백성 1천여 명을 붙잡아갔고, 歃良城에 침입하는 등 극성을 부리자, 467년(자비왕 10) 戰艦을 수리케 하였고, 505년(지증왕 6)에는 선박이용의 제도를 정하였다.

신라에서 일본으로 진출할 수 있는 항로는 동해 남부를 출발 → 혼슈(本州) 중부이남 항로를 택하는 길이 있다. 이는 동해와 연변한 혼슈 남단의 이즈모(出雲)와 중부의 쓰루가(敦賀) 등의 지역으로 진출하는 길인데, 이 지역은 동해를 사이에 두고 울산이나 포항지방과 위도상(북위 35.5도) 비슷한 위치에 있다.[22] 이처럼 영일지역과 왜국은 근거리에 있었다.

영일지역은 해양조건상 신라와 관계가 깊다. 『삼국유사』 권1, 기이1 에는 157년(아달라왕 4)에 연오랑세오녀가 왜지역으로 건너가 소국의 왕이 되는 설화를 수록하고 있는데, 그 무대는 포항시 동해면에 있는 도기야에서 그 흔적을 찾을 수 있다. 연오랑이 출발한 지역이 영일(迎日) 오천(烏川)이다. 또 『일본서기(日本書紀)』에 나오는 천일창(天日槍) 설화나 『고사기(古事記)』의 천일모(天日矛)설화는 신라계 세력의 이즈모 지역에 진출한 내용을 담고 있는데, 그 내용이나 항해의 조건이 연오랑 세오녀설화와 유사성이 깊다.

특히 연오랑설화에서 일월의 정기가 일본으로 감으로써 신라에서는 그 빛을 잃게 되었음은 아달라왕대로써 박씨 왕실이 끝나고, 그 뒤를 이어 석씨 왕실이 들어서는 것과 연관시켜 이해되기도 한다.[23] 즉 설화에서 연오랑세오녀는 해양문화의 기반을 갖고 있었던 석탈해집단과 관련된 해상세력인데, 일성왕과 아달라왕대의 박씨족 중심의 폐쇄적 왕실집단의 등장으로 인해 위축된 이들 세력의 일부가 일본으로 건너갔음을 반영하는 것이라 하겠다. 이 때문에 신라는 위기에 처하였고, 그것이 아달라왕에게 타격을 가했을 것이며, 이 문제를 해결하기 위해 그

---

22) 윤명철, 『장보고시대의 해양활동과 동아지중해』, 학연문화사, 2002, 213~216쪽.
23) 김두진, 『한국고대의 건국신화와 제의』, 일조각, 1999, 302~303쪽.

들에게 대한 국가적 위무가 따랐고, 그 결과 해상세력의 일부가 귀환하였음을 일월이 다시 빛을 찾은 것으로 표현되었다고 볼 수 있다. 그리하여 아달라왕이 죽고 왕위를 이을 아들이 없자 탈해의 손자인 벌휴가 왕위에 오를 수가 있었을 것이다. 이처럼 석탈해집단의 해양문화가 기존 신라의 농경문화적 기반에 접합하면서 신라는 이후 동해안 제해권의 확보에 심혈을 기울이게 되었다고 보겠다.24)

『삼국유사』 권1, 탈해왕조에는 탈해가 신라로 들어오는 과정이 설명되어 있다. 석탈해는 바다에서 고기잡이하는 어머니(海尺之母)에게 발견되고, 적룡(赤龍)의 호위를 받았다는 것, 실제로 『삼국사기』에서 '탈해가 처음에는 고기잡이하는 것을 생업으로 삼아 그 어머니를 공양한' 것을 통해 볼 때, 탈해의 세력은 용신신앙(龍神信仰)을 가진 어로집단으로 보인다. 이처럼 용신신앙을 믿으면서 어로를 주업으로 하던, 석탈해집단의 이주 경로는 당연히 해로였을 것으로 추측된다.25)

신라는 102년(파사이사금 23)에 음즙벌국(音汁伐國)과 실직국(悉直國)을 복속시킴으로써, 경주에서 형산강지구대를 통하여 북으로는 울진·삼척일대까지 진출하였다. 즉 신라 왕경인 경주를 중심으로 하는 교통로 중 북쪽은 안강과 포항을 거쳐서 동해안을 따라 북상하였다. 이처럼 신라가 성장하는 과정에서 포항의 영일과 흥해 지역이 갖는 중요성은 대단한 것이었다.26) 그러한 까닭에 영일만 지역에 대한 국가적 차원의 제사가 있었고, 이것이 뒤에 사전이 정비되면서 사해의 하나로 편제된

---

24) 김호동, 「삼국시대 신라의 동해안 제해권 확보의 의미」, 『대구사학』 65, 2001, 70쪽.
25) 김호동, 앞의 논문, 60쪽.
26) 포항냉수리신라비의 내용도 왕경과 연계된 포항지역 동해의 경제적·군사적 중요성과 깊은 관계가 있는 것으로 추측된다.

것이다.

그러나 아등변은 왕경 경주로부터 정동향으로서는 거리상 차이가 있다. 더구나 668년 고구려가 멸망한 뒤에는 동해 북방으로부터 직접적인 위협을 가하는 세력은 존재치 않았다. 이에 비해 왕경의 동쪽인 한반도 동남지역에는 왜구(일본)의 침입에 대한 위협을 보다 크게 느껴지게 되었다. 직전에 백제부흥군을 정벌하는 과정에서 그들을 지원하였던 대규모의 일본군을 백강전투(일명 백강구전투)에서 경험한 신라로서는 왜의 침입 내지는 백제유민과 연합한 일본의 공격에 대한 위기감과 공포심은 대단하였다.

이러한 인식은 문무왕이 죽은 뒤 동해룡이 되어 왜구의 침입을 막아주고 있다는 믿음을 후대에 낳게 되었다. 아울러 문무왕에 대한 제장을 만들면서, 즉 동해룡이 존재하는 곳을 왕경으로부터 정동향인 감포의 앞바다로 상정하면서, 해중릉(海中陵) 설정과 감은사(感恩寺) 건립으로까지 발전하게 된 것이다. 그리하여 신문왕대 이후에는 동해룡에 대한 제장도 감포 감은사로 변경된 것이라 하겠다.

결국 신라 초기에는 처음에는 연오랑세오녀설화와 관련된 영일의 도기야에서 제사를 지냈는데, 나중에 사해로 편제되고 아등변이 되었다. 그러나 이것은 제도상 그런 것이고, 뒷날에는 문무대왕의 호국룡설화와 깊은 관련이 있는 감포 감은사가 그 역할을 한 것으로 추측된다.

2) 신라의 동남방 진출과 형변

남쪽 형변의 성립에 대하여 살펴보자. 형변은 거칠산군에 있었다. 거칠산군은 지금의 부산 동래지역이다.

동래는 본래 장산국(萇山國) 또는 내산국(萊山國)·거칠산국(居柒山國)

이었는데, 신라가 탈해이사금대에 거칠산국이 우시산국(于尸山國, 울산)과 함께 신라의 변경을 소란스럽게 하였기 때문에 거도(居道)가 말달리기 기술[馬技]을 빙자하여 멸망시켰다.27) 이때 거칠산국은 거칠산군으로 고쳐져 신라에 편입된 듯하다. 『삼국사기』 지리지에 의하면 동래는 원래 거칠산군이었는데 경덕왕이 동래군으로 개명하였다고 하며, 또 『신증동국여지승람』에는 동래현은 장산국 혹은 내산국을 병합하여 거칠산군으로 삼았다가 경덕왕대에 개명된 것이라고 하였다. 거칠산국과 내산국·장산국·동래현은 언어상 '거칠다[荒]'를 매개로 하여 연결되는 명칭이라 하겠다.28)

신라가 탈해왕대에 우시산국(울산)과 거칠산국(동래)를 병합함으로써 신라는 왕경인 경주에서 형산강지구대를 통하여 남으로는 양산·동래 지역까지 세력을 확대하였다. 이것은 신라의 교통로상으로 볼 때, 경주를 중심으로 남쪽은 울산 → 동래를 거쳐서 낙동강 하구에 이르는 길이다. 그러므로 동래는 육지를 떠나 바다로 나가는 출발지로서 대단히 중요한 곳이었다. 더욱이 오늘날 부산광역시 동래 복천동 고분군의 유적과 기장군 대라리의 삼국시대 제사유적으로 보아, 이 지역에는 대략 5세기경까지 독립세력이 온존해 있었을 것으로 추정된다.

---

27) 『삼국사기』 권44, 거도전.
28) 한편 동래는 조선시대에는 왜국과의 관계로 군사적으로 중시되었던 곳이다. 이곳이 왜인의 상륙 지점이라는 지리적 중요성으로 인해 1547년(명종 2) 도호부로 승격되었다. 이곳에는 경상도의 左水營이 있어 釜山浦·多大浦·西生浦·開雲浦·豆毛浦·西平浦·乞伊浦 등의 屬鎭을 직접 관할하였으며, 65척의 각종 戰艦이 있었다. 육군은 효종대에 東萊鎭·獨鎭을 설치하여 都護府使가 겸임하면서 梁山·機張을 관할하였다. 당시에는 부산포 부근에 倭館이 설치되었으며, 釜山倉을 설치하여 동래·울산·기장의 稅穀을 거두어 왜국과 거래하는 데 사용하도록 하였다.

언양의 태화천 지류인 대곡천에 있는 울주 대곡리 반구대 암각화에는 각종 동물과 많은 사람이 탄 선박이 있는 것에서 볼 때 청동기시대 이전에, 즉 이른 시기에 선박을 활용한 것을 확인할 수 있다. 한반도로부터 일본열도에 이르는 항로는 우리나라 남해안에서 마츠시마(松島)·이끼(壹岐) 두 섬을 거쳐서 북규슈(北九州)의 마치우라(松浦)반도에 이르는 항로가 있다. 이 항로는 일찍이 한반도의 이주민들에 의해 개척되었다. 그리고 눌지왕대 박제상(朴堤上)이 왜국에 건너가 미사흔(未斯欣)을 구출할 때 이 항로를 이용하였다.[29] 증거로 박제상이 일본으로 출발한 울산 강동면 구류리의 율포 바다, 율포 앞바다가 보이는 치술령, 울주군 두동면 만화리의 박제상유적 등이 있다.

결국 신라시대 동래지역은 경주에서 일본으로 가는 교통로상에서 육지와 바다의 연결지점으로서 가진 중요성은 대단하였다. 그리하여 신라는 이 지역을 국가에서 직접 제사를 관장하는 중사의 하나로 편제하여 남해 형변을 두었던 것이다.

3) 신라의 서방진출과 미릉변

사해의 서쪽인 미릉변은 시산군에 있었다. 시산군은 고려시대에는 임피현인데, 근래까지 옥구군 임피면이었으나, 1995년 행정구역 통합으로 현재는 전라북도 군산시에 속하는 지역이다. 이곳에 사해의 제장이 설치된 것은 이 지역이 신라의 영토로 편입된 이후의 일이다.

군산지역은 삼한시대에 마한의 땅이었으며, 백제가 마한을 병합하면서 백제 영역에 속해져 시산군(屍山郡 또는 陂山·所島·失鳥出郡)이라 하

---

29)『삼국사기』권45, 박제상전 ;『일본서기』권9, 신공왕후 5년 참조.

였다. 이 지역은 백제의 멸망과 부흥운동이 완전히 진압된 이후에 실질적으로 신라의 영토로 편입되었다. 그러다가 757년(경덕왕 16)에 임피군으로 고치고 옥구·회미·함열을 관할하게 하였다. 다시 말해, 백제를 병합한 신라는 일찍이 백제시대 5방제에서 서방의 소재지로서 해양교통상 대단히 중요한 지역이었던[30] 이곳을 차지하고, 신라 또한 그 중요성을 인정하여 이곳을 사해 중의 하나인 서해로 편제한 듯하다.

한편 이 지역은 고려시대에는 1015년(현종 6) 임피현이 되었는데, 북쪽 금강변의 서포(西浦)에는 고려시대에 12조창(漕倉)의 하나인 진성창(鎭城倉)이 있었고, 상류에 있었던 나리포창(羅里浦倉)은 뒤에 나주로 이전하였으나 나포라는 지명은 지금도 남아 있다. 남쪽 신창(新倉) 나루는 고려시대부터 만경강 남쪽의 조세를 조창으로 운반하던 교통의 요지로 다리가 가설되기도 하였다.[31]

그러면 삼국시대 신라의 사해에서 서해는 어디였을까? 서해라 한만큼 방위상 경주의 서방에 있는 바다라야 한다. 그러나 삼국시대 신라의 서쪽 변경에는 백제가 있어 실제 바다는 존재하지 않았다. 이러한 까닭에 삼국시대 신라는 상징적인 서쪽 바다를 설정했을 것이다. 그러나 아무리 상징적이라 해도 바다를 의미한다면 물이 있어야 했을 것이고, 부득이 교통상 중요성을 지닌 강 또는 하천이 구실을 대신했을 것이다.[32]

---

30) 어쩌면 백제시대 대중국통로 내지는 국가제사와 관련 가능성도 생각해 볼 여지가 있다.
31) 『전라도읍지』를 보면, 임피현에서는 매년 초봄 전세는 2월내에, 대동미는 3월내에 세곡을 수납하여 경강선으로 운반하였는데, 서시포 → 옥구 호식도 → 호서 원산진 → 안흥진 → 강화 → 해주 → 용산을 거쳐 전세는 廣興倉에, 대동미는 선혜청에 직납하였다.
32) 그렇다면 낙동강이나 그 지류인 황산하의 연안지역 어딘가가 그러했으리라 추

결국 삼국시대에는 상징적 의미의 서해 제장은 사실상 내륙의 어느 지역에 있었으나, 신라 영토가 확장되면서, 특히 백제 멸망과 함께 실제 서해를 갖게 되자, 백제의 해양신성지로서 역할을 하였던 미릉변으로 이전하여 편제한 것이다.33)

4) 신라의 동북방 진출과 비례산

사해 중 북해의 제장인 비례산은 실직군에 있다. 실직군은 지금의 강원도 삼척이다. 삼척지방은 삼한시대에 실직국(悉直國) 또는 실직곡국(悉直谷國)이었는데,34) 102년(파사이사금 23)에 신라에 합병되었다. 이후 고구려 장수왕의 남하정책으로 468년(장수왕 56) 일시 고구려의 영토가 되었다.

신라의 북방 진출은 두개의 방향으로 진행되었다. 그 하나는 내륙지방의 진출이고, 또 다른 하나는 동해안을 따라 북상한 것이다.

2세기 초부터 5세기 초까지의 시기에는 신라가 먼저 동해안으로 깊숙이 진출하여 삼척지역까지 이르게 되고, 동예(東濊) 세력에 타격을 주었다. 이와 관련하여 주목되는 것은 『삼국사기』 권45, 석우로(昔于

측된다. 만약 반드시 서해 바다라야 한다면 신라로서는 가장 먼저 점령한 경기만 일대의 어느 지역으로 볼 수도 있다.

33) 四瀆 또한 西 熊川河(공주)라고 하였으나, 이것 역시 백제 병합 뒤에 설치된 것이고, 삼국시대에는 신라 영토에 속하였던 내륙의 강가에 있었을 것이다.

34) 실직국의 위치는 대체로 강원도 삼척지방으로 비정하지만, 경주시 北川面(최병운, 「서기 2세기경 신라의 영역확대」, 『전북사학』 6, 1992, 26쪽), 興海(방룡안, 「실직국에 대한 고찰」, 『강원사학』 3, 1987, 53~56쪽), 경주부근에서 삼척에 이르는 공간(김영하, 「삼국 및 남북국시대의 동해안지방」, 『한국고대사회와 울진지방』, 울진군·한국고대사학회, 1999, 74~75쪽) 등 설이 있다. 실직의 위치에 대한 연구는 김덕원, 「신라의 동해안 진출과 울진봉평비」, 『금석문을 통한 신라사 연구』, 한국학중앙연구원, 2005, 32쪽 주2 참조.

老)전의 내용이다. 그 내용은 신라와 왜의 갈등 사이에서 희생된 우로를 영웅설화적으로 표현한35) 것이지만, 우로가 왜왕을 염노(鹽奴)로, 그 왕비를 취사부(炊事婦)로 삼겠다는 말이 있다. 이에서 신라인들이 동해의 해상권 확보와 어염 등의 경제력 확보에 대한 관심은 지대하였음을 짐작할 수 있다.

고구려에 예속되어 어염을 받쳤던 동예가 신라에 의해 위협을 받자 고구려는 어염 등 해산물의 확보 문제를 넘어 동해에서 제해권의 안정적 확보의 필요성을 느끼게 되었다. 장수왕과 문자명왕의 통치기가 되면서 고구려의 동해안 진출이 본격화되고, 울진·영해·영덕·청하 지역까지 그 세력을 확장하고 있었다. 즉 동해안 지역은 5세기 초에서 말까지 고구려의 영향력 아래에 있었을 것이다.

이러한 상황은 6세기대에 이르러 신라가 급성장하면서 다시 커다란 변화를 겪게 된다. 6세기 초에 즉위한 지증왕은 국호와 왕호를 확정하고 통치체제를 강화하면서, 한편으로는 북방 진출의 거점을 확보하려고 노력하였다. 그리하여 처음에 주목한 곳이 실직(悉直)지역이었다. 504년(지증왕 5) 12개 성(城)을 쌓아 동해안 지역을 확보하고, 505년 삼척에 실직주를 설치하고 이사부(異斯夫)를 군주로 삼아 파견하였다. 그리하여 지증왕대부터 삼척 지역은 신라 북방 진출의 거점이36) 되었다. 그러나 511년(지증왕 12) 하슬라주가 설치되고 이사부는 실직군주에서 하슬라군주로 옮김으로써, 실직주가 설치된 지 6년 만에 북방 진출의 거점이 하슬라주로 옮겨졌으며, 이후 이곳을 거점으로 북방 진출이 추

---

35) 석우로설화에 대한 분석은 이기동, 「우로전설의 세계」, 『한국고대의 국가와 사회』, 일조각, 1985 참조.
36) 김영하, 앞의 논문, 96쪽.

진되었다.

524년(법흥왕 11) 울진봉평리신라비가 건립되었다. 556년(진흥왕 17) 7월 안변에 비열홀주를 설치하고 사찬(沙湌) 성종(成宗)으로 군주를 삼았고, 568년(진흥왕 29) 비열홀주를 폐지하는 대신 고성(高城)에 달홀주(達忽州)를 두었다. 또한 함남 함흥의 황초령신라진흥왕순수비와 이원의 마운령신라진흥왕순수비에서 확인할 수 있듯이, 이 시기에 신라는 안변을 거쳐 함경남도 함흥과 이원에까지 진출하였다.[37] 이에서 울진 → 삼척 → 강릉 → 고성 → 안변으로 이어지는 신라의 북방 진출을 살필 수 있으며, 이 방면의 진출은 육로와 해로가 함께 이용되었을 것이다. 특히 원산만을 넘어 함경도 지역으로 진출은 해로를 이용한 것이라 보겠다. 이후 이 지역에는 639년(선덕여왕 8) 강릉에 북소경(北小京)을, 658년(무열왕 5) 하서주(河西州)와 삼척에 북진(北鎮)을 두었으며, 668년(문무왕 8) 다시 비열홀주를 두었다.

결국 신라의 동북방 진출은 실직과 하슬라를 거점으로 추진되었다. 6세기 전반 신라의 북방 진출은 이곳에 주를 설치함으로써 동해안 지역의 정치·군사·문화적 거점이었던 데서 비롯된 것이었다. 신라는 이를 기반으로 북방 진출을 도모함으로써 진흥왕대에 함흥평야 일대를 확보하는 성과를 이룰 수 있었다. 그리고 7세기 중반에 이르러 하슬라에 북소경이 설치된 것도 해양과 북방 진출 및 방어라는 목적에서 갖는 지정학적 위상에 바탕을 두고 있다.

신라 초기에는 바다 건너 왜구의 계속된 침구, 그리고 북쪽에 동예

---

37) 이렇게 볼 때 실직과 하슬라가 6세기 전반 신라의 북방 진출의 거점이 되었을 것이고, 실직과 하슬라의 이러한 역할은 동해안일대에서 그 지리적 조건을 포함하는 정치·군사·문화적으로 중심적 위상을 확보하였다.

및 고구려가 버티고 있었기 때문에 동해의 제해권 확보는 쉽지가 않았다. 더구나 동해에서 고구려의 기본적인 대왜항로는 동쪽 해안에서 출발하여 일본열도로 가는 동해 중부 사단항로이다. 또 동해안의 난류와 한류가 만나는 지점으로서 어항의 조건이 좋을 뿐 아니라 항해에도 물길을 탈 수가 있어 항구로서 매우 유용하다. 원산 등 동해안 북부 항구에서 출발했을 경우 육지를 따라 연안 항해를 해서 고구려 영토내의 최남단까지 내려온 다음에, 삼척 혹은 그 아래 지역에서 먼 바다로 나가 사단으로 일본열도 혼슈 중부 이북지방으로 항해했을 것이다.38)

동해에서 대왜교섭의 항로는 동해 남부를 출발 → 혼슈 중부 이남의 항로와 동해 중부 이북 출발 → 혼슈 중부 이북의 항로가 있다. 후자의 항로는 우산국을 거쳐야 하기에, 이 항로를 둘러싸고 고구려·신라·우산국과 왜의 쟁패가 치열했을 것이다. 신라는 동해 남부를 출발 → 혼슈 중부 이남의 항로뿐만 아니라 울진·삼척까지 영토를 확보하고, 나아가 우산국까지 정복함으로써 고구려의 대외항로였던 동해 중부 이북 출발 → 혼슈 중부 이북 항로를 차단하여 동해안 지역의 경제력의 확보, 제해권의 확보를 통해39) 고구려에 대한 서해안과 동해안의 양동작전을 가능하게 하였다.

---

38) 윤명철, 「해양조건을 통해서 본 고대 한일관계사의 이해」, 『일본학』14, 동국대학교, 1995, 99~103쪽.

39) 신라가 동해안 지역의 경략을 중요시하였던 것은 포항냉수리신라비, 울진봉평리신라비, 황초령신라진흥왕순수비, 마운령신라진흥왕순수비 등의 유물은 물론 신라통일기를 전후한 시기의 활동한 자장·의상·원효 등 고승의 행적과 관련한 유적과 설화가 아래로는 울산에서 위로는 강원도 강릉·영양 지역에 이르기까지 널리 퍼져있는 것에서도 짐작할 수 있다. 이처럼 신라의 동북방으로 영토 확장과 삼국통일과정에서 동해안 지역이 차지하는 위상 또한 높았던 것이다(김호동, 앞의 논문, 57쪽).

이러한 과정에서 실직지역은 신라의 북쪽 바다, 즉 동해의 중부 이북 지역을 경영하는데 가장 중요한 거점의 하나이면서 바다로 나가는 출발지가 되었다. 이런 까닭으로 실직의 비례산은 신라 사해 중 북해의 제장으로 편제된 것이라 하겠다.

결국 신라 사해의 성립은 국가 성장과 발전과정에서 영역확장과 영토의식의 확립에 따른 사방 교통로의 설치와 불가분의 관계가 있다.

나. 사해 설치와 그 시기

신라의 제사제도는 당의 제사제도를 수용하였기 때문에 당의 제사체계를 염두에 두면서 정비한 것이다. 신라는 당의 대사·중사·소사 개념을 받아들여 제사체계를 세웠다. 그러나 당에서는 모든 제사를 대사·중사·소사의 체계에 편성시켰지만 신라는 명산대천의 제사만을 대사·중사·소사의 체계에 편성시켰다. 그리하여 신라의 제사제도가 당의 제사제도의 규제를 받아 일종의 제후(諸侯)의 제사제도로 바뀌게 되었다. 그 결과 신라는 당과 마찬가지로 천지에 대한 제사를 당의 제사체계인 대사에 편성할 수는 없었다. 이에 신라는 시조묘(始祖廟), 신궁(神宮), 5묘(五廟), 사직(社稷)을 우위에 두고 중요시하면서도 대사 속에 편성하지 않았다.[40]

즉 신라 사전은 당과 달리 대사에 천지제(天地祭)를 포함하지 않았다. 그 이유는 중국 사전의 수용 이전에 이미 시조묘와 신궁은 성립되어 있었기에, 그 중요성을 고려하여 폐지할 수가 없었다. 이러한 이유로

---

40) 반면에 신종원은 '신궁은 大·中·小祀 어디에도 속해 있지 않음을 볼 때, 神宮祭를 별도로 至高의 제사로 위치시켰'을 것이라 하였다(앞의 논문, 40쪽).

신라는 당의 체제에 맞추면서, 어쩔 수없이 신궁과 시조묘 제사를 우위에 둔 변형된, 재래의 산천제를 위주로 한 대사·중사·소사를 구성하였다. 이것은 중국의 제례를 받아들여 외형은 제후례(諸侯禮)를 행하면서도, 신라의 전통 위에 나름대로는 독자적인 천자국의 체제를 갖춘, 즉 『삼국사기』 제사지에 기록되어 있는 내용의 사전(祀典)를 갖추었다.

그러면 『삼국사기』 제사지에 수록된 내용을 가진 신라의 사전체제가 성립된 시기는 언제일까? 연구자간에 대체로 신라통일 이후로 보는 것에는 의견을 같이한다. 그러나 세부적으로는 신라 9주가 완비된 685년(신문왕 5) 이후부터 735년(성덕왕 34) 이전으로 보는 입장(井上秀雄·노중국·최광식)과 선덕왕대 사직단이 정비되기까지 전체적인 정비가 일단락된 것으로 보는 입장(신종원·김두진)이 있다.

그러나 이들 주장에는 의문이 든다. 다음과 같은 이유에서 그러하다.

사해 중 하나인 미릉변은 백제의 옛 지역에 설치되었다. 그러므로 이것은 백제가 신라에 병합된 뒤, 또는 백제부흥운동이 완전히 진압되어 671년 소부리주(所夫里州)가 설치된 뒤, 어쩌면 673년(문무왕 13) 백제인에게 신라의 관등수여 기준이 마련된 뒤에야 이루어졌을 것이다. 그래야만 신라의 옛 백제지역에 대한 완전한 통치지배가 가능했으므로, 이전에는 신라에 속한 호남지역의 서해 바다는 없었다. 그러므로 동서남북 각 방향에 실재하는 사해라는 것은 성립될 수가 없고, 다만 상징적인 의미로 사방을 뜻하는 사해가 있었다. 그러다가 백제를 병합함으로써 서해를 확보하자 명실상부한 사해가 성립된 것이다.

한편 사해의 위치가 옛 고구려의 영역에는 이르지 못하고 있다. 특히 북한강의 수계조차도 넘지 못하였다. 그러므로 사해 중 북해 비례산(非

禮山)의 설치는 신라가 당으로부터 대동강과 원산만의 영유를 인정받기 이전에 이루어진 것이라 하겠다. 혹자는 이것을 경주를 중심으로 방위상 정북향에 해당하는 지역을 택한 까닭이라고 할 수도 있다. 그러나 그보다는 북해 비례산이 성립된 시기가 비록 고구려가 멸망은 했지만, 그 영역이 신라의 영토라는 개념이 확립되기 이전의 일임을 보여주는 것이다.

신라 사해는 왕경인 경주를 중심으로 거의 정방향에 가깝게 사방에 위치하고 있다. 즉, 왕경을 정점으로 하여 그 방위개념에 의하여 설정되었다. 이것은 통일신라기 공산(公山, 팔공산)을 중심점으로 한 오악의 편제와도 다르고, 더욱이 충주(忠州)를 중원경(中原京)이라 지칭하고 5소경이 편제된 것과도 다르다. 이에서 보건대, 사해는 9주5소경이 설치되어 왕경이 경주이면서도 국토의 중앙을 별도로 설정하였던 것, 즉 5소경이 그 실제의 방위와는 달랐던 것과는 다르게 생각해야할 문제라 하겠다.

결국 신라 사해는 통일 이후 5소경과 변경된 오악에서 보여주는 사방의식과는 달리 왕경인 경주를 중심점으로 하는 국토의식과 방위관에 의하여 설정되었다. 즉, 신라는 영토의 확장과 더불어 국토의 중심점이 경주에서 점차적으로 서북쪽으로 옮겨갔다. 그리고 685년 전국을 9주5소경으로 편제할 무렵에는 신라에서 실제 지리적으로는 물론 상징적인 중심점이 경주로부터 완전히 벗어나게 되었다. 그러므로 사해는 통일 이전 경주 중심의 전통적인 방위개념에 따라 편제된 것이다.[41]

---

41) 중사 모두를 이렇게 보아도 무리가 없을 듯하다. 심지어 중사의 마지막에 標題 없이 들어 있는 6개의 山·城·鎭은 혹은 小祀에 들어갈 것이 잘못 끼인 것이라는 견해도 있다(이기백, 앞의 책, 195쪽 주1).

이 무렵에 신라에서는 이미 사해의식을 가졌던 증거가 있다. 문무왕은 그의 아우 거득공(車得公)에게 사해를 태평하게 하라 하였고,[42] 또 686년(신문왕 6)에 작성된 청주운천동신라사적비에서 덕(德)이 사해에 퍼졌다고 하면서 백제와 고구려를 멸망시켜 일통삼한의 위업을[43] 달성한 신라는 독자적 천하관을 갖고 있었다. 이러한 의식을 바탕으로 신라는 직접적이고 구체적인 사해를 마련한 듯하다.

그러면 그 시기는 언제일까? 추측컨대 신라에서 중사를 편제한 것은 685년 5소경의 완비 이전은 물론, 새로운 오악이 설정되기 이전이면서, 더욱이 신라가 옛 고구려의 영역에 아직 직접적인 영향력의 행사가 어려웠던 시기, 결국 680년 무렵 이후였던 것으로 보고자 한다.

> B. 이름을 脫解로 했다고 한다. 그는 재위 23년만인 建初 4년 己卯 (29)에 죽어서 疏川丘 속에 장사지냈다. … 어떤 사람은 말하기를, 脫解가 죽은 뒤 27世 文虎王 때 調露 2년 庚辰(680) 3월 15일 辛酉 밤 太宗의 꿈에, 몹시 사나운 모습을 한 노인이 나타나 '내가 脫解이다. 내 뼈를 疏川 丘에서 파내다가 塑像을 만들어 吐含山에 안치하도록 하라.'고 하였다. 王은 그 말을 따랐다고 한다. 그런 까닭에 지금(고려)까지 제사를 끊이지 않고 지내니 이를 東岳神이라고 한다(『삼국유사』 권1, 기이 제4대 석탈해).

위 인용문에는 문무왕대인 680년 무렵 탈해의 소상을 만들어 토함산에 안치하여 동악신으로 모시고 제사를 끊이지 않고 지냈다고 한다. 그러나 동악을 비롯한 신라의 오악은 이미 삼국시대부터 있었다. 그

---

42) "王一日召庶弟車得公曰 汝爲冢宰 均理百官 平章四海 公曰 陛下若以小臣爲宰 則臣 願潛行國內 示民間徭役之勞逸 租賦之輕重 官吏之淸濁 然後就職 王聽之." (『삼국 유사』 권2, 기이2 文虎王法敏)

43) "天德長流於四海義心宣揚於萬邦 … 民合三韓而廣地居滄海而振威." (청주운천동 신라사적비)

럼에도 이때에 다시 석탈해를 동악신으로 모신 절차는 무엇을 의미하는가? 아마 이는 삼국시대에는 소백산맥 이남 지역에 편제되어 있던 오악을 신라가 발전하는 과정에서 가야를 비롯하여 백제와 고구려를 병합하여 영토를 확장하고, 더욱이 당세력마저 완전히 축출한 뒤, 자신감에 찬 신라가 국토에 대한 영유권을 확인하고 국가의 안녕을 지켜줄 오악을 확대하여[44] 새로 편제한 사전 정비의 한 단계였던 것이라 하겠다.[45]

이때 오악만을 정비한 것이 아니라 명산대천에 대한 국가제사 전반을 정비한 것으로 보인다. 그리하여 이 무렵에 최종적으로 확립된 사전 체제에서 오악과 함께 중사에 편제된 사해의 제장이 『삼국사기』 제사지에 기록되어 있는 것이다.

그러면 사해는 대동강과 원산만 이남 지역을 확보한 뒤는 아니고, 685년(신문왕 5) 전국의 통치체제를 완비하기 이전에 이미 설정된 것이라 하겠다. 그렇다고 일찍이 진흥왕대에 함경도 지역까지 진출한 것보다 이른 시기는 더욱 아니다. 아마 658년(무열왕 5) 강릉에 북진이 설치된 무렵 이후일 것이다. 하지만 사해의 제장이 전라북도 군산 지역인 시산군에 미릉변이 있는 것으로 보아, 이 지역이 신라에 완전히 편입된 시기 이후이다. 결국 백제 멸망과 부흥운동 종결 이후로부터 적어도 685년 이전 시기에 사해가 최종으로 설정된 것, 추측컨대 680년

---

44) 통일후 오악의 성립을 문무왕 16~20년경으로 보기도 한다(이기백, 앞의 책, 205쪽).
45) 비록 이 설화는 석탈해에 대한 여러 전승들이 중첩되어 있으나, 세주에서는 구체적으로 삼국통일 직후인 문무왕 말년에 동악인 토함산의 주신으로 삼아 국가적으로 제사지낸 것이라고 하였고, 사실상 탈해왕대에 오악의식에 의한 동악이 있었다고 보기는 어렵다.

(문무왕 20) 직후 무렵에 정비된 것이 『삼국사기』 제사조에 실린 내용
의 골격이 되었다. 그리고 중사의 나머지 지역들은 후대에 필요에 따라
차례로 추가되어진 것으로 보겠다. 그리하여 흥덕왕대에 청해진이 마지
막으로 중사로 편입되었던 사실이 『삼국사기』 제사지에 기록된 것이다.

이처럼 신라 사해의 위치는 지리적으로는 국토의 방위상 왕경을 중
심으로 동서남북의 의미를 지닌 신성처였고,46) 국방상 요충지였으며,
교통상으로는 항해의 중요 거점지역이었다. 이렇게 설치된 신라의 사전
체계는 중국에 대해 제후적인 태도를 취했으나, 그 내용을 보면 나름대
로 독자성을 가지고 있다.

4. 사해와 해양신앙

사해에서 지내는 제사는 원거리 항해의 안전과 해상교통로의 안전과
같은 구체적인 것이고, 그 대상은 해신(海神)이었을 것이다. 신라의 사
해인 동해 아등변, 남해 형변, 서해 미릉변, 북해 비례산에서는 각각
동해신, 남해신, 서해신, 북해신에게 제의를 지냈다.

신라는 일찍부터 바다에 대한 관심을 가지고 있었다. 그리하여 선박
과 항해에 관한 업무를 전담하는 관서인 선부(船府)의 설치와 조직을
개편하였고,47) 또 해상요충지에 북진·혈구진·당성진·장구진·청
해진 등을 설치하여 바다를 관장하였다.48) 이처럼 신라가 바다를 중요

---

46) 아울러 신라의 국가적 제사의 대상이 된 山·川·鎭·海 등은 모두 花郎의 呪術
　的·宗敎的 儀式을 위한 소위 遊娛의 對象地였다는 추측이 있어 흥미롭다(이기
　백, 앞의 책, 209쪽).
47) 『삼국사기』 권4 진평왕 5년 정월 및 권38 잡지 7 직관 상 선부 참조

시한 점을 염두에 두면 통일기 해신에 대한 제사는 국가적 관심사항이
었기 때문에 국가제사인 중사의 사해로 편제되었음을 생각할 수 있다.

한편 신라의 사해는 단순한 제장의 의미만 갖는 것이 아니라, 동시에
국방상 중요한 군사적 거점지역이었다. 대사인 삼산은 모두 경주를 둘
러싼 지역에 위치하여 결국 왕경을 방호하는 역할을 하는 것이다. 중사
인 오악과 사진 및 사독 등은 국토의 주위를 둘러가며 국경을 이루고
있는 양상을 보이고 있다. 소사의 위치는 모두 진산으로 그 지역방어의
의미를 갖고 있다. 결국 명산대천에 대한 대사·중사·소사는 신앙적
의미뿐만 아니라 실제적으로 군사적 목적이 중요하였다. 어쩌면 신라는
군사적 목적에 따라 대사·중사·소사를 편성한 것이다.[49]

통일전과 통일후의 오악으로 구분된다. 왕경인 경주를 둘러싼 오악
이 먼저 있었는데, 신라의 영토가 확대되고 통일을 성취한 뒤에는 오악
도 국토의 사지(四至)에 있는 산악들로 변화를 가져왔다. 영토의 확대
에 따라서 오악은 토함산(동악)·지리산(남악)·계룡산(서악)·태백산(북
악)·부악(중악)으로 편제되어 신라 영토의 중앙과 사방을 상징하는 의
미가 있을 뿐만 아니라 국방적 의미를 포함하고 있다.[50] 이에 비해 신
라 사진이 오히려 변방에 위치하여 전략적인 요충지에 자리하고 있다.

한편 사해도 변방지역에 위치하여 외적에 대비하기 위한 의미가 있
다.[51] 외적의 대비는 실질적인 군대를 배치하여 방어체제를 갖추기도

---

48) 특히 당에서 성덕왕, 경덕왕, 선덕왕, 헌덕왕, 홍덕왕 등 신라왕에게 '寧海軍事'
    라는 관작을 내렸는데, 이는 당이 발해왕과의 관계 속에서 신라왕에게 황해 지
    배권을 위탁한 것이라는 해석도 있다(濱田耕策, 「新羅王權の海上勢力」, 『新羅國史
    の研究』, 吉川弘文館, 1998, 454~455쪽).
49) 최광식, 앞의 논문, 1996, 20~21쪽.
50) 이기백, 앞의 책, 205~207쪽.
51) 사독도 전략적으로 적을 방호하기 위해 좋은 곳에 위치하고 있다. 또 표제명이

하지만, 신앙적 측면에서 상징적인 체제를 갖추기도 하였다.52) 전자가 해안요충지에 진을 설치하여 군대를 배치한 것이라면, 후자는 바다를 지키는 해신에게 정성을 다해 제사를 드리는 제의였던 것이다. 오늘날에도 확인되는 해상제사지 유적을 보면, 그곳은 해신에 대한 신성한 제장이면서, 동시에 군사적 요충지의 기능을 함께 하고 있다.

주지하듯이, 우리나라에는 산악(山嶽)이 많아 전통적으로 산악신앙이 중요하면서도 그와 똑같은 신앙이 또 하나 있는데, 그것은 해양(海洋)에 대한 신앙이다. 한반도의 동·남·서가 바다이기 때문에, 이와 관련한 재난이 없는 해가 없어서 기양(祈禳)하는 일이 바다에까지 미쳤다. 그런데 바다에는 그곳을 주관하는 영물(靈物)인 용왕(龍王)이 있어서, 나라의 사경(四境)을 수호하며 수부(水府)의 여러 무리들을 통솔하고 비도 내려주며 바람을 일으키고 파도도 일어나게 하는 대단히 사나운 위력이 있다 하여, 각 사원(寺院)의 신(神)들의 차례에도 반드시 산신과 같은 신으로 들어 있다. 또 연해변(沿海邊)에 사는 사람은 반드시 일 년에 한 차례의 용왕제(龍王祭)를 지냈다.53)

사실상 신라시대에도 산악에는 산신이 호국신으로 있어 국가를 호위한다고 믿었다.54) 그러면서 바다의 경우에는 해신이 있다고 믿었다.

없는 여섯 곳의 제장도 전략적으로 요충지에 해당하며, 마지막의 청해진은 말할 필요도 없을 것이다(최광식, 앞의 논문, 1994, 66쪽).
52) 일본의 沖島祭祀遺蹟은 해상의 안정과 호국신를 제사하는 성격을 지닌 것으로 전략적 요충지에 위치하고 있다(和田萃, 「沖ノ島と大和王權」, 『古代を考える 沖ノ島の古代祭祀』, 吉川弘文館, 1988).
53) 권상로, 「한국고대신앙의 일별」, 『불교학보』 1, 1963, 88~89쪽.
54) 신라시대 산악신앙 역시 국가의 중요한 제장으로 설정되었다. 그 대표적인 것이 三山의 大祀와, 五嶽을 비롯하여 中祀에 포함된 여러 산들인 것이다. 우선 오악의 하나인 동악의 신인 석탈해에 대한 제사, 三山의 신이 김유신을 도와준 설화, 그리고 헌강왕이 砲石亭 행행시의 南山神과 金剛嶺에 행행시 北岳神이 나타나

예를 들면 제사조에 중사처의 하나로 마지막에 기록되어 있는 청해진이 국제해상항로의 요충지이고, 그곳에 있었던 장보고 집단이 해상세력이었음으로 조음도(助音島)에서 행해진 제사의 대상은 이들이 항해의 안전을 관장한다고 믿었던 해신이었다.55) 이렇듯 바다에 해신이 있다고 믿어 제사하였듯이, 신라 중사의 사해 역시 그러했을 것이다.56)

신라에서 해신은 호국신이고, 호국신은 곧 호국룡(護國龍)라는 의식과 신앙이 있었다.57) 즉, 신라인들은 바다에는 용신(龍神)이 있어 국토를 수호해 준다고 믿었다.58) 그러므로 신라의 사해는 이러한 신앙의 표현인 것이다.

해신은 흔히 용왕신으로 대표된다.59) 용왕은 용이다. 천하의 동서남북에 모두 용왕이 있다는 사해 용왕의 관념은 당(唐)·송(宋) 이래 점

신라의 멸망을 예언한 이야기는 유명하다.

55) 유병하, 「부안 죽막동유적에서 진행된 삼국시대의 해신제사」, 『부안 죽막동 제사유적연구』, 국립전주박물관, 1998, 194~195쪽.
56) 채미하, 앞의 논문, 2005, 55쪽.
57) 심지어 신라시대 東宮衙에 龍王典을 두어 용왕을 받들었다.
58) 신라시대 용신앙에 대해서는 다음의 연구들이 참조가 된다. 이우성, 「삼국유사소재 처용설화의 일분석」, 『김재원박사화갑기념논총』, 1969 ; 이용범, 「처용설화의 일고찰」, 『진단학보』 32, 1969 ; 김영태, 「삼국유사소전 불교용에 대하여」, 『삼국유사의 연구』, 중앙출판, 1982 ; 송화섭, 「한국의 용신앙과 미륵신앙」, 『한국문화의 전통과 불교』, 2002 ; 강영경, 「신라 용왕신앙의 기능과 의의」, 『한국문화의 원본사고』, 민속원, 1997 ; 강영경, 「한국 고대사회에서의 용의 의미」, 『용, 그 신화와 문화』, 민속원, 2002 ; 신월균, 「한국설화에 나타난 용의 의미」, 『용, 그 신화와 문화』, 민속원, 2002 ; 조법종, 「한국 고대사회의 용 관련 문화」, 『사학연구』 65, 2002 ; 김방룡, 「한국불교의 용신앙 수용」, 『용, 그 신화와 문화』, 민속원, 2002 ; 松前健, 「古代韓族の龍蛇崇拜と王權」, 『朝鮮學報』 57, 1970 ; 三品彰英, 「脫解傳承攷-東海龍王と倭國」, 『靑丘學叢』 5, 1931 ; 熊谷治, 「三國遺事にみえる護法龍」, 『日本民族文化とその周邊』, 1980 ; 河正龍, 「新羅時代龍信仰の性格と神宮」, 『朝鮮古代研究』 2, 2000.
59) 해신은 용왕, 天后(海神娘娘), 고래, 자라, 여성신 등으로 상징된다고 한다.

점 각지로 퍼지게 되었다.60) 신라시대에도 용신앙과 관련한 많은 설화가 전한다.61) 『삼국유사』에만 해도 탈해왕(脫解王), 만파식적(萬波息笛), 수로부인(水路夫人), 원성대왕(元聖大王), 처용랑망해사(處容郎望海寺), 진성여왕거타지(眞聖女大王居陀知), 황룡사9층탑(皇龍寺九層塔), 황룡사장륙(皇龍寺丈六), 흥륜사벽화보현(興輪寺壁畵普賢), 전후소장사리(前後所藏舍利), 낙산이대성관음정취조신(洛山二大聖觀音正趣調信), 어산불영(魚山佛影), 보양이목(寶壤梨木), 관동풍악발연수석기(關東楓岳鉢淵藪石記), 혜통항룡(惠通降龍), 명랑신인(明朗神印), 선도성모수희불사(仙桃聖母隨喜佛事) 등 설화는 용을 중요한 모티프로 하고 있다. 여기서 용은 대개 호교(護敎)와 호국(護國)의 상징으로 나타난다. 특히 사해 중 동해 아등변의 제사처인 일월지에서 용이 승천한다는 전설이 있어 '용덕(龍德)'이라 명명되었다고 한다.62)

신라 호국룡신앙의 대표적인 사례가 문무왕이 동해의 용이 되어 왜적을 방어하였다는 믿음과 그에서 파생된 만파식적설화이다.

---

60) 『韓昌黎集』 권11 南海神廟碑에 의하면, 당에서는 일찍부터 동해신을 光德王, 남해신을 光利王, 서해신을 光潤王, 북해신을 光澤王이라 하여 四海神으로 삼아 봉사하고 祭官으로 그곳의 都督이나 刺史를 임명하고 있다(葉濤, 「山東沿海漁民的 海神信仰與祭祀儀式」, 『제3회 국제학회의 논문집』, 한국민속학회, 1999, 70쪽). 그 구체적인 사례가 『보경사명』 권19 정해현 신묘에 보면 '명주의 定海·昌國縣 간에 사우를 지어 동해신인 광덕왕을 봉사하고 안전한 항해를 마치게 한 신령에게 극진한 감사를 표하였다'는(김문경, 「신라무역선단과 관세음신앙」, 『장보고와 21세기』, 혜안, 1999, 127~128쪽) 기록이 있다.

61) 심지어 바다관련 직무를 담당하는 존재로 이해되는 海湌이 波珍湌으로서 이름과 용과의 상관성이 있다(조법종, 앞의 논문, 160쪽).

62) 그리하여 용이 등장하는 설화 중에는 용의 출현으로 인하여 명명되었다는 용과 관련된 지명이나 호수·샘·바위·산 이름 등의 전설 또한 적지 않다.

C. 제31대 神文大王의 이름은 政明이고 金氏인데 開耀 원년 辛巳 7월 7일에 즉위하였다. 聖考 文武大王을 위하여 東海邊에 感恩寺를 세웠다. 寺中記에 문무왕이 倭兵을 진압하려 하여 이 절을 짓다가 마치지 못하고 돌아가 海龍이 되고, 그 아들 신문이 즉위하여 개요 2년에 공사를 마쳤는데, 金堂 계단 아래를 파헤쳐 동쪽 방향으로 한 구멍을 내었으니 그것은 용이 들어와 서리게 하기 위한 것이다. 생각하건대 遺詔로 뼈를 묻게 한 곳을 大王岩이라 하고 절은 感恩寺라 하였으며, 그 후에 용의 나타난 모습을 본 곳은 利見臺라 하였다. 明年 壬午 五月 初一日(一本에는 天授元年이라하나 잘못이다)에 海官 波珍湌 朴夙淸이 아뢰되 "동해 가운데에 작은 산이 떠서 感恩寺로 향하여 오는데 물결을 따라 왕래한다." 하였다. 왕이 이상히 여겨 日官 金春質(혹은 春日)을 시켜 占을 치니 가로되 "聖考가 지금 해룡이 되시어 三韓을 鎭護하시고 또 金公庾信은 三十三天의 한 아들로 지금 하강하여 大臣이 되었다. 두 聖人이 덕을 같이하여 守城의 보배를 내주시려 하니, 만일 폐하가 해변에 가시면 반드시 無價 大寶를 얻으시리라." 하였다. … 이에 왼편 둘째 쪽을 떼서 시냇물에 넣으니 곧 용이 되어 하늘로 올라가고 그 땅은 못이 되었다. 인하여 그 못을 龍淵이라 하였다. 王이 돌아와서 그 대나무로 피리를 만들어 月城 天尊庫에 두었는데, 이 피리를 불면 적병이 물러가고 병이 낫고 가뭄에는 비가 오고 비올 때는 개이며 바람은 가라앉고 물결도 平靜하여졌다. 그래서 이 피리를 이름하여 萬波息笛이라 하고 국보로 지칭되었다(『삼국유사』 권2, 기이2 萬波息笛)

위의 인용문 C에서 보듯이 문무왕은 죽어서 왜병을 물리쳐주는 동해의 용이 되었다고 한다. 즉 그는 동해의 용신이 된 것으로 신라인들은 믿었던 것이다.

그리하여 신문왕은 호국룡이 된 문무왕을 위한 명목을 비는 제사장소로 동해가에 감은사를 창건하였다. 다시 말해 감은사는 동해의 해신인 용, 즉 문무왕을 위하여 동해 바닷가에서 제사가 거행된 불교사찰이다. 이 제사는 국가적인 차원에서 계속되었다.[63]

그리고 혜공왕은 776년(혜공왕 12) 정월에 몸소 감은사에 거둥하여
바다에 망제(望祭)를 지냈다.[64] 감은사는 문무왕의 명복을 비는 장소,
즉 원당이다. 혜공왕이 감은사에 가서 동해를 향하여 망제를 지냈다는
것은 국가의 안녕을 기원하며 아울러 왕권의 과시를 목적으로 한, 결국
문무왕의 현신인 동해룡에게 제사한 것이다. 이 제사 역시 통일신라기
국가적 차원에서 지낸 제사로서, 비록 『삼국사기』 제사지의 중사 중 사
해의 하나로 기록되지는 않았지만, 그 성격은 같은 것이다.

그리고 처용설화에서 보이는 헌강왕이 동해 바다에서 행한 망제 역
시 용왕에 대한 제사였던 것이다.

D. 어느날 (憲康)大王이 開雲浦(鶴城 서남쪽에 있으니 지금의 蔚州이
다)에서 놀다가 돌아가려고 낮에 물가에서 쉬고 있는데 갑자기 구름과 안
개가 자욱해서 길을 잃었다. 왕이 괴상히 여겨 좌우 신하들에게 물으니 日
官이 아뢰었다. "이것은 東海龍의 조화이니 마땅히 좋은 일을 해서 풀어야
할 것입니다." 이에 왕은 일을 맡은 관원에게 명하여 용을 위하여 근처에
절을 짓게 했다. 왕의 명령이 내리자 구름과 안개가 걷혔으므로 그곳을 개
운포라 했다. 동해의 용은 기뻐해서 아들 일곱을 거느리고 왕 앞에 나타나
德을 찬양하여 춤을 추고 음악을 연주했다. … 왕은 서울로 돌아오자 이내
靈鷲山 동쪽 기슭의 경치 좋은 곳을 가려서 절을 세우고 이름을 望海寺라
했다. 또는 이 절을 新房寺라 했으니 이것은 용을 위해서 세운 것이다(『삼
국유사』 권2, 기이2 處容郎望海寺)

헌강왕이 동해룡의 조화로 기후의 이변을 당하여 용왕을 위한 절을

---

63) 구전설화에는 문무왕 대신 金傅大王이 용이 되어 동해의 열두 섬에 주둔해 노략
질하는 왜적을 쳐부수는 내용이 있다(한국정신문화연구원, 「용이 되어 득천한
김부대왕」, 『한국구비문학대계』 7-2, 1980, 47쪽, 289쪽 ; 7-3, 566~617쪽).
64) 『삼국사기』 권9, 혜공왕 12년 정월.

짓겠다고 약속하자 구름과 안개가 걷혔다고 기록되어 있다.

기후 이상에 대하여 두려움을 느낀 헌강왕이 말로만 절을 짓겠다고 약속하지는 않았을 것이다. 일관(日官)이 있었다면 반드시 바다를 향해 용왕에게 예를 갖춘 제의를 베풀었을 것이다. 이에 용왕이 감응하여 구름과 안개가 개이고, 용이 나타나 왕의 덕을 찬양하고 춤을 추었다고 해야만 순리인 것이다. 이것은 용왕제(龍王祭)를 설화적으로 기술한 것이다. 이후에도 동해용왕에 대한 망해제(望海祭)는 계속되었고, 그것이 불교와 연계되어 망해사(望海寺)라는 사찰에서 행해졌음을 유추할 수 있다.

또 신라 성덕왕대에 있었던 수로부인설화에 보이는 해룡에 대한 위로행위도 곧 제의의 한 형태인 것이다.

E. 聖德王 때에 純貞公이 江陵太守(지금 溟州)로 赴任하는 도중 바닷가에서 점심(晝饍)을 먹었다. … 이틀째에 또 臨海亭이란 데서 점심을 먹던 차, 海龍이 홀연 나타나 부인을 끌고 바다 속으로 들어갔다. 공이 허둥지둥 발을 구르나 계책이 없었다. 또 한 노인이 있어 아뢰기를 '옛날 말에 여러 입은 쇠도 녹인다 하니 이제 바다 가운데 있는 짐승인들 어찌 여러 입을 두려워하지 아니하랴, 境內의 백성을 모아서 노래를 지어 부르고 막대로 언덕을 치면 부인을 찾을 수 있으리라.' 하였다. 공이 그 말대로 하였더니 龍이 부인을 받들고 나와 바쳤다. … 여러 사람이 부른 海歌의 가사는 '거북아 거북아 水路를 내놓아라, 남의 婦女 뺏어간 罪, 얼마나 큰가. 네 만일 거역하여 내놓지 않으면 그물로 잡아 구어 먹으리라.'였다. 또 노인의 獻花歌는 '자줏빛 바위 갓에 잡은 손 암소 놓고, 날 아니 부끄러이 하려든, 꽃을 꺾어 바치오리다.'였다 (『삼국유사』 권2, 水路夫人)

연구자들은 제의학의 논리에서 이 수로부인설화는 전반부와 후반부

의 시간적 배경인 '주선(晝饍)'을 제의를 올리는 음식으로 해석하는 주
장에 힘입어 제의의 구술상관물(口述相關物)이라는 쪽으로 견해가 모아
지고 있다.65)

그리고 그 모습은 경내의 백성들이 모여서 함께 행한 합동제의(合同
祭儀)였다. 비록 어떤 성격의 제의를 설명하는 것이냐에 대해서는 다양
한 견해가 제기되었지만, 그 중에는 망해제로 보는 견해가 있어 경청할
만하다.66) 그리고 이 제의를 주관한 자는 중앙에서 파견된 지방관 순
정공(順貞公, 金順貞)이었다.

이상에서 미루어 짐작컨대 이러한 망해 내지는 망해제는 감은사와
망해사가 그러했듯이 바닷가의 불교사찰에서 그 의식이 행해졌던 것이
다. 아마 이는 처음에는 해신사(海神祠)가 있었으나, 불교의식과 습합되
면서 국가에서 행하는 제사는 점차 사찰과 그 처소가 합쳐진 것인 듯
하다.67)

한편 중사에 불과한 사해의 제사는 동해의 경우는 국왕이 직접 거행
하기도 했으나, 나머지 세 곳은 왕경으로부터 멀리 떨어진 거리상의 이
유로 수로부인설화에서 보듯이 김순정처럼 중앙에서 파견된 관리가 국
왕을 대신하여 거행하였을 것이다. 이때에는 지역의 재지세력들이 함께
참석하면서 어떤 형태로건 제사 비용을 담당하였으리라 추측된다. 그러
다보면 제사가 끝난 뒤에 이 자리는 축제의 장이 이루어져 지역민들에
게 화합의 기회가 제공되었을 것이다. 그러나 때로는 재지세력간에는
여기에서 파생되는 주도권을 두고 갈등양상을 보이는 경우도 있었을

---

65) 서영대, 「수로부인설화 다시 읽기」, 『용, 그 설화와 문화』, 민속원, 2002, 204쪽.
66) 또 망산제, 동해안지역의 동제와 풍어제, 기우제, 무녀의 통과의례 등이 있다.
67) 후대에는 불교의 관음보살이 해신으로서 상위적인 존재였고 용왕은 그를 뒤따
    르는 시종으로 인식되었다.

것이다.

결국 신라의 사해는 통일기에 국토의 동서남북 최외곽 네 곳에 있는, 사상적으로는 전통적 국토관념과 제의에 불교적 성격이 융합된 제장으로서, 이곳에는 해신사의 기능을 함께 지닌 불사(佛寺)가 있었다. 그리고 이곳에서 왕실의 안녕 및 외적의 침입으로부터 국가방어와 함께 항해의 무사를 빌고 다짐하는 국가 차원의 망해제가 행해졌다.

5. 맺음말

지금까지 살펴본 바를 간단하게 정리하면 다음과 같다.

신라의 국가제사 중에는 중사의 하나로써 사해가 있었는데, 그 제장의 위치는, 동쪽 아등변은 포항 영일(오천), 남쪽 형변은 부산 동래, 서쪽 미릉변은 군산 임피, 북쪽 비례산은 삼척이다. 이들의 지리학적 위치는 모두가 한반도 북부 이남에 있다. 그리고 사해는 사방의 바닷가에 위치한 국토의 가장 외곽의 중요한 네 곳 거점이었다.

그러나 비록 이들 지역을 사해로 편제하였으나 실제는 다르다. 이것은 통일신라기의 국토 전체를 대상으로 한 정방향이 아니고, 신라의 왕경 경주를 중심점으로 한 국토의식에서 네 방향에 제장을 둔 것이다.

그리고 신라의 사해는 이미 삼국기에 편제되었다가 국가의 발전과 더불어 영토를 확장해 나가는 과정에서 지방의 지배통치를 위한 교통로의 확보와 더불어 국토의 요로와 요충지에 제장을 마련한 것이다. 그 과정에서 제장의 위치 또한 영토가 외부로 확대되면서 점차 이전되어 설치된 것이며, 『삼국사기』 제사지조에 기재된 것은 백제 멸망 후, 어쩌면 680년(문무왕 20) 직후 무렵에 사전을 중국식으로 정리하면서 편제된 것이 기록된 것이라 하겠다. 이때 신라 사해 역시 당의 사해제도를 모방한 것이지만, 신라의 사전제도는 당의 제도를 전적으로 따라 제후국 체제만을 갖춘 것이 아니라 신라 전통의 융통성을 가지고 나름대로 독자적인 천하관을 바탕으로 편제된 것이었다.

한편 신라의 사해는 망해제로서 신라인들의 해양에 대한 신앙과 깊은 관련이 있다. 신라의 해양신앙은 문무왕의 해중릉설화와 만파식적설화 등에서 보듯이 용신앙과 밀접하게 연결되어 있다. 신라인들은 바다에는 호국신이 있고, 이 호국신은 곧 호국룡이라는 의식과 신앙이 있었다. 그러므로 신라의 사해는 호국룡신앙의 표현인 것이다.

결국 『삼국사기』 제사조에 기재된 신라의 사해는 통일기에는 국토의 방위상 동서남북의 상징적 의미를 지닌 신성처였고, 국방상 요충지였으며, 항해의 중요 거점이었다. 그리고 이 지역에는 사상적으로는 전통적인 국토관념 위에 불교적 성격이 융합되어 각 제장에

해신사의 기능을 하는 불교사원이 함께 있었다. 이 제장에서는 왕실의 안녕과 국가 방어와 항해의 무사를 빌고 다짐하는 국가적 차원의 망해제가 이루어졌다. 한편 이 제의는 중앙에서 파견된 관리가 재지세력들을 함께 참여시켜 정기적으로 거행함으로써 지역민들에게 화합의 기회를 제공하였다.

제3부
하대 신라인의 해외진출과 남해

제 1 장

8~9세기 신라 정치사회의 변화와 장보고

1. 머리말

신라 하대에 있어서 가장 국제적으로 알려진 인물 중의 한 명으로 장보고(張保皐)를 들 수 있다. 장보고는 신라에서 태어나 중국 당에 건너가 크게 활약하고, 귀국한 뒤 청해진(淸海鎭)을 설치하여, 해상활동과 국제교역에서 동아시아의 패권을 차지한 무장(武將)이요 대상인(大商人)이었다.[1]

장보고의 활동과 위대한 업적은 그 개인의 뛰어난 능력과 더불어 신라는 물론 당·일본 등 국제사회의 시대적 상황을[2] 바탕으로 한 것이다. 특히 8세기 후반과 9세기 전반의 신라 정치사회의 변화와 장보고

---

[1] 기존의 장보고 연구에 대해서는 해상왕장보고연구회편, 『7-10세기 한중일교역연구문헌목록·자료집』, 서경문화사, 2001 참조 바람.

[2] 8~9세기 동아시아 국제정세에 대해서는 위은숙, 「8~9세기 환동해교역권의 구조와 성격」, 『울릉도·독도 동해안 어민의 생활구조와 그 변천·발전』, 영남대학교출판부, 2003 참조 바람.

의 활동은 매우 긴밀한 상호관련 작용에 의하여 이루어진 것이 많고 크다고 하겠다.

필자는 이 글에서 신라 하대의 정치사회적 변화와 연계하여 장보고의 등장과 활동을 살펴보겠다. 먼저 이 무렵 신라를 비롯한 당과 일본의 시대상과, 유이민(流移民)의 한 명으로서 장보고의 입당에 대하여 언급하겠다. 또 장보고는 귀국 후 청해진의 설치와 신무왕(神武王)의 찬탈에 개입함으로써 중앙정계에 진출하였고, 그 공로로 그에게 제수된 특별한 관작(官爵)은 신라의 전통적 신분제인 골품제의 규정을 벗어난 것으로, 이는 신라 하대에 골품제가 변질되고 붕괴되어 가는 양상의 한 단면임을 다루겠다. 그리고 장보고의 암살과 청해진의 혁파는 중앙 정계 권력다툼의 희생이며, 이 사건 이후 중앙의 정치세력은 재편되었고, 지방에서는 장보고의 활동에 영향을 받은 여러 세력가, 즉 호족이 대두하였음을 살펴보겠다.

2. 장보고의 입당과 시대적 배경

장보고가 활동하던 8~9세기의 동아시아는 매우 격심한 혼란을 겪으면서 강한 변화의 소용돌이 속에 있었다. 이 시기에 있어서 신라와 당 그리고 일본은 전통적 지배체제인 율령제(律令制)를 바탕으로 하는 중앙집권적 귀족중심의 통치체제가 붕괴되어 갔으며, 특히 지방의 세력가들이 등장하여 지방분권적인 현상이 나타나고 있었다.

가. 신라 하대초 정치사회의 양상

1) 중앙 귀족사회의 분열

신라는 7세기 중엽에 삼국을 통일하고 강력한 중앙집권체제를 이룩하여 이후 약 100년 동안은 황금기를 누렸다. 이를 바탕으로 국내외적인 평화를 누렸으며 당과의 교섭도 활발하여 많은 사람들이 왕래하였고 선진 제도와 문물을 받아들였다. 그러나 한편으로는 안일한 시대적 분위기 속에서 사회적 모순이 차츰 누적되어가고 있었다. 그리하여 8세기 말경에 오면 왕권은 진골귀족들의 도전을 받아 현저히 약화되고, 진골귀족들은 왕경(王京)을 중심으로 권력다툼을 벌이기 시작하였다.

경덕왕이 죽고 어린 혜공왕이 즉위하자 진골귀족들의 불만은 반란으로 표출되었다. 768년(혜공왕 4) 7월 대공(大恭)의 난이 일어나 왕궁을 포위하였고, 이때 전국의 96각간(角干)이 서로 3개월간에 걸쳐 싸웠다.[3] 또 770년(혜공왕 6) 대아찬(大阿湌) 김융(金融)의 난, 755년(혜공왕 11) 6월 김은거(金隱居)의 난과 8월 염상(廉相) 등의 거병(擧兵)이 있었고, 776년(혜공왕 12) 정월에 경덕왕이 고친 백관(百官)의 칭호를 17년만에 모두 복구시켰다. 드디어 780년(혜공왕 16) 2월 김지정(金志貞)의 난이 일어나자 이를 진압하기 위하여 상대등 김양상(金良相)과 이찬(伊湌) 김경신(金敬信)이 거병하였고, 혜공왕과 왕비는 그 와중에서 살해되었다. 이에 김양상(宣德王)이 즉위하였다.

785년 정월 선덕왕이 죽자, 당시 상대등직에 있던 김경신(원성왕)이 왕위를 계승키로 되어있던 김주원(金周元)으로부터 탈취하여 즉위하였

---

3) 『삼국유사』 권2, 혜공왕 ; 『신당서』 권220, 열전 145 東夷 신라전 참조.

다. 그리고 원성왕이 798년(원성왕 14) 12월에 죽음에 태자인 그의 적손 준옹(俊邕, 소성왕)이 왕위를 계승하였으나, 소성왕은 재위 1년 반만인 800년 6월에 죽고 태자 청명(淸明, 애장왕)이 왕위를 계승하였다. 하지만 애장왕은 즉위시 나이가 13세에 불과하여 숙부인 병부령 언승(彦昇)이 섭정(攝政)을 하였다. 언승은 801년(애장왕 2) 2월 어룡성사신(御龍省私臣)에 취임하고, 곧이어 상대등에 올라 애장왕대의 정치적 실권을 장악한 다음, 드디어 809년(애장왕 10) 7월 아우 수종(秀宗)과 함께 조카 애장왕을 시해하고 스스로 즉위하니, 이가 헌덕왕이다.

헌덕왕의 즉위 이후 신라는 수해(水害)·한해(旱害) 등 자연재해로 흉년이 자주 들어 기근이 잇따르자 유이민이 발생하였으며 초적(草賊)이 봉기하는 등 사회경제적으로 매우 불안하였다. 이러한 상황에서 822년(헌덕왕 14) 3월에 무열왕계(武烈王系)의 김헌창(金憲昌)은 그의 아버지 김주원이 원성왕에게 왕위를 빼앗겨 즉위하지 못한 것을 이유로 웅천주(熊川州)에서 반란을 일으켜 국호를 장안(長安), 연호를 경운(慶雲)이라 하였다. 그리고 무진주(武珍州)·완산주(完山州)·청주(菁州)·사벌주(沙伐州)와 국원경(國原京)·서원경(西原京)·금관경(金官京) 및 여러 군현을 장악하여 한때 기세를 올렸으나, 결국에는 진압되었다. 그 뒤 825년(헌덕왕 17) 정월 김헌창의 아들 범문(梵文)이 반란을 일으켜 고달산(高達山) 적수(賊首) 수신(壽神)의 도움을 받아 평양(平壤, 지금의 서울 부근)에 도읍을 정하려 하였으나, 이 또한 진압되었다.

왕위를 둘러싼 진골귀족들의 이러한 항쟁은 신라의 정치사회를 혼란으로 몰아갔다. 특히 지방을 무대로 하여 일으킨 김헌창과 범문의 반란은 지방세력의 대두를 촉진시킨 것으로, 이는 장보고가 청해진을 중심으로 지방의 군진세력으로 등장하여, 이곳이 김우징의 망명처가 될 수 있었으며, 또 장보고가 왕위쟁탈전에 개입할 수 있는 단초를 만들었다.

신라 하대의 전반기에는 ①선덕왕 6년 1월 원성왕(김경신)의 김주원으로부터 왕위계승권 탈취, ②원성왕 7년 1월 제공(悌恭)의 반란, ③애장왕 10년 7월 헌덕왕(김언승)의 애장왕 시해, ④헌덕왕 14년 3월 김헌창의 반란, ⑤헌덕왕 17년 1월 김범문의 반란, ⑥흥덕왕 11년 희강왕(김제륭)의 김균정으로부터 왕위계승권 탈취, ⑦희강왕 3년 1월 민애왕의 찬탈, ⑧민애왕 2년 1월 신무왕의 찬탈 등 왕위를 차지하기 위한 반역이 여러 차례 있었다.[4]

그리고 이러한 상황에서 왕위쟁탈전은 점차 지방과 연계되면서 실패한 세력은 지방에 새로운 근거지를 형성하여 전국적으로 분권화현상이 나타났다. 다시 말하자면 초기에는 왕경에서 진골귀족이 일으켰으나, 김헌창의 난을 계기로 하여 지방에서 진골귀족이 난을 일으키는 현상이 나타났다.

결국 신라 하대에 있어서 왕계(王系)의 변동에 따른 왕족간의 왕위를 둘러싼 항쟁은 점차 정치와 사회 전반에 걸쳐 혼란을 더해 주었다. 또

---

4) 이러한 왕위쟁탈전의 발생은 왕실의 5묘제를 확립하는 과정에 그 원인이 있다. 왜냐하면 이로써 왕위계승에 있어 직계상속이 무엇보다도 중요하게 인식되었고, 나아가 이러한 직계 존중은 자연스럽게 방계와의 차별성을 강조하는 결과를 낳게 되어 奈勿王系 혹은 太宗武烈王系라고 하는 광범위한 씨족 연대의식을 약화시키게 됨은 물론, 원성왕계 내부의 혈족집단 자체를 점차 가족 규모의 작은 단위로 分枝化시킨 요인이 되었기 때문이다(이기동, 「신라하대의 왕위계승과 정치과정」, 『신라골품제사회와 화랑도』, 일조각, 1984, 154쪽). 그리하여 원성왕계 내에서 분지화된 小家系, 즉 仁謙系와 禮英系, 또 禮英系내에서 다시 均貞系와 憲貞系 간의 소속가계에 따라 찬탈과 유조 또는 혼인으로 왕통이 옮겨간 경우 종전의 왕족들이 잃어버린 왕위계승권을 되찾기 위한 반역이 발생하였다.

이와 같은 중앙에서의 분열과 대립은 지방에 대한 통제력의 이완을 낳아 지방에서는 장보고와 같은 이른바 호족(豪族)으로 지칭되는 독자적인 세력의 대두와 성장을 가능케 하였고, 아울러 하층민의 유망(流亡)과 민란을 야기하였다. 그리하여 종래 율령제와 골품제에 입각한 신라왕조의 전통적인 통치체제와 사회구조는 점진적으로 붕괴되는 양상을 보였다.

2) 유이민의 만연과 입당의 유행

8세기 이후에는 유이민 현상이 만연하였다.5) 이 시기에 있어서 신라의 유이민 발생의 동인은 여러 가지가 있지만, 특히 자연재해와 그에 따른 기근현상을 들 수 있다. 『삼국사기』에 의하면, 신라 하대에는 연년이 가뭄과 홍수·병충해 등이 계속되었다.6) 이러한 자연재해로 인한 흉년은 기근현상을 초래하였고,7) 자연재해 뒤에 따르는 전염병의 유행은 더욱 생활을 어렵게 하여 많은 유이민을 낳았다.8)

또 중대 말부터 계속된 정치적 혼란은 유이민 발생의 중요한 동인으로 작용하였다. 특히 혜공왕이 어린 나이에 즉위하여 태후(太后)가 섭정을 행함에 이르러서는 96각간의 난이 일어나 이때부터 왕위를 둘러

---

5) 신라 말의 유이민에 대해서는 김창겸, 「고려 건국기 유이민의 양상」, 『이수건교수정년기념 한국중세사논총』, 2001 참조바람.
6) 『삼국사기』에 의하면 8~9세기 신라에는 旱害 23회, 地震 28회, 大風 7회, 蝗害 8회, 疫 8회, 大雪 10회 등 天災地變이 있었다(신형식, 『삼국사기연구』, 일조각, 1981, 77쪽 「표 23」 참조).
7) 8~9세기 전반에 걸친 시기에는 ①성덕왕 4(705)~6년, ②경덕왕 6(747)~14년, ③원성왕 2(786)~6년, ④헌덕왕 6(814)~13년 등 크게 4차례에 걸친 큰 기근이 있었다(권덕영, 「재당 신라인 사회의 형성과 그 실태」, 『국사관논총』 95, 2001, 73~74쪽).
8) 『삼국사기』 권9, 경덕왕 6년, 경덕왕 14년과 원성왕 4년 7월 등 참조

싼 정쟁(政爭)이 이어졌다. 중앙에서의 정쟁과 더불어 거의 전국을 무대로 하였던 김헌창의 반란과 범문의 난 등 지방에서의 반란도 신라인 모두에게 공포 분위기를 조성하여 유망을 촉진시킨 동인이었다.

그리고 하층민에 대한 과중한 조세 부담과 그에 대한 저항도 유망의 중요한 동인이었다. 신라 하대에 이르러 귀족들의 대토지 소유는 확대되고 일반농민층 가운데에는 토지를 상실하고 품팔이를 통해 살아가는 용작농(傭作農)이 나타나게 되었다. 이러한 상황에서 계속되는 흉년·반란·전염병 등으로 농업생산량이 극도로 감소되어 농촌경제의 파탄과 하층농민들의 몰락현상을 낳았다. 그럼에도 중앙정부는 오히려 국가재정을 위하여 조세를 독촉하니 백성들은 견디지 못하여 조세의 부과가 불가능한 곳으로 옮겨가 수취의 대상에서 이탈하였다.9) 또 말세의식(末世意識)의 심화와 '속부지술(速富之術)'과10) 같은 여러 가지 유언비어가 나돌았는데, 이 역시 유이민의 발생을 부추기는 요인이었다.

당시 유이민의 성분은 왕족, 귀족, 관리, 지식인, 상인, 승려, 피난민, 범죄자, 망명자, 관리, 전문적인 기술기능인 등 매우 다양하였으나, 대다수를 차지하는 것은 직접 생산계층인 동시에 조세와 공역의 부담을 담당해야 했던 일반양민층과 그 가족들이었다.11)

하지만 계속적인 흉년에도 중앙정부가 적극적인 진휼대책을 제시하지 아니하자 지방민들은 굶주림을 참다못해 자식을 팔거나12) 버리거

---

9) 이기동, 「신라 흥덕왕대의 정치와 사회」, 『국사관논총』 21, 1991 ; 조인성, 「신라 말 농민반란의 배경에 대한 일시론」, 『신라말 고려초의 정치·사회변동』, 신서원, 1994.
10) 조인성, 「미륵신앙과 신라사회」, 『진단학보』 82, 1996.
11) 8~9세기 신라사회에서 일반 양인농민의 유리현상은 「新羅村落文書」에서 보이듯이 농촌의 일반적인 상황이었다(김종선, 「일본정창원소장 신라장적의 작성연대와 그 력사적 배경」, 『아시아문화』 5, 1989, 3~9쪽).

나13) 혹은 살길을 찾아 개별적으로 혹은 가족구성원이 함께 유망하였다. 이들의 일부는 노비·고용인(雇傭人)·승려 등으로 신분을 바꾸어 귀족세력이나 부호(富豪) 또는 사원(寺院) 등의 세력에 몸을 투탁하기도 하고, 이와 달리 유리된 뒤에도 생활은 계속 악화되어 가족이 뿔뿔이 흩어지는 경우도 있었다.14) 반면에 유랑하다가 다른 유이민을 만나 무리를 형성하거나, 보다 큰 유이민집단의 일원으로 편입되기도 하였다. 한편 이들 중의 일부는 도적이 되었는데, 이들은 자신의 신변보호는 물론 타인의 물품을 탈취하기 위하여 무장하고 전국 곳곳에서 횡행하였으며,15) 점차 산적(山賊)·초적(草賊)·해적(海賊)으로 발전해 나갔다.

특히 지방민들 중에는 중앙정부의 지방에 대한 통제력이 약화되자 또 다른 저항의 방법으로 자연적인 조건을 이용하여 바다로 나가 해적이 되기도 하고, 일부는 상인이나 뱃사공으로 신분을 바꾸어16) 해외로 진출하는 자들도 많았다. 이들은 국경을 넘어, 북쪽으로는 대동강을 건너 백두산 근처와 만주지역, 서쪽으로는 중국의 절강성과 산동반도(山東半島) 지역, 특히 남으로는 대마도(對馬島)는 물론 일본열도의 서북부 지역으로 진출하였다. 이미 816년(헌덕왕 8) 흉년과 기근으로 신라인 170인이 당의 절동(浙東)지방으로 건너가 먹을 것을 구한 적이 있었고,17) 또 일본의 역사서에 이 시기에는 거의 매년 신라의 선원·상인·기민들이 일본으로 건너온 기록이 있는 것은,18) 이러한 상황을

---

12) 『삼국사기』 권10, 헌덕왕 13년.
13) 『삼국유사』 권5, 孫順埋兒.
14) 이러한 현상은 調信說話에 잘 반영되어 있다(『삼국유사』 권3, 洛山二大聖觀音正趣調信).
15) 『삼국사기』 권10, 원성왕 4년, 헌덕왕 7년과 11년, 흥덕왕 7년 참조.
16) 眞鑑禪師처럼 뱃사공 노릇을 하였을 수도 있다(「眞鑑禪師碑」 참조).
17) 『삼국사기』 권10, 헌덕왕 8년 정월.

잘 설명해 주고 있다.

일본에서는 이들을 표류인으로 인식하여 식량을 공급하고 귀환 조치해 주기도 하였다.19) 또 유이민들은 상인이어서 물건판매를 하는 경우도 있었다.20) 그런데 이들 중에는 장보고처럼 당으로 이주해 무장(武將)이나 관리로 등용되어 출세한 경우도 있었고, 일본에서는 내투인(來投人)·귀화인(歸化人)으로 처리되어 성씨의 시조가 되는 경우도 있었으며,21) 여러 지역에 나뉘어져 안치되기도 하고,22) 산동반도의 신라방(新羅坊)과 같은 집단거류지를 형성하였다.

신라 출신의 유이민이 이주해 간 지역에서는 대단히 심각한 문제와 파급효과를 초래하였다. 신라의 한반도는 물론 중국의 당과 일본에서도 크다란 문제로 대두되었다. 당시 신라의 해외유출민이 일본에게 끼친 파급효과에서23) 미루어 보건대, 중국 당의 서해연안에서도 비슷한 양

---

18) 811년 8월부터 824년 5월까지 전후 13회에 걸쳐 826명의 신라인이 일본으로 건너갔다(佐伯有淸, 「朝鮮系氏族とその後裔たち」, 『古代史の謎わ探る』, 讀書新聞社, 1973, 197～198쪽).

19) 『日本文德天皇實錄』 권8, 齊衡 3년 3월 ; 『日本三代實錄』 권7, 貞觀 5년 11월 17일.

20) 『續日本後紀』 권12, 承和 9년 8월 1일 ; 『日本三代實錄』 권17, 貞觀 12년 2월 12일.

21) 『續日本後紀』 권1, 天長 10년 4월.

22) 『日本三代實錄』 권18, 貞觀 12년 9월 15일과 권24, 貞觀 15년 9월 8일.

23) 신라 유이민의 양상은 걸인이나 약탈자의 모습이었다. 이들은 海外邊方으로 진출하여 외국에 歸化하기도 하였지만, 몇 명 또는 수십 명씩 무리를 이루고 무장을 하여 배를 타고 다니면서 약탈행위를 하기도 하여 海賊이나(『日本書紀』 권21, 弘仁 2년 8월 ; 『扶桑略記』 권22, 寬平 6년 9월 5일 ; 『日本三代實錄』 권16, 貞觀 11년 6월 15일 ; 『日本三代實錄』 권24, 정관 15년 12월 17일과 권34, 원경 2년 12월 11일 참조) 侵略者로 인식되어 졌다. 특히 일본정부는 이를 국방상 큰 문제로 여겨 그 대책에 고심하였다(『日本書紀』 권22, 弘仁 3년 정월 ; 『續日本後紀』 권4, 承和 2년 2월 참조). 일본은 신라해적의 횡행으로 일본 연해지방에 대한 경비를 엄히 하고 있으며(『日本三代實錄』 권12, 貞觀 8년 11월 17일과 권17,

상이었을 것 같다. 특히 당에서는 이 틈을 타 당과 신라의 해적들이 신라의 양민을 납포하여 노비로 파는 일이 빈번하였다. 한편 신라는 해적들이 두려워 중국과 사신의 왕래가 어려운 실정이었다.24)

한편 장보고가 입당한 시기는 중국에서는 만당기(晚唐期)에 해당한다.25) 당에서는 안사(安史)의 난 이후, 이 난을 진압하는데 공이 컸던 절도사(節度使)들의 권력이 커져 각지에 할거하여 번진(藩鎭)으로 성장하였다. 절도사는 710년(경운 원년)에 하내절도사(河內節度使)를 둔 것이 그 시초인데, 그 뒤 현종을 거쳐 숙종 초까지에는 10개의 절도사가 변경지방에 설치되었다. 이것은 이 무렵 붕괴한 부병제(府兵制) 대신에 변경수비를 위하여 모집된 병사를 통할(統轄)하기 위한 것이었다. 이 중에는 세력이 커져 안록산(安祿山)과 사사명(史思明)처럼 난을 일으킨 사건이 발생하였다. 이 난 후에는 내지(內地)에도 번진이 설치되어 이로부터 절도사제가 크게 발전하였다. 이리하여 786년(덕종 정원 2)에는 중국내의 각지에 설치되어 있는 절도사의 수는 40개 이상에 이르렀다.

정관 12년 2월 12일), 이러한 와중에 내부의 일부세력은 이들을 이용하여 모반을 기도하려는 경우도 있었다(『日本三代實錄』권12, 貞觀 8년 11월 17일과 권17, 정관 12년 2월 12일). 또 신라의 침공설이 분분하여 불안감에 휩싸였다(『日本三代實錄』권34, 元慶 2년 12월 및 권37, 元慶 4년 5월).

24) ① "奈蠻夷寇多 久阻巡征之使 禮實乖闕 情莫遑寧"(「讓位表」,『崔文昌侯全集』) ;
② "時崔致遠爲富城郡太守 召爲賀正使 以比歲 飢荒盜賊交午 道梗不行"(『東史綱目』第5上 癸丑).

25) 당은 618년 건국되어 907년 멸망하였다. 흔히 당의 역사를 3기로 구분한다. 제1기는 건국으로부터 高宗의 치세까지를 初唐期(618~683), 제2기는 고종의 사후 則天武后를 거쳐서 玄宗의 치세까지를 盛唐期(684~755), 제3기는 安史의 亂(755~763)에서 당 멸망까지를 晚唐期(755~907)라고 한다. 그런데 당은 중국의 역대왕조 가운데 유례를 찾아볼 수 없을 정도로 국제적이고 개방적인 나라였다. 당의 군사적 · 문화적 자긍심에 기초한 이러한 개방정책으로 말미암아, 사방으로부터 이민족들이 당으로 모여들었고 또 당왕조는 그들을 포용하였다.

결국 안사의 난을 계기로 각 지방에서는 절도사 세력이 성장하여 급기야는 중앙정부에 반항하는 번진이 나타나 황제의 위상은 급속히 약화되었다.26)

이들 번진 가운데 일부는 아예 당의 중앙정부와 대립하여 작은 왕국과 같은 반독립적 지위를 누리기도 하였다. 안사의 난 뒤 당은 번진을 내지에도 두고 유민(流民)·객호(客戶) 등을 병(兵)으로 수용하여 지방의 무력을 강화함으로써 붕괴를 미연에 방지하려 하였으나, 이 때문에 번진이 도리어 거대한 권력을 장악하여 때때로 정부에 반항하게 되었다.27)

이 무렵 일본은 기아와 질병이 만연하였으며 '하이(蝦夷)'라고 불리는 오늘날의 관동지방(關東地方)에 대한 지배가 어려워져 율령체제가 동요되기 시작한 시기였다.28)

26) 절도사는 많은 것은 10개 주, 적은 것은 몇 개 주를 관할하고, 이러한 諸州의 관찰사를 겸하여 군사·민정·재정의 모든 권한을 쥐고 있었다. 절도사 소재의 府 또는 州를 使府라 하고 관할하의 諸州를 屬州 또는 支郡이라 하였다. 절도사들은 이들 사부 및 지군을 관할하기 위하여 많은 문관과 무관을 두고 있었다. 또 절도사들은 자기를 방어하고 권력을 유지하기 위하여 牙軍(牙兵) 또는 親軍(親兵)이라 하는 친위군대를 양성하고 있었다. 사실 당말의 유력한 절도사들은 수천에서 2만명이나 되는 친군 또는 아병을 가지고 있었다.

27) 安史의 난 이후 농민들은 중앙정부와 절도사에게 이중의 조세를 부담하였다. 특히 戰亂과 誅求는 한층더 농민층의 분해를 촉진시켜 한편에는 지주, 상인층이 성장하고, 다른 한편에는 방대한 流民과 窮民을 낳게 되었다. 그러나 당은 이미 이것을 수용 혹은 보호할 능력이 없었기 때문에 당말에는 이들 류민과 궁민이 草賊과 群盜가 되어 각지에서 횡행하였다. 그리하여 이러한 유민과 객호 등의 농민세력을 결집하여 浙東에서 일어난 裘甫의 난(859), 徐州·四川지방에서 일어난 龐勛의 난(868), 그 뒤 關東地方에 기근이 계속되어 마침내 黃巢의 亂(875~884)이 일어났으며, 결국 907년에 당제국은 멸망하였다.

28) 일본의 太和정권은 7세기 후반부터 당은 물론 신라의 율령까지도 힘을 다하여 받아들여, 중앙집권적 통치체제 국가로 발전해 나갔다. 文武天皇 때인 701년(大

성무천황(聖武天皇)과 광명황후(光明皇后)의 사이에는 외딸 효렴천황(孝廉天皇) 밖에 없었기 때문에 황위계승을 둘러싼 귀족간의 암투가 발생하였으며, 율령제의 동요가 일어나서 나라(奈良)시대 후반의 정계를 혼란하게 하였다. 광명황태후와 효렴천황이 신임하던 등원중마려(藤原仲麻呂)가 세력을 펴서 757년(천평보자 1) 정변을 일으켜 패권을 잡고 순인천황(淳仁天皇)을 세우고 자신은 태정대신(太政大臣)으로 취임하여 혜미압승(惠美押勝)이라는 이름을 받았다. 그러나 효렴천황은 양위(讓位) 후에도 세력을 누리며 승 도경(道鏡)을 총애하였으므로 중마려는 이를 제거하려고 764년(천평보자 8)에 거병하였다가 실패하여 근강(近江)에서 살해되었다. 이에 상황(上皇)은 천황을 폐위시키고 스스로 복위하여 칭덕천황(稱德天皇)이 되었다. 하지만 여왕의 사망으로 천무계(天武系)의

<hr />

寶 1)에 '大寶律令'이 완성되어 다음해부터 시행되었다. 이어서 710년에는 平城京으로 천도를 행하여 奈良時代(710~784)가 열렸다. 그리고 718년(養老 2)에는 '養老律令'을 만들어, 율령국가를 완성하였다. 그러나 8세기 중반에 접어들자 율령을 바탕으로 한 그 체제는 갖가지 모순을 드러내기 시작하였다. 권력층 내부에서는 갈등이 계속되어 740년 '廣嗣의 亂'이 일어났으며, 이를 계기로 聖武天皇은 平城京을 버리고 5년간에 걸쳐 恭仁, 紫香樂, 難波로 移都하였다. 한편 일본의 율령제를 기초하는 것은 관료국가제와 불교였다. 불교는 국가를 진호하는 국교로서 정치의 일익까지 담당하기에 이르렀다. 이에 여러 차례에 걸쳐 불사를 일으켰다. 그리하여 많은 대불과 가람이 건립되었다. 그러나 東大寺를 비롯한 國分寺 등의 建造와 佛事에는 그동안 축적되어 있던 正稅와 그밖에 막대한 국비가 투입되어 국가재정에 큰 타격을 주었다. 더욱이 이것을 유지 경영하는 데에는 막대한 재원이 필요하였다. 이러한 과중한 세금의 압력은 각 국에서 일반농민의 유망으로 나타났으며, 또 일부 토호와 귀족, 사찰의 토지독점화와 墾田, 莊園化를 초래하는 등 마침내 파탄을 보이기 시작하였다. 사실 8세기의 일본 국내의 사정은 율령체제의 강화가 급선무였다. 따라서 국내의 분열·대립을 극복하여 지배체제를 확립하기 위해서는 대외적인 긴장관계를 조성하는 것이 최선책이라고 생각하여, 신라를 공격할 준비를 하기는 하였으나, 이는 당시 국내 사정, 즉 764년 9월에 일어난 惠美押勝의 亂 등으로 인하여 중지되었다.

황통(皇統)은 끊어지고 그동안 정권탈취를 노리던 등원씨(藤原氏) 등이 영합하여 천지천황(天智天皇)의 손(孫)을 광인천황(光仁天皇)으로 등극시키고 등원씨가 재차 정계에 복귀하였다. 뒤를 이어 칭덕천황(孝廉 重祚)과 광인천황의 뒤를 이어 즉위한 환무천황(桓武天皇)은 정계의 일신을 위하여 784년(연력 3)에 산성(山城)의 장강(長岡)으로 옮겼다가, 794년(연력 13)에 새로 평안경(平安京)으로 천도하였다. 이로써 평안시대가 열렸다. 하지만 일본은 9세기에 와서는 율령정치의 붕괴 징조가 뚜렷해졌다. 국가권력의 상징인 천황의 권위가 약화되고 그 대신 등원씨가 정권을 장악하여 섭관정치(攝關政治)가 실시되었다. 그리고 반전제(班田制)가 붕괴되고 지방에서는 장원(莊園)이 출현하여, 이에 기반을 둔 지방토호들의 세력도 크게 성장하여 분권적 할거상태가 계속되었다.

결국 8～9세기 동아시아 신라, 당, 일본은 율령에 기반을 둔 고대의 중앙집권체제가 붕괴되어 지방분권적 양상을 보이면서 정치, 사회, 경제적인 이유로 많은 유이민이 발생하였는데, 이들 유이민 중에는 해외로 진출하는 자들도 많았다. 한편 이들 삼국간의 교역체제는 공적 무역에서 사적 무역 중심으로 변화해 갔다.

나. 장보고의 입당과 활약

장보고는 8세기 말에 출생하여[29] 고향에서 해양청년으로 성장하다

---

29) 한편 『인동장씨대동보』와 『장씨연원보감』에는, 장보고의 아버지는 장씨의 시조로 당나라 浙江省 蘇興府 龍興 사람인 張伯翼(생전의 이름은 원래 萬里, 뒤에 舜用으로 고침)인데, 신라를 왕래하다가 귀화하여 莞島에 정착한 후 漁夫로 생활하였으며, 801년(애장왕 2)에 아들 장보고를 낳았다고 하였다. 그러나 현재로서는 보다 신빙성 있는 보완자료가 필요하다.

가 입당하였다.

장보고가 입당한 시기에 대한 직접적인 기록은 없다. 하지만 앞에서 살펴보았듯이, 8세기 후반과 9세기 전반에 걸쳐 신라에서는 기근과 흉년이 계속되어 유이민이 만연하면서 수많은 신라인들이 살길을 찾아 해외로 진출하였던 것을 참고하면, 장보고의 입당 역시 이러한 사회적 분위기가 가장 크게 작용하였을 듯하므로, 이를 통해서 장보고가 입당한 대략적인 시기는 추측할 수 있을 듯하다.

장보고의 출생지는 청해진이 설치되었던 오늘날 완도 지역으로 보는 것이 통설이다. 그러므로 완도 지역에 유망민, 특히 입당인이 많이 발생한 시기에 장보고 또한 당으로 건너간 것으로 봄이 무난할 듯하다. 통일신라시대 완도는 무진주(武珍州)에 속하였다. 무진주는 신라의 왕경인 경주에서 볼 때 방위개념상 나라의 서쪽에 해당한다. 그러므로 장보고가 성장하던 시기의 이 지역과 관련한 기록을 살펴볼 필요가 있다.

『삼국사기』의 기록에 의하면, 814년(헌덕왕 6) 5월 서부지방에 큰 홍수가 나서 많은 피해를 입었고,[30] 815년(헌덕왕 7) 8월 신라 서변의 주·군에 큰 기근이 들고 도적이 벌떼처럼 일어났다고[31] 한다. 여기서 신라의 서부 또는 서변은 서해안 일대를 지칭하는 것이다. 그러므로 여기에는 무진주를 포함하여 넓게는 완산주(完山州)와 웅천주(熊川州) 관내의 서쪽 주(州)·군(郡)을 일컫는 것이라 하겠다. 이 무렵의 무진주를 비롯한 서남지역에서는 계속된 자연재해로 생활이 곤궁해진 많은 주민들은 유망하였고, 이 중에는 해외로 진출하여 당과 일본 등으로 이주한 자들이 많았을 것이다. 이러한 분위기 속에서 이 지역민들의 중

---

30) 『삼국사기』 권10, 헌덕왕 6년 5월.
31) 『삼국사기』 권10, 헌덕왕 7년 8월.

앙정부에 대한 불신감은 팽배하여 있었고, 특히 822년(헌덕왕 14)에 일어난 웅천주도독 김헌창의 반란은 이와 같은 사회적 분위기를 배경으로 한 것이라 하겠다.

한편 『번천문집(樊川文集)』에는 장보고가 당의 서주(徐州, 강소성 서주시)에서 무령군의 군중소장(軍中小將)이 된 때의 나이를 30세였다고 하였다. 서주에 치소를 둔 번진의 내력은 매우 복잡하다. 당 숙종의 건원 2년(759)에 하남절도사(河南節度使)가 설치된 이래 덕종의 건중(建中) 3년(782)에는 지금의 연운항(당시 해주)까지 관할하던 서해관찰사(西海觀察使)로 개명되더니 정원(貞元) 4년(788)에 와서는 서사호절도사(徐泗濠節度使)로 다시 이름이 바뀌었다. 그러다가 순종 영정(永貞) 원년(805)에 이르러 비로소 무령군절도사로 개칭되었다. 그 뒤 함통(咸通) 3년(862)까지 이 군호를 사용하다가 다시 감화군(感化軍)·무령군 등으로 번갈아 호칭하더니, 천복(天復) 2년(902) 이후는 당이 멸망할 때까지 무령군절도사로 계속 불렸다.

무령군의 내력이 이와 같으므로, 장보고가 서주에 온 해는 서주의 번진이 무령군절도사로 개칭된 805년 이후이면서 아울러 30세로 무령군 소장의 위에 있었던, 즉 평로치청(平盧淄靑)이 토멸되던 시기(815~819) 사이의 어느 때로 추정된다.

이런 견해가 허용된다면 그의 출생 연도는 이로부터 30년 전에 해당하는 785~789년 이전이 된다. 이때의 당 사회는 중앙정부에 항거하던 번진과의 싸움으로 큰 혼란에 빠져 있었다. 당 중흥의 군주로 일컬어지는 헌종(憲宗, 806~820)은 국력을 다하여 번진 토벌에 전념하던 때이기도 하다. 특히 원화 10년(815)에서 14년(819)에 이르는 기간은 반당(反唐) 최대의 강번인 고구려유민 이정기(李正己)가 세운 평로치청과 전투를 전개하던 때이다. 결국 장보고의 입당시기는 814년 전후로 추정이 된다.[32]

장보고가 입당한 동기에 대한 직접적인 기록은 남아 있지 않지만, 그의 신분을 살펴보면 이에 대한 어느 정도 추측이 가능하다.

그의 이름을 한국측 기록에서는 '궁복(弓福)' 또는 '궁파(弓巴)'라고 되어 있는데, 이는 '활을 잘 쏘는 사람'이란 의미이다. 또 그의 이름이 중국측 기록에는 '장보고(張保皐)', 일본측 기록에는 '장보고(張寶高)'로 전해지고 있다.[33] 장보고(張保皐)란 이름은 당시 신라 관습상 평민은 성을 갖지 못했으므로, 이는 당에 있을 때 중국의 성씨 중에서 '궁(弓)'이 있는 '장(張)'을 성으로 갖게 되고, '복(福)'은 중국식 발음에 따라 '보고(保皐)'를 이름으로 사용한 것인 듯하다. 결국 이러한 이름에서 그가 당시 신라사회에서 지배계층이 아닌 일반 하층민에 속했음을 알 수 있다.

장보고의 신분은 '해도인(海島人)', 즉 바닷가 출신의 평민·백성 또는 그 이하의 하층계급 출신이었다.[34] 『삼국사기』 장보고전에는 '장보

---

32) 한편 장보고는 8세기 후반에 출생하여 주로 9세기 전반기에 활동하였으므로, 787~789년경에 태어나, 20대 초반인 812~814년 무렵에 입당하여, 무장으로서 819년 평로치정이 토멸될 무렵 큰공을 세우며 14~16년간 당에 체류하다가, 귀국한 뒤 828년 청해진을 설치하였고, 841년 염장에게 암살되었을 것이라는 추측도 있다(김문경, 『청해진의 장보고와 동아세아』, 향토문화진흥원, 1998, 25~26쪽).
33) 이는 '재물을 가장 많이 가진 사람'으로 붙여진 이름이라고 추정된다.
34) 이기동, 앞의 논문, 1985. 한편 해도인이란 표현은 平人百姓과 구별되는 특별한 의미를 가진 것으로 賤民이란 추측과(蒲生京子, 앞의 논문), 장보고를 완도지역의 土豪 출신으로 추정하는 견해도 있다(김광수, 「장보고의 정치사적 위치」, 『장보고의 신연구』, 완도문화원, 1985, 65쪽).

고(張保皐)와 정년(鄭年)은 모두 신라 사람인데, 그들의 고향과 조상은 알 수 없다.'고 하였으나, 아마 장보고의 고향은 오늘날 완도로 추정된다. 이는 장보고의 의형제로서 함께 당나라로 건너갔던 정년이 당에서 기아에 허덕이는 힘든 생활을 겪다가, '고향에서 죽는 게 낫다.'고 말하면서 완도 청해진의 장보고를 찾은 것으로 볼 때, 정년과 함께 입당했던 장보고의 고향은 완도 부근이었을 가능성이 크다. 또 문성왕이 장보고의 딸을 차비(次妃)로 맞이하려 했을 때, 귀족 신하들이 '장보고는 해도인'이라며 신분상의 이유로 철저하게 반대하였다. 그를 '해도인'이라고 한 것은 단순히 해도에 거주한다는 것만을 의미하지 않고, 해도 출신임을 의미하는 것이다. 여기서 해도는 완도를 뜻하며, 그러므로 장보고는 아마 완도 출신인 듯하다.

결국 장보고는 신라 왕경 출신도 골품제에 편입된 계층의 신분도 아니라 골품제에 속하지 못한 평민, 아마 일반 백성인 듯하다. 그래서 당시 중앙의 진골귀족들은 그를 측미(側微)하다고 평가하였는데, 이때의 측미하다는 것은 평인·백성 이하의 하층계급 출신임을 말하는 것이다. 신라의 신분도인 골품체제에서 정치사회적 진출에 한계를 느낀 많은 지배층의 지식인들이 자신의 능력을 발휘하고 목적 달성을 위하여 보다 개방되고 선진문물을 가진 국제국가인 당으로 건너갔다. 특히 하대에 들어서 정치사회적 혼란과 심각한 기근현상으로 많은 하층민들이 해외로 유망하면서 이러한 추세는 한층 증가하였다.

이와 같은 시대적 상황을 참조하면, 장보고는 자활의 길을 찾아 나선 당시 입당신라인 중의 한 사람으로 추측된다. 장보고는 신라의 관인은 물론 유학생도 구법승도 아니었다. 그렇다고 당나라 해적에게 납치된 자나 범죄자도 아니었던 것 같다. 아마 당시 만연된 신라인의 입당 분위기에 편승하여 자발적인 이주민이 되어 입당한 듯하다. 특히 장보고는 개인적으로 무예에 뛰어난 재능을 갖고 있었으므로, 7세기 초 설계두(薛罽頭)의 경우처럼 중국에서의 입신출세를 꿈꾸었거나,35) 신라 말의 많은 유학생과 구법승(求法僧)처럼 자신의 웅지를 펼쳐보기 위하여 입당하였듯이, 그 또한 새로운 삶의 꿈을 찾아 당으로 건너갔던 것이다. 추측컨대 입당시 그의 모습은 완도와 그 주변에서 발생한 일정 규모의 유이민들을 규합하여 거느리고 배를 이용하여 해상을 통해 당에 들어간 무예가 뛰어난 신라출신의 청년이었던 것같다.

결국 810년대 신라와 당의 사정에서 미루어 보건대, 장보고는 서남 해안의 완도출신으로 다른 사람들보다 뛰어난 무예를 가지고 유이민으로서 살길을 찾아 자신의 꿈을 펼칠 수 있는 기대와 희망의 세계인 당으로 건너가는 모험을 행하였던 것같다.36)

더욱이 장보고가 입당한 810년대에는 중국의 당 조정에서는 이사도(李師道)의 평로치청(平盧淄青) 세력을37) 정벌하는 선봉에 선 무령군(武寧軍)에 많은 군병이 필요하였을 것이다. 평로치청은 고구려의 유민 이정기(李正己) 일가가 대대로 절도사를 맡아 지배했던 번진인데, 당 헌종(806~820)이 즉위하여 반당 번진를 토벌하면서 평로치청의 이사도와

---

35) 설계두는 신라의 골품제도에 대한 불만을 품고 당나라로 가서 左武衛 果毅로 645년 당태종의 고구려 침입에 참여하였다가 전사하였다. 무관의 최고직인 大將軍에 추증되었다(『삼국사기』 권47, 薛罽頭傳).

36) 大世와 仇柒이 보다큰 세상인 吳越로 뗏목을 타고 서로 빠름을 경쟁하면서 바다를 건너간 기록에서(『삼국사기』 권4, 진평왕 9년 7월) 張保皐과 鄭年의 입당 모습을 연상해 볼 수 있다.

37) 平盧淄青의 세력에 대해서는 김문경, 「당대 번진의 한 연구」, 『성곡논총』 6, 1975 참조 바람.

충돌하게 되었다. 당 조정은 815년(원화 10) 12월에서 이듬해 7월까지 평로치청을 대대적으로 공격하였다.

이와 같은 상황에서 장보고와 정년은 뛰어난 무술과 신라에서 거느리고 온 유이민 무리를 바탕으로 수월하게 무령군에 편입되었을 것이다. 그리고 장보고는 무령군의 아군(牙軍)에 있으면서 마창병(馬槍兵)이나 기사병(騎士兵) 부대를 지휘하여 아졸(牙卒)로 출발하여 평로치청의 토벌에 공을 세워 군중소장(軍中小將)이[38] 된 듯하다.[39]

한편 평로치정의 토벌이 끝난 뒤, 무령군에서 퇴역한 장보고는 무역 활동을 하였다. 당시 산동반도 남쪽으로 회수(淮水)와 양자강(揚子江) 어구를 낀 중국 동쪽 해안지역에는 많은 신라인들이 신라방(新羅坊)을 이루고 살았다. 이들은 신라와 일본을 오가며 국제무역을 하였는데, 장보고는 이들을 장악하여 재당신라인(在唐新羅人)의 우두머리로 부상하였다. 그리하여 장보고는 신라로 돌아오기 전에 당의 황해연안과 황해를 활동무대로 하여 이미 상당한 세력가로 성장해 있어서, 당시 엄격한 골품제에 의해 운영되던 신라사회에서 미천한 출신인 그가 귀국후 흥덕왕을 알현할 수 있었고, 또 신라왕실에서도 그를 무시할 수 없어 청해진의 설치를 허락하였던 것이다.[40]

---

38) 軍中小將은 節度使 牙軍 내의 명칭으로 小將은 『舊唐書』 職官志나 『新唐書』 百官志 등에 나오지 않기 때문에 군사 1000명을 거느리는 子將의 관직으로 보아 從5品下나 正6品下의 高官일 것으로 추정된다(朱江, 「당과 신라의 해상교통」, 『장보고해양경영사연구』, 1993, 257~258쪽).
39) 蒲生京子, 「新羅末期の張保皐の擡頭と反亂」, 『朝鮮史硏究會論文集』 16, 1979, 49쪽.
40) 권덕영, 「장보고의 상업제국과 국제무역」, 『STRATEGY21』 8, 2002, 30~33쪽.

3. 청해진과 장보고의 중앙정계 진출

가. 청해진의 설치

당에서 귀국한 장보고에 의하여 828년(흥덕왕 3)에 청해진이 설치되었다. 장보고는 무령군 시절에 당의 각지에서 약매(掠賣)되어 온 신라노비를 직접 목격하였다.

당의 세력이 확대되어 세계적인 대제국으로 발전하자, 동서양의 여러 나라에서 당에 헌납하는 일이 많아졌다. 이 헌납에는 노비들도 포함되어 있었고, 노비는 매매에 이용되었다. 당의 노비는 대부분이 전쟁포로였는데, 하지만 전쟁포로 중에서 양민임이 확인되면 방면하는 것이 당의 원칙이었다. 당은 양민의 약매를 원칙적으로 금지하고 있었기 때문이다.

816년(헌덕왕 8) 신라는 숙위왕자(宿衛王子) 김장렴(金長廉)을 통하여 신라노비의 약매 행위를 단속시켜 줄 것을 당나라 조정에 요청하였다.[41] 이에 당 조정은 신라인에 대한 노비 매매에 대한 금지령을 내렸다. 그러나 당시 당의 사정은 중앙 조정보다 지방 절도사의 세력이 더 강했기 때문에 이는 이행되지 못했다. 이로 인해 신라노비의 계속되는 약매행위는 당·신라 양국간의 심각한 문제로 대두되었다. 또 821년 3월 평로군 절도사인 설평(薛平)은 상주문에서 해적들이 신라의 양구(良口)를 납치하여 자신의 관할 지역인 등주(登州)와 래주(萊州)의 여러 연해안 주에서 그 신라인들을 노비로 팔고 있다면서, 다시 칙령을 내려 이런 범법행위를 다스릴 것을 청원하였다.[42] 그리하여 823년 정월에

---

41) 『冊府元龜』 권42, 帝王部 仁慈門 元和 11년조.

당 조정은 신라노비를 돌려보내라는 칙령을 내렸으나, 해적선에 의한 신라인 약매행위는 근절되지 않았다. 또다시 823년 3월에 신라사신 김주필(金柱弼)은 당에 표류해온 신라인들을 노비로 판매하지 말고 본국에 돌아가게 조처해 줄 것을 청하였고, 당 조정은 828년 10월에 신라인 약매의 금령을 이행하도록 명하였다.[43] 그러나 이러한 노력에도 불구하고 해적들에 의한 신라인의 약매행위는 근절되지 않았다.

이에 장보고는 해적에 의한 신라인의 노비 판매를 근절하겠다는 큰 뜻을 품고 귀국하였다. 장보고는 신라로 귀국한 뒤, 828년(흥덕왕 3) 4월 흥덕왕에게 해적을 소탕하기 위하여 청해진의 설치를 건의하여 허락받고, 또 자신은 '청해진대사(淸海鎭大使)'로 임명되었다. 청해진이라는 명칭은 해적을 소탕이라는 이 진의 설치 목적에서 유래한 것이라 하겠다.[44] 비슷한 시기에 설치된 당성진·혈구진·패강진이 일정지역의 명칭에 유래함에 비하여, 청해진은 해양 전반을 뜻하는 것으로 신라 영역의 일부를 담당하는 군진이 아니라 전 해상에서의 권한을 위임받았음을[45] 의미하는 것이다.

---

42) 『唐會要』 권86, 奴婢 長慶元年 正月 ; 『舊唐書』 목종본기 및 『冊府元龜』 권170, 帝王部.
43) 『唐會要』 권86, 奴婢 長慶 3年 정월 및 太和 2년 10월 참조.
44) 청해진의 설치 목적에 대해서는 이외에도 ① 나·당·일 삼국간의 무역을 독점하겠다는 포부(이영택, 「장보고의 해상세력에 관한 고찰」, 『논문집』 14, 한국해양대학, 1979, 81~82쪽), ② 金憲昌 계열의 반항적 세력의 견제책(김동수, 「신라 헌덕·흥덕왕대의 개혁정치」, 『한국사연구』 39, 1982, 43쪽), ③ 노비무역의 독점책(蒲生京子, 앞의 논문, 57쪽), ④ 서남해변의 지방 호족세력의 억압목적(日野開三郎, 「羅末三國の鼎立と大大陸海上交通貿易(2)」, 『朝鮮學報』 17, 1960), ⑤ 흥덕왕의 왕권 강화를 위한 당과 조공외교의 바닷길 확보(서윤희, 「청해진대사 장보고에 관한 연구」, 『진단학보』 92, 2001) 등이 있다.
45) 바다를 깨끗하게 한다는 의미의 추상적인 唐風의 명명법을 쓰고 있다(蒲生京子, 앞의 논문).

아울러 장보고는 흥덕왕으로부터 졸(卒) 1만 명을 받았다고 한다. 그러나 여기서 1만 명은 전부가 중앙군을 의미하는 것은 아니다. 그렇다고 섬의 특성상 면적당 주거민의 비례로 보아 모두가 완도 주민도 아니었을 것이다. 이것은 아마 장보고가 동원할 수 있는 군정(軍丁)으로 보인다. 즉, 그의 지배권 아래에 있었던 완도를 중심으로 한 주변도서에서 해운교통의 오랜 경험과 기술을 가진 토착주민 – 청해진 일대의 재지세력과 주민 – 이 주축을 이루었던 것 같다.46)

그리고 이에 더하여 서해안 일대에 존재하였던 대단히 많은 유망민을 규합한 숫자로 추산된다. 당시 해안 도서지역에는 중앙 정권의 행정력이 미치지 못하는 경우가 많았다. 시기적으로 이보다 조금 뒤의 일이기는 하나, 841년(문성왕 3) 일길찬(一吉湌) 홍필(弘弼)이 모반하다가 해도로 도망감에 잡지 못했다는 기록이47) 이를 잘 반영하고 있다. 특히 서해의 도서지역에는 진골귀족들의 목장이 있었다. 원인(圓仁)의 『입당구법순례행기』에 의하면 '무주(武州)의 남계(南界)인 황모도(黃茅島)에는 신라 제3재상이 말을 방목하는 목장이 있다.'고48) 하며, 또 『신당서』 신라전에는 '신라 재상가에는 노동(奴僮) 3,000명을 보유하고 바다 가운데 산에 방목처(放牧處)가 있다.'는49) 기록이 있다. 이 목장과 노동은 단순한 식용 목축과 노동력만은 아닌 듯하다. 언제든지 전투에 동원이 가능한 병마(兵馬)와 병사(兵士)가 될 수 있는 것이었다. 그러므

---

46) 김문경, 앞의 책, 97쪽.
47) 『삼국사기』 권11, 문성왕 3년.
48) "六日卯時 到武州南界黃茅嶋泥浦泊船 亦名丘草嶋 有四五人在山上 差人取之 其人走藏 取不得處 是新羅國第三宰相放牧處"(『入唐求法巡禮行記』 권4, 9월 6일).
49) "宰相家不絶祿 奴僮三千人 甲兵牛馬猪稱之 畜牧海中山"(『신당서』 권220, 신라전).

로 중앙행정력이 미치지 못하는 섬에서 생활하는 사람 중에는 아마 유망생활에 지친 나머지 귀족가에 투탁한 자들이 상당수 포함되어 있었을 것이다. 이를 고려하면 장보고 휘하의 군졸 1만 명 중에서 상당수는 역시 그러했을 것으로 추측해도 무난할 듯하다.

그리고 일부는 바로 직전인 822년 김헌창의 반란과 825년 김범문의 반란에 관련되었던 지역민들이 강제 이주되었거나,50) 혹은 이들이 떠돌아 다니다가 청해진이 설치되자 모여들어, 이에 편입되었을 가능성도 있다.

한편 정년의 경우에서 보듯이 당의 번진(藩鎭)에서 군인으로 활동하다가 퇴역한 신라인들의 상당수가 장보고와 함께, 또는 뒤에 귀국하여 청해진의 조직에 편재되었던 듯하다.

결국 장보고는 완도에 청해진을 설치하고 해상관할권을 갖게 되면서 서해안 일대의 섬과 군사요충지들도 장악하였을 것이고, 그리하여 당시 여러 섬에 산재하였던 목장과 그 주변에 생활하던 사람들을 휘하에 편입시킨 것이라 보겠다. 그러므로 장보고 휘하의 군사 1만 명은 허락받은 일종의 사병적 성격을 띤 특수집단이었던 것 같다.51)

청해진이 설치된 이후에 장보고는 신라·당·일본 3국의 연안에 횡행하던 해적을 소탕하여 태화연간(827~835) 이후 해상에서 신라인을

---

50) 장보고가 암살된 후 청해진을 파하고 그 주민을 碧骨郡으로 옮기었듯이(『삼국사기』 권11, 문성왕 13년 2월), 신라에서는 복속 및 반란지역의 주민들을 타지역으로 강제사민 시킨 사례가 더러 있다.
51) 장보고의 군대가 公兵이냐 私兵이냐 하는 문제는 좀 더 심도 있는 논의를 요하는 문제이다(2002. 9. 26~27. 개최된 '장보고와 동아시아 세계 2002 학술 심포지움'에서의 고경석 발표문 「청해진 장보고 세력의 군사적 성격」과 이에 대한 김창겸의 토론 참조)

매매하는 자가 없어졌다고 한다.52)

　장보고는 청해진 설치 이후에 동아시아 3국 사이의 무역을 독점하였다. 그가 해상무역활동에서 대단한 성공을 거둔 중요한 요인 중의 하나는 무역통제였다. 그는 노예무역에 종사하는 해적을 퇴치한다는 명분 아래 서남해안 지역의 군소 해상세력들을 단속 억제하여 그의 휘하에 통합 조직함으로써 해상무역의 막대한 이익을 독점할 수 있었다.53)

　그 결과 장보고는 황해·남해 일대의 해상권을 장악하여 동아시아 해상무역의 왕자(王者)가 되었다. 장보고의 청해진은 군사력이나 경제력에서 당시 신라 사회에서는 대단한 것이었고 상당히 독자적인 성격을 갖는 지방세력이었다. 장보고 세력은 비록 형식적으로는 신라의 권위 하에 있었지만 그 실제는 일정한 영역의 지배와 국제적 활동에 있어서 독립적인 정치세력으로 발전하였다.54)

나. 신무왕의 찬탈과 왕위쟁탈전 개입

　장보고가 청해진을 설치한 뒤 해상을 장악하고, 국제무역을 통하여 부를 축적하면서 막강한 군사력을 보유하고 지방세력으로 성장해 나가고 있을 때, 중앙에서는 836년 12월에 흥덕왕이 후사가 없이 죽었다. 그런데 흥덕왕은 먼저 죽은 왕비와 합장(合葬)할 것을 유언하였을 뿐 후계자에 대해서는 아무런 언급이 없었다.

　이에 당시 흥덕왕과 가장 가까운 친족 중의 한 명으로서 상대등직에

---

52) "自大和後　海上無睹新羅人者"(『樊川文集』 권6, 장보고정년전 ; 『신당서』 권220, 신라전).
53) 이영택, 앞의 논문, 83~92쪽 ; 이기동, 앞의 논문, 116~118쪽.
54) 김광수, 앞의 논문, 71쪽.

있던 김균정(金均貞)이 즉위를 예상하고 있었다. 김균정은 홍덕왕의 사자(嗣子)가 없는 상황에서, 더구나 홍덕왕이 죽으면서 후계자를 지명한 유조(遺詔)가 없는 이상 아마 정치권에서는 홍덕왕과의 친족적 관계와 그의 정치적 경력면에서 왕위계승자로 묵인된 인물이었던 모양이다.

그러나 당시 왕위계승에서 아주 커다란 변수로 작용한 인물은 김충공(金忠恭)의 아들 김명(金明)이다. 사실상 홍덕왕의 다음 왕위계승자로 예정되어있던 인물은 홍덕왕의 동생인 김충공이었다. 그런데 김충공은 실제 왕위를 계승치 못하고 형인 홍덕왕에 앞선 835년(홍덕왕 10) 2월 직전에 죽었다.[55] 이처럼 왕위계승예정자가 왕보다 먼저 죽음으로 인하여 홍덕왕의 사후에는 왕위계승을 둘러싸고 분쟁이 일어나게 되었다.

만약에 홍덕왕에 의하여 태자로 책봉되어 있던 김충공이 일찍 죽지 않고 왕위를 계승하였다면 부자계승원칙에 따라 김명 또한 태자로 책봉되어 왕위를 계승할 인물이었다. 그리고 홍덕왕이 김충공 대신에 그의 아들 김명을 다시 태자로 책봉하던지 아니면 유조라도 있었다면 당연히 왕위를 계승할 인물이었지만 그렇지 못하였다. 한편 홍덕왕이 죽을 무렵 김명이 비록 시중(侍中)의 자리에 있기는 하였으나, 나이도 어렸고 정치적 위치를 확보한 상태가 아니어서 김균정계에 직접 대항하기에는 역부족이었다. 이에 김명은 당시 실질적인 왕위계승권자에 있던 김균정에게 직접 도전하지 못하고 김균정의 조카이며 동시에 자신의 매부(妹夫) 김제륭(金悌隆)을 추대하여 김균정과 무력대결을 벌렸다.[56]

---

55) 이기백, 「신라 하대의 집사성」, 앞의 책, 1974, 180쪽.
56) 왕실 내부의 혈족관계로 본다면 김균정과 김명의 대립은 仁謙系와 禮英系 사이의 싸움이고, 김균정과 김제륭의 대립은 예영계 내부의 싸움이었다(이기동, 앞의 논문, 165~166쪽).

그리하여 흥덕왕의 종제(從弟) 김균정과 당질(堂姪) 김제륭은 왕위계승을 두고 대립하였다. 즉 김명과 아찬(阿湌) 이홍(利弘)과 배훤백(裵萱伯) 등은 제륭을 받들었고, 아찬 김우징(金祐徵)과 김양(金陽)은 균정을 받들었다. 양 세력의 대립은 궐내에서 무력대결로까지 발전하였으며, 이 싸움에서 균정은 죽고 김양은 화살에 맞아 중상을 당했다. 결국 김제륭이 승리하여 즉위하니, 이가 제43대 희강왕(僖康王)이다.[57] 그러나 얼마 되지 않아 이번에는 김명이 희강왕을 핍박하여 죽이고 스스로 즉위하니, 이가 바로 제44대 민애왕(閔哀王)이다.[58]

이와 같은 신라 왕경에서의 왕위쟁탈전은 장보고가 중앙정계에 진출할 수 있는 직접적인 계기를 제공하였다. 희강왕이 즉위한 뒤 김우징은 아버지 균정의 피해로 인하여 원한에 찬 말을 퍼뜨리니 김명과 이홍 등은 이를 듣고 분노하였다. 이에 김우징은 화가 미칠 것을 두려워하여 김우징은 왕경에서의 위험으로부터 벗어나고자 의탁할 곳을 찾던 중 지방에 독자적인 세력을 보유하고 있던 장보고의 청해진으로 망명하였다. 837년(희강왕 2) 5월 김우징은 처자와 함께 황산진구(黃山津口)로 달아나 배를 타고 청해진대사 장보고에게로 가서 의지하였고, 또 6월

---

57) 『삼국사기』 권10, 희강왕 즉위조.
58) 『삼국사기』 권10, 희강왕 3년 정월 및 권10, 민애왕 즉위조. 앞에서도 언급하였듯이, 김명은 흥덕왕의 태자로 책봉되어 있던 忠恭의 아들로 왕위계승예정자 순위에 포함되었지만 충공이 왕위를 계승치 못하고 죽음으로 인하여 그 권리를 상실하였다. 835년 2월 金均貞이 上大等에 임명될 때 흥덕왕의 정치적 배려에 의하여 19세의 어린 나이로 侍中에 임명되었다. 그러나 그가 당시 정치권 내에서 기반을 확고히 하기도 전인 2년도 채 안된 상황에서 836년 12월 흥덕왕이 죽으매 왕위는 당시 上大等 金均貞으로 넘어가려는 상황이었다. 이에 김명은 자신의 妹夫 金悌隆을 도와 그가 왕으로 즉위하는데 결정적인 역할을 하였고, 희강왕의 즉위와 동시에 상대등을 차지하여 정치적 실권을 장악하였다가, 이때에 이르러 찬탈을 한 것이다.

에 균정의 매서(妹壻)인 아찬 예징(禮徵)과 아찬 양순(良順)이 도망하여 김우징에게로 갔다.

이처럼 김우징과 김양이 청해진의 장보고에게 의탁한 것에는 그나름의 이유가 있었던 듯하다. 828년(흥덕왕 3) 4월 흥덕왕이 장보고의 건의를 받아들여 청해진의 설치를 허가할 당시 김우징은 집사부 시중직에 있었으므로 청해진 설치를 결정하는 과정에 관여하여, 그는 청해진과는 특수한 인연이 있었다고 짐작된다. 그리고 838년(민애왕 1) 2월에는 김양이 군사를 모집하여 역시 청해진에 들어가 거사 모의에 참여하였다. 김양은 태종무열왕의 후손으로 흥덕왕 말기에 청해진과 가장 관계가 깊은 무주도독(武州都督)을 역임하였으므로, 그 또한 직책상 청해진에 대해서는 깊은 이해가 있었던 것으로 짐작되며, 아마도 재임중 장보고의 청해진사업에 대한 후원자였을 가능성도 큰 것이다.[59]

청해진의 장보고에게 의탁한 김우징은, 한편으로 장흥(長興)의 천관사(天冠寺) 세력과 연락을 취하기도 하면서[60] 왕경의 김명에 대한 복수와 왕위를 찾기 위한 기회를 엿보고 있었다. 그러던 중에 김우징은 왕경에서 있었던 민애왕의 찬탈 소식을 듣고 장보고에게 민애왕을 자신의 아버지를 죽인 불공대천의 원수이자 임금을 시해한 역적이라고 제거할 것을 요청하였다. 김우징 부자는 그 조건으로 왕위에 오르면 장보고의 딸을 왕비로 삼겠다는 약속을 하였다. 그리하여 마침내 장보고

---

59) 蒲生京子, 앞의 논문, 61~62쪽 ; 윤병희, 「신라 하대 균정계의 왕위계승과 김양」, 『역사학보』 96, 1982, 68~69쪽 ; 이기동, 앞의 논문, 1985, 113쪽.
60) 『동문선』 권48에 실린 고려시대 승려 天因이 쓴 「天冠山記」를 보면, 이때 화엄종 승려 洪震은 평소 알고 지내던 우징이 완도에 피신하자 서로 연락을 취하면서 장흥 天冠寺에서 華嚴神衆의 위력을 빌어 우징을 도왔다고 한다(이기동, 「신라 하대의 사회변화」, 『한국사』 11, 국사편찬위원회, 1996).

는 김우징을 도와 민애왕 정권을 타도할 것을 결심하고 군사 5,000명을 정년에게 주어 돕게 하였다.

이것이 장보고가 왕위쟁탈에 개입하는 계기가 되었다. 신하인 김명이 희강왕을 죽이고 왕위를 찬탈하자, 장보고는 김우징의 설득을 받아들여 대의(大義)를 위하여 화란을 평정하는 희강왕에 대한 응징에 참여하게 되었고,61) 이때 지방에서 독자적인 세력을 갖춘 장보고는 이것을 기회로 중앙귀족과 연결하여 중앙정치에 진출하고자 하였다. 장보고는 '해도인' 신분으로 골품제에 기초한 신라 사회에서 정치적 성공은 어려웠다. 그러나 해상무역활동을 통하여 신라 조정에 맞서는 군사력과 경제력 등을 소유한 장보고에게 김우징·김양의 부탁은 장보고에게는 중앙정계 진출의 기회가 되었다.

장보고는 청해진을 중심으로 황해와 남해 일대의 해상권을 장악하여 서남해 지역에 출몰하는 해적선의 노예무역을 퇴치하고, 아울러 신라·당·일본 3국간의 교통과 무역을 독점하여 동아시아 해상무역의 왕자가 되었다. 장보고의 청해진세력은 군사력이나 경제력에서 당시에는 대단한 것이었고 상당히 독자적인 성격을 갖는 지방세력이었다. 이러한 독자적인 지방세력을 배경으로 장보고는 중앙귀족과 연결하여 중앙정치에 진출하고자 하였을 것이다.

838년 12월 장보고가 후원하는 김우징의 군대는 평동장군(平東將軍) 김양(金陽)의 휘하에 정년·염장(閻長)·장변(張弁)·낙금(駱金)·장건영(張建榮)·이순행(李順行) 등 6명의 장수를 배치하여 왕경을 향하여 진격하였다. 장보고의 군대는 무주 철야현(鐵冶縣)에서 대감(大監) 김민

<hr>

61) 『삼국사기』 권10, 민애왕 즉위년 2월.

주(金敏周)가 지휘하는 민애왕의 군대를 격파하고, 계속 진격하여 이듬해 정월 19일에 달벌(達伐, 대구)에서 민애왕의 10만 대군을 격파한 뒤, 왕경으로 쳐들어가 월유택(月遊宅)으로 도망친 민애왕을 붙들어 살해하였다. 이로써 836년 흥덕왕의 죽음과 함께 시작되었던 3년여 간의 정쟁은 장보고의 개입으로 마무리되고, 839년 김우징이 즉위하니, 이가 제45대 신무왕(神武王)이다.

결국 장보고는 김우징의 찬탈을 통한 정권 창출을 도운 최고의 공로자였으며, 그 과정에서 중앙정계와 긴밀한 관계를 맺었으며, 또 그 대가로 839년 신무왕으로부터 감의군사(感義軍使)의 관직과 2,000호(戶)의 실봉(實封)을 받았고, 경응(慶膺, 문성왕)의 즉위 직후인 839년 8월에는 다시 진해장군(鎭海將軍)에 봉해지고 아울러 장복(章服)을 하사받았다.

다. 장보고의 특진과 골품제의 변질

장보고가 흥덕왕과 신무왕·문성왕 부자로부터 받은 청해진대사, 감의군사, 진해장군 등 관직은 종전의 신라에는 없던 것이고, 또 이들 관직을 장보고에게 제수한 것은 신라의 골품제 규정을 벗어난 것이었다.

장보고는 흥덕왕대 청해진의 설치와 함께 그 장관인 대사(大使)에 임명되었다. 대사란 종래 신라에는 없던 특수 관직이다. 신라에서 군진(軍鎭)의 장관은 두상대감(頭上大監)·도호(都護) 또는 진두(鎭頭)라 하였는데, 아찬(阿湌) 혹은 사찬(沙湌) 등 고위 관등을 가진 자로써 임명하는 것이 원칙이었다. 장보고의 경우 관등 보유여부가 분명치 않다. 신라의 신분제도인 골품제의 원리에 의하면 백성·평인들은 관직에 나갈 수 없으므로 그 역시 원칙적으로는 관직을 차지할 수 없었음이 분명하다.62) 그럼에도 장보고가 청해진대사에 임명됨으로써 형식적으로는 신라의 권위 하에 들게 된 것으로 보겠다. 그러나 실제에 있어서는 장보고는 일정한 영역의 지배와 국제적 활동에 있어서 정치적 보장마저 구비된 일대 독립적 정치세력으로 발전하고 있었다.63)

그리고 신무왕과 문성왕은 장보고에게 파격적인 관작과 대우를 해주었다. 신무왕은 즉위후 장보고를 감의군사(感義軍使)로 삼고 식읍 2,000호를 봉하였다.64) 하지만 장보고에게 준 감의군사란 관직은 종래 신라에서는 없었던 것으로, 아마 군사(軍使)라는 용어에서 추측컨대 당의 경우 무령군절도사(武寧軍節度使)와 같이 감의군대사(感義軍大使)를 의미하는 것인 듯하다. 또 식실봉(食實封) 2,000호는 식읍제에 의하여 주어지는 것으로, 이러한 장보고에 대한 예우는 정치적 독립성의 의미를 내포하는 분봉(分封)의 형식을 취하고 있는 것으로,65) 이는 진골귀족 이상에게나 있을 법한 것이다.

사실 이로부터 6개월 뒤에 문성왕이 즉위하여 장보고에게 포상으로 관직을 수여하는 과정에서도 골품제의 규정은 무시된 것으로 보겠다. 문성왕은 즉위 직후에 아버지 신무왕의 즉위를 도운 대가로 장보고에게 진해장군의 관직과 장복을 주었다.66) 또 장보고를 불러 재상(宰相)으로 삼았다는 기록도 있다.67) 물론 사실여부에 대해서는 좀 더 검토

62) 이기동, 앞의 논문, 1985, 101쪽.
63) 김광수, 앞의 논문, 71쪽.
64) 『삼국사기』 권10, 신무왕 즉위조
65) 김광수, 앞의 논문, 72~77쪽.
66) 『삼국사기』 권11, 문성왕 즉위조
67) 『삼국사기』 권44, 張保皐傳 ; 『신당서』 권220, 동이전 신라조

해 볼 여지가68) 있기는 하나, 장보고는 신무왕의 즉위에 공을 세운 대
가로 왕경에 들어가 대사의 직함을 받고 재상이 되었고, 또 문성왕의
즉위에 이르러서는 진해장군에 임명되었던 것 같다. 진해장군은『삼국
사기』 직관지의 무관조에는 보이지 않는 관직이다. 그래서 신라 서남해
안을 장악하고 있던 장보고에 대한 단순한 명예칭호가 아니었던가 보
기도 하지만,69) 이는 자칭한 것이 아니라 신라의 왕이 제수하였다는
점을 고려하면 공식적으로 인정된 관직이다. 신라시대의 장군은 원칙적
으로 골품제의 규정상 진골 출신에 한하여 임명토록 되어 있었다.

그러나 잘 알려졌듯이 장보고는 해도인으로 미천한 신분이라 결코
진골이 아니었다. 그럼에도 장보고가 진골만이 차지할 수 있는 장군 혹
은 재상에 임명되었다는 것은 곧 관직 제수에 있어서 골품제 규정이
무시되었음을 나타내는 것이다.70)

이러한 장보고에 대한 예외적인 관직 수여는 신라 말기의 정치사회
적 변화에 큰 영향을 미친 듯하다. 특히 신라 하대 지방사회의 실질적
인 통치자였던 호족들이 독자적인 군사력을 보유하고 있으면서 성주(城
主) 혹은 장군(將軍)으로 호칭된 경우가 많았다. 이것은 골품제에 편제

---

68) 이미『삼국사기』의 찬자도 이에 대해서는 細註를 통하여 신라의 전기와는 다르
   다고 하였다(『삼국사기』 권44, 장보고전).
69) 정구복 외,『역주삼국사기』 3, 한국정신문화연구원, 1997, 339쪽.
70) 이외에도 골품제와 관등제의 규정에 배치되는 경우가 더러 있었다. 그 예로는
   ① 大角干崔有德(『삼국유사』 권3, 有德寺), ② 素那白城郡蛇山人也 … 贈官迊湌(『삼
   국사기』 권47, 素那傳), ③ 釋惠通氏族未詳 … 或云通俗名尊勝角干(『삼국유사』
   권5, 惠通降龍), ④ 河西府 世獻角干(『삼국유사』 권3, 臺山五萬眞身), ⑤ 蘇判王公
   池本(「無爲寺先覺大師遍光塔碑」) 등이 있다. 여기서 角干과 迊湌, 蘇判의 관등을
   崔氏와 地方人이 보유하였다는 것은 전통적인 골품제에는 어긋나는 사항이다.
   아울러 당대에 작성된 금석문에는 朝請大夫, 儒林郎, 朝請郎 등의 文散階와 昌林
   寺無垢淨塔願記 등에 보이는 行守制의 실시가 이를 더욱 잘 보여준다.

된 신분이 아닌 장보고가 장군이 되었던 것에서 영향을 받아 후대에 진골신분이 아닌 지방세력가들도 장군에 임명되기도 하고 혹은 모칭(冒稱)하였던 것으로 추측된다.

이처럼 전통적인 골품제 규정을 무시한 장보고에 대한 특별한 배려는 드디어 정치적 사건으로 발전하였다. 그것은 다름이 아니라 장보고의 피살사건이다. 신무왕의 즉위과정에서 장보고의 딸을 왕비로 맞아들일 것을 약조하였고, 문성왕은 그의 딸을 차비(次妃)로 맞이하려 하였다.71) 그러나 당시 조신(朝臣)들의 반대로 이는 이행되지 못하였다.

여기서 유의할 점은 당시 중앙 조신들이 장보고의 납비(納妃)를 반대한 이유로 그의 신분이 해도인으로 측미함을 내세웠다는 사실이다. 물론 이러한 반대에는 정치적 이해관계도 작용하였지만,72) 아마 이것은 당시 골품제가 비록 부분적으로 붕괴되고 있었으나 왕위계승과 왕실혼인에서는 그 기능을 작용하고 있었음을 보여주는 것이다. 만약에 정통적인 골품제의 규정에 따르면 왕위를 이어갈 진골의 아들을 얻기 위하여서는 진골녀를 왕비로 취해야만 하였다.73) 그럼에도 진골은 물론 두

---

71) 이에 대해서는 神武王과 文聖王으로 차이가 있으나, 文聖王代의 사건으로 봄이 옳다(김상기, 「고대의 무역형태와 나말의 해상발전에 대하여」, 『동방교류사논고』, 을유문화사, 1948, 36쪽).

72) 蒲生京子, 앞의 논문, 64~65쪽 ; 최근영, 『통일신라시대의 지방세력연구』, 신서원, 1993, 137~145쪽.

73) "其建官 以親屬爲上 其族名第一骨第二骨以自別 兄弟女姑姨從姉妹皆聘爲妻 王族 爲第一骨 妻亦其族 生子皆爲第一骨 不娶第二骨女 雖娶 常爲妾媵 官有宰相待中司 農卿太府令 凡十有七等 第二骨得爲之"(『新唐書』 권220, 列傳145 東夷傳 新羅). 여기서 第一骨은 신라의 王族인 眞骨을 말한다. 이들은 骨品制에서 신분의 유지와 획득을 위하여 진골간의 혼인을 원칙으로 하는 骨分內婚하였음을 알 수 있다. 아마 여타 신분과의 혼인에 의하여 출생한 자식은 族降을 당하였을 것이다(이종욱, 「신라시대의 진골」, 『동아연구』 6, 1985, 261쪽).

품제에 조차 속하지 못하는 장보고의 딸을 왕비로 취하려 하였다는 것은 문성왕 스스로가 정통적인 골품제에 의한 혼인규정을 무시하고 있음을 보여주는 것이라 하겠다.

그리고 이제는 그의 딸을 왕비로 취하려 하자 중앙의 귀족들은 골품제의 규정을 원용하여 이를 반대하고 있다.[74] 다시 말하면, 이 사건은 당시 정치적 갈등이 개재되어 있기는 하였지만, 종래 골품제적 신분체제를 지속시키려는 기득권을 가진 중앙의 진골귀족층과 이를 부인하려는 새로이 등장한 지방세력가 사이에 있었던 갈등의 표출이었다.

결국 장보고 딸의 납비는 중앙 진골귀족들의 골품제적인 근거를 들어 반대함으로써 실패하였다. 이는 이때까지 골품제가 기능을 유지하고 있음을 보여주는 것이기는 하나, 다른 한편으로는 이 자체가 골품제의 동요를 의미하는 것으로써 이미 골품제의 기본성격이 변질되고 있음을 반영한 것이며, 그리고 골품제가 붕괴과정에 접어든 것을 보여주는 것이라 하겠다.

이처럼 장보고에게 제수된 대사 · 군사와 장군 등은 당의 제도를 모방한 관작으로, 신라의 전통 신분제인 골품제의 규정을 벗어난 특별한 것이며, 동시에 골품제가 변질되는 양상의 한 단면이다. 그리고 행수직과 문산계를 바탕으로 한 당의 관직을 보유한 유학생들이 귀국하여 신라 정계에 나아가면서 점차 중국 관제의 도입, 시행되었다. 아울러 장보고의 장군직 보유는 지방세력가들이 장군 호칭을 갖게 되는데 영향을 미쳤다.

---

74) 이영택, 앞의 논문, 70쪽.

4. 장보고의 암살과 정치사회적 변화

가. 장보고 암살사건과 청해진의 몰락

신무왕이 즉위한 지 반년만에 죽음으로써, 왕위를 둘러싼 진골귀족 간의 내분과 정쟁을 완전히 해결되지 못한 채 즉위한 문성왕은 자신의 왕권을 지지해줄 세력이 필요하였다. 이러한 상황에서 문성왕은 장보고의 딸을 차비로 맞아들이려 하였다. 이것은 아버지 신무왕이 민애왕을 쫓아내는 과정에서 장보고의 군사력을 빌리는 조건으로 약조가 이미 되어 있었던 것이다. 그러나 당시 중앙의 귀족들은 장보고의 딸을 왕비로 맞는 것을 적극 반대하였다. 그 이유는 장보고가 해도인이므로 그의 딸이 미천한 신분의 출신이라는 것이다.

『삼국사기』 권11, 문성왕 8년(846)조에는 '청해진대사 장보고는 왕이 자기의 딸을 맞지 않는 것을 원망하고 청해진에서 모반하였다.'고 되어 있고, 『삼국유사』 권2, 신무대왕염장궁파(神武大王閻長弓巴)조에는 장보고가 '왕의 약속 위반을 원망하여 난을 꾀하고자 하였다.'고 되어 있다.75) 전자는 모반한 것으로 되어 있지만, 후자는 모반을 꾀하고자 했다고 한 것이다. 양자간에는 이와 같이 내용상에 다른 점이 있지만 장보고가 반기를 든 배경은 딸의 납비문제가 가장 큰 원인이었던 것만

---

75) ① "七年春三月 欲娶淸海鎭大使弓福女爲次妃 朝臣諫曰 夫婦之道 人之大倫也 故
夏以塗山興 殷以藝氏昌 周以褒姒滅 晉以驪姬亂 則國之存亡 於是乎在 其可不愼乎
今弓福海島人也 其女豈可以配王室乎 王從之"(『삼국사기』 권11, 문성왕 7년) ; ②
"第四十五 神武大王潛邸時 謂俠士弓巴曰 我有不同天之讐 汝能爲我除之 獲居大位
則娶爾女爲妃 弓巴許之 協心同力 擧兵犯京師 能成其事 旣簒位 欲以巴之女爲妃 群
臣極諫曰 巴側微 上以其女爲妃則不可 王從之 時巴在淸海鎭爲軍戍 怨王之違言 欲
謀亂"(『삼국유사』 권2, 神武大王 閻長弓巴).

은 틀림없다. 이에 위협을 느낀 신라의 중앙 조정에서는 무주 사람 염장(閻長)의 계책으로 장보고를 암살하였다.

그러나 장보고의 암살 배후에는 납비문제와 더불어 여러 가지 복잡한 요인이 얽혀 있었던 것 같다. 중앙의 진골귀족 중심의 정치세력에게는 장보고가 보유한 청해진의 군사력이나, 왕실과의 통혼, 그리고 중앙 정계에로의 진출 등 이 모든 것이 부담스러웠을 것이다. 그리고 청해진 세력의 등장으로 해상무역의 이익이 축소된 서남해안의 군소상인들도 장보고의 국제무역 독점에 반감을 갖고 있었던 것 같다.76) 결국 이런 요인들은 중앙귀족세력의 납비 거부로 구체화되었고, 드디어 염장의 장보고 암살사건으로 마무리되었다.

그런데 암살사건의 중심 인물은 김양이라 하겠다. 김양은 왕위쟁탈전에서 김균정·김우징 부자를 지지했던 인물이다. 그는 태종무열왕의 9대손이며 원성왕에게 왕위를 탈취당한 김주원의 자손으로 왕위계승전 당시 김균정·김우징파에 적극 가담하여, 신무왕이 즉위하자 그 공으로 소판(蘇判)의 관등과 창부령(倉府令)의 관직을 받았다.

문성왕 때 들어와서 장보고와 김양 둘 사이에 틈이 벌어지기 시작하였다. 장보고 딸의 납비문제가 일어나면서 두 사람 사이의 대립은 깊어 갔을 것으로 생각되며, 이로써 그의 암살계획도 김양에 의하여 꾸며졌을 것이라고 보여진다.77)

사실 중앙의 진골귀족들은 장보고의 중앙정계 진입에 크게 불안을

---

76) 張保皐亂의 발생 원인에 대해서는 이외에도 奴婢貿易問題 등 다른 복합적 배경이 있었다는 추측도 있다(日野開三郎, 앞의 논문, 106쪽).
77) 蒲生京子, 앞의 논문, 64~65쪽. 아울러 이는 양자 사이의 뛰어넘을 수 없는 신분상의 격차와 경쟁심으로 말미암은 듯하다(이기동, 앞의 논문, 1985, 115쪽).

느꼈을 것이다. 특히 신무왕의 찬탈과정에서 또 한명의 최고 공로자인 김양에게는 더욱 그러했을 것이다. 더구나 문성왕이 장보고의 딸을 차비로 맞는 문제에 이르러서는 김양을 비롯한 중앙 진골귀족들의 불안과 불만은 더욱 고조되었을 것이다.[78] 만약에 청해진을 중심으로 한 서남해안 지역에 막강한 군사력과 경제력을 가진 장보고가 국왕의 장인이 될 경우, 정국의 주도권과 영향력은 장보고에게 집중될 것이 명약관화하기 때문이다.

그리하여 문성왕이 845년(문성왕 7) 3월 장보고의 딸을 차비로 취하려 하였으나 조신의 반대로 실행되지 못하였다. 이에 장보고는 중앙정권에 대하여 반감을 갖게 되어 반기를 들었다.『삼국사기』권10, 문성왕 8년조와[79] 권44, 장보고정년(張保皐鄭年)전 및『삼국유사』권2, 신무대왕염장궁파조에는 이에 관한 기록이 실려 있다. 이들 서로 간에는 내용상 조금의 차이점은 있으나, 난의 발생동기에 대해서는 대동소이하다.[80] 즉 신무왕의 옹립에 최고의 공신인 장보고에게 납비 약속이 지

---

78) 장보고의 납비문제에 가장 반대한 사람이 김양이었던 것 같다. 이는 장보고의 딸이 아닌 김양의 딸을 문성왕 4년(842) 3월에 차비로 맞이한 것에서 짐작된다. 그래서 이를 장보고 딸의 납비를 둘러싼 문제가 국왕과 김양 사이의 파워게임적 성격을 반영한 것이며 이 사이에서 장보고가 희생된 것이라는 이해도 있다(강봉룡, 「해상왕 장보고의 동북아 국제 해상무역체계」, 『해상왕 장보고의 국제무역 활동과 물류』, 주류성, 2001, 242쪽).

79) "八年春 淸海弓福怨王不納女 據鎭叛 朝廷將討之則恐有不測之患 將置之則罪不可赦 憂慮不知所圖 武州人閻長者 以勇壯聞於時 來告曰 朝廷幸聽臣 臣不煩一卒 持空拳以斬弓福以獻 王從之 閻長佯叛國投淸海 弓福愛壯士 無所猜疑 引爲上客 與之飮極歡 及其醉 奪弓福劍斬訖 召其衆說之 伏不敢動"(『삼국사기』권11, 문성왕 8년).

80) 한편 張保皐의 사망연대에 대해서는 신무왕대(839년)설(『삼국유사』권2, 신무왕염장궁파)과 846년(문성왕 8)설(『삼국사기』권11, 문성왕 8년), 841년(문성왕 3)설(『속일본후기』권11, 승화 9년 정월) 등이 있어서, 종래에는 846년설을 지지하였으나, 최근에는 841년설을 따르고 있다(최근영, 앞의 책, 143쪽 주129와 정

켜지지 않음에 대하여, 장보고는 자신의 군사력을 이용하여 독자세력을 형성하여 중앙정부에 대립하려 함에 중앙의 왕과 귀족들은 김양의 주도하에 자객(刺客) 염장을 보내어 그를 제거하여 버린 것이다.[81]

  결국 장보고가 암살된 원인은 골품제의 배타성에서 비롯된 것으로 청해진 장보고의 군사력과 경제력이 확대되고, 또 그가 직접 왕위쟁탈전에 개입하여 중앙정계로 진출하면서 딸의 납비를 통하여 왕과 밀착되어 권력을 장악하려 하자, 중앙의 진골귀족들이 정치적 위협을 느꼈고, 아울러 장보고에게 흡수된 군소해상세력의 반발 등으로 살해되었다고 보겠다.

  그러나 이 난이 신라의 중앙정권을 부정하고 스스로가 특정지역을 중심으로 독자세력을 형성하고자 도모한 점, 그러면서도 당시 신라왕실과 혈연적 관계가 없는 인물에 의하여 시도된 점과 그의 딸을 납비하려 하였던 점 등은 이제부터는 신라의 전통적 신분제도인 골품제의 제약을 벗어나고자 하는 새로운 움직임이 등장한 것에서 큰 의미를 갖는 사건이다.

  그리고 장보고의 이와 같은 생애와 활동은 신라 말에 지방사회에서 대두하는 호족세력의 단서를 열어 주었다는 점에서 중요한 역사적 의미를 지니며,[82] 또 장보고의 반발을 시초로 하여 지방에 근거한 진골이 아닌, 즉 신라 왕위계승과는 직접적인 관계가 없는 자들의 왕조부정형 반역으로 발전하여 갔다. 이러한 변화는 진골 신분에 속하지 않는

청주, 「장보고관련사료검토」, 『장보고해양경영사연구』, 이진, 1993, 403쪽).
81) 이 사건을 장보고의 반란으로 인한 것이 아니라, 중앙의 진골 출신인 金陽의 술책에 의한 측미한 해도인 출신 장보고의 암살사건으로 해석하기도 한다(최근영, 앞의 책, 137~145쪽).
82) 정청주, 「군진세력 출신의 호족」, 『한국사』 11, 국사편찬위원회, 1996,

계층의 출신자에 의하여 지방을 근거지로 하는 새로운 왕조를 건국하였고, 나아가 이들 새로운 왕조가 기존의 신라왕조보다 더 큰 지지세력을 확보할 수 있게 되어, 역사의 한 차원 발전을 낳았다.[83]

나. 중앙 정치세력의 재편과 호족의 등장

비록 장보고는 정치세력간의 권력 다툼에 희생되었지만, 그동안 왕위쟁탈전으로 분열되었던 중앙의 진골귀족들은 그를 제거하는 과정에서 지방세력의 대두에 대항하기 위하여 재결합하는 양상을 보여주었다.

841년(문성왕 3) 염장을 이용하여 장보고의 암살에 성공한 문성왕은 842년(문성왕 4) 3월 신무왕의 즉위과정에서 최고의 공로자인 김양의 딸을 비(妃)로 맞아들이고, 김양의 후원을 받으면서 왕권의 강화를 이루어 나갔다. 비록 이 과정에서 847년(문성왕 9) 5월에 신무왕의 찬탈시 큰 공을 세웠던 전 시중 김양순(金良順)이 파진찬(波珍湌) 흥종(興宗)과 더불어 반란을 꾀하다가 복주(伏誅)되고, 또 849년(문성왕 11) 9월 이찬(伊湌) 김식(金式)이 대흔(大昕)과 더불어 반란을 꾀하다가 복주되는 등 한동안은 왕위쟁탈전의 여진이 있었으나 점차 안정되는 분위기로 전환되어 갔다.

이것은 847년(문성왕 9)에 김양이 시중이 되었고,[84] 또 최치원(崔致遠)이 지은 성주사의 「낭혜화상백월보광탑비」에 보면 김양은 문성왕대에 의정(誼靖)과 더불어 남북상(南北相)으로 활동하고 있었던 것에서[85]

---

83) 김창겸, 「신라 하대 왕위찬탈형 반역에 대한 일고찰」, 『한국상고사학보』 17, 1994, 259~260쪽
84) 『삼국사기』 권11, 문성왕 9년 8월.
85) 『朝鮮金石總覽』 上, 1919, 77쪽.

알 수 있다.

한편으로는 문성왕의 누이 광화부인(光和夫人)과 희강왕의 아들인 계명(啓明)이 혼인하였다. 그리고 계명을 848년(문성왕 10) 김양(金陽)의 뒤를 이어 집사성(執事省) 시중에 임명하였다. 그 결과 피비린내 나는 왕위쟁탈전을 벌였던 헌정계와 균정계의 타협이 이루어졌으며, 849년(문성왕 11) 정월에 아버지 신무왕의 이모제(異母弟), 즉 문성왕의 숙부인 의정(誼靖, 헌안왕)을 상대등에 임명하여 왕권을 안정을 찾아갔다. 특히 855년(문성왕 17) 4월에 근친왕족들이 중심이 되어 잇따른 내란과 재난 속에서 국가의 안태(安泰)를 빌기 위하여 경주 남산에다가 창림사 무구정탑(昌林寺無垢淨塔)을 건립한 것은 당시의 분위기를 잘 반영한 것이라 하겠다.

그러나 중앙에서의 이러한 분위기와는 달리 지방에서는 분권화 현상이 촉진되어 점차 지방세력들이 등장하였다. 특히 서남해안 지역의 군소 해상세력들은 청해진의 설치와 함께 장보고의 통제 아래 들어감으로써 종전에 그들이 점유하던 해상무역의 이익을 대부분 잃게 되었던 것이다. 하지만 장보고가 암살된 이후 그 통제에서 벗어난 이 지역의 해상세력들은 각기 독자적으로 해상무역에 종사하여 이익을 얻어 부를 축적하여 갔다. 일부 세력은 후삼국의 해상세력으로 남고, 뒤에 예성강(禮成江) 유역을 중심으로 한 개성 지방의 해상무역세력권으로 흡수되었다.[86] 그리고 해상무역을 통한 장보고의 성장에 영향을 받아 예성강·영암(靈岩)·강주(康州)·울산(蔚山) 등지에서 여러 해상세력들이 대두하였고, 한편으로는 패강진(浿江鎭)과 당성진(唐城鎭) 같은 군진세

---

86) 이기동, 앞의 논문, 1985, 86~87쪽.

력(軍鎭勢力)도 성장해 갔다. 이들은 후삼국이 정립된 이후에는 독자적인 지방세력을 형성하여 이른바 호족이 되었다.87) 나아가 신라의 분열과 후삼국의 정립을 낳았으며, 이들이 신라말 고려초 역사 변화의 한 주역으로 발전하였다.

5. 맺음말

신라 하대의 정치사회 변화상 중에는 장보고의 생애와 깊은 연계성을 가진 것이 많다.

8세기 후반과 9세기 초에 있어서 동아시아는 종래 당 중심의 국제질서가 구속력을 상실하였으며, 당은 물론 신라와 일본이 모두 율령제에 바탕을 둔 중앙집권적 통치체제가 붕괴되어 가고 있었으며, 하층민의 유이민 현상이 심각하였다.

이 중 신라는 왕위쟁탈전과 반란으로 중앙 귀족사회가 붕괴되고 지방에서는 자연재해를 비롯한 여러 가지 동인으로 많은 숫자의 유이민이 발생하였다. 이들 중의 일부는 해상으로 진출하여 해적이 되어 신라·일본·당의 연안에 출몰하면서 약탈행위를 자행하는 등 해상은 혼란의 세계였다. 특히 이 무렵 신라에서는 입당의 풍조가 유행하였는데, 장보고도 이러한 분위기에 편승한 유이민의 한 명으로 개인적인 꿈과 출세를 위하여 입당하였다고 보겠다. 그리고 장보고는 뛰어난 무적 능력으로 당의 무령군(武寧軍) 장교(將校)가 되어 당시 반당세력의 하나인 평로치정의 토벌에 공을 세웠으며, 퇴역한 뒤 무역을 통하여 지위를 향

87) 정청주, 앞의 논문.

상시켰고, 또 이 무렵에 그는 납치된 신라들인이 당에서 노예로 매매되는 현상을 목격하였다.

장보고는 신라로 귀국한 후 청해진의 설치하여 해적을 소탕하고 해상무역의 독점하여 막강한 군사력과 거대한 경제력을 갖게 되었다. 그리고 청해진은 동아시아 해상의 통제와 조절의 구심적 기능을 담당하게 되었다. 당시 장보고가 보유한 1만 명은 신라왕으로부터 받은 군졸은 물론, 그가 귀국하면서 데리고 온 당군 출신의 신라인과, 완도 주변의 토착주민, 그리고 직전에 있었던 김헌창의 반란 관련 지역에서 강제 이주된 자들과 많은 숫자의 유이민을 규합한 공인된 사적 병력이었다. 이러한 장보고의 군사력 보유는 중앙 귀족들은 물론 여기에 영향을 받은 지방세력가의 사병 보유를 활성화시켰다.

한편 신라 중앙에서는 왕위쟁탈전이 발생하였는데, 이 과정에서 장보고는 신무왕을 적극 지원하여 즉위케 한 대가로 중앙 정계에 진출하게 되었다. 그 공로로 장보고에게 제수된 대사·군사와 장군 등은 당의 제도를 모방한 관작으로, 신라의 전통적 신분제인 골품제의 규정을 벗어난 특별한 것이며, 더욱이 이는 골품제가 변질되는 양상의 한 단면이다. 그리고 이것은 행수제와 문산계에 바탕을 둔 당의 관직을 보유한 자들이 귀국하여 신라 정계에 진출하면서 점차 중국 관제의 도입, 시행됨과 더불어, 지방세력가들이 장군의 호칭을 갖게 되는데 영향을 미쳤다고 하겠다.

그 뒤 장보고는 문성왕대에 딸을 왕비로 들려보내려다가 중앙 진골 귀족들의 반대로 실패하자 이를 원망하여 중앙정부에 반기를 들었다. 그러나 장보고는 도리어 김양을 중심으로 한 중앙귀족들에게 암살당하고 청해진은 혁파되었다. 그런데 신라 하대의 정치사에 있어서, 김헌창의 난이 최초로 지방에서 일으킨 왕위찬탈형 반란으로서 의의가 있다면, 장보고의 반기는 왕족이나 진골이 아닌 자가 지방에서 일으키려다 실패한 최초의 신라왕조부정형의 반란으로 하대 말의 지방세력가의 대두와 지방반란의 단초가 되었다. 그리고 지방 출신인 장보고 세력의 도전에 위기의식을 느낀 중앙의 왕족귀족들은 헌정계와 균정계의 결합, 즉 범예영계(汎禮英系) 나아가서는 범원성왕계의 단결을 통하여 왕권의 안정을 도모해 나갔다.

한편 장보고의 몰락으로 한반도를 비롯한 당·일본의 연안에는 통제가 붕괴되어 또다시 유이민과 해적집단이 횡행하게 되었다. 그리고 장보고의 활동에 영향을 받은 해상세력과 군진세력의 등장에 자극을 주었으며, 이들이 신라왕조에 도전세력으로 성장하여 마침내 신라는 붕괴되어가고 후백제와 태봉·고려 등 새로운 왕조가 등장하였다. 더욱이 예성강 유역에서 해상세력을 바탕으로 패강진 등 군진세력의 도움을 받아 성립된 왕건(王建)의 고려 건국은 청해진 해상활동의 맥을 이어간 것이라 하겠다.

제 2 장

9세기 일본 서부 연안에 나타난 신라인들

1. 머리말

9세기 일본의 서부 해안에는 많은 신라인들이 빈번하게 나타났으며, 일본은 이러한 현상에 대해 심각한 우려와 함께 그 대응책에 고민하였다.

한반도에서 일본으로 인구이동은 매우 오래전부터 있었다. 특히 9세기 일본의 서부 연안에는 크고 작은 규모로 출현하는 신라인들의 인구이동이 있었다. 당시 일본에서는 신라인의 이주에1) 대한 반향이 엄청심하여 이들을 '신라적(新羅賊) 또는 '신라해적(新羅海賊)'이라 부르며, 국방상 큰 문제꺼리로 여기고 그 대책에 부심하였다.2) 신라 유이민3)

---

1) 이 시기 신라인의 이주에 대해서는 다음 논문이 참조가 된다.
   佐伯有淸, 「9世紀の日本と朝鮮 − 來日新羅人の動向をめぐって−」, 『歷史學硏究』 287, 1965 ; 奧村佳紀, 「新羅人の來航についこ」, 『駒澤史學』 18, 1971.
2) 이 시기의 신라해적에 대해서는 다음 글들이 참조가 된다.
   권덕영, 「신라 하대 서남해 해적과 장보고의 해상활동」, 『대외문물교류연구』 1,

의 출현에 따른 일본의 자극과 이에 대한 반응은 여러 가지 변화양상
을 낳았을 것이다.

이 글에서는 9세기 무렵 만연했던 신라 유이민들이 일본의 서부 연
안에 나타난 현상에 대해 살펴보겠다. 먼저 이 시기에 일본에 진출한
신라인들의 성분을 분석해 보고, 또 이들이 나타난 이유와 배경에 대해
알아보겠다. 그리고 일본 연안에 나타난 신라인들의 모습에 대해 살펴
보고자 한다.

이러한 연구는 9세기 신라에서 발생한 유이민 현상[4])이 한반도의 신
라는 물론 중국의 당과 일본에서 중요한 문제가 된 인적·물적 교류현
상으로 상호 작용하여 동아시아 역사문화의 발전에 영향을 미쳤음을
밝히는 예비 작업이 될 것이다.

2002 ; 권덕영, 「新羅 下代 西南海域의 海賊과 豪族」, 『韓國古代史研究』 41, 2006
; 濱田耕策, 「新羅海賊の出沒と"侵攻"幻想」, 『日本古代史[爭亂]の最前線』, 1998 ;
山內晉次, 「九世紀東アヅアにおける民衆の移動と交流」, 『歷史評論』 555, 1996 ;
石井正敏, 「寬平六年の遣唐使計劃と新羅の海賊」, 『アヅア遊學』 26, 2001 ; 李炳
魯, 「寬平期(890년대) 日本의 對外關係에 관한 一考察」, 『日本學誌』 16, 1996 ; 鄭
淳一, 「'貞觀 11년(869) 新羅海賊'의 來日航路에 관한 小考」, 『동아시아 속의 한
일관계사(상)』, 재이앤시, 2010 ; 鄭淳一, 「寬平新羅海賊考」, 『史觀』 164, 早稻田
大, 2011 ; 鄭淳一, 「新羅海賊事件からみた交流と共存」, 『立命館大學コリア研究
セソター次世代研究者フオラム論文集』 3, 2010.
3) 유이민 현상은 인구이동의 한 형태이다. 인구이동은 통상적으로 단순히 거주지를
옮긴다는 의미의 비과학적인 이동은 'mover'로 표현되는 반면에 행정 및 지리적
경계를 넘어 이동하는 자를 학술적으로 지칭하여서는 'migrant'로 표현한다. 그
리고 'migrant'는 다시 이동의 영역에 따라 '국내이주(interal migration)'와 '국제
이주(international migration)'로 분류된다. 한편 유이민의 이동방향에 따라 外部로
부터 들어오는 '流入民(immigrant)'과 밖으로 나가는 '流出民(emigrant)'으로 구분
된다.
4) 신라 하대와 고려 초의 유이민에 대해서는 김창겸, 「고려 건국기 유이민의 양상」,
『이수건교수정년기념 한국중세사논총』, 2000에 종합적으로 정리한 바가 있다.

2. 신라인들의 성분

1. 상인

9세기 일본 연안에 나타난 신라인들을 보다 구체적으로 이해하기 위해, 먼저 이들의 성분에 대해 살펴보겠다.

우선 신라상인들의 도래와 출현이 많았다. 이에 대한 자세한 것은 차치하고, 여기서는 도래한 신라인의 한 유형이 상인집단이었음을 언급하겠다.

> A-① 814년(홍인 5년 겨울 10월) 병진 : 신라상인 31명이 長門國 豊浦郡에 표착하였다(『일본후기』 권24, 태상천황 차아)
> ② 863년(貞觀 3년 11월) 17일 丙午 : … 因幡國에서는 "신라국 사람 57명이 荒坂의 해안가에 도착하였는데 아마도 商人같습니다."라고 아뢰었다(『일본삼대실록』 권7, 청화천황)

이처럼 신라의 많은 상인들이 일본 근해에 표류하였다. 이들은 30명 이상 무리를 이룬 상단이었다.

이들은 공적으로 허가를 받아 정상적인 물품매매를 위해 오는 상단이었다. 9세기 전반기에 많은 신라상인들이 일본을 방문하였다. 그 예를 들면, 818년에는 신라인 장춘(張春) 등 14인이 대재부(大宰府)에 와서 나귀 4두를 바쳤고, 820년 신라인 이장행(李長行) 등이 고력(羖䍽, 산양) 2두와 백양 4두를 바쳤으며, 824년에는 장보고가 대재부를 방문하였고, 840년 장보고의 사자(使者)가 방물(方物)을 바치기도 하였다.

그리고 신라상인들은 일본 현지의 민간에 직접 물건을 판매하였다.

A-③ 내(惠雲)가 전에 大宰府의 (觀音寺)講師兼筑前國講師를 맡고 있을 때, 신라 商客이 자주 왕래하며 銅鋺·疊子 등을 가져왔다. 이 물품을 道場에 갖추기 위해 이들과 만나서 국가 講經用의 僦施로 이를 매입하는 사람이 있었다(「安祥寺伽藍緣起資財帳」).[5]

④ 842년(승화 9년 8월 壬戌 초하루) 丙子 : "… (신라의) 장사하는 무리들이 돛을 날려 와서 도착하면 그들이 가지고 온 물건을 민간에 맡겨 유통하게 하되 끝나면 속히 돌려보내라."고 하였다(『속일본후기』 권11, 인명천황).

⑤ 841년(승화 8년 2월) 戊辰 : 太政官이 大宰府에 명을 내려 "신라인 張寶高가 … 그들이 가지고 온 물건은 임의로 민간에 맡겨 교역할 수 있게 하라. 다만 백성들로 하여금 물건을 구매하는 값을 어기고 앞다투어 가산을 기울이지 않도록 하라. 또한 후하게 도와서 路程의 식량을 지급하되 前例에 따라서 하라."고 말하였다(『속일본후기』 권10, 인명천황).

한편 신라상인들은 상행위에 필요한 일본에서 인정하는 공식 문서를 소지하였다. 이처럼 신라상인이 가져온 물건을 재지인들이 직접 구입하여 지방사회에 유통되었다. 그리고 A-④·⑤에서 보듯이 신라상인들은 일본 민간인 사이에 직접 거래를 하였다. 그런데 일본 관부가 신라상인들의 물건 판매가 끝나면 즉시 귀국토록 조치한 것에서 거꾸로 보건대, 이들은 장기간 머물기도 하였음을 알 수 있다.

하지만 때로는 공식 문서를 가지지 않은 상인들도 있었다.

A-⑥ 842년(승화 9년 봄정월 丙寅 초하루) 乙巳 : 신라인 李少貞 등 40명이 筑紫大津에 도착하였다. 大宰府에서 사자를 보내어 온 까닭을 물으니 우두머리인 소정이 " … 만약 그 쪽에 도착한 배 중에 공식 문서를

---

5) 李成市 지음, 김창석 옮김, 『동아시아의 왕권과 교역』, 청년사, 1999, 173쪽에서 재인용.

가지지 않은 자가 있으면, 청컨대 있는 곳에 엄히 명하여 심문하여 붙잡아 들이십시오." 하였다(『속일본후기』 권11, 인명천황).

장보고가 암살되고 그의 부장(副將) 이창진(李昌珍)이 반란을 일으키려다 역시 토벌 당하자 나머지 무리들은 종전에 그들과 무역을 하던 일본으로 도망하였다. 그 결과 이들은 신라 정부나 일본으로부터 용인되지 못한 도망자의 신세가 되었지만, 이들의 본래 신분은 상인이었다. 그리고 이미 몇몇 연구자들이 지적했듯이, 신라상인은 청해진 장보고 세력의 몰락을 전후하여 그 성격이 달랐다는 의견도 있다.

이런 비공식 상단들은 일본 상륙을 목적으로 바다에서 수시로 틈을 엿보다가 불법으로 물건을 매매하였다.

A-⑦ 835년(承和 2년 3월 丙午 초하루) 己未 : 大宰府에서 말하기를 "壹岐島는 … 근년에 신라상인이 와서 엿보기를 끊이지 않으니 지키는 사람들을 배치하지 않으면 어찌 비상시의 일에 대비하겠습니까. … "라고 하였다(『속일본후기』 권4, 인명천황)

⑧ 870년(정관 12년 2월) 12일 甲午 : … 신라의 商船이 때때로 대재부에 이르러 제멋대로 물건을 판매한다 하면서 침략하고 포악한 일을 하였다. 만일 미리 대비하지 않으면 창고의 문단속을 게을리 하는 것과 같을까 염려스럽다(『일본삼대실록』 권17, 청화천황)

이처럼 이 무렵에 일본 근해에 진출한 신라인 중에는 공식적인 상인 집단도 있었지만, 허가증을 가지기 않은 많은 불법 상인들이 있어, 수시로 일본에 상륙하여 물건을 매매하곤 하여, 당시 일본은 상당한 우려를 하였다.

한편 이들은 인용문 A-⑧에서 보듯이 평화적인 교역을 위해 도일

(渡日)한 신라상인이지만, 상교섭이 순조롭게 진행되지 않을 경우에는 해적행위도 하는 이른바 '무장상인단'적인 존재이기도[6] 했다.

2. 도적(해적)

일본 연안에 나타난 신라인들은 약탈과 강도 행위를 자행하여 당시 일본인들에게는 도적, 해적으로 인식되었다.

> B-① 812년(弘仁 3년 봄 정월 庚申 초하루) 甲子 : 조칙을 내려 "대재부에서 지난 12월 28일에 아뢰기를 '대마도에서 말하기를 이번 달 6일에 신라 배 3척이 서해에 떠 있다가 잠시 후에 그 중 1척의 배가 下縣郡 佐須浦에 다다랐습니다. 배안에는 10명이 있었는데 말이 통하지 않아 그 사정을 알기가 어려웠습니다. 나머지 2척은 어둠 속으로 떠갔는데 어디에 도착했는지 알지 못하겠습니다. 7일에 20여척의 배가 섬의 서쪽 바다 가운데 있으면서 횃불로 서로 연락하기를 마침내 그들이 해선인 것을 알았습니다. 그래서 먼저 표착한 사람 5명을 죽이고 5명은 도망해 달아났으나 후일에 4명을 붙잡았습니다. … '라고 하였다(『일본후기』권22, 太上天皇 嵯峨).
>
> ② 839년(開成 4년)에 국사가 조공을 이미 마치고 일본으로 돌아가려 하여 圓仁도 따라 배에 올랐다. … 해적 10여명이 홀연히 나아왔는데 얼굴빛이 예사롭지 않았다. 물품을 요구하므로 圓仁과 惟正 등이 함께 "우리들 목숨이 단지 이에 달렸으니 물건을 주어 오직 저 도적에 맡긴 것만 같지 못하다"라 말하고는 몸에 지니고 있던 물건과 입고 잇던 옷가지를 모두 주었다. 마지막으로 바루를 주었다(『일본삼대실록』권8. 청화천황 정관 6년 정월 14일 辛丑).[7]

---

6) 이병로, 「9세기 후반에 발생한 '신라인모반사건'의 재검토」, 『일본학보』 37, 1996, 335쪽.

7) 이 내용은 『입당구법순례행기』권2, 개성 4년(839) 4월 5일조에 자세하게 보인다. 그런데 여기서 해적 10명을 숯을 운반하는 신라인이라 하였다.

811년 12월 6일과 7일에 대마도에 나타난 신라해적들은 많게는 20여척의 배가 횃불로 서로 연락하면서 공격할 듯 위세를 보이며 공포 분위기를 만들었다. 이들 신라해적의 활동은 당시 일본 서남지역만이 아니라 한반도 서남해를 중심으로 신라와 중국·일본 삼국 해상의 공통된 모습이었을 것이다.

특히 869년 5월에는 신라인들이 일본 관부의 공물(貢物)을 약탈하는 사건이 발생하였다.

> B-③ 869년(정관 11년 6월) 15일 辛丑 : … 大宰府에서 "지난달 22일 밤에 신라해적이 배 두척을 타고 博多津에 와서 豊前國의 年貢인 絹綿을 약탈하여 곧바로 도망하여 숨었습니다. 군사를 보내어 뒤쫓았으나 적들을 사로잡지 못하였습니다."라고 아뢰었다(『일본삼대실록』 권16, 청화천황).
> ④ 869년(정관 11년 12월) 14일 丁酉 : 지난 6월 이래로 大宰府가 거듭 아뢰기를 신라적 배 두 척이 筑前國 那珂郡 荒津에 도착하여 豊前國 貢調船의 絹綿을 약탈하여 도망갔다고 합니다. … 전하여 들으니 저 신라인들은 우리 일본국과 오랫동안 대대로 서로 적이 되어 왔는데 이제 국경 안에 들어와서 調物을 약탈하고서도 두려워하거나 그치는 기색이 없습니다(『일본삼대실록』 권16, 청화천황).

이러한 신라인의 일본 공물 약탈사건은 일본 조야에 아주 큰 충격을 던져주었다. 일본 관부에서는 이들을 신라해적으로 보게 되고, 군사를 동원하여 나타난 신라인을 추포케 하였다. 그리고 신라인의 출현에 만반의 대비를 하도록 지시하였다.

이 사건 이후로 일본에서는 신라인의 출현과 이들에 대한 인식이 종전과 크게 달라진 것이다. 이제는 단순한 표류인이나 상인이 아니라 침략자로 의심하여 적대감을 드러냈다.

더구나 890년대에 이르러서는 신라해적이 출현한 기록이 매우 자주 보인다. 893년 5월 11일 신라해적이 비전국(肥前國) 송포군(松浦郡)에 나타났고,[8] 윤5월 3일에는 비후국(肥後國) 포전군(飽田郡)에서 민가를 불태우고 송포군 쪽으로 도망갔다,[9] 또 894년 3월 13일에는 신라해적이 변방 섬을 습격하고 약탈한 사건이 있었고,[10] 또 4월 14일에는 신라해적이 대마도에 내착(來着)하였다.[11] 그리고 이해 6월에는 신라해적 200인, 9월에는 신라해적 20인, 10월에 신라해적선이 대재부의 영역을 침입하였다.[12] 특히 이 무렵에 체포된 현춘(賢春) 등은 45척의 배로 대마도를 습격하였다.[13]

결국 8세기 후반부터 극성을 부리던 신라해적들은 828년 장보고의 청해진 설치와 소탕으로 자취를 감추었다. 그러나 841년 장보고가 암살당하고, 851년 청해진이 혁파되자 또다시 나타났으며, 더욱이 869

---

8) "廿二日 庚申 大宰府飛驛使來 奏狀偁 今月十一日 新羅賊來 指肥前國松浦郡 卽日 賜敕符於大宰帥－是忠親王大貳－安倍興行朝臣等 令追討者"(『日本紀略』 전편 권 20, 寬平 5년 5월 22일).
9) "三日 庚午 大宰飛驛使來偁 新羅賊於肥後國飽田郡 燒亡人宅 又於肥前國松浦郡逃去 卽賜敕符 令追討之"(『日本紀略』 전편 권20, 寬平 윤5월 3일).
10) "十三日 丙子 申剋 大宰府飛驛使來 申新羅賊損侵寇邊島之由 卽賜敕符於彼府 令追 討"(『日本紀略』 전편 권20, 寬平 6년 3월 13일).
11) "十四日 丙午 大宰府飛驛使上奏 新羅賊來著對馬島之由 同日 賜勒符於彼府"(『日本 紀略』 전편 권20, 寬平 6년 4월 14일).
12) ① "十九日 戊寅 大宰府飛驛使言上 打煞新羅賊二百餘人 仍仰諸國令停止軍士警固 等"(『日本紀略』 전편 권20, 寬平 6년 9월 19일).
② "卅日 己丑 大宰府飛驛使來 言上打煞新羅賊廿人之由 賜敕符於彼國 令警固"(『 日本紀略』 전편 권20, 寬平 6년 9월 30일).
③ "六日 己未 大宰府飛驛使奏 新羅賊船退去之由"(『日本紀略』 전편 권20, 寬平 10월 6일).
13)『扶桑略記』 권22, 寬平 6년 9월 5일 및 石井正敏,「寬平六年の遺唐使計劃と新羅 の海賊」,『アヅア遊學』 26, 2001, 45쪽 참조.

년에는 일본의 공물을 약탈하기도 하였다. 특히 890년대에 신라해적의 활동은 최고 절정을 이루었으며, 이후에도 한동안 계속되었다.[14]

이처럼 일본 서부 연안에 출현한 신라인과 신라 배는 해적과 해적선으로 인식되었다.

3. 범죄자

신라 하대 유망민의 한 부류였던 범죄자들이 일본으로 도망하는 사례도[15] 있었다. 물론 다양한 종류의 범죄자가 있었겠지만, 일본에 어떤 연고권을 가진 자도 있었다.

C-① 842년(승화 9년 봄정월 丙寅 초하루) 乙巳 : 신라인 李少貞 등 40명이 筑紫大津에 도착하였다. 대재부에서 사자를 보내어 온 까닭을 물으니 우두머리인 소정이 "張寶高가 죽고 그의 副將 李昌珍 등이 반란을 일으키고자 함에 武珍州(지금의 光州) 列賀(別駕의 誤記?) 閻丈이 군사를 일으켜 토벌하여 평정하였으므로 지금은 이미 아무런 걱정이 없습니다. 다만 적의 무리들이 網을 빠져나가 문득 당신들 나라에 도착하여 백성들을 소란스럽게 할까 두렵습니다. 만약 그 쪽에 도착한 배 중에 공식 문서를 가지지 않은 자가 있으면, 청컨대 있는 곳에 엄히 명하여 심문하여 붙잡아 들이십시오. 또 지난해 廻易使 李忠·楊圓 등이 가지고 온 물건들은 곧 부하 관리와 죽은 장보고 자손들에게 남겨진 것이니 바라건대 빨리 보내 주십시오. 그런 까닭에 閻丈이 筑前國에 올리는 牒狀을 가지고 찾아뵈러 왔습니다"라고 하였다(『속일본후기』 권11, 인명천황).

---

14) 906년(연희 6) 7월 13일 隱岐國의 보고에 의하면 신라해적이 北海에 나타나자 쫓아가 물리치기도 했다(『일본기략』 후편1, 醍醐).
15) 『삼국사기』에 의하면, 841년(문성왕 3) 一吉湌 弘弼이 謀叛을 꾀하다 탄로가 나자 海島로 도망하여 잡지 못했다고 한다. 이처럼 신라의 범죄자들은 해상으로 도망가 일본이나 중국으로 건너가는 경우가 있었다.

이미 앞에서 약간 언급하였듯이, 장보고가 암살당한 뒤 그 세력의 잔당은 반란을 도모하였다가 실패하였다. 그래서 이들의 본래 직업은 상인이지만 정치적인 상황의 변화로 범죄자로 몰려 일본으로 도망하였다. 그런데 이들이 일본을 선택한 이유는 무작정 도피라기보다는 이전부터 그들이 연고를 가지고 교역한 대상지를 찾아온 듯하다.

이외에도 신라에서 반란자를 비롯하여 살인·강도·절도 등의 많은 범죄자들이 일본으로 밀항하였을 것이다.

4. 승려와 기술자

일본에 나타난 신라인 중에는 표류한 불교 승려도 있었다.16)

    D-① 863년(貞觀 5년 4월) 21일 癸丑 : 이에 앞서 대재부에서 "신라 沙門 元著·普嵩·清願 등 3명이 博多津 해안에 도착하였습니다"라고 아뢰었다(『일본삼대실록』 권7, 清和天皇)
    ② 893년(寬平 5년 3월 3일) 長門國에 新羅法師 神彦 등 3인이 표착했다. 그 일의 이유를 물었지만 다른 것이 없어 마땅히 양식을 지급하고 돌려보냈다(『日本紀略』 前篇20).

신라 승려들이 아마 구법(求法)을 목적으로 당(唐)이나 천축(天竺)으로 가려고 항해하다가 길을 잘못 들었거나 아니면 폭풍을 만나 표류하

---

16) 이전에도 신라 승려의 도래는 있었다. 『일본서기』 持統天皇 원년(687) 4월 축자에 신라 승려와 남녀 22명이 도착하였고, 持統天皇 4년 2월에 신라 승려 詮吉·北助知 등 50명과 許滿 등 신라인 12명을 武藏國에 이주, 『속일본기』 天平寶字 2년(758) 8월에 도래한 신라 승려 34명, 남자 19명, 여자 21명을 武藏國에 이주시키고 新羅郡을 설치했다.

여 일본에 도착한 것이라 보겠다.

그리고 때로는 승려와 동행한 신라인 중에는 전문기술자도 있었다.

　　D-③ 870년(정관 12년 9월) 15일 甲子 : 신라인 20명을 보내어 여
러 나라에 배치하였다. 淸倍·鳥昌·南劵·安長·全連 5인을 武藏國, 승
려 香嵩과 사미승 傳僧·關解·元昌·劵才 5인을 上總國, 潤淸·果才·
甘參·長焉·眞平·長淸·大存·倍陳·連哀 10인을 陸奧國에 배치하였
다. … 윤청·장언·진평 등은 기와 만드는데 재주가 뛰어나므로, 육오국
修理府의 기와 만드는 일에 참여하여 그 일에 뛰어난 사람들로서 서로 좇
아 전해 익히도록 하였다(『일본삼대실록』 권18, 청화천황).

이처럼 승려와 사미승과 함께 안치된 자 중에 기와 만드는 재주가
뛰어난 신라인이 있었다. 이들은 관련 전담 관부인 수리부에 배속되어
현지 일본인에게 기술을 전수하였다.[17]

5. 관리

한편 신라 관리들도 있었다.

　　E-① 885년(仁和 원년 6월) 20일 癸酉 : … 이날 대재부에서 아뢰기
를 "지난 4월 12일에 新羅國使 判官 徐善行과 錄事 高興善 등 48인이 배
한 척을 타고 肥後國 天草郡에 도착하였습니다. 그 온 이유를 물으니 '지
난 해에 표류하다가 마침 해안에 도착할 수 있었는데, 官에서 양곡을 지급
하여 주어 고향에 돌아갈 수 있었습니다. 이제 어진 은혜에 보답하고자 國
牒과 信物 등을 가지고 來朝한 것입니다.'라고 대답하였습니다(『일본삼대
실록』 권47, 광효천황).

17) 신라시대 기술전문가는 博士·大博士·伯士 칭호를 가진 승려가 많았다.

물론 이들 관리는 자발적인 도래인이라기보다는 자연재해를 만나 어쩔 수 없이 표류하여 일본지역에 도착한 사람들이다. 이들 표류신라인들이 판관(判官)과 녹사(錄事)라는 직함을 가지고 있어,18) 이것이 사실이라면 관리로 볼 수 있다.

어쨌든 이들은 이보다 앞선 884년 표류인으로 일본에 이르렀다가 양곡을 지급받고 되돌아갔던 것이다. 그러므로 크게 보면 이들도 이 시기에 일본 서부지역에 나타난 신라인이다.

이상에서 살펴보았듯이, 9세기 일본 연안에 나타난 신라인의 성분은 상인과 범죄자, 도적(해적)은 물론 승려와 관리 그리고 전문기술자까지 그 성분이 다양하였다. 그 이유와 배경은 일본에 나타난 신라인은 신라 본토에서 발생한 다양한 출신 성분을 가진 유이민의 일부가 이주의 연장선에서 해외로 진출한 것이기에, 이들의 성분 역시 그러하다.19)

---

18) 다만 판관의 성씨가 徐이고, 녹사의 성씨가 高인 것으로 보아 이들이 신라인이라고 한 것이 사실인가에 대해서는 약간의 의문이 있을 수 있다. 하지만 신라에서 판관의 경우는 759년(경덕왕 18) 봉성사성전·감은사성전·봉덕사성전의 赤位와 영묘사성전의 上堂을 判官으로 개칭하였다가 776년(혜공왕 12) 다시 환원하였고, 또 錄事는 771년(혜공왕 7) 작성된 성덕대왕신종명에 "判官右司祿館使級湌 金忠得 判官 級湌 金忠封 判官 大奈麻 金如芀庾 錄事 奈麻 金一珍 錄事 奈麻 金張幹 錄事 大舍 金○○"라는 기록이 있어, 8세기 후반 신라에서 판관과 녹사 관직이 나란히 있었음을 볼 수 있다. 또 872년(경문왕 12) 작성된 大安寺寂忍禪師碑에 "入唐謝恩兼宿衛判官翰林郎臣崔賀奉敎撰"이라 하여, 9세기 후반 신라에서 판관이 실제 사용된 것을 확인할 수 있다. 그러므로 필자는 이들을 신라인으로 보고자 한다.

19) 결국은 이들도 당시 신라내에서 발생한 유이민들이 해외, 특히 일본지역으로 이주한 것이다. 그러므로 이들 역시 당시 신라에서 만연한 유이민의 연장선상에서 이해될 것이다. 신라 해외유출민은 승려·지방세력가·피난민·범죄자·정치망명자·상인·관리·전문기술자 등 매우 다양하였다. 한편 신라 하대 피지배층의 유이민은 상인·노비·피고용인·승려 등으로 직업과 신분을 바꾸어 살길을 찾았다(김창겸, 앞의 논문, 2000).

3. 신라인들의 출현 이유와 배경

9세기 일본 연안에 신라인의 출현이 매우 빈번하게 있었던 이유와 배경은 무엇일까? 그 사례를 통해서 살펴보도록 하겠다. 인구이동의 주원인은 크게는 자연재해로 인한 식량 부족, 주변국의 침입과 국가간의 전쟁, 또는 기존 거주 지역 내의 반란과 분쟁 등 내란, 자신의 보다 나은 출세와 생명의 보존을 위한 유망(流亡) 등을 들 수 있다.

사실 인구이동은 내적 요인과 외적 요인이 상호작용하여 이루어진다. 대체로 이주 당사자가 현재 상황에 만족하지 못하고 보다 행복한 생활을 추구하여 여건과 사정이 좋은 곳으로 이동하는 것이다. 다만 자연과 저항할 수 없는 절대 힘에 의한 강제이주는 반대적인 경우도 있다.

1. 귀화

일본측 사료를 보면 당시 신라인들이 일본으로 도래한 이유로는 풍속에 교화를 입고 흠모하여 자진하여 귀화한 것으로 기록되어 있다.

F-① 814년(홍인 5년 8월) 丙寅 : 귀화인 신라인 加羅布古伊 등 6명을 美濃國에 안치하였다(『일본후기』 권24, 태상천황 차아).

② 814년(홍인 5년 겨울 10월) 경오 : 대재부에서 말하기를 "신라인 辛波古知 등 26명이 筑前國 博多津에 표착하였는데 그들에게 온 이유를 물으니, '풍속과 교화를 흠모하여 멀리서 의탁하러 왔습니다.'라고 하였다(『일본후기』 권24, 태상천황 차아).

③ 816년(홍인 7) 겨울 10월 甲辰 : 대재부에서 말하기를 "신라인 淸石珍 등 180인이 귀화하였는데, 마땅히 철에 맞는 옷과 길을 오가는데 소용되는 양식을 내리어 배편으로 서울로 돌아오도록" 하였다(『일본기략』

전편 14, 차아천황).

④ 833년(천장 10년) 여름 4월 을축 : 귀화해온 신라인 金禮眞 등 남여 10인의 本貫을 左京5條에 속하게 하였다(『續日本後紀』 권1, 인명천황).

신파고지(辛波古知)처럼 신라인이 일본에 귀화한 이유는 풍속과 교화를 흠모하여 의탁하러 왔다. 이 경우는 자발적 귀화라고 보겠다.[20]

이들이 일본에 귀화한 것으로, 오늘날 현대법으로 말하자면 일본인으로 귀화한 것이다. 김예진(金禮眞)은 신라에서 신분과 관등에 대한 직접적인 언급은 없으나, 성이 김(金)이고 고상한 뜻을 지닌 '예(禮)'와 '진(眞)'을 이름자로 한 것으로 보아, 추측컨대 상당히 높은 신분, 아마 왕족 또는 진골귀족에 속하는 인물인 듯하다. 그러므로 김예진은 신라에서 어떤 정치적 이유로 일본에 망명한 것이라 여겨진다.

그러나 이러한 자발적인 귀화에도 어쩔 수 없는 사연도 있었을 것이다. 일본측은 자국 중심의 우월주의에서 신라인의 귀화라고 하였으나, 그 실상은 달랐다. 실제는 처벌이 두려워, 또는 생존을 위해 일본의 풍속과 교화를 흠모하여 왔다고 거짓말을 한 것이다. 인용문 F-②에서도 알 수 있듯이 표류한 신라인들은 생존을 위한 수단으로 일본에 대해 최대한 찬사를 사용하여 아부하였다.

일본은 신라인들이 살기 위한 의례적이고 가식적인 언행을 사실로 착각하였다.

F-⑤ 842년(승화 9년 8월 壬戌 초하루) 丙子 : 大宰大貳 從4位上 藤

20) 그리고 『일본기략』 전편14, 차아천황에는 817년(홍인 8) 2월 신라인 金勇昌 등 43인, 817년 4월 신라인 遠山知 등 144인, 그리고 822년(홍인 12) 7월 신라인 40인이 귀화하였다는 기록이 있다.

原朝臣衛가 4조목의 건의문을 임금에게 올려 아뢰었다. … 대답하기를 "덕택에 멀리까지 미쳐 바깥 변방에서 귀화하여 오는데 우리나라에 들어오는 것을 일절 금하는 것은 인자하지 못한 일이다. … "고 하였다(『속일본후기』 권11, 인명천황).

이처럼 일본은 도래한 신라인에 대하여 교화와 흠모에 의해 귀화해 오기에 인자함을 베풀어 포용하는 듯 착각에서 대국인양 우월주의 입장을 취하기도 하였다.[21]

한편 일본은 도래한 신라인들을 서울로 돌아오게도 하였으나, 각 지역에 나누어 살게 하였다. 특히 김예진의 경우는 본관을 배속시켜 거주지를 정해주었다. 내투인(來投人)·귀화인(歸化人)으로 처리되어 성씨의 시조가 되는 경우도 있었다.[22] 이 경우는 이들이 신라의 귀국을 포기하고 일본에 망명을 요청하여 귀화한 것이다. 그러자 일본은 이들을 자국민과 동등하게 기존 민의 통제 질서 속에 편제하였다.

그리고 인용문 F-③에서 보듯이, 일본은 귀화 신라인들을 안치하고 기존 일본의 민에 대한 통제 질서 속에 편제하는 조치를 취하였다.

---

21) 한편으로는 신라인의 귀화가 거짓이라는 의심을 갖기도 했다. 그것은 "이들 무리는 모두 겉으로는 귀화한 것 같지만 내심으로는 역모할 뜻을 품고 있습니다. 만일 (신라가) 침략해 온다면 반드시 내응할 것이므로 청컨대 天長 원년(824) 8월 20일의 格旨에 준하여 新舊를 논하지 말고 아울러 陸奥國의 빈 땅에 옮겨 간 특한 마음을 끊도록 하십시오."(『일본삼대실록』 권17, 청화천황)라고 한 기록에서도 짐작할 수 있다.

22) 天平 5년(733) 6월 埼玉郡의 신라인 남녀 53명에게 金이라는 성을 하사하였고(『속일본기』 聖武天皇, 또 "(貞觀 9년, 867, 4월), 25일 甲午 主税少允 從6位上 錦部連三宗麻呂와 木工 少允 正6位上 錦部連安宗에게 惟良宿禰의 姓을 내렸다. 그 선조는 百濟國 사람이다. 伊賀 權目 正6位下 韓人眞貞에게 豊瀧宿禰의 姓을 내렸다. 그 선조는 任那國 사람이다"(『일본삼대실록』 권14, 청화천황)라는 기사에서 보듯이, 이 무렵 한반도에서 온 귀화자들에게 사성을 하였다.

F-⑥ 870년(정관 12년 9월) 15일 甲子 : 신라인 20명을 보내어 여러 나라에 배치하였다. 清倍·烏昌·南券·安長·全連 5인을 武藏國, 승려 香嵩과 사미승 傳僧·關解·元昌 券才 5인을 上總國, 潤清·果才·甘參·長焉·眞平·長淸·大存·倍陳·連哀 10인을 陸奥國에 배치하였다. 칙을 내리기를 "… 특별히 궁휼히 여겨 저 나라 비옥한 땅에 안치하는 것이니 불편함이 없도록 하고 口分田의 營種料를 지급하라. 아울러 모름지기 이런 일은 한결같이 선례에 따르도록 하며, 씨 뿌릴 때에나 가을의 수확 때에는 아울러 공량을 지급하라. 승려와 사미승 등은 公粮하는 액수가 정해진 절에 안치하도록 하고 그들에게 공급하도록 하라. 도중에 있는 나라들은 모두 말 먹이와 몸에 필요한 잡물을 지급하고 인부를 충당하여 운송하도록 하되 어질고 인자함을 베풀어 군색하게 하지 말라."고 하였다. "太政官은 알린다. 신라인은 대재부의 貢綿을 훔쳤는데 윤청 등 20인이 함께 이 혐의를 받았다. 모름지기 그 이유로 죄를 책하고 정하여 법에 따라 죄를 내리므로, 죄를 면하고 힘쓰는 데 어찌 살피지 않겠는가. 청배 등 5인은 무장국, 원창 등 5인은 상총국, 윤청 등 10인은 육오국에 물러나 있으라."고 하였다. 윤청·장언·진평 등은 기와를 만드는 재주가 뛰어나므로, 육오국 修理府의 기와를 만드는 일에 참여하여 그 일에 뛰어난 사람들로 하여금 서로 좇아 전하여 익히도록 하였다(『일본삼대실록』 권18, 청화천황).

인용문 F-⑥에서 보듯이, 표류해와 일본 대재부 관내에 거주하던 신라인들을 여러 다른 지역에 나누어 안치되었다. 신라인을 안치한 숫자가 6명, 10명, 5명 등으로 모두 10명 이하의 단위로 나누어 안치함을 볼 수 있다.

공면을 약탈한 혐의가 있는 신라인 20명을 세 나라에 나누어 청배 등 5인을 무장국, 승려 향숭과 사미승 전승 등 5인을 상총국, 윤청 등 10인을 육오국에 배치하였다. 여기서 보건대 승려는 상총국의 절에, 기술자는 육오국 수리부에 안치하고 있다.

그러면서 이들에게 구분전의 영종료를 지급하되, 씨 뿌릴 때에나 가을의 수확 때에는 아울러 공양(公糧)을 지급하도록 하였다. 그리고 승려와 사미승 등은 공양하는 액수가 정해진 절에 안치하도록 하고 그들에게 공급하도록 하였다.23)

그리고 귀화 신라인들을 위하여 신라군(新羅郡)과24) 같은 특별한 행정구역을 만들었다. 그리하여 당시 일본의 대재부 관내(管內)에 거주하는 귀화한 신라인을25) 비롯하여, 신라인의 집단거류지가 형성되었을 것이다.26) 더욱이 윤청은 오랫동안 대재부 관내에 거주하면서 교관(交關)에 종사하는 상업행위를 하였다.27) 그렇다면 이들 신라인은 남자가 대부분이었기에 아마도 일본 관청으로부터 일본 여인들과의 혼인을 공식적으로 허락을 받거나 또는 현지 여인들과의 육체적 관계를 맺어 부부로서 가정을 이루고 자식을 두었을 것이다. 그러나 일본 내에 안치되어 잘 적응하며 생활하는 신라인이 있는가 하면, 만족하지 못하고 도망하는 자들도 많았던 모양이다.

23) 다만 이 기사에는 金連이 全連으로, 淸信이 淸倍로 표기되어 있다.
24) 『속일본기』에 758년(天平寶字 2) 8월에 도래한 신라 승려 34명, 남자 19명, 여자 21명을 武藏國에 이주시키고 新羅郡을 설치했다는 기록이 있어 참조가 된다. 아울러 『속일본기』 元正天皇 靈龜 2년 5월에 고구려인 1,799명을 武藏國에 이주시키고 高麗郡을 설치했다는 기사도 있다.
25) 鄭淳一, 앞의 논문, 2010, 12~14쪽
26) 이것을 당의 산동반도 등지에 형성된 '신라방'에 비견하는 견해도 있다(石井正敏, 「大宰府の鴻臚館と張保皐時代を中心た日本・新羅關係」).
27) 예컨대 홍인연간(810~824) 등의 사료에 보이는 신라도래인의 수백명 이상이 大宰府 博多에 정주하여 상업활동을 행하고 있었던 가능성이 있다(龜井明德, 「唐・新羅商人의 來航과 大宰府」, 『장보고관계연구논문집』 중국편/일본편, 2002, 676쪽). 사실 신라상인들은 대재부 부근에 머물면서 교역을 하는 경우도 있었다. 그리하여 이들은 당시 대재부 부근에서 상권을 형성한 일본 상인층 내지는 호족층들과 매우 긴밀한 관계를 맺고 있었던 것으로 보인다.

F-⑦ 873년(정관 15년 6월) 21일 갑인 : 武藏國司가 "신라인 金連과 安長·淸信 등 세 명이 도망하였는데 어디에 숨어 있는지를 알 수 없습니다."라고 하니, 京畿 7도 여러 나라로 하여금 김련 등을 체포하도록 하였다. (이들은) 정관 12년(870)에 대재부로부터 옮겨 안치했던 사람들이다 (『일본삼대실록』권24, 청화천황)

⑧ 879년(원경 3년 여름 4월) 2일 辛酉 : … 貞觀 12년(870) 9월 15일 신라인 5인이 武藏國에 배치되었는데, 이때 이르러 國司가 말하기를 "그 가운데 2인은 도망하여 어디에 있는지를 알 수 없습니다."라고 하였다. 이에 太政官이 左·右京과 5畿·7道 여러 나라에 명령을 내려 수색하도록 하였다(『일본삼대실록』권35, 양성천황)

위의 인용문 F-⑦·⑧에서 보듯이, 870년(정관 12) 9월 15일에 대재부로부터 무장국에 안치되었던 신라인 5명 중에서 873년(정관 15) 6월 21일에 김련 등 3명이 도망하였고, 또 879년(원경 3) 4월 2일에 2명이 도망하였다고 한다.

단순히 숫자상으로 보면 안치된 5명 모두가 도망한 것이라 하겠다. 그런데 879년 기사를 보면 5명 가운데 2명이라 하였으므로, 이때에도 5명이 그대로 안치되어 있었던 것으로 여겨지며, 그렇다면 먼저 873년에 도망했던 3명이 도주에 실패하여 다시 잡혀와 결국 5명이 함께 생활하다가 879년에 이 중에서 2명이 도망했음을 짐작할 수 있다. 이는 무장국에 안치된 신라인들이 그 생활에 만족하지 못할 만큼 매우 어려웠음을 의미하는 것이라 하겠다.[28]

---

28) 신라해적의 일본 공면 약탈사건에 대한 조치로 870년 9월 15일 김련과 청신이 무장국에 이치될 때, 신라 승려 전승과 권재는 상총국에 배치된 신라인이다. 그런데 이들도 "873년(정관 14년 9월) 8일 庚午 : 甲斐國에서 아뢰기를 "신라의 승려 傳僧과 卷才 두 명이 山梨郡에 와서 살고 있습니다."라고 하였다. 傳僧 등은 貞觀 13년(871)에 上總國에 옮겨져 배치되었던 이들이다. 이에 본래 있던 곳으

더구나 820년 2월 원강(遠江) · 준하(駿河)에 정착한 신라인 700명이 반란을 일으켜 이두국의 세미(稅米)를 습격하여 해상으로 도망하는 사건이 발생하였다.29) 이 사건은 평정되었으나 이후 신라인에게는 구분전을 주고 육오국 등 지역의 개발인력으로 보내졌다.30) 특히 신라해적의 일본 공면 약탈사건 이후에는 재지세력(在地勢力)과 대재부 관내에 거주하던 내착신라인(來着新羅人)의 밀접한 결합을 차단하고, 또 신라인이 지닌 기술을 해당 지역에 사용케 하려는 목적 등 여러 가지 이유로 이치되기도 하였다.31)

다시 말해, 당시 일본의 여러 지역에 안치된 신라인들이 그곳의 생활에 적응하지 못하였음을 보는 주는 자료이다.

2. 표류

일본 연안에 출현한 대부분 신라인들의 실상은 표류인이었다. 표류에도 여러 가지 원인이 있겠지만, 우선 이들이 일본 연안에 나타난 가

로 되돌아가게 하였다.”(『일본삼대실록』 권24, 청화천황)는 기록에서 보듯이, 이치되었음을 알 수 있다.

29) 『일본기략』 전편 권14. 한편 일본에서 신라인의 반란사건은 이전에도 있었음을 “(稱制前紀, 朱鳥 원년, 686) 겨울 10월 戊辰 초하루 己巳 : 皇子 大津이 반란을 계획하다가 발각되었다. 황자 대진을 체포하고 아울러 황자 대진을 잘못 인도한 直廣肆 八口朝臣晉槁, 小山下 壹伎連博德과 大舍人 中臣朝臣臣麻呂, 巨勢朝臣多益須, 新羅의 沙門 行心 및 帳內礪杵道作 등 30여 인을 체포했다.”(『일본서기』 권30, 持統天皇 元年 10월)와 “신라의 사문 행심이 황자 대진이 반란을 꾀하는 데 참여했으나, 짐이 차마 법을 더 적용하지 못하겠다. 飛驒國의 伽藍으로 옮기라.”(『일본서기』 권30, 持統天皇 元年 10월)는 기록에서 볼 수 있다.
30) 佐白有淸, 「9世紀の日本と朝鮮」, 『歷史學硏究』 287, 1964 : 『日本古代の政治と社會』, 吉川弘文館, 1970.
31) 鄭淳一, 앞의 논문, 2010, 15~22쪽.

장 일반적인 이유로 들 수 있는 것은 해상에서 파도와 폭풍 등 자연재해를 만나 표류하였다.

> G-① 812년(홍인 3년) 3월 초하루 : … 신라인 淸漢波 등이 표류해왔는데 그들이 바라는 대로 돌려보냈다(『일본후기』 권23, 태상천황 차아).
> ② 874년(정관 16년 8월) 8일 甲子 : 이에 앞서 大宰府에서 아뢰기를 "신라인 金四・金五 등 12인이 배 한척을 타고 對馬嶋에 표착하였습니다."라고 하였다. 이에 이르러 府司에게 칙을 내려, 온 이유를 묻고 조속히 돌려보내도록 하였다(『일본삼대실록』 권26, 청화천황).

그리고 이들은 인용문 E-①에서 보듯이, 서선행과 고흥선처럼 표류하다가 우연히 일본 해안에 도착한 것이다.

때로는 해상에서 도적을 만나 표류하다가 일본 연안에 도착하기도 했다. 예를 들면 다음과 같은 경우가 있다.

> G-③ 811년(弘仁 2년 8월) 甲戌 : … 대재부에서 말하기를 "신라인 金巴, 兄 金乘, 弟 金小巴 등 세 사람이 아뢰기를 '지난해 저희 縣의 곡식을 운반하기 위하여 뽑혔다가 바다 가운데서 도적을 만나 함께 모두 죽고 오직 우리들만 다행히 하늘의 도움을 입어 겨우 훌륭한 나라에 도착하였습니다. 비록 인자하신 은혜를 깊이 입었으나 혈육을 돌아보지 않을 수가 없습니다. 지금 듣건대 고향사람이 왔다고 하니 놓아주시어 돌아갈 수 있게 해주십시오. 엎드려 바라건대 같은 배에 의지해 타고 함께 고향으로 돌아가게 해주십시오.'라고 합니다."라고 하였다. 그것을 허락하였다(『日本後紀』 권21, 太上天皇 嵯峨).

김파, 형 김승, 아우 김소파의 3형제는[32] 신라 지방 현에서 조세로

---

32) 이 세 사람을 흔히들 金巴兄, 金乘弟, 金小巴 3인으로 보고 있으나, 필자는 金巴

거두어들인 곡식을 운반하다가 남해안 어느 곳에서 해적의 공격을 받았으며,33) 겨우 목숨만 건져 도망쳐 표류하다 일본에 도착한 것이다.

그리고 살아남기 위해 수단으로 '훌륭한 나라' 일본에 도착했고 '인자한 은혜'를 입었다는 등 최고의 언사로서 일본측에 감사하지만, 이들의 실제 목적은 어떻게 해서라도 가족이 기다리는 신라로 무사히 돌아가려는 것이다. 한편 이들은 모두 성이 김씨인 것으로 보아 신라에서 사회적으로 하층민은 아니고, 아마 곡식의 운반에 책임을 진 역할과 그에 상당하는 지위를 가진 인물이었던 것으로 보겠다.

물론 이러한 표류에 의한 신라인의 일본 연안 출현은 아주 오래 전부터 흔히 있어온 현상이다. 그래서 774년에는 신라인이 표착하였을 경우 배를 수리해 받을 수 있도록 하는 표류민에 관한 규정을 만들어서 신라상인들의 왕래를 장려하였다.34)

그렇지만 유독 이 무렵에 이러한 현상에 대한 기록이 많다는 것은 좀 더 다른 이유와 배경이 있을 것이다. 그 중에 하나가 자신들이 신라를 떠난 온 이유를 숨기기 위한 거짓된 변명이다.

G-④ [870년(정관 12년 2월) 20일 壬寅] 對馬嶋 사람 卜部乙屎麿呂가 저 나라(신라)에 갇혔다가 탈옥하여 도망쳐 와서 저들의 병사를 조련하는 상황을 말하였다. 만일 저들이 발설한 말을 의심해 보면 기색을 살피기 위해 7명을 뽑아 보내 거짓으로 표류하여 왔다고 하였던 것인데도, 무릇 어진 마음으로 돌려보낸 것입니다. … 또 종래부터 관내에 거주하던 자들은 또한 이외에도 여러 명 있습니다. 이들 무리는 모두 겉으로는 귀화한

를 중심으로 형 金乘과 아우 金小巴로 보겠다.
33) 권덕영, 「신라하대 서남해 해적과 장보고의 해상활동」, 『대외문물교류연구』 창간호, 2002, 9~10쪽.
34) 김은숙, 「일본과의 관계」, 『신편한국사』 9, 국사편찬위원회, 1998, 286~287쪽.

것 같지만 내심으로는 역모할 뜻을 품고 있습니다.(『일본삼대실록』 권17, 청화천황)

　⑤ 873년(정관 15년 12월) 22일 癸丑 : 이에 앞서 대재부에서 아뢰기를 "지난 9월 25일 신라인 32인이 배 한 척을 타고 대마도 해안에 도착하였습니다. 嶋司가 사자를 府에 보내었는데 그들을 가두고 鴻臚館에 이르렀습니다."라고 하였다. 이날 칙을 내리기를 "신라인들이 간악한 마음을 가진 지가 오래되었으나 흉악한 독을 뉘우치지 않는다. 또한 표류하여 도착한 것처럼 하여 틈을 엿보려고 하는 계획이 아닌지 의심스럽다. 마땅히 더욱 조사하여 정황을 살피고 빨리 돌려보내도록 하라."고 하였다(『일본삼대실록』 권24, 청화천황)

이처럼 당시 일본 연안에 나타난 신라인 중에는 비록 일본 관(官)의 처벌이 두려워 귀화하거나 어쩔 수 없이 표류하여 우연히 일본에 오게 된 것이라고 하였지만, 실제는 거짓말을 하는 경우도 있었다. 이들은 생존을 위하여 신라에서 일본으로 오게 된 이유와 배경을 숨기고 단순 표류를 가장한 것이다. 그리고 식량을 공급받은 뒤에 다시 해상으로 방출되는 경우가 많았을 것이다.

　결국 실제는 해상을 떠도는 신라 출신의 유이민집단으로, 때로는 유사한 해적집단이었을 것이다. 이들은 어떤 이유에서건 새로운 삶을 찾아 신라에서 탈출하여 해상을 떠도는 난민들로서 때로는 일본의 배와 연안을 침탈하는 행위를 하였다. 869년 신라해적의 일본 공물 약탈사건이 발생한 이후에는 일본에서 이들에 대한 인식이 매우 부정적으로 변화하였다.

3. 무역

한편 이 무렵에 신라인들이 일본 연안에 나타난 이유로서 신라의 경제적 이익을 획득하려는 목적을 들 수 있다. 신라인들이 일본에 건너가 상행위를 한 것은 아주 오래전부터 있어온 것이다.[35]

특히 9세기에 이르러 일본에 신라상인이 출현과 그 배경에 대해서는 8세기 말에서 9세기 초에 걸친 지방사회의 동요는 연해지역 해민(海民)들을 신라 국가의 멍에로부터 해방시키고 그들을 자율적으로 활동할 수 있게 만들었다는 지적이 있다.[36]

그 사례는 인용문 A-③·④·⑤에서도 볼 수 있듯이, 이 경우는 앞에서 살펴본 신라인의 성분 중 상인들이 그러하다.

H-① 870년(정관 12년 2월) 12일 甲午 : 이에 앞서 대재부에서 말하기를 "… 듣건대 신라 商船이 때때로 대재부에 이르러 제멋대로 물건을 판매한다 하면서 침략하고 포악한 일을 하였다. … 모름지기 바다에 연한 여러 군으로 하여금 특히 삼가하여 경계를 굳게 하도록 하고, 또한 因幡·伯耆·出雲·石見·隱岐 등의 나라에 명하여 방어 장비를 갖추도록 하라." 고 하였다(『일본삼대실록』 권17, 청화천황).

---

35) 이는 842년(승화 9년 8월 壬戌 초하루)에 藤原朝臣衛의 4조목 건의문에서 "첫째, 신라에서 조공한 것은 그 유래가 오래되어 聖武皇帝 때부터 시작하여 聖朝에까지 이릅니다. 그러나 옛날에 하던대로 하지 않고 항상 간사한 마음을 품으며 조공물을 바치지 않고 장사하는 일에 기대어 우리나라의 사정을 엿봅니다. … "(『속일본후기』 권11, 인명천황)라고 한 것에서도 짐작할 수 있다.

36) 李成市 지음, 김창석 옮김, 앞의 책, 193쪽. 물론 이것은 신라상인만이 아니라 이 무렵에 일본 지역에 출현한 모든 종류의 신라인에게 공동적으로 해당하는 배경이고 이유라고 보겠다.

870년 무렵에는 신라상선이 수시로 일본의 대재부에 이르러 제멋대로 물건을 판매하였다. 이 경우는 신라의 상선이라고 기록된 것으로 보아, 작은 규모의 떠돌이 장사꾼들은 아니었던 것같다. 아마 신라 정부로부터 공인된 상인이거나, 아니면 840년대 동아시아 해상무역을 주도하였던 장보고의 청해진 세력이 혁파된 이후, 한반도 서남해안 지역의 지방세력가가 반독립적 운용하던 상단이었을 것으로 추측된다.

그리고 이들 상인집단은 물건의 판매를 목적으로 하였지만, 자신들의 신변보호를 위해 무장하고 때로는 무력을 행사하였기에 마치 해적집단과 흡사한 모양이었을 것이다.

4. 도망

신라인들이 일본지역에 나타난 또 다른 이유로는, 앞의 인용문 C-①에서 보듯이, 그들이 신라에서 불법행위를 하여 생활이 용납되지 못한 범죄자들이기에 일본으로 도망온 것을 들 수 있다.

물론 범죄자들의 불법적인 해외 도망은 항상 존재하는 현상이다. 인용문 C-①의 내용은 장보고가 반란을 도모하려다가 염장(閻丈)에게 암살당한 뒤에, 또 장보고의 부장 이창진(李昌珍) 등이 반란을 일으키려하다가 역시 염장의 군대에게 토벌되었는데, 이때 처벌을 피하여 도망친 자들이 일본에 도착했다는 것이다.

신라 정부에 대항한 장보고와 이창진의 무리들은 신라에서는 범죄자로 취급되어 처벌을 받게 된 것이다. 그러자 그 무리들은 해외로 도망하였고, 특히 종전에 자신들이 상거래를 하던 연고가 있는 일본 대재부 지역으로 도망한 것이다. 그리고 신라에서는 이들 도망자의 체포를 협조 요청하였다.

이상에서 살펴보았듯이, 9세기 일본 서부지역에 신라인이 나타난 이유와 배경은 여러 가지를 들 수 있다. 일본측 사료에는 비록 일본의 풍속과 교화를 흠모하여 자발적으로 귀화한 것이고, 이들에 대하여 일본은 식량을 제공하고 돌려보냈다는 식으로 자국우월주의에 입각하여 기술되어 있지만, 당시 일본에 신라인들이 진출한 직접적인 이유와 배경은 일본측에 있는 것이 아니라 신라측에 있었다.[37]

물론 단순한 표류의 경우는 해상에서 사고와 자연재해가 원인이다. 그러나 무역을 목적으로 한 상인의 경우는 부(富)의 획득을 목적으로 일본을 그 대상지로 선택한 것이다.

그리고 대규모 홍수와 오랜 기근 또는 전란을 피하거나, 각종 요역과 세금 징수를 거부하거나 심지어 반란자 또는 절도·강도·살인 등 형사처벌의 범죄인으로서 살길을 찾아 나선 유이민들은[38] 자신들이 생존을 위해 새로운 정착지와 생활필수품의 공급 대상지로서 일본지역에 진출한 것이다. 특히 9세기 말에 이르러 신라에서 농민반란이 빈발하

---

37) 이병도는 이 무렵 신라인의 해외 진출에 대해, "중앙의 벌족정치, 정권 쟁탈, 통제력의 이완 등은 지방 서민층으로 하여금 더욱 뜻을 해상·해외에 갖는 경향을 생하게 하였다. 간혹 국내의 흉작 기근과 가렴으로 인하여 해외로 유망하는 무리라든지 해적을 업으로 하는 자도 없지 아니 하였지만, 대개는 무역을 업으로 하여 활동"한 것으로 보았다(이병도, 『한국사』 1.고대편, 진단학회, 1959, 707~708쪽).

38) 신라말에 있었던 유이민의 발생동인은 정치세력의 분열과 부정부패에 의하여 정치기강이 해이해지고, 통치력이 약화되면서 토지소유의 독점화에 따른 빈부의 격차가 심화되고, 이에 더하여 지배층의 과도한 수취, 변방지역의 불안, 그리고 전쟁·자연재해·전염병의 발생과 유언비어의 유행 등의 사회적 원인, 토목공사에 따른 무리한 공역과 과다한 조세, 흉년으로 인한 기근현상 등의 경제적 원인, 또 반란 등 정치적 혼란 및 정치적 입장의 차이에서 오는 피해의식과 위험 등 정치적 원인에 있었다(김창겸, 앞의 논문, 2000).

고, 후삼국이 서로 대립하면서 전쟁이 전국토를 휩쓸자 많은 사람들이 해외로 진출하였다. 그 파급으로 일본 연안에는 많은 신라해적이 자주 출현하는 현상을 보였다.

결국 9세기 신라인의 일본지역 출현은 신라에서 생활의 곤란과 고통에서 벗어나 새로운 삶의 세계를 찾아 나선 생존투쟁이었다.

4. 신라인들의 모습

기존의 연구자들 사이에는 9세기 일본 서부 연안에 빈번하게 나타난 신라인에 대하여, 일본측 역사서의 기록에 따라 이들을 흔히 '신라적' 또는 '신라해적'이라고 보려는 경향이 있다.

하지만 이것은 이들이 일본에 나타났을 당시의 외형적인 모습의 하나일 뿐이다. 앞에서 살펴보았듯이, 9세기에 일본 서부 연안에 나타난 신라인들은 그 성분이 매우 다양하고, 또 일본으로 건너간 이유 또한 여러 가지라 모두를 신라해적이라고 하기는 무리가 있다.

일본 서부 지역에 출현한 신라인 중에는 관리나 승려·상인 신분으로 스스로의 의지와는 무관하게 폭풍과 도적의 습격을 받아 어쩔 수 없이 일본지역에 도착한 단순한 표류인인 경우도 있었다. 이들의 경우는 비록 장기간 표류에 심신이 매우 지친 상태라 목숨을 유지하기 위해 어쩔 수 없이 일본에 도움을 요청하고 때로는 거짓으로 교언영색(巧言令色)을 하였다. 그리고 물건을 매매하기도 하면서 건강의 회복과 항해의 여건이 좋아지기를 기다렸다가 신라로 귀국하였다.

물론 많은 경우는 신라인의 형태와 실상이 실제 해적이거나 이와 유사한 경우도 있었다. 812년 12월 6일 신라배 3척이 대마도 서쪽 바다에 나타났다가 1척이 하현군(下縣郡) 좌수포(佐須浦)에 다다랐는데 배안에 10명이 타고 있었고, 또 다음날 신라선(新羅船) 20여 척이 대마도 근해에 나타나 횃불로 서로 연락하는 모습이었다(I—③). 그리고 813년 2월에 오도열도(五島列島)의 치가도(値嘉島)에 신라선 5척에 110인이 나타났으며(I—④), 때로는 그 숫자가 300인이나 되었다.[39]

특히, 894년 대마도를 습격한 신라해적이 그 대표적인 모습이라 하겠다. 9월 5일 신라해적이 45척의 배를 타고 대마도를 습격하였다가 9월 17일 일본 문실선우(文室善友)가 이끄는 군대와 격돌하여 대장군(大將軍) 3명과 부장군(副將軍) 11명 등 302명이 죽고, 배 11척과 태도(太刀) 50자루, 창 1,000자루, 활 110장(張), 방패 312매 등의 각종 무기를 빼앗겼다. 사로잡힌 현춘(賢春)은 그들 본거지에는 크고 작은 배 100척이 있고, 승선 인원은 2,500명이나 있으며, 이때 대장군 3명 중 1명은 당인(唐人)이라고 하였다.[40]

이것이 사실이라면 신라해적은 오합지졸이 아니라 각종 무기를 소지하고 상관의 명령에 따라 움직이고 전투하는 일사분란한 지휘체계를 갖춘 막강한 군사집단이라 하겠다. 그리고 지휘관은 특이하게 신라인과 당인이 함께 해적단을 형성한 것을 알 수 있다.[41]

결국 9세기 일본 서부 연안에 나타난 신라인들은 여러 척, 많게는 20여척이 무리로 움직였으며, 배에는 10명 이상이 승선하여 심지어는

---

39) 『日本紀略』 전편 권14, 弘仁 7년 10월.
40) 『日本紀略』 전편 권20, 寬平 6년.
41) 이것을 동아시아 民衆의 移動와 交流로 보는 견해도 있다(山內晉次, 「九世紀東アヅアにおける民衆の移動と交流」, 『歷史評論』 555, 1996 : 『奈良平安期の日本とアヅア』, 吉川弘文館, 2003, 110~111쪽).

300명 또는 500명 정도의 대규모였으며, 때로는 대마도와 일본 연안 지역을 습격하기도 했다.

그러나 이들은 힘든 해상에서의 장기간 생활에 지쳐 있었다. 그리하여 신라인들의 모습은 매우 처참하였다.

I-① 865년(정관 6년 2월) 17일 甲戌 : 이에 앞서 지난해에 신라국인 30여명이 石見國 美乃郡 해안에 도착하였다. 죽은 자가 10여명이고 생존한 자가 24명이었다(『일본삼대실록』 권8, 청화천황).

이처럼 신라인의 출현시 모습을 보면 30여명 중에 이미 10여명은 죽었다고 한다. 아마 문장 내용으로 보아 신라를 출발하여 해상을 떠돌다가 풍랑과 굶주림 그리고 질병으로 사망했을 것으로 볼 수도 있다.

하지만 이미 해상에서 사망한 시체를 배에 싣고 다녔다기보다는 어쩌면 상륙하는 과정에서 일본인들과 전투를 하면서 공격을 받아 사망하기도 했다.

I-② 834년(承和 원년 2월 壬午 초하루) 癸未 : 신라 사람들이 멀리서 바다를 건너 대재부의 해안에 도착하였는데 백성들이 그들을 미워하여 활로 쏘아 상처를 입혔다(『속일본후기』 권3, 인명천황).

③ 812년(弘仁 3년 봄 정월 庚申 초하루) 甲子 : 대마도에서 말하기를 … 7일에 20여척의 배가 섬의 서쪽 바다 가운데 있으면서 횃불로 서로 연락하기를 마침내 그들이 해선인 것을 알았습니다. 그래서 먼저 표착한 사람 5명을 죽이고 5명은 도망해 달아났으나 후일에 4명을 붙잡았습니다 (『일본후기』 권22, 太上天皇 嵯峨).

④ 813(홍인 4년) "2월 9일 선박 4척에 신라인 110명이 小近島에 도착함에 9명을 타살하고 101명을 체포하였다."고 하였다(『일본기략』 전편 권14, 홍인4년 3월 신미).

일본 해안에 도착한 신라인들은 일본 관민으로부터 공격을 받아 다치거나 죽은 자도 더러 있었다. 공식 허가된 신라상인이 아닌 경우는 그들이 상륙하려고 하면 일본 주민들이 활을 쏘아 공격하였으며, 비록 표착해도 죽음을 당하거나 도망치다가 체포되어 곤욕을 치루었다.

이 과정에서 신라인들은 자신을 보호하고 방어하고자 일본인의 공격에 무력으로 맞서 싸웠을 것이고, 이렇게 저항하는 신라인은 일본인에게는 해적으로 간주되었을 것이다. 어쨌든 신라인들이 일본에 상륙할 때의 모습은 오랜 항해와 굶주림에 지쳐 매우 처참한 모습이었던 것만은 분명하다.

결국 9세기 일본에 진출한 신라인들의 모습은 매우 다양하였다. 많게는 신라배 45척과 300명의 대규모도 있었고, 한 척의 배에 많게는 30여명 이상을 태우고(I—①), 여러 척이 무리를 지은 큰 집단 형태로 출현하였다. 때로는 자신들이 생계와 보호를 위해 무장하여 일본인의 공격에 무력으로 저항하면서, 일본 연안 지역으로 불법 상륙하여 노략질하거나 심한 경우에는 공물을, 혹은 관가와 민가를 공격 약탈하기도 하였다.42) 이러한 신라인들이 모습을 일본측에서 보면 불법 도적집단으로 여겨져, 이른바 '신라해적'이라43) 불리기도 하였다.44)

---

42) 『日本三代實錄』권24, 정관 15년 12월 17일과 권34, 원경 2년 12월 11일.
43) 일본사료에 신라해적이라 표기된 실체에 대해서는 연구자들 간에 ① 신라의 해적, ② 신라에서 온 해적, ③ 재당신라인, ④ 당 및 신라에서 온 신라인 등으로 해석이 다양하며(이에 대해서는 정순일, 「'貞觀 11년(869) 新羅海賊'의 來日航路에 관한 小考」, 『동아시아 속의 한일관계사』상, 제이앤씨, 2010 참조), 또 신라인이라고 보는 경우라도 이들을 ① 장보고 암살 이후 탈출한 장보고세력의 일부, ② 신라의 기근으로 해적으로 변한 어부들, ③ 신라왕실의 명령에 따라 식량을 구하러 나선 신라의 정규 군인, ④ 바다로 도망쳐 해적질하는 신라의 범죄자와 반란세력, ⑥ 신라의 지방호족과 연결된 상인 등 여러 설이 있다.

그러나 이들은 앞에서 그 성분을 살펴본 바에 의하면 모두가 해적은 아니었다. 우리가 잘 알듯이, 신라 하대에는 유이민현상이 만연하였다. 이들 유이민이 초적이 되어 국가 권력에 저항하면서 국가의 통제로부터 이탈하는 움직임을 나타내고 있었다. 유이민의 한 부류는 점차 집단을 형성하고 조직화되었으며, 생존을 위한 수단으로 무장하고 약탈을 감행하면서 도적으로 변하였다. 이들을 크게는 산곡을 근거지로 한 산적, 해안과 바다에서 활동한 해적으로 구분할 수 있다.

　사실상 이 시기에는 816년(헌덕왕 8) 흉년과 기근으로 신라인 170인이 당의 절동(浙東)지방으로 건너가 먹을 것을 구하였듯이,[45] 많은 유이민은 신라의 영토를 벗어나 해외로 진출하였다. 북쪽으로는 대동강을 건너 백두산 근처와 만주지역, 서쪽으로는 황해를 건너 중국 당의 절강성(浙江省)과 산동반도 지역, 특히 남으로는 대마도는 물론 일본의 서부 지역으로 진출하였다. 이러한 현상은 비록 왕경인 경주를 중심으로 하였던 신라 내부적으로는 혼돈을 낳았지만, 외부적으로는 해외로

　　한편 중국에서 해적이 발생하게 된 중요한 원인은 내란의 빈발과 조세의 과중, 경제적 파탄, 천재지변의 속출, 빈부의 격차와 같은 경제적 빈곤과 사회적 혼란 때문이었으며(寺日四郞, 「中國海賊史考(2)」, 『上智經濟論叢』 4-1, 1957, 1쪽), 중국 해적의 출신 성분은 농어민과 뱃사람, 소상인과 유민 같은 생활이 어려운 계층이 압도적으로 많았다는 견해도(김주식, 「중국 해적의 역사적 특징」, 『장보고연구논총』 4, 2005, 14~20쪽) 참고가 된다.
44) 이들도 신라에서 발생한 유이민들의 해외, 특히 일본지역으로 이주민인 것이다. 그러므로 이들 역시 신라 국내 유이민들의 모습과 양상에서 연장하여 이해되어진다. 개인 혹은 가족 단위로 유리하다가 점차 집단화하여 대규모화하였으며, 이들의 모습은 유리걸식하거나 산적·초적·해적으로 무장하여 농민무장군의 모습을 갖추게 되었고, 나아가 해외로 진출한 유이민은 일본과 당에서는 걸인이나 상인, 나아가 무장해적단으로 발전하여 물건 판매는 물론 약탈행위를 하였다(김창겸, 앞의 논문, 2000).
45) 『삼국사기』 권10, 헌덕왕 8년.

진출과 그에 따른 파급효과로 신라인의 역량이 발산된 것이라 하겠다.

그러므로 9세기 일본 서부 연안에 나타난 신라인과 신라해적은 총체적으로 보면 신라 유이민들이 일본으로 진출 현상으로 보겠다.[46] 즉 일본으로 진출한 신라인들은 대체로 사회경제적 이유와 배경에서 발생한 유이민들로서, 이들은 일본 연안에 상륙하는 과정에서 일본 관민의 공격을 받아 죽거나 다치기도 하였다. 수십 명 또는 수백 명이 무리를 이루고, 무장하여 배를 타고 다니며 공물을 약탈하거나 해안의 민가를 공격하는 해적집단의 양상을 보이기도 하였다.

그러므로 일본에서는 이들을 신라해적이라 표현한 경우도 있으나 실상은 신라 유이민이 새로운 삶의 터전을 찾아서, 또는 상업을 위해 일본으로 진출하는 과정에서 나타난 충돌현상이었다.

5. 맺음말

9세기에 일본 서부 연안에는 많은 신라인들이 자주 출현하였다. 이들 신라인들은 단순한 표류민으로 난민인 경우도 있었으나, 상인·범죄자·도적(해적)·승려·관리 등 그 성분이 다양하였다.

일본측 사료에는 신라인이 출현하는 현상에 대하여 일본의 풍속과 교화를 흠모하여 자발적으로 귀화한 것이고, 때로는 이들에 대하여 식량을 제공하고 돌려보냈다는 식으로 자국우월주의에 입각하여 기술되어 있다. 하지만 일본에 신라인들이 진출한 직접적 이유와 배경은 일본

---

46) 김창겸, 「고려 태조대 대유이민정책의 성격」, 『국사관논총』 35, 1992, 181~224쪽).

측에 있는 것이 아니라 신라측에 보다 더 있었다.

결국 신라 하대에 이르러 내부의 사회변동은 많은 유이민을 낳았고, 이들 중에 일부는 해외 진출하였다. 물론 단순한 표류의 경우는 사고와 자연재해가 이유이다. 그러나 상인은 부의 획득을 목적으로 일본을 그 대상지로 선택한 것이고, 난을 피하거나 범죄인으로 몰려 살길을 찾아 나선 유이민들은 생존을 위해 새로운 정착지를 찾아 일본지역에 진출한 것이다.

일본 서부 해안에 도착한 신라인들은 일본 관민으로부터 공격을 받아 다치거나 죽은 자도 더러 있었으며, 일본에 상륙할 때의 모습은 오랜 항해와 굶주림에 지쳐 매우 처참한 모습이었다. 때로는 자신들의 생계와 보호를 위해 무장을 하고 많은 수가 무리를 지어서 일본 연안 지역에 불법 상륙하여 노략질하거나 심지어는 공물을 약탈하는 불법 도적집단의 모습이었다. 이 경우에는 해적단으로서 막강한 군사조직과 같았다.

결국 9세기 신라인들이 일본지역으로 진출한 것은 생활의 어려움과 고통에서 벗어나 새로운 삶의 세계를 찾아 나선 생존전쟁이었다.

이러한 신라인들의 잦은 출현은 그 상대방인 일본에게는 중요한 문제가 되었다. 표류인과 무역을 목적으로 한 상인, 또는 새로운 살길을 찾아 나선 유망민 등 다양한 신라인들의 진출현상에 대한 일본측의 반응은, 심지어 신라인의 침공이라 여기고 공포분위기가 조성되어 매우 심각한 현상으로 받아들이고, 그 대책에 고민하며 여러 가지 방책으로 대응하였다.47) 신라인의 일본 진출은, 일반적인 인구이동이 그러하듯

47) 필자는 이에 대해서는 별도의 논문 「9세기 신라인의 진출에 대한 일본의 대응」, 『신라사학보』 28, 2013을 발표하였다.

이, 그 파급효과로 인하여 정치·사회·경제는 물론 문화 전반에 걸쳐 변화를 낳았다.

결국 9세기 신라에서 발생한 유이민 현상은 동아시아에서 큰 파장이 되어 한반도의 신라는 물론 중국의 당과 일본에서 중요한 문제가 되었으며, 이것은 당시 인적·물적 교류로써 상호 작용하여 영향을 미쳤다.

제 3 장

9세기 신라인의 진출에 대한 일본의 대응

1. 머리말

동아시아에서 한국과 중국, 일본 삼국은 황해와 동중국해를 사이에 두고 지리적으로 가까운 까닭에 아주 오랜 예로부터 상호 관련 속에서 역사가 연계되고 밀접하였다. 특히 이들 지역의 인구는 이동하면서 영향을 미쳤다. 우리가 잘 알듯이 동아시아에서는 인구 이동과 함께 문화도 이동하여 한자, 불교, 유교, 율령 등은 그 대체를 함께 하는 공통적인 문화가 형성되었다.

그 사례로 한반도에서 일본으로의 인구이동은 선사시대인 일본 죠몬시기(繩文時期, B.C. 10,000~B.C. 3,000)부터 있었다.[1] 더욱이 한반도의 삼국통일전쟁기에는 엄청난 수의 고구려와 백제인들이 이주하였다.

---

1) 이에 대한 연구는 매우 많다. 고대 한반도의 도래인에 대해서는 宋潤奎, 『古代日本の渡來勢力』, 街と暮らし社, 2003을 참조하기 바란다.

그리고 8세기 중반에는 신라인의 이주도 증가하여 759년(天平寶子 3) 9월 4일 대재부에 내린 칙(勅)에서 "요즈음 신라에서 부역의 고통을 피하여 귀화하는 배들이 끊이지 않는다."고[2] 할 정도였다. 특히 9세기 일본의 서부 연안에는 신라인들의 크고 작은 규모의 많은 이동이 있었다.[3] 한편으로 당시 이러한 신라인들의 잦은 출현과 이주현상에 대해 일본은 심각한 우려와 함께 그 대응책에 고민하였다.

우리가 잘 알듯이, 신라 하대에는 유이민현상이 만연하였다. 신라에서는 이들 유이민이 초적(草賊)이 되어 국가 권력에 저항하면서 국가의 통제로부터 이탈하는 움직임을 나타내고 있었다. 유이민의 한 부류는 점차 집단을 형성하고 조직화되었으며, 생존을 위한 수단으로 무장하고 약탈을 감행하면서 도적으로 변하였다.[4] 이들을 크게는 산곡(山谷)을 근거지로 한 산적(山賊), 도서(島嶼)과 해양(海洋)에서 활동한 해적(海賊)으로 구분할 수 있다.[5] 사실상 이 시기에는 많은 유이민은 신라의 영토를 벗어나 해외로 진출하였다.[6] 북쪽으로는 당시 국경인 대동강을

2) 『속일본기』 권22, 淳仁天皇 天平寶子 3년 9월 4일 丁卯.
3) 이들의 실상에 대해서는 김창겸, 「9세기 일본 서부 연안에 나타나 신라인들」, 『신라사학보』 26, 2012, 301~336쪽에서 살펴보았다.
4) 신라 하대와 고려 초의 유이민에 대해서는 김창겸, 「고려 건국기 유이민의 양상」, 『이수건교수정년기념 한국중세사논총』, 2000에 종합적으로 정리한 바가 있다.
5) 이미 필자는 신라 하대에 일본 연안에 출몰한 해적들을 신라 유이민이라고 하였다(김창겸, 「고려 태조대 대유이민정책의 성격」, 『국사관논총』 35, 1992, 181~224쪽과 앞의 논문, 2012 참조).
6) 유이민현상은 인구이동의 한 형태이다. 인구이동은 통상적으로 단순히 거주지를 옮긴다는 의미의 비과학적인 이동은 'mover'로 표현되는 반면에 행정 및 지리적 경계를 넘어 이동하는 자를 학술적으로 지칭하여서는 'migrant'로 표현한다. 그리고 'migrant'는 다시 이동의 영역에 따라 '국내이주(interal migration)'와 '국제이주(international migration)'로 분류된다. 한편 유이민의 이동방향에 따라 外部로부터 들어오는 '流入民(immigrat)'과 밖으로 나가는 '流出民(emigrat)'으로 구분된다.

넘어 백두산(白頭山) 근처와 만주(滿洲)지역, 서쪽으로는 황해를 건너 중국 당(唐)의 절강성(浙江省)과 산동반도(山東半島) 지역, 특히 남으로는 대마도(對馬島)는 물론 일본의 서부 지역으로 진출하였다. 이러한 현상은 비록 신라 내부적으로는 혼돈을 낳았지만, 외부적으로는 해외로의 진출과 그에 따른 파급효과로 오히려 진취적 역량이 활발하게 발현된 것이라 보겠다.

이러한 신라인들의 잦은 출현은 상대방인 일본에게는 중요한 문제가 되었다. 인구이동의 속성이 그러하듯이, 9세기 신라인의 진출이 낳은 파급효과로 일본의 정치·사회·경제는 물론 문화 전반에 걸쳐 변화를 낳았다. 신라인의 이주에[7] 대한 반향이 매우 지대하여 당시 일본에서는 이들을 '신라적(新羅賊)' 또는 '신라해적(新羅海賊)'이라 부르며 국방상 큰 문제꺼리로 여기고 그 대책에 부심하였다. 신라 유이민의 진출에 따른 일본의 자극과 반응은 새로운 역사문화 양상을 낳은 것이다.

당시 일본은 신라인의 출몰현상에 대하여 어떻게 대응했을까? 이 글에서는 신라 하대에 만연했던 유이민의 한 가지 모습으로, 9세기 무렵 일본 서부 연안에 출현한 신라인들을 당시 일본이 어떻게 인식하고 처리하였으며, 대책을 수립하였는가? 다시 말해, 표류인과 상인, 또는 새로운 살길을 찾아 나선 유망민 등 다양한 신라인들의 진출에 대한 일본의 인식과 대응의 추이를 살펴보겠다. 그리하여 9세기 동아시아에서 활발하였던 인구이동의 의미를 부여하는 하나의 사례로 삼고자 한다.

---

7) 이 시기 신라인의 이주에 대해서는 다음 논문이 참조가 된다. 佐伯有淸,「9世紀の 日本と朝鮮 - 來日新羅人の動向をめぐって」,『歷史學硏究』287, 1965 ; 奥村佳紀, 「新羅人の來航についこ」,『駒澤史學』18, 1971.

2. 일본의 대응과 추이

가. 800년대 초반과 장보고 활동기

9세기에 들어 많은 수의 신라인이 자주 출현하자 일본은 여러 가지 형태와 방법으로 대응하였다.

8세기 중반부터 신라인들이 일본에 많이 왕래함에, 일본정부는 774년에는 신라인이 표착하였을 경우에 배를 수리해 받을 수 있도록 하는 표류민에 관한 규정을 만들어서 신라상인들의 왕래를 장려하였다.[8] 게다가 많은 신라인들이 해상에서 파도와 폭풍 등 자연재해를 당하거나 때로는 도적을 만나 표류하다가 겨우 일본 연안에 도착하는 경우가 허다하였다.

물론 이들에 대한 일본의 인식은 이미 774년 5월 17일 칙(勅)을 내려, '근년에 신라인들이 자주 와서 도착하는데 대부분 투화(投化)가 아니라 갑자기 풍파로 표류하여 오게 된 것이다. 이후로는 이와 같은 부류는 마땅히 모두 돌려보내어 큰 관대함을 보이고, 만약 배가 부서지거나 양식이 떨어진 자가 있으면 관아(官衙)에서 일을 헤아려 돌아갈 수 있는 방안을 세우도록 하라.'고 하였듯이,[9] 기본방침은 귀국 조치하는 것이다. 그러나 상황에 따라 일본의 대응과 조치도 변하였다.

일본측 사료를 통해서 9세기에 있었던 신라인의 일본 진출과 관련한 자료를 정리하면 이 글의 말미에 부록으로 제시한 [표]와 같다.

지금부터 이것을 바탕으로 그 추이를 살펴보도록 하겠다.

---

8) 김은숙, 「일본과의 관계」, 『신편한국사』 9, 국사편찬위원회, 1998, 286~287쪽.
9) 『속일본기』 권33, 光仁天皇 寶龜 5년 5월 乙卯.

9세기에도 일본은 서부 연안에 나타난 신라인들을 대부분 표류인으로 생각하고 양식을 제공하여 귀국 조치하는 것이 기본방침이었다.

A—① 811년(弘仁 2년 8월 11일) 甲戌 : 大宰府에서 말하기를 "신라인 金巴, 兄 金乘, 弟 金小巴 등 세 사람이 아뢰기를 '지난해 저희 縣의 곡식을 운반하기 위하여 뽑혔다가 바다 가운데서 도적을 만나 함께 모두 죽고 오직 우리들만 다행히 하늘의 도움을 입어 겨우 훌륭한 나라에 도착하였습니다. 비록 인자하신 은혜를 깊이 입었으나 혈육을 돌아보지 않을 수가 없습니다. 지금 듣건대 고향 사람이 왔다고 하니 놓아주어 돌아갈 수 있게 해주십시오. 엎드려 바라건대 같은 배에 의지해 타고 함께 고향으로 돌아가게 해주십시오.'라고 합니다."라고 하였다. 그것을 허락하였다(『日本後紀』권21, 太上天皇 嵯峨).

810년 신라인 김파(金巴), 형 김승(金乘), 아우 김소파(金小巴) 등이[10] 신라 지방 현의 곡식을 배로 운반하던 중 바다에서 도적을 만나 겨우 살아남아 대재부 관내의 일본 땅에 표착하였다. 이들이 신라로 돌아가기를 원함에 일본은 돌려보냈다. 또 812년 3월 1일 표착한 신라인 청한파(淸漢波) 등을,[11] 812년 9월 표착한 신라인 유청(劉淸) 등 10명을 귀국 조치하였다.[12]

물론 그 이면에는 일본의 정치외교적 의도가 있었을 것이다. 당시 일본은 외교상 견당사(遣唐使)와 구법(求法)을 목적으로 한 승려들을 당에 파견하였다. 이들 견당사와 승려들은 동아시아의 지리적 이유로 신라 영역인 황해를 거쳐야 했다. 그러나 때로는 풍랑 등 자연재해로 신라에

---

10) 흔히들 金巴兄, 金乘弟, 金小巴 3인으로 해석하지만, 필자는 金巴를 중심으로 형 金乘과 아우 金小巴로 보겠다.
11) 『일본후기』 권23, 치아천황 홍인 3년 3월 1일.
12) 『일본후기』 권23, 치아천황 홍인 3년 9월.

표착하는 사례가 종종 발생하였다. 그리하여 일본은 803년 견당사를 파견하면서 표착할 경우에 대비하여 신라측에 협조를 요청하는 사신을 파견하였고,13) 804년 3월 다시 견당사를 파견하면서 신라에 황금 300량을 보내고 견당사가 표착할 경우 협조해 줄 것을 요청하였다.14)

또 836년 견당사의 배가 신라에 표착할 경우에 대비하여 기삼진(紀三津)을 신라에 파견하였다.15) 사실상 845년 일본인이 신라에 표착했을 때 신라정부도 표류한 일본인을 돌려주었다.16) 이처럼 일본으로서는 신라에게 이들 견당사와 승려들의 안전과 무사 귀국을 부탁해야만 했다.17)

일본은 이러한 경우에 대비하여 서부 연안에 나타난 신라인들을 단순한 표착인으로 처리하고 상처를 치료하며 보살펴주고 또 양식을 지급하여 순풍을 기다렸다가 귀국 조치시킴으로써 신라로부터 그 반대급부를 기대했던 것같다. 이러한 기대감에서 일본은 표류인만이 아니라 상업 등 목적을 가지고 온 신라인들도 그들이 원하는 바를 이루면 곧 귀국 조치하였다.

반면에, 『속일본기』 권33, 보구(寶龜) 5년(774) 5월 을묘(17)조에서 보듯이 귀국을 원하지 않는 신라인은 귀화인으로 받아들이었다.18) 그리고 이들을 일본지역 내에 나누어 살게 하였다.

---

13) 『삼국사기』 권10, 애장왕 4년 7월.
14) 『삼국사기』 권10, 애장왕 5년 5월.
15) 『속일본후기』 권5, 승화 3년 윤5월 신사.
16) 『속일본후기』 권15, 승화 12년 12월 갑술삭 무인.
17) 보다 자세한 것은 김은숙, 앞의 논문, 284~289쪽 참조.
18) 일본사료에는 자국 중심의 우월주의에서 귀화라고 기술하였으나, 실제는 표착한 신라인들이 생존을 위해 거짓말을 한 경우도 많았다.

A—② 814년(홍인 5년 8월) 丙寅 : 귀화인 신라인 加羅布古伊 등 6명을 美濃國에 안치하였다(『일본후기』 권24, 태상천황 차아)

그리고 귀화 신라인을 안치하여 기존 일본의 민에 대한 통제 질서 속에 편제하는 조치를 취하였다.

A—③ 833년(천장 10년) 여름 4월 乙丑 : 귀화해온 신라인 金禮眞 등 남녀 10인의 本貫을 左京5條에 속하게 하였다(『續日本後紀』 권1, 인명천황)

김예진의 경우는 본관을 배속시켜 거주지를 정해주었다. 이들 귀화인 중에는 일본 성씨의 시조가 되는 경우도 있었다.[19) 그러하여 일본 민의 통제 질서 속에 편제되었다.

한편 일본은 일찍부터 신라와 당이 있는 서쪽 바다에 관심이 많았다. 이곳에 신라인들이 출현하는 빈도수와 인원수가 많아지자 당연히 일본의 경계심도 높아져 이에 대비하였다. 812년 일본은 대마도 인근 지역들에게 신라에 대한 경계와 방위를 강화하는 조치를 하였다.

A—④ 812년(弘仁 3년 봄정월 庚申 초하루) 甲子 : 조칙을 내려 "大宰府에서 지난 12월 28일에 아뢰기를 '對馬島에서 말하기를 이번 달 6일에 신라 배 3척이 서해에 떠 있다가 잠시 후에 그 중 1척의 배가 下縣郡 佐須浦에 다다랐습니다. 배안에는 10명이 있었는데 말이 통하지 않아 그 사정을 알기가 어려웠습니다. 나머지 2척은 어둠 속으로 떠갔는데 어디에 도

---

19) 『속일본기』 聖武天皇 天平 5년(733) 6월 埼玉郡의 신라인 남녀 53명에게 金이라는 성을 하사하였고, 또 貞觀 9년(867) 4월 "25일 甲午 : 主稅少允 從6位上 錦部連三宗麻呂와 木工 少允 正6位上 錦部連安宗에게 惟良宿禰의 姓을 내렸다. 그 선조는 百濟國 사람이다. 伊賀 權目 正6位下 韓人眞貞에게 豊瀧宿禰의 姓을 내렸다. 그 선조는 任那國 사람이다."(『일본삼대실록』 권14, 청화천황 정관 9년)라는 기사에서 보듯이, 이 무렵 한반도에서 온 귀화자들에게 사성을 하였다.

착했는지 알지 못하겠습니다. 7일에 20여척의 배가 섬의 서쪽 바다 가운데 있으면서 횃불로 서로 연락하기를 마침내 그들이 해선인 것을 알았습니다. 그래서 먼저 표착한 사람 5명을 죽이고 5명은 도망해 달아났으나 뒷날 4명을 붙잡았습니다. 그리고 무기고를 지키고 또 군사를 내었습니다. 또 멀리 신라를 바라보니 매일 밤에 여러 곳에서 불빛이 빛났다고 합니다. 이로 말미암아 의심스럽고 두려운 마음이 그치지 않아 사람을 보내어 아룁니다.' 하였다. 그 일을 물어보기 위하여 신라어통역관과 軍毅 등을 뽑아 보내도록 하고 또 옛날 예에 따라 요충지를 지키는 상황에 응하여 관내와 長門·石見·出雲 등 나라에 알리도록 하라.… " 하였다(『일본후기』 권22, 太上天皇 嵯峨).

811년 12월 7일 신라해적선 20여척이 대마도 서쪽 바다에 머물면서 횃불로 서로 연락하는 사건이 있자 먼저 표착한 신라인 5명을 죽이고, 12월 28일 무기고를 지키고 군사를 내었다. 또 의심스럽고 두려운 마음이 그치지 않아 812년 1월 1일 대재부는 보다 상세한 것을 알기 위해 신라어 통역관과 군의(軍毅) 등을 뽑아 보내도록 하고, 또 군사들로 하여금 요충지를 지키게 하고, 대재부 관내와 장문(長門)·석견(石見)·출운(出雲) 등 나라에 알리도록 하였다.

또 813년 2월 소근도(小近島)에 도착한 신라인을 사살하고 체포한 사건이 발생하였다.

A—⑤ 813년 (홍인 4) 2월 : 선박 4척에 신라인 110명이 小近島에 도착함에 9명을 타살하고 101명을 체포하였다(『일본기략』 전편 권14, 홍인 4년 3월 신미).

한편 신라인의 출현과 거주자가 늘어나 현지 일본인과의 대립 갈등이 잦아지자 일본정부는 대책에 고민하였다.

우선 그 원인을 언어의 불통에 있다고 보고,[20] 신라인의 왕래에 편의를 제공하고자 신라어 통역관을 배치하였다. 앞서 812년 축전(筑前)에 신라어학생(新羅語學生)이라는 통역생을 둔 바 있는 일본은 또다시 815년 대마도에 신라역어(新羅譯語)를 두었다.[21]

A—⑥ 815년(홍인 6년 봄 정월 계유 30일) 임인 : 對馬史生 1명을 폐지하고 新羅譯語를 두었다(『일본후기』권24, 태상천황 차아).

이 무렵 신라 유이민과 해적들이 중국 당과 일본 서부 연안 지역으로의 진출하는 현상은 매우 빈번하였다.[22] 그 예로 816년(헌덕왕 8) 흉년과 기근으로 신라인 170명이 당의 절동(浙東)지방으로 건너가 먹을 것을 구했다는[23] 기록이 있다.

신라 서해와 남해의 해적은 820년대 말까지 여전히 극성을 부리고 있었다. 더구나 이들 해적은 신라 사람들을 강제로 붙잡아가 당에서 노비를 파는 행위를 하여 그 폐해가 대단히 컸다.

이 시기에 장보고는 중국 당에서 신라 사람들이 해적에게 붙잡혀와 노비로 매매되는 비참한 상황을 직접 목격하였다. 그리하여 장보고는 신라로 귀국하여, 828년(홍덕왕 3) 홍덕왕을 찾아가 청해진을 설치하여 지키면서 해적들이 신라 사람들을 붙잡아 가지 못하게 하겠다고 요

---

20) 7세기 후반과 8세기에 귀화한 신라인들을 下毛野國과 美濃國·武藏國에 이주시켜 생활케 하고 761년 정월에는 美濃國과 武藏國의 소년 20명을 선발하여 신라어를 배우게 하였다.
21) 鄭淳一, 「延曆·弘仁·天長年間の新羅人來航者」, 『早稻田大學院文學硏究科紀要』 58-4, 2013.
22) 김창겸, 앞의 논문, 2012.
23) 『삼국사기』권10, 헌덕왕 8년.

청하였다. 이에 흥덕왕은 군사 1만 명을 주어 장보고로 하여금 청해를 지키게 하였다.24)

다만 신라 사람들을 납치하여 당에 노비로 팔던 해적들의 국적에 대해서는 연구자들 사이에는 당나라 사람,25) 신라사람,26) 당과 신라 사람의 혼성집단27)이라는 등 설이 있으며, 또 당시 해적의 실체에 대해서도 중국 평로절도사(平盧節度使) 이정기(李正己) 세력,28) 신라 서해와 남해안의 호족(해상세력),29) 상인이라는30) 설이 있어 서로 견해가 다르다.

청해진 군대는 아마 장보고와 함께 당의 번진에서 활동하다 퇴역한 군인들, 청해진 주변의 바닷가 장정들을 중심으로 당시 떠돌아다니던 유이민들을 규합하여31) 구성되었을 것이다. 청해진을 설치한 장보고

---

24) 『삼국사기』권10, 흥덕왕 3년.
25) 玉井是博,「唐時代の外國奴 – 特に新羅奴に就いこ –」,『小田先生頌壽記念朝鮮論叢』, 1929, 711~721쪽.
26) 日野開三郎,「羅末三國の鼎立と對大陸海上交通貿易(4)」,『朝鮮學報』20, 1962, 98쪽.
27) 山內晉次,「九世紀東アジアにおける民衆の移動と交流」,『歷史評論』555, 1996, 63쪽 ; 김문경,『장보고 연구』, 연경문화사, 1997 ; 권덕영,「신라하대 서남해 해적과 장보고의 해상활동」,『대외문물교류연구』창간호, (재)해상왕장보고기념사업회, 2002 ; 고경석,「장보고 세력의 경제적 기반과 신라 서남해 지역」,『한국고대사연구』39, 2005.
28) 蒲生京子,「新羅末期の張保皐の台頭と反亂」,『朝鮮史研究會論文集』16, 1979 ; 堀敏一,「在唐新羅人の活動と入唐交通」,『東アジアの中の古代文化』, 研文出版, 1998.
29) 김문경, 앞의 책, 1997 ; 권덕영, 앞의 논문, 2002 ; 고경석, 앞의 논문, 2005 ; 전덕재,「신라 하대 청해진의 설치와 그 성격」,『STRATEGY21』, 2002.
30) 권덕영, 앞의 논문, 2002 ; 濱田耕策,「新羅王權と海上勢力-特に張保皐の淸海鎭と海賊に關連して-」,『東アジアにおける國家と地域』, 刀水書房, 1999 :『장보고관계연구논문선집』-일본편-, 2002.
31) 김창겸,「8~9세기 신라 정치사회의 변화와 장보고」,『대외문물교류연구』창간

는 9세기 초에 해상을 횡행하던 해적들은 완전히 소탕하고 마침내는 동아시아를 아우르는 해상왕국을 건설하였다.

그 결과 『신당서(新唐書)』권220, 신라전에서 "(흥덕)왕이 장보고에게 1만명을 주어 지키게 하니, 태화(太和) 연간(827~835) 이후에는 해상에서 신라인을 파는 자가 없어졌다."고 하였듯이, 사실상 8세기 말 이후 약 30~40년 동안 황해와 남해에서 신라인을 붙잡아 가서 당에 노비로 팔고, 해상의 선박을 습격하여 물건을 약탈하거나 사람을 죽이던 해적들은 자취를 감추게 되었다.

바다를 평정한 장보고는 청해진 군사력을 이용하여 군소 해상무역업자들을 자신의 휘하로 통합하여 활발한 해상무역을 전개하였다. 장보고는 청해진을 자신의 무역기지로 삼고, 당의 사주(泗州) 연수현(漣水縣)과 일본 축자국(筑前國) 박다진(博多津) 등 해외 무역 기지에 선박과 인원을 상주시키며 당시 동아시아 국제무역을 주도해 나갔다. 그리하여 신라와 당·일본 사이에는 해적이 아니라 신라상인들의 왕래가 빈번하였다.

물론 신라상인의 일본 왕래는 오래전부터 있었고, 9세기에 들어와서도 그러했다. 814년(흥인 5) 10월 신라상인 31명이 장문국(長門國) 풍포군(豊浦郡)에 표착한[32] 기록 있듯이, 이들은 30명 이상 무리를 이룬 상인집단이었다. 그리고 공적으로 허가를 받아 정상적인 물품매매를 위해 오는 상단이었다. 예를 들면, 818년에는 신라인 장춘(張春) 등 14인이 대재부에 와서 나귀 4두를 바쳤고, 820년 신라인 이장행(李長行) 등이 검은 산양 두 마리와 백양 네 마리를 바쳤다. 심지어 824년

호, 2002.
32) 『일본후기』권24, 태상천황 차아 홍인 5년 10월 병진.

장보고가 대재부를 방문하였고, 또 840년에는 사신을 보내 방물(方物)을 바치기도 하였다.

신라상인들은 일본 현지의 민간에 직접 물건을 판매하였다. 「안양사가람연기자재장(安祥寺伽藍緣起資財帳)」에 의하면, '여음(餘昔)은 대재부강사 겸 축자국강사(大宰府講師兼筑紫國講師)를 맡던 날에 신라 상객(商客)이 빈번히 왕래하며 동개(銅鎧, 錪), 첩자(疊子) 등을 주었는데, 이 상인을 만나 도량(道場)에 국가의 강경에 쓰일 것을 갖추기 위해 사서 얻은 것은 모두 사찰에 기진하였다.'고33) 하였다.

이 시기에 있어서 일본의 표류한 신라인에 대한 기본 입장은 귀국조치였다. 834년 대재부의 해안에 신라인들이 표착하자 상처 입은 사람을 치료해 주고 양식을 주어 돌려보냈다.34)

그러면서 한편으로는 신라인들이 잦은 왕래에 경계심을 가지고 대비하였다. 때로는 일본은 표착한 신라인들의 상륙을 거부하고, 심지어는 공격하여 죽였다. 앞에서 언급한 811년(홍인 3) 12월 6일과 7일의 사건에서 보듯이, 대마도에 신라인 10명이 표착해 오자 먼저 5명은 죽이고, 도망한 5명을 추적하여 4명을 붙잡았다. 이러한 대응은 민간에서도 마찬가지였다.

　　A―㉠ 834년 (2월 壬午 2일) 癸未 : 신라 사람들이 멀리서 바다를 건너 대재부의 해안에 도착하였는데 백성들이 그들을 미워하여 활로 쏘아 상처를 입혔다(『속일본후기』 권3, 인명천황 승화 원년).

---

33) 『平安遺文』 제1권(164호 문서) 『7~10세기 한 중 일 교역관계 자료 역주』―일본편―, 해상왕장보고기념사업회 ; 李成市 지음, 김창석 옮김, 『동아시아의 왕권과 교역』, 청년사, 1999, 173쪽 참조.
34) 『속일본후기』 권3, 인명천황 승화 원년 2월 壬午 초하루 계미.

이처럼 민간인들도 신라인의 표착하면 적대감을 갖고 공격하여 상처를 입혔다. 비록 일본 정부는 이러한 행위를 금지하고 신라인을 귀국 조치하는 것이 기본입장이었으나, 당시 민간인들은 표착한 신라인의 상륙을 부담스러워하며, 아마 이들의 출현을 외부 침입자로 간주하고 공격하여 살해하고, 추격하여 체포하였던 것이다.

종전에 신라해적의 출현에 곤란을 경험한 일본은 신라상인의 왕래에도 경계심을 버리지 못했다. 다시 말해 장보고 활동기에도 일본은 신라상인들이 왕래하는 주요한 해상의 경비에 큰 관심을 가졌다.

그 예를 들면 다음과 같은 기록이 있다.

A—⑧ 835년(承和 2년 3월 丙午 14일) 己未 : 대재부에서 말하기를 "壹岐島는 멀리 바다 가운데 있는데 지형은 험하며 좁고 사람의 수는 적어 급작스러운 일이 있으면 지키기가 어렵습니다. 근년에 신라상인이 와서 엿보기를 끊이지 않으니 지키는 사람(防人)들을 배치하지 않으면 어찌 비상시의 일에 대비하겠습니까. 바라건대 섬의 부역민 330명으로 하여금 병기를 휴대하고 14곳의 요충지 해안을 지키게 하십시오."라고 하였다. 그것을 허락하였다(『속일본후기』 권4, 인명천황).

835년 대재부의 건의로 일기도의 요충지 14개소에 대한 경비를 강화하였다. 이것은 종전에 신라해적의 출현과 공격에 놀란 일본이, 이제는 해적이 아니라 신라상인들의 출현과 왕래가 잦아짐에도 지레 겁을 집어먹고 신라에서 일본으로 가는 해상로의 중요한 지점인 일기도의 수비를 강화하는 조치를 취하고 있는 것이다.

그리고 점차 신라상인들을 비롯한 신라인의 출몰과 왕래가 잦아지자 838년 일기도에 노사를 배치하여 경계를 강화하였다.[35]

A—⑨ 838년(승화 5년 7월) 25일 庚辰 : 壹岐島가 지금 신라상인의 왕래가 끊이지 않으니 경계를 확고히 하는 일은 잊을 수 없는 것이므로 史生 1인을 폐지하고 弩師를 둘 것을 바라고 요청함에 太宰府가 허락하였다 (『類聚三代格』 권5, 太政官府 應廢史生一員 置弩師事事)

한편 당시 신라상인들은 상행위에 필요한 일본에서 인정하는 공식 문서를 소지하였다. 신라상인이 가져온 물건을 일본 재지인들이 직접 구입하여 지방사회에 유통되었다. 다시 말해 신라상인들은 일본 민간인 사이에 직접 거래를 하였다. 장보고 상단 역시 그러했다. 그런데 신라 상인 중에는 물건 판매를 끝내고도 즉시 귀국하지 않고 장기간 머물기 도 하여 일본에게는 걱정거리가 되기도 하였다.

A—⑩ 841년(승화 8년 2월) 戊辰 : 太政官이 大宰府에 명을 내려 "신 라인 張寶高가 작년 12월에 말안장 등을 바쳤는데, 장보고는 다른 나라의 신하로 감히 문득 공물을 바치니 옛 규범을 상고해보면 정당한 물건이 아 니다. 마땅히 例로써 거절하여 조속히 물리쳐 돌려보내도록 하라.그들이 가지고 온 물건은 임의로 민간에 맡겨 교역할 수 있게 하라. 다만 백성들 로 하여금 물건을 구매하는 값을 어기고 앞다투어 가산을 기울이지 않도 록 하라. 또한 후하게 도와서 路程의 식량을 지급하되 前例에 따라서 하 라."고 말하였다(『속일본후기』 권10, 인명천황).

840년 12월 장보고의 사신이 말안장 등 토산물을 바쳤다. 그러나 일본 대재부는 장보고가 보낸 사신들을 쫓아버리고, 물건은 민간에 맡 겨 교역하게 하였다.[36] 이것은 신라인에게 식량을 제공하여 귀국 조치

---

35) 鄭淳一,「貞觀年間における弩師配置と新羅問題」,『早稻田大學院文學硏究科紀要』 56-4, 2011.
36)『속일본후기』 권9, 인명천황 승화 7년 12월 癸卯 초하루 己巳조에도 같은 내용 이 실려 있다.

를 기본방침으로 하면서도 강제 추방하는 조치를 취한 것이다.

결국 8세기 후반 이후로 신라상인들과 신라인의 왕래가 잦아지자, 일본은 단순 표착한 신라인들은 귀국 조치시켰고, 귀화한 신라인은 일본의 지방에 안치시켰다. 그러면서 한편으로는 신라인의 침공에 대비하여 대마도의 무기고를 지키고, 변방지역의 경계를 강화하는 등 행정조치를 취하였다. 다른 한편으로는 신라통역관을 배치하여 신라상인의 왕래에 편의를 제공하였다.

나. 신라 장보고 암살과 청해진 혁파 이후

그러나 841년 11월 장보고가 암살당하고, 그의 휘하 세력은 평정되었다.[37] 마침내 851년에는 청해진마저 혁파되자 해상에 대한 통제와 관리가 느슨해져 다시금 해적들이 나타나 극성을 부렸다. 특히 해적을 비롯한 신라인들의 일본 서부 지역에서 출현과 침공이 극심해 졌다. 다시 말해, 841년 장보고 암살 이후 또 851년 2월 청해진이 폐지된 이후 서일본에는 신라인의 표착이 다시 빈발하여 해상의 불안을 불러오게 하였다.[38]

일본 사료에 '신라(해)적'이라 표기된 실체에 대해서는 연구자들 간에 ①신라의 해적, ②신라에서 온 해적, ③재당신라인, ④당 및 신라에서 온 신라인 등으로 해석이 다양하다.[39] 또 신라인이라고 보는 경우라도 이들을 ①장보고 암살 이후 탈출한 장보고세력의 일부, ②신라의

---

37) 『속일본후기』 권11, 인명천황 승화 9년 정월 기사 참조.
38) 濱田耕策, 앞의 논문, 1999 : 앞의 책, 2002, 703쪽.
39) 이에 대해서는 정순일, 「'정관 11년(869) 신라해적'의 내일항로에 관한 소고」, 『동아시아 속의 한일관계사』 상, 제이앤씨, 2010 참조.

기근으로 해적으로 변한 어부들, ③신라왕실의 명령에 따라 식량을 구하러 나선 신라의 정규 군인, ④바다로 도망쳐 해적질하는 신라의 범죄자와 반란세력, ⑤신라의 지방호족과 연결된 상인 등 여러설이 있다. 하지만 필자는 이들은 대체로 신라 하대에 만연한 유이민들이 일본열도로 진출하는 과정에서 현지인들과 발생한 충돌로서, 곧 신라 유이민의 생존을 위한 투쟁의 현상이었다고 본다.[40]

한편 장보고가 암살되고 그의 부장(副將) 이창진(李昌珍)이 반란을 일으키려다 역시 토벌 당하자 나머지 무리들은 종전에 그들과 무역을 하던 일본으로 도망쳤다. 842년(승화 9) 정월 1일 신라인 이소정(李少貞) 등 40명이 축자대진(筑紫大津)에 도착하였다. 대재부에서 사자를 보내어 온 까닭을 물으니 우두머리인 이소정이 말하기를 '만약 그 쪽에 도착한 배 중에 공식 문서를 가지지 않은 자가 있으면, 청컨대 있는 곳에 엄히 명하여 심문하여 붙잡아 들이라.'고 요청하였다.[41]

여기서 장보고의 잔당은 본래는 상인이었지만, 장보고가 암살된 이후에는 신라 정부나 일본으로부터 용인되지 못한 도망자의 신세가 되었다. 그러므로 장보고 활동시기의 신라상인과 장보고 암살 이후의 신라상인은 성격이 크게 달라졌다. 이 무렵에 일본 근해에 진출한 신라인 중에는 공식적인 상인집단도 있었지만, 허가증을 가지지 않은 많은 불법 상인들이 있어, 일본에 상륙하여 물건을 매매하곤 하여, 당시 일본은 상당한 우려를 하였다. 게다가 비공식 신라상인들은 일본 상륙을 목적으로 바다에서 수시로 틈을 엿보다가 불법으로 물건을 매매하였다.

일본은 장보고의 암살 직후부터 일본 서부 해안에 많은 신라인이 자

---

40) 김창겸, 앞의 논문, 2012.
41) 『속일본후기』 권11, 인명천황 승화 9년 정월 초하루 을사.

주 나타나자 신라의 침입에 대한 우려가 커졌다. 평화적인 교역을 위해 일본에 건너온 신라상인이지만, 매매가 순조롭게 진행되지 않을 경우에는 해적 행위도 하는 이른바 '무장상인단'적인 존재이기도42) 했다. 신라인들의 잦은 출몰은 이제는 단순한 귀화 차원을 넘어 정치사회적인 문제가 되었다.

그리하여 일본은 표착하는 신라인들을 의심하고 부정적으로 인식하여 입국을 금지하자는 건의도 제기되었다.

　　B—① 842년(승화 9년 8월 壬戌 초하루) 丙子 : 大宰大貳 從4位上 藤原朝臣衛가 4조목의 건의문을 임금에게 올려 아뢰었다. "첫째, 신라에서 조공한 것은 그 유래가 오래되었다. 聖武皇帝부터 시작하여 聖朝에까지 이르기는 옛날 하던 대로 하지 않는다. 항상 간사한 마음을 품으며 조공물을 바치지 않고 장사하는 일에 기대어 우리나라의 사정을 엿봅니다. 바야흐로 지금 백성이 곤궁하고 식량이 모자랍니다. 만약 뜻하지 않는 일이 있게 되면 무엇으로 막을 것입니까. 바라건대 신라 사람들을 일절 금지하여 나라 안에 못 들어오게 하십시오." 하였다. … 대답하기를 "덕택에 멀리까지 미쳐 바깥 변방에서 귀화하여 오는데 우리나라에 들어오는 것을 일절 금하는 것은 인자하지 못한 일이다. 마땅히 근자에 표류해 오는 사람들에게는 양식을 주어서 돌려보내고 장사하는 무리들이 돛을 날려 와서 도착하면 그들이 가지고 온 물건을 민간에 맡겨 유통하게 하되 끝나면 속히 돌려보내라."고 하였다(『속일본후기』 권11, 인명천황).

위에서 보듯이 일본의 표착한 신라인에 대한 기본 입장은 귀국 조치를 표방하였다. 마치 대국적인 착각에서 신라인에 대하여 인자함을 베푼다는 우월주의적 입장을 취하기도 하였다.

---

42) 이병로, 「9세기 후반에 발생한 '신라인모반사건'의 재검토」, 『일본학보』 37, 1996, 335쪽.

하지만 비록 입국금지 조치를 취하지는 않았지만, 당시 신라인의 출몰은 매우 심각한 문제였다. 일본으로서는 이러한 신라인들의 입국이 상당히 부담스럽게 되었다. 민간은 물론 일본의 관에서도 신라인의 불법 출현과 상업활동은 중요한 관심꺼리가 되어 이에 대한 대책에 부심하였다. 이것은 신라인의 활발한 왕래가 일본 대재부 관리들로 하여금 신라에 대한 적대감을 갖게 한 것을 말해준다.[43]

그리하여 신라인의 출현과 공격에 대비하여 경계를 강화하였다.[44]

B—② 843년(承和 10년) 봄 8월 丁巳 초하루 : 戊寅 太宰府에서 "對馬島 上縣郡 竹敷埼를 지키는 사람들이 알려오기를 '지난 정월 중순부터 이달 6일까지 신라쪽 멀리서 북치는 소리가 들렸는데, 귀를 기울여 들으면 매일 3번 울린다. 항상 오전 10시경을 기다렸다가 그 소리를 울린다. 더욱이 해질 무렵이면 불빛이 또 보인다.'고 합니다." 하였다. 조칙을 내려 " … 대재부에서 ' … 바라건대 옛날의 例에 준하여 筑紫人으로써 防人을 삼아 주십시오.'하니 그것에 따르겠다." 하였다(『續日本後紀』 권13, 仁明天皇).

그리고 신라상인들의 출입이 점차 많아지자, 838년 일기도(壹岐島)에 노사(弩師)를 배치한 바 있는 일본은 849년에는 신라와 왕래상 중요한 거점인 대마도에 노병을 배치하였다.

B—③ 849년(嘉祥 2년) 2월 丙戌 : 庚戌(25일) 대재부에서 말하기를 "대마도의 관리가 이르기를 '이 섬은 바다 가운데 있고 땅은 신라에 가깝습니

---

43) 佐白有淸, 「9世紀の日本と新羅」, 『古代の政治と社會』, 吉川弘文館, 1970, 299쪽.
44) 사료에서 당시 신라에 대한 방어책으로 俘人 배치, 統領 選士 증원, 健兒 활용, 人力 증원 재배치 등의 군사적 대책을 세웠던 것을 확인할 수 있으며, 또 특히 貞觀 11~13년 신라해적에 대비하여 隱岐·長門·出雲·因幡·對馬·伯耆·石見 등 山陰道 지역에 弩師를 배치하였다는 견해도 있다(정순일, 앞의 논문, 2011).

다. 만약 급한 중대사가 있게 되면 무엇으로써 뜻밖의 변고를 막을 것입니까. 바라건대 史生 1명을 그만두고 弩兵 1명을 배치하여 주십시오.'라고 합니다. 요청한 것에 따라 그것을 허락하였다(『속일본기』 권19, 인명천황).

그러면서 일본은 유능한 고위직 인물을 대재부의 군관으로 임명하여 신라 침공에 대비하였다. 849년(嘉祥 2) 봄 자야조신정주(滋野朝臣貞主)가 미장수(尾張守)를 겸직(兼職)하였다. 이때 정주가 말하기를 대재부는 서쪽 끝의 큰 땅으로 일본에서 가장 중요한 곳으로 동쪽은 장문국(長門國)으로써 관문(關門)을 삼고 서쪽은 신라를 막고 있으며, 당과 고려(고구려)·신라·백제·임나(任那) 등이 들어오는 곳이라, 대재부는 여러 번국들이 모이는 곳이며 외국과 국내의 관문이니, 덕이 있는 자로 우두머리를 삼고 재주가 좋은 자로 감전(監典)을 삼아야 한다고 건의하여, 시행하였다.[45]

사실 이 무렵에 대재부는 중국이나 한반도에서 오는 상선들의 입항과 사무역의 중심지가 되어 있었다. 그리하여 당과 일본 지방의 국(國)은 물론 신라인들이 일본으로 들어오는 관문인 대재부 책임자의 대외·역사적 국방상 중요성을 강조하고 있다.

하지만 앞에서 언급하였듯이, 일본의 표착 신라인에 대한 기본 방향은 외형상으로는 식량을 주어 신라로 귀국 조치하는 입장을 일관되게 견지하였다.

B—④ 856년(齊衡 3) 3월 임자 : 대재부에서 "신라인 30명이 해안에 도착하였는데 식량을 주어 돌려보냈다."고 아뢰었다(『일본문덕천황실록』 권8, 문덕천황).

---

45) 『일본문덕천황실록』 권4, 문덕천황 인수 2년 2월 을사.

⑤ 863년(貞觀 5년 11월) 17일 丙午 : … 因幡國에서는 "신라국인 57명이 荒坂의 해안가에 도착하였는데 아마도 상인 같다."고 아뢰었다. 이날 칙을 내려 그들이 돌아갈 수 있는 만큼의 양식을 주어 그들 나라로 돌아가게 하였다(『일본삼대실록』 권7, 청화천황).

⑥ 864년(정관 6년 2월) 17일 甲戌 : 이에 앞서 지난해(863) 신라국인 30여명이 石見國 美乃郡 해안에 도착하였다. … 國司에게 조칙을 내려 필요한 양식을 지급하여 돌려보내라고 하였다(『일본삼대실록』 권8, 청화천황).

하지만 일본은 사정에 따라 때로는 표착한 신라인을 곧바로 귀국 조치하지 않고 임시 안치하기도 하였다.

B—⑦ 863년(貞觀 5년 4월) 21일 癸丑 : … 이에 앞서 대재부에서 "신라 沙門 元著·普嵩·淸願 등 3명이 博多津 해안에 도착하였습니다."라고 아뢰었다. 이에 칙을 내려 鴻臚館에 안치하게 하고 양식을 주고 당나라 사람의 배를 기다려 돌아가게 하였다(『일본삼대실록』 권7, 청화천황).

이 내용은 임시조치로 대재부의 홍려관(鴻臚館)에46) 안치한 사례이다. 일반 난민이 아니라 불교 승려이기에 좀 특별한 사례이기는 하나, 표류인으로 인식하고 임시로 안치시켜 때를 기다리게 하였다가 배편이 마련되면 돌아가게 하였다.47)

한편 잦은 신라인과 해적의 출현으로 일본 지배층에는 신라의 침공에 대한 불안감이 고조되었다. 경계를 강화하면서 아울러 이들은 신라에 대한 두려움을 극복하고자 초월적 존재인 신에게 점을 치고 가호를

---

46) 大宰府 鴻臚館의 위치는 지금 福岡市 中央區 城內, 즉 平和台 야구장 부근으로 상정한다(龜井明德, 「당 신라상인의 來航과 大宰府」, 『장보고관계연구논문선집』-중국편/일본편-, 해상왕장보고연구회, 2002, 671쪽).

47) 아마 新羅 沙門 元著 등 3명은 당나라 배편으로 돌아간 것으로 보아 신라가 아니라 이들의 원래 목적지인 당으로 보냈을 것이다.

빌었다.

B─⑧ 866년(정관 8년 11월) 17일 戊午 : … 칙을 내려 "옛날에 괴이한 일이 자주 보이면 蓍草나 거북으로써 점을 쳤다. 신라의 적병이 항상 틈을 엿보므로 재앙이나 변괴한 일이 일어남이 오직 이 일과 관계가 있다. 무릇 재앙을 물리치는 점괘는 없으나 장래에 적을 막으리라 한 것은 오직 神明의 도움이니 어찌 사람의 힘으로 하는 바라 하겠는가. 마땅히 能登·因幡·伯耆·出雲·石見·隱岐·長門·大宰 등 國과 大宰府에게 邑 내에 있는 여러 신들에게 폐백을 베풀어 국가를 진호할 수 있는 특별한 효험을 기도하라. … "고 하였다(『일본삼대실록』 권13, 청화천황).

신라의 침공 공포에 휩싸인 일본은 지방의 국(國)과 부(府)에서 여러 신들에게 국가 진호를 기도하였다.

이 상황에서 일본 내부에서 동요의 현상이 나타났다. 더구나 정치사회적 불안한 분위기를 이용한 반역 고변이 발생하였다. 866년(정관 8) 7월 15일 비전국(肥前國) 기사군(基肆郡) 사람 천변풍수(川邊豊穗)가 산춘영(山春永)이란 사람이 신라인 니빈장(你賓長)과 함께 신라에 건너가 병노기계(兵弩器械)를 만드는 기술을 배우고 돌아와 장차 대마도를 취하고자 한다고 보고하였다.[48] 또 866년(정관 8) 은기국(隱岐國) 낭인(浪人) 안담복웅(安曇福雄)이 전 안예수(安藝守) 월지숙녜정후(越智宿禰貞厚)가 신라인과 함께 반역을 도모하였다는 밀고사건이 있었다.[49]

물론 두 사건은 사실이 아닐 것이다. 그럼에도 이것이 갖는 정치적 반응은 매우 심각하고 중요한 사건이었다. 특히 후자는 복웅(福雄)의 무고로 밝혀졌으나 그는 유배형에 처해졌다.

---

48) 『일본삼대실록』 권13, 청화천황 정관 8년 7월 15일 丁巳.
49) 『일본삼대실록』 권16, 청화천황 정관 11년 10월 26일 庚戌.

이러한 일련의 사건과 분위기에서 신라의 침공, 신라인의 잦은 출현에 대한 위기의식이 극심해져 일본 정부는 더 이상 방책을 찾지 못하고 어쩔 수 없이 불교의 힘을 빌려 막아보고자 하였다.

B—⑨ 867년(정관 9년 5월) 26일 甲子 : 8폭 四天王像 5鋪를 만들어 각 1鋪씩을 伯耆·出雲·石見·隱岐·長門 등의 나라에 내려주고 知國司에게 "너희 나라는 땅이 서쪽 끝에 있어서 경계가 신라와 가깝다. 경비하는 계획이 마땅히 다른 나라와는 다르니 尊像에 귀의하고 삼가 정성을 다하여 불법을 닦아 적의 마음을 調伏하게 하고 재앙과 변란을 없애도록 하는 것이 마땅하다. 이에 모름지기 지세가 높고 넓으며 적의 경계를 내려다볼 수 있는 道場을 택할 것이니, 만일 도량이 없다면 새로이 좋은 곳을 택하여 절을 지어 존상을 안치하도록 하고 國分寺와 部 내에서 수행 정진하는 승려 4명을 청하여 각각 상 앞에서 最勝王經 四天王護國品에 따라 낮에는 경을 읽고 밤에는 신주를 외우기를 봄과 가을에 각각 17일간씩 청정하고 견고하게 불법에 따라 薰修하도록 하라."고 명하였다(『일본삼대실록』권14, 청화천황).

일본의 서쪽 지역에 있어 신라와 가까운 지방 나라들에게 지세가 높고 넓으며 적의 경계를 내려다볼 수 있는 도량을 택하거나, 새로이 좋은 곳을 택하여 절을 지어 존상을 안치하도록 하고 승려들에게 최승왕경 사천왕호국품에 따라 경을 읽고 신주를 외우게 하였다. 이는 불법으로서 신라의 침략을 막아보려는 노력의 하나로써, 즉 신라가 침공할 것이란 우려가 일본의 국가적인 문제로 되었음을 보여주는 것이다. 뿐만 아니라 서부 지역의 국과 부에게 시험하고 훈련시켜 적합한 사람을 얻게 하였다.

지금까지 살펴보았듯이, 841년 신라에서 장보고 암살사건이 있자 신라인의 출몰이 종전보다 빈도가 잦아지고 그 숫자가 많아짐에,50) 일본은 신라인의 입국을 통제하면서 더욱 경비에 신경을 썼다.

일본의 외교의례상 기본 입장은 대체로 일본 연안에 출몰한 신라인들을 표류인으로 보고 특별한 조건 없이 환자를 치료하면서 기다렸다가 일기가 좋아지면 식량을 주어 귀국 조치하는 것이었다. 또 때로는 귀화인으로 처리하여 일본 땅에 안치하고 본관을 정하여 정착케 하였다. 그리하여 이들은 그곳에서 상업행위를 하거나, 신라의 신진기술을 전수하면서, 또 새로운 성씨의 시조가 되기도 하였다.

한편 일본은 신라인의 잦은 출현에 대비하여 대마도에 통역관을 두었으며, 또 노병과 노사를 배치하여 왕래에 대비하게 하였고, 부역민과 축자인(筑滋人)에게 병기를 휴대하고 경비하게 하였다. 특히 신라가 침공할 것이라는 공포 분위기에서 이를 예방하고자 여러 신들과 불교의 초월적인 힘을 빌리고자 노력하였으며, 심지어 신라와 가까운 지방의 나라에 경계하기 좋은 곳에다가 불상 그림을 모시고 불경을 읽고 신주(神呪)를 외우게 하였다.

다. 869년 일본 공면 약탈사건 이후

9세기 후반에도 표착한 신라인에 대한 일본의 기본 입장과 시책은 양식을 지급하고 편의를 제공하여 무사히 귀국 조치시키는 것이었다. 그 대표적인 사례를 들어보면 다음과 같다.

---

50) 841년 장보고 암살 이후 또 851년 2월 청해진이 폐지된 서일본에는 신라인의 유착이 다시 빈발하여 해상에 불안을 불러오게 하였다는 이해도 있다(濱田耕策, 앞의 논문, 1999 : 앞의 책, 2002, 703쪽).

C—① 870년(정관 12년 2월) 20일 壬寅 : … 이에 앞서 (대재)부에서 "신라 흉적이 貢綿을 약탈하였는데 潤淸 등에게 혐의를 두어 그들을 가두고 아뢰었습니다. 太政官의 처분으로 어진 은혜를 크게 베풀어 식량을 주고 돌려보내게 하였습니다만 윤청 등이 순풍을 만나지 못하여 그들 나라로 출발하지 못하였습니다. 對馬嶋司가 신라의 소식을 적은 日記와 저 나라에서 표류해온 7명을 바쳤는데, 府에서는 예에 따라 식량을 주어 돌려보냈습니다.… "라고 하였다(『일본삼대실록』 권17, 청화천황).

② 874년(정관 16년 8월) 8일 甲子 : 이에 앞서 대재부에서 아뢰기를 "신라인 金四·金五 등 12인이 배 한척을 타고 대마도에 표착하였습니다."고 하였다. 이에 이르러 府司에게 온 이유를 묻고 조속히 돌려보내게 하였다(『일본삼대실록』 권26, 청화천황).

③ 885년(仁和 원년 6월) 20일 癸酉 : … 이날 대재부에서 아뢰기를 "지난 4월 12일 新羅國使 判官 徐善行과 錄事 高興善 등 48인이 배 한척을 타고 肥後國 天草郡에 도착하였습니다. 온 이유를 물으니 '지난해에 표류하다가 마침 해안에 도착했는데, 관에서 양곡을 지급하여 주어 고향에 돌아갈 수 있었습니다. … '고 대답했다."(『일본삼대실록』 권47, 광효천황).

이처럼 일본측 기록을 보면 9세기 후반에도 일본은 표류해온 신라인을 귀국 조치시키는 것을 기본 정책으로 행하였다. 양식을 지급하고 때로는 이들의 상처를 치료해 주기도 하였다.

하지만 9세기 후반기에 들어서면 신라해적들의 침공이 더욱 극성을 부렸고, 이에 대하여 일본은 매우 민감한 반응을 보였다. 더구나 여러 신과 불교의 힘을 빌어서라도 신라인의 침입에 대해 경계하고 예방을 기원함에도 불구하고, 결국 일본을 경악케 한 일이 터졌다.

그것은 다름이 아니라 신라해적들이 일본 관부의 공물(貢物)을 약탈하는 사건이 발생하였다. 869년(정관 11) 5월 22일 밤에 신라해적이 일본 연공인 견면을 약탈한 사건이 발생하였다.

C—④ 869년(정관 11년 6월) 15일 辛丑 : ··· 대재부에서 "지난달 22일 밤에 신라해적이 배 두척을 타고 博多津에 와서 豊前國의 年貢인 絹綿을 약탈하여 곧바로 도망하여 숨었습니다. 군사를 보내어 뒤쫓았으나 적들을 사로잡지 못하였습니다."라고 아뢰었다(『일본삼대실록』 권16, 청화천황).

신라인이 일본 관부의 공물을 약탈한 사건은 일본 조야에 아주 큰 충격을 던져주었다. 일본은 이들을 신라해적으로 보고, 이후로는 군사를 동원하여 추포케 하였다. 그리고 신라인의 출현에 만반의 대비를 하도록 지시하였다. 신라해적의 공물약탈사건 이후로는 일본에서 출몰하는 신라인에 대한 인식이 종전과 크게 달라진 것이다.

이제는 연안에 나타난 신라인들을 도적으로 간주하여 공격하고 도망가면 추격 체포하였다.

C—⑤ 869년(정관 11년) 가을 7월 丁巳 초하루 2일 戊午 : ··· 이날 勅을 내려 大宰府司를 견책하기를 " ··· 또 어떤 사람이 '도적이 도망하여 떠나는 날에 해변의 백성 5~6명이 죽음을 무릅쓰고 쫓다가 싸우다가 활을 쏘아 두 사람이 다치게 하였다.'라 말하는데, 이 일이 만약에 사실이라면 어찌 공경을 다하여 섬기는 것이 아니겠는가. ··· "고 하였다(『일본삼대실록』 권16, 청화천황).

신라해적의 연공 견면 약탈사건이 있은 뒤 일본에서는 신라해적의 침입과 재난에 대한 위기의식이 팽배하였다. 이제는 조금이라도 이상 징후가 나타나면, 점을 쳐 신에게 가호를 빌고 경계를 강화하였다.

869년(정관 11) 여름 대재부에 큰새가 병고(兵庫)와 문루(門樓) 위에 모여들어 점을 쳐보니 여름에 이웃 나라의 침입이 있을 것이라고 함에 폐백을 베풀고 경(經)을 전독(轉讀)하여 미리 재난을 물리쳤다.[51] 12

월 5일 거북점을 쳐보니 군사가 쳐들어올 징조라는 예언이 나오자 경비병을 배치할 곳을 마련하여 뜻밖의 일에 대비하고, 2번으로 나누되 1번에 100명씩으로 하여 매달 상호 교체하여 서로 교대로 역에 종사하도록 하였다.52) 또 12월 17일에는 신지관(神祇官) 음양료(陰陽寮)가 가까운 국경에 적병의 침입이 있을 것이라고 말하자 경비를 강화하였다.53)

그리고 외국인의 입국과 신라해적의 침공의 주요 지역인 대재부를 담당할 책임자로 유능한 고위직 무장을 임명하였다. 869년(정관 11) 12월 28일 종5상 수우근위소장 겸 행대재권소이(守右近衛少將兼行大宰權少貳) 판상대숙녜농수(坂上大宿禰瀧守)를 대재부에 보내어 진호하고 경계를 굳게 하라고 하였다.54) 대재부소이(大宰府少貳)는 신라의 침입을 비롯한 일본의 서부 지역 경계를 담당하는 임무가 주어진 매우 중요한 직책이었다. 당시 일본 최고의 무장인 판상대숙녜농수를 이 직에 임명하여 파견한 것은 신라의 침략에 대비하고 지키게 한 것으로 대재부의 중요성이 더욱 커졌음을 말해주는 것이다.

『일본삼대실록』에 보면, "판상대숙녜농수(坂上大宿禰瀧守)는 우경인(右京人)으로 종4위하 응양(鷹養)의 손자이며 정6위상 씨승(氏勝)의 아들인데. 어려서 무예를 좋아했고 활쏘기와 말 타는 것을 익혔는데 걸어가며 활쏘기를 더욱 잘하였다. 판씨(坂氏)의 선조는 대대로 장군의 가문을 이루었다. 농수는 869년(정관 11) 12월 대재부소이(大宰府少貳)에 나갔고 우근위소장(右近衛少將)은 여전히 같이 하였다. 이 해에 신라의

---

51) 『일본삼대실록』 권17, 청화천황 정관 12년 2월 12일.
52) 『일본삼대실록』 권16, 청화천황 정관 11년 12월 5일 무자.
53) 『일본삼대실록』 권16, 청화천황 정관 11년 12월 17일 경자.
54) 『일본삼대실록』 권16, 청화천황 정관 11년 12월 28일 신해.

해적이 대재부의 공면을 약탈하였으므로 농수를 보내어 뒤를 지키고 방비하면서 아울러 대재부의 경계를 관장하게 하라고 명령하였다." 고55) 기록되어 있다.

대재부의 장관은 대재수(大宰帥)라 불렸으나56) 이들은 실제로는 부임하지 않았기 때문에, 대재권수(大宰權帥)가 실무를 맡았다. 수(帥)나 권수(權帥)의 임기는 5년이었다.57) 그러므로 당시 최고 무장인 판상대숙녜농수를 종5위 대재권소이로 임명한 것은 신라해적의 침공에 대한 우려가 대단히 커졌으며, 그만큼 대재부 관할 지역의 방어를 위한 경비가 심각해 이에 대응조치를 한 것으로 보겠다.

한편 869년 5월 22일에 있었던 신라해적의 공물 약탈사건 이후 일본은 이미 대재부 관내에 안치되어 살고 있던 신라인들이 새로이 출몰하는 신라인들과 내통할 것을 우려하여, 다른 곳으로 이치시켰다.

　　C―⑥ 870년(정관 12년 2월) 20일 壬寅 : … 이에 앞서 (대재)부에서 "
　　… 다만 좁고 작은 신라가 흉독함이 이리와 같이 사나우며, 또한 대마도
　　사람 卜部乙屎麿呂가 저 나라(신라)에 갔혔다가 탈옥하여 도망쳐 와서 저
　　들의 병사를 조련하는 상황을 말하였습니다. … 또 종래부터 관내에 거주
　　하던 자들은 또한 이외에도 여러 명 있습니다. 이들 무리는 모두 겉으로는
　　귀화한 것 같지만 내심으로는 역모할 뜻을 품고 있습니다. 만일 (신라가)
　　침략해 온다면 반드시 내응할 것이므로 청컨대 天長 원년(824) 8월 20일
　　의 格旨에 준하여 新舊를 논하지 말고 아울러 陸奧國의 빈 땅에 옮겨 (병

---

55) 『일본삼대실록』 권40, 양성천황 원경 5년 11월 9일 계축.
56) 大宰帥는 종3위에 해당하는 大納言・中納言 급의 중앙정부 고관이 겸하였으나, 헤이안시대에는 주로 親王이 임명되었다.
57) 그리고 수 및 권수 아래에는 貳(大貳・少貳), 監(大監・少監), 典(大典・少典) 등이 있었고, 이밖에 主神・大判事・大令史・大工・史生・醫師・算師 등 50인의 관인이 배치되어 실무를 맡았다.

제 3 부 하대 신라인의 해외진출과 남해　333

란을 일으키려는) 간특한 마음을 끊도록 하십시오."라고 하였다. 이에 따랐다(『일본삼대실록』 권17, 청화천황).

위의 내용에서 보듯이, 대재부 관내에 교관(交關)에 종사하면서 살던 윤청(潤淸) 등을 다시 육오국(陸奧國)의 빈 땅에 옮기도록 하였다.[58] 그 이유는 신라해적의 공면약탈사건이 발생한 뒤, 신라에 갇혔다가 도망쳐온 복부을시마가 신라가 침공할 것이라고 보고하자, 이 경우에 일본 대재부 관내에 거주하는 신라인이 내응할까 우려한 것이다.

하지만 이러한 일본의 대비에도 불구하고 신라가 침공할 것이란 불안감은 커져갔다. 특히 신라해적의 연공탈취사건 이후, 신라해적의 출현은 당시 일본 연안의 관가는 물론 중앙정부에서조차 두려움의 대상으로 등장하였다.

신라해적의 침공, 이것과 연계된 일본 내부의 반란사건 등이 발생하자, 일본 정부는 신라해적에 대비코자 다양한 방법과 시책을 폈다.

그러면서 공면을 약탈한 사건에 혐의가 있는 신라인 20명을 여러 나라에 배치하였다.

C—⑦ 870년(정관 12년 9월) 15일 甲子 : 신라인 20명을 보내 여러 나라에 배치하였다. 淸倍·鳥昌·南券·安長·全連 5인을 武藏國, 승려 香嵩과 사미승 傳僧·關解·元昌·券才 5인을 上總國, 潤淸·果才·甘參·長焉·眞平·長淸·大存·倍陳·連哀 10인을 陸奧國에 배치하였다. 칙을 내리기를 " … 특별히 긍휼히 여겨 저 나라 비옥한 땅에 안치하는 것이니 불편함이 없도록 하고 口分田의 營種料를 지급하라. 아울러 모름지

---

58) 그러나 이로부터 3개월여 뒤에 윤청 등은 또다시 도망하였다. "870년(정관 12년 6월) 13일 甲午 : 또 (大宰府에서) 말하기를 "옥에 가둔 신라인 潤淸 등 30명 가운데 7명이 도망하여 숨었습니다."고 하였다(『일본삼대실록』 권18, 청화천황).

기 그와 같은 일은 한결같이 선례에 따르도록 하며, 씨 뿌릴 때에나 가을의 수확 때에는 아울러 공량을 지급하라. 승려와 사미승 등은 公粮하는 액수가 정해진 절에 안치하도록 하고 그들에게 공급하도록 하라. … ”고 하였다. “太政官은 알린다. 신라인은 대재부의 貢綿을 훔쳤는데 윤청 등 20인이 함께 이 혐의를 받았다. 오직 그 이유로 죄를 책하고 정하여 법에 따라 죄를 내리므로, 죄를 면하고 힘쓰는 데 어찌 살피지 않겠는가. 청배 등 5인은 무장국, 원창 등 5인은 상총국, 윤청 등 10인은 육오국에 물러나 있으라.”라고 하였다. 윤청·장언·진평 등은 기와를 만드는데 재주가 뛰어나므로, 육오국 修理府의 기와를 만드는 일에 참여하여 그 일에 뛰어난 사람들로 하여금 서로 좇아 전하여 익히도록 하였다(『일본삼대실록』 권 18, 청화천황).

인용문C-⑦에서 보듯이, 표류해온 신라인들을 5인 또는 10명으로 나누어 다른 지역에 안치하였다. 즉, 신라인을 안치한 수가 6명, 10명, 5명 등으로 모두 10명 이하 단위로 나누어 안치함을 볼 수 있다. 이것은 원강국(遠江國)·준하국(駿河國)에 유배된 신라인 700명이 820년(홍인 11) 2월 반란을 일으킨 사건이 있었음을 고려하면,59) 많은 수의 신라인을 함께 이주시켰다가 반란 등 집단행동하는 것에 대비한 것이라 하겠다.

청배 등 5인을 무장국, 승려 향숭과 사미승 전승 등 5인을 상총국, 윤청 등 10인을 육오국에 배치하였다. 여기서 보건대 승려는 상총국의 절에, 기술자는 육오국 수리부에 안치하고 있다. 그러면서 이들에게 구분전의 영종료를 지급하되, 씨 뿌릴 때에나 가을의 수확 때에는 아울러 공량을 지급하였다. 또 승려와 사미승 등은 공양하는 액수가 정해진 절에 안치하도록 하고 그들에게 공급하도록 하였다.60)

59) 『일본기략』 전편14, 차아천황 홍인 11년 2월 13일 병술.
60) 다만 이 기사에는 金連이 全連으로, 淸信이 淸倍로 표기되어 있다.

더욱이 윤청은 오랫동안 대재부 관내에 거주하면서 교관에 종사하는 상업행위를 하였다. 또 신라상인들은 대재부 부근에 머물면서 교역을 하는 경우도 있었다.61) 이들은 당시 대재부 부근에서 상권을 형성한 일본 상인층 내지는 호족층들과 매우 긴밀한 관계를 맺고 있었던 것으로 보인다.62) 그리하여 신라해적의 일본 공면약탈사건 이후에는 재지세력과 대재부 관내에 거주하던 내착신라인(來着新羅人)의 밀접한 결합을 차단하였다.63)

특히 870년 2월 대마도 하현군 사람 복부을시마려가 곧 신라의 침공이 있을 거라는 보고가 있자64) 일본에는 신라가 침입한다는 풍문이 나돌았고, 공포에 떨었다. 그리하여 일본은 신라해적에 대한 정부 차원의 대책 마련에 부심하였다. 또 870년 6월에는 이보다 앞서 대재부에서 비전국(肥前國) 저도군(杵嶋郡)의 병고가 진동하면서 북소리가 두번 울렸는데 점을 쳐보니 이웃 나라의 군사를 경계하라고 알려줌에, 축전(筑前)·비전(肥前)·일기(壹岐)·대마(對馬) 등 나라의 섬에 뜻밖의 사태에 경계하라고 명령을 내렸다.65)

한편 일본 내부에서는 이러한 사회적 불안 분위기를 틈탄 반란의 고변이 발생하였다. 870년(정관 12) 11월 13일 축후권사생(筑後權史生)

---

61) 예컨대 홍인연간(810~824) 등의 사료에 보이는 신라도래인의 수백명 이상이 大宰府 博多에 정주하여 상업활동을 행하고 있었던 가능성이 있다(龜井明德, 앞의 논문, 2002, 676쪽).

62) 鄭淳一, 「新羅海賊事件と大宰府管內居住新羅人の動向」, 『九世紀の來航新羅人と日本列島』, 早稻田大學大學院 博士學位論文, 2013.

63) 신라인이 지닌 기술을 해당 지역에 사용케 하려는 목적 등 여러 이유로 이치되었다(鄭淳一, 「新羅海賊事件からみた交流と共存」, 『立命館大學コリア研究セ ンター次世代研究者フオラム論文集』 3, 2010, 15~22쪽).

64) 『일본삼대실록』 권18, 청화천황 정관 12년 2월 12일.

65) 『일본삼대실록』 권18, 청화천황 정관 12년 6월 13일 갑오.

인 좌백숙녜진계(佐伯宿禰眞繼)가 대재부소이(大宰府少貳) 등원조신원리만려(藤原朝臣元利萬侶)와 신라국왕이 서로 통하여 국가를 해하고자 도모한다고 보고하였다.66) 이 사건의 진실성은 의심스럽다. 그럼에도 이것이 갖는 정치적 충격과 영향은 컸던 것이다.67)

이미 앞에서 언급한 866년 7월 산춘영이란 자가 신라에서 병노 제조기술을 배워서 대마도를 점령하려고 한다는 보고와 함께 이 보고는 매우 중요한 사건이었다. 이 사건은 870년 11월 17일 대재부에 칙을 내려 소이 등원조신원리만려와 전주공상가가인(前主工上家人), 낭인(浪人) 청원종계(淸原宗繼), 중신년마(中臣年麿), 흥세유년(興世有年) 등 5인을 체포하게 하고, 행대내기(行大內記) 안배조신흥행(安倍朝臣興行)을 추문밀고사(推問密告使)로 삼아 대재부에 보내어68) 처리하였다.

특히 신라해적의 공면약탈사건 이후에는 대재부에 대한 경계를 강화하고 있다.

C—⑧ 873년(정관 15년) 12월 17일 戊申 : 대재부에서 아뢰기를 " … (대재)부가 이웃 나라의 적을 경비하는 것은 그 유래가 오래 되었는데, 지난 정관 11년(869) 신라해적이 틈을 엿보아 공면을 약탈하였습니다. 이로부터 甲冑를 옮겨 운송하여 鴻臚館에 안치하고, 포로를 보내어 순번을 나누어 鎭을 지키게 하였습니다. 다시 統領과 選仕를 나누어 두고 갖추어

---

66) 『일본삼대실록』 권18, 청화천황 정관 12년 11월 13일 신유.
67) 이때 건너간 신라의 선박을 해적선이라 하고 있는데 이들과 대재부가 통하여 모반했다고 한 것은 무리이며 이들 선박은 신라의 무역선이었을 것이며, 당시 일본정부에서 금하고 있는 무역거래를 대재부가 행하여 일본 정부의 명을 거역한 것으로 보는 것이 타당할 것 같다(나종우, 『한국중세 대일교섭사 연구』, 단국대학교 박사학위논문, 1992, 14쪽). 이 반란사건에 대해서는 이병로, 앞의 논문, 1996 참조.
68) 『일본삼대실록』 권18, 청화천황 정관 12년 11월 17일 을축.

경계하여 지키게 하였습니다. … ” 하였다(『일본삼대실록』 권24, 청화천황).

이처럼 일본은 신라해적의 일본 연공 견면 약탈사건 이후로는 갑주를 옮겨 홍려관에 안치하고 포로들로 순번을 정해 지키게 하였으며, 다시 통령과 선사를 나누어 두고 경계토록 하였다.

그리고 귀화 신라인들을 위하여 신라군(新羅郡)과69) 같은 특별한 행정구역을 만들었다. 그리하여 당시 일본의 대재부 관내에 거주하는 귀화한 신라인을70) 비롯하여, 신라인의 집단거류지가 형성되었을 것이다.71)

그렇다면 이들 신라인은 남자가 대부분이었기에 아마도 일본 관청으로부터 일본 여인들과의 혼인을 공식적으로 허락을 받거나 또는 현지 여인들과의 육체적 관계를 맺어 부부로서 가정을 이루고 자식을 두었을 것이다.

그러나 일본 내에 안치되어 잘 적응하며 생활하는 신라인이 있는가 하면, 만족하지 못하고 도망치는 자들도 많았던 모양이다.

C—⑨ 873년(정관 15년 6월) 21일 갑인 : 武藏國司가 “신라인 金連과 安長·淸信 등 세 명이 도망하였는데 어디에 숨어 있는지를 알 수 없습니다.”라고 하니, 京畿7道 여러 나라로 하여금 김련 등을 체포하도록 하였다.

---

69) 『속일본기』에 758년(天平寶字 2년) 8월에 도래한 신라 승려 34명, 남자 19명, 여자 21명을 武藏國에 이주시키고 新羅郡을 설치했다는 기록이 있어 참조가 된다. 아울러 『속일본기』 元正天皇 靈龜 2년 5월에 고구려인 1,799명을 武藏國에 이주시키고 高麗郡을 설치했다는 기사도 있다.
70) 정순일, 앞의 논문, 2010, 12~14쪽
71) 이것을 당의 산동반도 등지에 형성된 ‘신라방’에 비견하는 견해도 있다(石井正敏, 「다자이후 고로칸과 장보고시대를 중심으로 한 일본·신라관계」, 『7~10세기 동아시아 문물교류의 제상(일본편)』, 해상왕장보고기념사업회, 2008).

(이들은) 정관 12년(870년)에 대재부로부터 옮겨 안치했던 사람들이다(『일본삼대실록』권24, 청화천황).

　⑩ 879년(원경 3년 여름 4월) 2일 辛酉 ⋯ 貞觀 12년(870) 9월 15일 신라인 5인이 武藏國에 배치되었는데, 이때 이르러 國司가 말하기를 "그 가운데 2인은 도망하여 어디에 있는지를 알 수 없습니다."라고 하였다. 이에 太政官이 左右京과 5畿 7道 여러 나라에 명령을 내려 수색하도록 하였다(『일본삼대실록』권35, 양성천황).

　인용문 C-⑨·⑩을 보면, 870년(정관 12) 9월 15일 대재부로부터 무장국에 안치되었던 신라인 5명 중에 873년(정관 15) 6월 21일 김련 등 3명이 도망쳤고, 또 879년(원경 3) 4월 2일 2명이 도망쳤다.

　단순히 숫자상으로 보면 안치된 5명 모두가 도망친 것이라 하겠다. 그런데 879년 기사를 보면 5명 가운데 2명이라 하였으므로, 이때에도 5명이 그대로 안치되어 있었던 것으로 여겨지며, 그렇다면 먼저 873년에 도망쳤던 3명이 도주에 실패하여 다시 잡혀와 결국 5명이 함께 생활하다가 879년에 이 중에서 2명이 도망쳤음을 짐작할 수 있다. 이 것은 무장국에 안치된 신라인들이 그 생활에 만족하지 못할 만큼 매우 어려웠음을 의미하는 것이다.[72]

　일본은 신라해적에 효과적으로 대비하고자 서부 변방의 지방행정 조직을 개편하였다. 특히 869년 일본 연공을 약탈한 신라해적이 통과한

---

72) 그리고 신라 승려 전승과 권재는 신라해적의 일본 공면약탈사건에 대한 조치로 870년 9월 15일 김련과 청신이 무장국에 이치될 때 상총국에 배치되었다. 그런데 이들도 "873년(정관 14년 9월) 8일 庚午 : 甲斐國에서 아뢰기를 "신라의 승려 傳僧과 卷才 두 명이 山梨郡에 와서 살고 있습니다."라고 하였다. 전승 등은 정관 13년(871) 상총국에 옮겨져 배치되었던 이들이다. 이에 본래 있던 곳으로 되돌아가게 하였다."(『일본삼대실록』권24, 청화천황)는 기록에서 보듯이, 이치되었음을 알 수 있다.

송포군(松浦郡)의 치가도(値嘉嶋, 오늘날 五島列島)을 행정조직 개편하여 도사(嶋司)와 군령(郡令)을 두어 경비를 강화하였다.[73]

　　C—⑪ 876년(정관 18년 3월) 9일 丁亥 : 參議 大宰權帥 從3位 在原朝臣行平이 두 가지 일을 청하였다. … 그 두 번째 일은 肥前國 松浦郡 庇羅와 値嘉의 두 개 鄕을 합하여 두 개 郡을 다시 세워 上近·下近이라 이름하고 値嘉嶋를 두도록 하는 것이었다. " … 이번 건의 두 향은 … 더욱이 땅이 바다 가운데 있으면서 변경 지역으로 異俗과 이웃하고 있어서 大唐이나 新羅에서 오는 사람들과 우리 조정의 入唐使들이 이 섬을 경유하지 않음이 없습니다. 府頭와 백성들이 일러 '지난 정관 11년(869) 신라 사람들이 貢船의 絹綿 등을 약탈하여 가던 날에 그 적들이 함께 이 섬을 지나갔습니다.'라고 아뢰었습니다. 이로써 보건대 이 땅은 그 나라의 중심 지역이므로 令長을 가려 방어를 신중하게 하는 것이 마땅합니다. … 두 향을 합하여 두 개의 군으로 다시 세워 상근·하근이라 이름하고 다시 치가도를 삼으시어 새로이 嶋司와 郡令을 두어 土貢을 맡게 하십시오."라고 청하였다(『일본삼대실록』 권28, 청화천황).

　그 이유는 이 섬은 바다 가운데 있으면서 변경 지역으로 당과 신라에서 오는 사람들과 일본의 입당사(入唐使)들이 이 섬을 경유하지 않음이 없으며, 더구나 869년 신라해적이 공선의 견면 등을 약탈하여 가던 날에 이 섬을 지나갔기 때문이라고 하였다. 그리하여 치가도를 삼고 새로이 도사와 군령을 두었다.
　그리고 또다시 대재부를 경비하는 일의 중요성이 부각되었다. 고위

---

73) 이는 오도열도는 당시 당과 신라에서 오는 자들이 경유해야 하는 섬이어서 이때까지 肥前國 松浦郡 소속의 庇羅·値嘉 두 향이었던 五島를 肥前國에서 분리하여 대재부 관내 9國2島에 필적하는 독립행정구역 치가도로 할 것을 제안한 것이라 한다(戶田芳實, 「平安初期の五島列島と東アヅア」, 『初期中世社會史の研究』, 東京大學出版部, 1991, 321~322쪽).

직 무장인 방웅(房雄)과 농수(瀧守)를 대재부의 책임자로 임명한 것은 그만큼 신라해적의 출몰이 위협적이고 심각한 문제로 여겼다는 것을 말해준다. 그리하여 중단하였던 대재부의 경비를 부활하였다. 이미 앞에서 살펴보았듯이, 869년(정관 11)에 좌근위권소장 겸 권소이 판상대숙녜농수가 대재부의 책임을 맡았는데, 임기가 끝나 서울로 들어왔으므로 경계하는 일을 그만 두었다. 그런데 다시 이웃 나라 적이 틈을 엿본다는 점괘가 있음에 878년(원경 2) 7월 13일에 조칙을 내려 대재권소이(大宰權少貳) 등원조신중직(藤原朝臣仲直)에게 경계하여 지키는 일을 맡게 하였다.[74]

당시 일본에서는 신라해적의 침입과 신라의 침공에 대한 우려가 매우 팽배하였고 대단히 민감한 문제였다. 아마 정치권과 사회적으로 이에 대한 유언비어가 난무했던 모양이다. 예를 들면 878년(원경 2) 12월 11일 대재소이 도전조신충신(嶋田朝臣忠臣) 등이 강일궁(橿日宮)에서 '신라의 노략질하려는 선박이 우리나라를 향하고자 한다.'라는 신탁(神託)이 있었으므로 마땅히 방비해야 한다고 아뢰자, 수형부대보(守刑部大輔) 홍도왕(弘道王)을 보내어 이세태신궁(伊勢太神宮)에 나아가 신의 도움을 청할[75] 정도였다. 곧이어 878년(원경 2) 12월 20일 종5위상 수민부대보(守民部大輔) 등원조신방웅(藤原朝臣房雄)을 대재권소이 겸 좌근위권소장으로 삼아 대재부에 나아가 전쟁을 경계하도록 하였다.[76]

그러나 이 조치도 그리 성공적인 특별한 효과를 보지 못한 듯하다. 그래서 『일본삼대실록』에는 "앞서 서국(西國)에 '신라 흉적이 장차 침

---

74) 『일본삼대실록』 권34, 양성천황 원경 2년 7월 13일 병오.
75) 『일본삼대실록』 권34, 양성천황 원경 2년 12월 11일 임신.
76) 『일본삼대실록』 권34, 양성천황 원경 2년 12월 20일 신사.

입해 온다.'는 말이 떠돌아서, 조정에서 의논하여 좌근위소장 판상대숙녜농수로써 대재소이를 겸직하게 하고 대재부를 향해 출발하던 날 그를 따르는 근위병 여러 명을 내려주었다. 농수는 소이의 임기가 차자 방응으로써 대신하게 하였다. 대재부에 도착한 뒤에 떠도는 말이 잠잠해지지 않고 그를 따르는 근위병이 포악한 짓을 많이 하였는데, 그 우두머리인 좌근위 채녀(采女) 익계(益繼)의 교활함이 더욱 심하였으므로 방응이 그를 죽였다. 하지만 경계가 엄하지 아니하며 민간에 뜬소문이 간간히 나타났으므로 방응을 비후수(肥後守)로 삼고 그 소이의 직무를 그만두게 하였다."는 기록이 있다.77)

대재부소이는 신라의 침입을 막는 임무가 주어진 매우 중요한 직책이다. 이보다 앞선 869년 5월 22일 밤에 신라배가 대재부의 외항(外港) 박다진(博多津)에 와서 풍전국(豊田國)의 연공(年貢)인 견면을 약탈하여 도망쳤고, 또 870년(정관 12년) 11월 13일 대재대이 등원조신원리만려가 신라왕과 통하여 이듬해에 모반을 일으켰다는 보고가 있었다. 이후로 일본에서는 신라인의 출현에 무척 긴장하고 있었다. 이러한 상황에서 방응과 농수을 대재부의 무장으로 임명한 것은 그만큼 신라인의 출몰이 위협적이고 심각한 문제로 여겼다는 것을 말해준다.

이와 같은 일본 조정의 대응과 조치에도 불구하고 대재부에서 신라의 침공을 우려하는 보고가 계속 올라왔다. 878년(원경 2) 12월 24일에 대재부에서 '신탁에는 신라 흉적들이 우리의 틈을 엿보고 있음'을 알렸다고 보고하였다.78) 다시 말해 일본 정부는 계속 되는 신라와 신

---

77) 880년(원경 4) 肥後守 종5위상 藤原朝臣房雄에게 정5위하를 제수하여 관계를 올려주어 이때 소이에서 면직된 마음을 위로하였다(『일본삼대실록』 권37, 양성천황 원경 4년 5월 23일 병자).

라해적의 침공 소문에 민감하게 반응하며 대응하기에 급급하였다.

결국 9세기에 신라인들이 출몰하는 현상이 극심하자 일본은 이들을 표류자로 인식하고 식량을 지급하고, 또 그들이 가지고온 물건들을 판매하게 한 뒤에 곧 바로 귀국 조치하였다. 또 한편으로는 이들 신라인들을 일본 관내에 안치하고 편제하여 생활하게 하면서 이들이 가진 신라의 선진 과학기술을 전수케 하였다.79) 그러나 안치된 신라인들은 때로는 그 생활에 만족하지 못하고 도망치는 경우도 있었다.

일본은 이러한 현상에 대하여 이들이 혹여 있을 신라의 침공이나 신라해적과 연계하여 분란을 일으킬까 불안을 느끼고, 이들을 추격 체포하여 다른 곳으로 옮겨 안치하거나 또는 처형하였다. 더불어 신라인들이 상륙하는 것을 저지하고 심지어는 공격하여 퇴치하였다.

결국 860년대에 들어서면서 서부 연안에 출현하는 신라 사람의 수가 늘어나자 신라 적병의 침공을 염려하여 여러 신과 사천왕상에게 진호를 기도하면서 재앙과 변란을 없애달라고 빌었다. 그러나 이러한 바람에도 불구하고 869년 5월 22일 신라인이 풍전국의 연공인 견면을 약탈하는 등 해적 행위를 하자, 신라가 일본을 침공한다는 풍문이 만연하여 공포분위기가 조성되었다. 이에 일본은 포로들을 배치하여 경비를 서게 하고 고위직 무장을 임명하였다. 더구나 대재부 관내의 신라인들이 역모를 도모하고 신라의 침공시 내응할까 염려하여 거주지를 옮겨

---

78) 『일본삼대실록』 권34, 양성천황 원경 2년 12월 24일 을유.

79) 이보다 앞선 시기인 元明天皇 5년(708)에는 신라인 金上无가 무장국 秩父郡에서 구리[銅]을 발견하여 從5位下 직위를 받았으며, 일본정부는 기뻐하여 연호를 和銅으로 바꾸었다(『속일본기』 元明天皇 5년)는 기록에서 보듯이, 이주한 신라인들은 일본의 과학기술 발전에 크게 기여하였다.

강제 이주시켰다. 아울러 신라인의 상륙을 저지하고 퇴치하거니 추격
체포하여 처형하였다. 그러면서 신궁에 폐백을 바치며 신의 가호와 불
력(佛力)을 빌어 신라해적의 침입과 신라의 침공을 막고자 노력하며,
한편으로는 신라인의 침공에 대비하여 중요 지역에 신라 통역인과 노
사(弩師)・노병(弩兵)을 배치하고 지방행정조직을 개편하기도 하며, 군
사를 증원하여 훈련하였다. 특히 대재부의 중요성이 커지고 관심이 높
아져 이곳에 안치되어 있던 신라인을 내륙 오지로 유배시키고, 이곳의
경비를 강화하였다.

라. 신라 멸망기

신라 말기인, 즉 후삼국시대가 성립되는 890년대에 이르러서는 일
본이 해적으로 기록한 신라인의 출현이 매우 빈번하였다. 물론 이때에
도 일본의 신라인에 대한 기본 정책은 귀국 조치였던 것 같다.

> D─① 891년(寬平 3년 2월 26일) 丙午 : 隱岐國에서 지난해(890) 10
> 월 3일 신라인 35인이 표래한 사연을 아룀에 사람마다 쌀 소금 생선 바다
> 말 등을 주었다(『일본기략』 전편20).
> ② 893년(寬平 5년 3월 3일) 壬寅 : 長門國에 표착한 신라 法師 神彦
> 등 3인에게 사유를 묻고 특이한 것이 없어 양식을 지급하고 되돌려 보냈
> 다(『일본기략』 전편20).

신라 말기에 한반도가 후삼국의 전란으로 혼란에 빠져 더 많은 사람
들이 유망을 하여 해외, 특히 일본열도로 진출하였다. 그리고 이미 앞
에서도 언급했듯이, 이들은 물품을 매매하면서도 무장을 하고 때로는

약탈하는 무장상인단의 모습이었다. 일본 연안에 출현한 이런 모습의 신라인들을 일본은 신라해적의 습격으로 인식하였던 것이다.

일본의 역사서에는 890년대에 더욱 많은 신라(해)적과 관한 기록이 보인다. 이 글의 말미에 수록한 [표]에서 보듯이 893년 3월부터 894년 10월 까지는 매월은, 때로는 날마다 신라해적의 침공과 이와 관련 사항들이 언급되었다.

893년 5월 11일 신라해적이 비전국 송포군에 나타남에 추토케 하였고, 윤5월 3일 신라적이 비후국(肥後國) 포전군(飽田郡)에서 습격하여 민가를 불태우고 비전국 송포군 쪽으로 도망갔다는 보고가 있었다. 그리고 이후에도 신라해적이 계속하여 대재부를 침입하였다. 이에 893년 6월 20일에는 대재부에서는 중앙 정부에 신라 적도의 일을 보고하였고, 10월 25일에 장문국(長門國) 아무군(阿武郡)에 표착한 신라인의 사유를 조사해 조속히 올리게 하였으며, 894년 2월 22일에 또다시 신라해적이 침입했다고 보고가 있었고, 894년 3월 13일에는 신라해적이 변방 섬을 습격하고 약탈한 사건을 보고하였다.80)

894년 4월과 5월에 걸쳐서 아주 집중적으로 보인다. 신라해적의 침입이 극심해지자 894년 4월 일본조정은 이른바 신라해적토벌군을 편성하여 추포에 나섰다. 894년(관평 6) 4월 14일 대재부에서 신라해적이 대마도에 도착하였음을 알리자, 4월 16일 일본 정부는 신라해적을 토평하라고 명령을 내리면서 등원국경(藤原國經)으로 사령관을 삼았다. 그리하여 4월 17일 신라해적을 토평하였고, 또 북륙(北陸) · 산음(山陰) · 산장도(山腸道)의 여러 나라에 무기를 갖추고 정병을 가려 경계를

---

80)『일본기략』전편 권20, 관평 5년 5월 22일 경신 ; 윤5월 3일 경오 ; 10월 25일 을미 ; 6월 20일 병진 및 6년 2월 22일 을유 ; 6년 3월 13일 병자.

확고히 하라고 명령을 내렸다. 그러면서 4월 19일에 신라해적의 토벌을 위해 이세태신궁에 폐백을 바치고 빌었으며, 4월 20일에 육오국와 출우국(出羽國)에 경계를 강화하고 여러 신사(神社)에 폐백(幣帛)을 나누어 보냈다. 그리고 5월 7일에 대재부에서 신라해적들이 도망갔다고 보고하였다.[81] 이처럼 894년 4월 일본은 대재부 지역에서 신라해적에 대하여 대대적인 토벌작전을 펼치면서 경계를 강화하였다.

하지만 군대를 동원한 무력진압에 안심하지 못하고 이세신궁과 여러 신사에 폐백을 보내어 신들에게 신라해적이 물리쳐 주기를 빌었다. 이러한 강력한 대응의 결과 일본측의 기록에는 신라해적이 물러갔다고 하였다. 이후에도 일본은 경비를 강화하고자 984년 8월 9일에는 앞서 876년(정관 18) 폐지한 대마도의 방인(防人)을 부활하였다.[82]

사실상 신라해적이 물러간 것은 일시적인 현상에 불과했다. 곧바로 4개월 뒤인 9월에 대규모의 신라해적들이 대마도 일대를 습격한 사실이 『일본기략』전편 권20과 『부상략기(扶桑略記)』에 기록되어 있다.

『일본기략』에 보면 894년(관평 6) 9월 19일 대재부에서 신라해적 200여명을 죽였음을 보고하였고,[83] 또 『부상략기』권22, 관평 6년 9월 5일조에도 신라해적의 일본 침입 기사가 수록되어 있다. 894년(관평 6) 9월 5일 신라해적이 45척의 배를 타고 대마도를 습격해옴에, 9월 17일 대마수(對馬守) 문실선우(文室善友)가 이끄는 군대가 공격하여 격전을 치룬 결과, 신라해적의 대장군 3명과 부장군 11명 등 302명을

---

81) 『일본기략』전편 권20, 관평 6년 4월 14일 병오 ; 4월 16일 무신 ; 4월 17일 을유 ; 5월 7일.
82) 『類聚三代格』권18, 관평 6년 8월 9일.
83) 『일본기략』전편 권20, 관평 6년 9월 19일 무인 ;『類聚三代格』권18, 관평 6년 9월 19일.

죽이고, 신라해적선 11척과 대도(大刀) 50자루, 창 1,000자루, 활 110장(張), 방패 312매(枚) 등의 각종 무기를 빼앗았다. 이때 사로잡힌 현춘(賢春)이 말하기를 그들 본거지에는 크고 작은 배 100척이 있고 승선 인원은 2,500명이 있으며, 대장군 3명 중 1명은 당나라 사람이라고 말하였다.[84]

이 내용은 『일본기략』과 『부상략기』이 거의 같아서, 후자가 보다 구체적으로 기록한 것을 알 수 있다. 이에서 보건대 당시 신라해적단은 오합지졸이 아니라 각종 무기로 소지하고 명령에 따라 움직이고 전투하는 일사불란한 지휘체계를 갖춘 막강한 군사집단이라 하겠다. 그리고 특이하게 지휘관은 신라인과 당인이 함께 해적단을 형성한 것을 알 수 있다.

또 894년 9월 30일 신라해적 20인을 죽였으며,[85] 그리고 10월 6일에는 대재부의 영역을 침입한 신라해적을 쫓아버렸다는[86] 기록되어 있다. 이 와중에 극성스러운 신라적의 침입으로 일본은 894년 9월에는 결국 견당사(遣唐使)를 중지하고 말았다.[87]

한편으로 일본은 9월 19일에 연력연간(延曆年間)에 폐지된 봉수(烽燧)를 출운국(出雲國)과 은기국(隱岐國)에 다시 설치하고, 또 895년(관평 7) 3월 13일 박다경고소(博多警固所)에 이부(夷俘) 50명을 증치하여 신라적에 대비토록 하는[88] 등 신라의 침입에 대비하였지만, 895년(관평 7) 9월 27일 일기도(壹岐島)의 관사(官舍)가 적에게 소실되는 일이

---

84) 『부상략기』 권22, 관평 6년 9월 5일 ; 9월 17일.
85) 『일본기략』 전편 권20, 관평 6년 9월 30일 기축.
86) 『일본기략』 전편 권20, 관평 6년 10월 6일 을미.
87) 『일본기략』 전편 권20, 관평 6년 9월.
88) 『類聚三代格』 권18, 관평 7년 3월 13일.

발생하였다. 그러자 이미 895년 7월 20일에 월후국(越後國)의 사생(史生) 1인을 대신하여 노사(弩師)를 둔 바 있는 일본은, 11월 2일 이예국(伊豫國)에, 12월 9일에는 월중국(越中國)에, 또 899년 4월 5일에는 비후국(肥後國)에 사생 1명을 폐하고 노사를 두는 등[89] 대대적으로 경비를 강화하는 체제를 갖추어 갔다.

이후 일본은 더욱 해안 경비를 강화하면서 신라적의 침입에 대비하였지만 신라인과 그들이 표현하는 신라해적의 침입은 이후에도 한동안 계속되었다.[90] 906년(연희 6) 7월 13일 은기국에서 신라적선 몇 척이 북해(北海)에 떠있어 쫓아갔다고 하며,[91] 935년(승평 5) 12월 30일 신라인 살해사건에 관한 관부(官符)를 대재부에 내리고 경계를 하게 하였으며,[92] 942년(천경 5) 11월 15일에 출운국(出雲國)에서 신라선 7척이 은기국에 기착함을 보고하였고,[93] 심지어 954년에는 신라 침공의 풍문으로 등원조충(藤原朝忠)을 대재대이(大宰大貳)로 임명하였다.[94]

3. 맺음말

지금까지 언급한 내용을 간략하게 정리하여 맺음말에 대신하겠다.

9세기 신라는 내부의 사회변동은 많은 인구의 유리현상을 발생시켰고, 또 사람들의 해외유출을 낳았다. 일본 연안에 출현한 신라인들은

89)『類聚三代格』권18, 관평 7년 및 昌泰 2년 4월 5일.
90) 이는 후삼국의 혼란으로 한반도의 유이민현상이 계속된데 이유가 있다.
91)『일본기략』후편1, 연희 6년 7월 13일.
92)『일본기략』후편2, 승평 5년 12월 30일 경인.
93)『일본기략』후편2, 天慶 5년 11월 15일 을미.
94)『吉記』天曆 8정월 25일.

표류민도 있지만, 자신들의 생계와 보호를 위해 물품 매매행위를 하며, 무장을 하고 많은 수가 무리를 지어서 때때로 불법 상륙하여 노략질하거나 혹 공물을 약탈하는 불법 상인무장집단의 모습이었다.

이렇게 출몰하는 신라인들이 많아지고 빈도가 잦아짐에 일본에서는 이것을 신라해적의 침공이라는 여기고 공포 분위기가 조성되어 매우 심각한 정치사회 문제가 되었으며, 이에 대한 다양한 대비가 필요했다. 표착한 신라인들에 대한 일본의 외교의례적 기본 입장은 식량을 주어 귀국 조치하거나 귀화인으로 처리하여 안치하는 것이었다. 그러나 869년에 있었던 신라해적의 공물 약탈사건을 전후하여 그 반응과 대책이 보다 적극적으로 변하였다. 포로들을 배치하여 경비를 서게 하고 고위직 무장을 임명하여 경계를 한층 강화하였다.

하지만 신라인의 출현과 약탈행위에 불안해진 일본 내부에서는 이러한 여건을 이용해 신라와 신라인과 연계한 반란을 도모한다는 정치적 사건이 발생하는 등 매우 흉흉한 분위기였다. 이에 신라가 침공하면 일본 지역에 거주하는 신라인들이 내응할까 염려하여 이들을 강제로 이주시켰다. 또 표류 신라인을 추방하듯이 귀국 조치하였으며, 그들의 상륙을 저지 퇴치하고 추격 체포하여 처형하였다. 그러면서 여러 신과 불상에게 가호를 빌어 막고자 노력하였다. 하지만 9세기 말에 신라해적의 침입이 더욱 극심해져 일본 조정은 신라해적토벌군을 편성하여 추포하였으나, 신라해적의 출몰은 완전히 사라지지는 않고 이후에도 계속되었다.

결국 9세기 다양하고 많은 신라 유이민들의 일본지역으로 진출은 일본에게는 매우 심각한 현상으로 받아들여졌고, 또 아주 큰 파급효과를 가져다 주었다. 특히 잦은 신라해적의 출몰과 침공 위험은 종전까지 적극적이고 개방적이었던 일본의 대외교류의 방향이 향후 한동안은 소극적이면서 배타적이고 폐쇄적인 성격을 띠게 하였다.

9세기 신라 유이민의 일본 지역으로 진출은 인구이동과 함께 문물의 교류가 이루어져, 일본의 역사문화에 크게 영향을 끼친 하나의 요인이 되었다. 이들은 일본 특수지역에 인구로 보충되어지고, 성씨 시조가 되기도 하였다. 그리고 우수한 신라 기술과 문물의 일본 전파자로써 구실을 하였다. 신라해적선에 대응하기 위해서는 성능이 우수한 배의 건조가 필요하였다. 이에 신라의 건조술을 배웠다.95) 또 신라 병기의 제작기술을 습득하고자 하였다. 그리고 신라인들이 이주해 옴에 불안과 위협을 느낀 현지 일본인들의 유망이 발생하였다. 한편 일본은 자국내의 유망 방지에 노력하면서, 신라인의 침공에 대비해 해안지역에 축성을 하고, 군사 훈련을 강화하였다. 아울러 이들의 침공을 불법(佛法)을 이용하여 막고자 하여 불사(佛事)를 하였다.

결국 9세기 신라인의 진출은 일본에서 중요한 문제가 되었으며, 이러한 현상은 당시 일본의 역사문화에 크게 영향을 미쳤다.

---

95) 『속일본후기』 권8, 인명천황, 839년(승화 6년 7월 17일) 병신 : 太宰府에 명하여 풍파를 능히 감당할 수 있는 신라배를 만들도록 하였다. 『속일본후기』 권9, 인명천황, 840년(승화 7년 9월 癸酉 5일) 정해 : 大宰府에서 "對馬島司가 말하기를 '먼 바다의 일은 풍파가 위험하고 年中 바치는 調物과 네 번 올리는 公文은 자주 표류하고 바다에 빠진다.'고 합니다. 전해 듣건대 신라배는 능히 파도를 헤치고 갈수 있다고 하니, 바라건대 신라배 6척 중에서 1척을 나누어 주십시오." 하니, 이를 허락하였다.

시기	순번	일시			내 용
		년	월	일	
9세기 초반 및 장보고 활동기	1	811 (弘仁2)	8	11	大宰府가 신라인 金巴, 兄 金乘, 弟 金小巴 등 3사람을 귀국 조치함(『일본후기』 권21)
	2	811 (弘仁2)	12	6	대마도 서쪽 해상에 신라해적선 3척 출몰(『일본후기』 권21)
	3	811 (弘仁2)	12	7	對馬島 신라해선 20여척 나타남. 표착인 5명을 죽이고 5명은 도망하매 4명을 체포함(『일본후기』 권21)
	4	811 (弘仁2)	12	28	武器庫를 지키고 또 군사를 냄(『일본후기』 권21)
	5	812 (弘仁3)	1	1	신라어통역관과 軍穀를 뽑아 보냄(『일본후기』 권22)
	6	812 (弘仁3)	3	1	신라인 淸漢波 표류, 귀국 조치(『일본후기』 권23)
	7	812 (弘仁3)	9	9	신라인 劉淸 등 10명, 귀국 조치(『일본후기』 권23)
	8	811 (弘仁2)	2		선박 4척 신라인 110명이 小近島에 도착, 9명 타살, 101명 체포(『일본기략』 전편 권14)
	9	811 (弘仁2)	8	23	신라인 加羅布古伊 등 6명 美濃國에 안치(『일본후기』 권24)
	10	811 (弘仁2)	10	13	신라상인 31명이 長門國 豊浦郡에 표착(『일본후기』 권24)
	11	811 (弘仁2)	10	27	대재부에서 신라인 辛波古知 등 26명이 博多항에 표착함을 보고(『일본후기』 권24)
	12	811 (弘仁2)	1	30	對馬史生 1명 폐지 新羅譯語를 둠(『일본후기』 권24)
	13	811 (弘仁2)	10	13	신라인 장춘 등 14명이 大宰府에 건너와 나귀 4필을 헌상함 (『일본기략』 전편14)
	14	811 (弘仁2)	2	15	신라인 金男昌 등 43명이 大宰府에 귀화함(『일본기략』 전편14)
	15	811 (弘仁2)	4	22	신라인 遠山知 등 144명이 大宰府에 귀화함(『일본기략』 전편14)

16	811 (弘仁2)	1	13	신라인 장춘 등 14명이 大宰府에 건너와 나귀 4필을 헌상함 (『일본기략』 전편14)
17	811 (弘仁2)	2	13	遠江國·駿河國에 유배된 신라인 700여명 반란을 일으킴, 신라인이 伊豆國의 곡식 약탈하여 해상으로 도주 (『일본기략』 전편14)
18	811 (弘仁2)	5	4	신라인 李長行 등이 양과 거위를 진상((『일본기략』 전편14)
19	811 (弘仁2)	7	17	신라인 40명이 귀화함(『일본기략』 전편14)
20	824 (天長1)	3	28	신라인 165명에게 구분전 종자 농기구 구입비 지급 (『類聚國史』 권159)
21	824 (天長1)	5	11	신라인 辛良·金貴賀 등 54명을 陸奧國에 안치 (『유취국사』 권159)
22	828 (天長5)	4		장보고, 청해진 설치(『삼국사기』 권10 흥덕왕 3)
23	831 (天長8)	9	7	신라상인과의 사교역 금지령 내림(『유취삼대격』 권18)
24	833 (天長10)	4	8	신라인 金禮眞 등 本貫을 左京5條에 속하게 함(『속일본후기』 권1)
25	834 (承和1)	2	2	신라인들이 大宰府 해안에 도착함. 주민들이 공격하여 상처입힘. 다친 사람을 치료해주고 양식을 주어 돌려보냄 (『속일본후기』 권3)
26	835 (承和2)	3	14	大宰府가 壹岐島에 부역민 330명으로 하여금 병기를 휴대하고 14곳의 요충지 해안을 지키게 함 (『속일본후기』 권4, 인명천황)
27	838 (承和5)	7	25	壹岐島에 弩師 1인 배치하여 상인의 왕래에 대비 (『유취삼대격』 권5, 太政官府)
28	840 (承和7)	12	27	大宰府가 신라 張寶高의 사신이 토산물을 바쳤는데, 鎭의 서쪽에서 쫓아 버림(『속일본후기』 권9)
29	841 (承和8)	2	27	장보고가 가져온 물건의 교역을 허가함(『속일본후기』 권10)
30	841 (承和8)	8	8	장보고의 부하 李忠·楊圓 등 廻易使로 건너옴 (『속일본후기』 권 10)
31	841 (承和8)	11		장보고 죽음(『속일본후기』 권11, 승화 9년)

좌측 세로 제목: 9세기 초반 및 장보고 활동기

	32	842 (承和9)	1	10	신라인 李少貞 등 40명 筑紫大津에 도착함, 후에 신라인 於呂系 귀화하여 장보고 죽음 알림(『속일본후기』권11)

<table>
<tr><td rowspan="14">장
보
고

사
망

이
후</td><td>32</td><td>842
(承和9)</td><td>1</td><td>10</td><td>신라인 李少貞 등 40명 筑紫大津에 도착함, 후에 신라인 於呂系 귀화하여 장보고 죽음 알림(『속일본후기』권11)</td></tr>
<tr><td>33</td><td>842
(承和9)</td><td>8</td><td>15</td><td>大宰大貳 藤原朝臣衛가 신라사람들을 나라 안에 못들어 오게 할 것을 건의함(『속일본후기』권11).</td></tr>
<tr><td>34</td><td>843
(承和10)</td><td>8</td><td>22</td><td>對馬島에 신라 쪽에서 북소리가 들림에 筑紫人으로써 지키는 사람을 삼음(『속일본후기』권13)</td></tr>
<tr><td>35</td><td>845
(承和12)</td><td>12</td><td>5</td><td>대재부에서 신라인이 康州牒 2통 가지고 일본인 50명을 데려옴을 말함(『속일본후기』권15)</td></tr>
<tr><td>36</td><td>849
(嘉祥2)</td><td>2</td><td>25</td><td>對馬島 史生 1명 폐지, 弩兵 1명 배치(『속일본후기』권19)</td></tr>
<tr><td>37</td><td>849
(嘉祥2)</td><td>봄</td><td></td><td>滋野朝臣貞主가 尾張守를 兼職하여 大宰府는 동쪽은 長門國으로써 關門을 삼고 서쪽은 新羅를 막고, 중요한 鎭으로, 唐과 高麗·新羅·百濟·任那 등 외국과 국내의 관문임을 강조함(『일본문덕천황실록』권4)</td></tr>
<tr><td>38</td><td>856
(齊衡3)</td><td>3</td><td>9</td><td>大宰府가 신라인 30명이 해안에 도착하자 식량을 주어 귀국 조치함(『일본문덕천황실록』권8)</td></tr>
<tr><td>39</td><td>863
(貞觀5)</td><td>4</td><td>21</td><td>博多津 해안에 도착함에 新羅沙門 元著 등 3명을 鴻臚館에 안치하고 당나라 배를 기다려 돌아가게 함(『일본삼대실록』권7)</td></tr>
<tr><td>40</td><td>863
(貞觀5)</td><td>11</td><td>17</td><td>因幡國이 신라인 57명이 荒坂의 해안가에 도착함에 양식을 주어 귀국 조치함(『일본삼대실록』권7)</td></tr>
<tr><td>41</td><td>864
(貞觀6)</td><td>2</td><td>17</td><td>지난해(863) 신라국인 30여명이 石見國 美乃郡 해안에 도착함에 양식을 지급하여 귀국 조치함(『일본삼대실록』권8)</td></tr>
<tr><td>42</td><td>866
(貞觀8)</td><td>7</td><td>15</td><td>대재부가 肥前國 基肆郡의 山春永이 신라인 你賓長과 신라 兵弩器械 제작기술을 배워 對馬島를 치려함을 보고(『일본삼대실록』권16)</td></tr>
<tr><td>43</td><td>866
(貞觀8)</td><td>11</td><td>17</td><td>신라적병이 틈을 엿보므로 能登國 등 여러 나라와 대재부 관내 여러 신에게 국가 진호를 기도하고,병사훈련 실시케 함(『일본삼대실록』권13)</td></tr>
<tr><td>44</td><td>866
(貞觀8)</td><td></td><td></td><td>隱岐國 安曇福雄이 越智宿禰貞厚가 新羅人과 반역을 도모한다고 誣告(『일본삼대실록』권16)</td></tr>
<tr><td>45</td><td>867
(貞觀9)</td><td>5</td><td>26</td><td>四天王像 1鋪씩을 伯耆·出雲·石見·隱岐·長門國에 내려주고, 新羅와 가까우니, 尊像에 정성을 다해 불법을 닦아 적의 마음을 調伏하게 하고 재앙과 변란을 없애도록 빌게 함(『일본삼대실록』권14)</td></tr>
</table>

일 본 공 면 약 탈 사 건 이 후	46	869 (貞觀11)	5	22	신라해적이 배 두척을 타고 博多津에 와서 豊前國의 年貢 絹綿을 약탈하여 도망감(『일본삼대실록』권16)
	47	869 (貞觀11)	7	12	도적이 도망하는 날 해변의 백성 5~6명이 쫓아 싸우다가 활을 쏘아 두 사람 다치게 함(『일본삼대실록』권16)
	48	869 (貞觀11)	夏		대재부에서 큰새가 兵庫와 鬥樓 위에 모여들었음에 점을 쳐니 이웃나라의 침입이 있을 것이라 하여, 폐백을 베풀고 經을 轉讀하여 미리 재난을 물리침(『일본삼대실록』권17)
	49	869 (貞觀11)	12	5	거북점을 쳐 군사가 쳐들어 올 징조라 함에, 포로들은 배치하고, 2번으로 나누되 1번에 100명씩으로 하여 매달 상호 교체하여 역에 종사하도록 할 것을 요청(『일본삼대실록』권16)
	50	869 (貞觀11)	12	17	神祇官 陰陽寮가 적병의 침입 예언함에 5畿 7道 여러 신들에게 폐백을 갖추어 뒷날의 재해를 예방토록 함(『일본삼대실록』권16).
	51	869 (貞觀11)	12	28	守右近衛少將兼行大宰權少貳 坂上大宿禰瀧守를 大宰府에 보내어 鎭護하고 경계를 굳게 함(『일본삼대실록』권16)
	52	870 (貞觀12)	2	12	신라 商船이 大宰府에 이르러 침략함에 경계 강화하고, 因幡·伯耆·出雲·石見·隱岐 등에 방어 장비를 갖추게 함(『일본삼대실록』권17)
	53	870 (貞觀12)	2	20	對馬嶋司가 신라 소식을 적은 日記와 표류한 7명을 바침에 대재부에서 식량을 주어 돌려보냄. 對馬嶋 사람 卜部乙屎麿呂가 신라에서 도망처와 병사를 조련하는 상황을 말함. 관내 거주 신라인들을 陸奧國의 빈 땅으로 이주시킴(『일본삼대실록』권17)
	54	870 (貞觀12)	6	13	肥前國 杵嶋郡의 兵庫가 진동하고 북소리가 두 번 울려 점을 쳐보니 이웃나라의 군사를 경계하라고 함에, 筑前 肥前·壹岐·對馬 등 나라의 섬에 경계하라고 함(『일본삼대실록』권18)
	55	870 (貞觀12)	9	15	신라인 20명을 보내어 여러 나라에 배치함. 淸倍 등 5인을 武藏國, 승려 香嵩과 사미승 傳僧 등 5인을 上總國, 潤淸 등 10인을 陸奧國에 배치함. 潤淸 등은 陸奧國 修理府의 기와를 제작에 참여케 함(『일본삼대실록』권18)
	56	870 (貞觀12)	11	13	佐伯宿禰眞繼가 藤原朝臣元利萬侶와 신라국왕이 서로 통하여 국가를 해하고자 도모한다고 보고함(『일본삼대실록』권18)
	57	873 (貞觀15)	6	21	武藏國司에서 신라인 金連 등 3명 도망침에 京畿 7도 여러 나라로 하여금 체포토록 함(『일본삼대실록』권24)

	58	873 (貞觀15)	12	17	대재부가 869년 신라해적이 貢絹을 약탈한 이후부터 甲冑를 옮겨 鴻臚館에 안치하고, 포로를 보내 순번을 나누어 鎭을 지키게 하고, 다시 統領과 選仕를 나누어 경계하여 지키게 함 (『일본삼대실록』권24)
일 본 공 면 약 탈 사 건 이 후	59	873 (貞觀15)	12	22	9월 25일 신라인 32인이 배 한척을 타고 對馬嶋 해안에 도착함. 신라인들이 표류하여 도착한 것처럼 하여 틈을 엿보려는 계획으로 의심하여 조사하고 빨리 돌려보내도록 함(『일본삼대실록』권24)
	60	874 (貞觀16)	8	8	신라인 金四·金五 등 12인이 對馬嶋에 표착함에 온 이유를 묻고 조속히 돌려보내도록 함(『일본삼대실록』권26)
	61	876 (貞觀18)	3	9	肥前國 松浦郡 庇羅와 値嘉의 두 개 鄕을 합하여 두 개 郡을 세워 上近·下近이라 이름하고 値嘉嶋를 두도록 청함(『일본삼대실록』권28)
	62	878 (元慶2)	7	13	이웃 나라 적이 틈을 엿본다는 점괘가 있었으므로 大宰權少貳 從5位下 藤原朝臣仲直에게 경계하여 지키는 일을 겸하여 맡게 함(『일본삼대실록』권34)
	63	878 (元慶2)	12	11	신라의 노략질하려는 선박이 일본으로 향한다는 神託이 있으매, 弘道王을 보내어 伊勢太神宮에 나아가 신의 도움을 청함 (『일본삼대실록』권34)
	64	878 (元慶2)	12	20	守民部大輔 藤原朝臣房雄을 大宰權少貳兼左近衛權少將으로 삼아 大宰府에 가 전쟁을 경계토록 함(『일본삼대실록』권34)
	65	878 (元慶2)	12	24	신탁에는 신라 흉적들이 틈을 엿보고 있다 함(『일본삼대실록』권34)
	66	879 (元慶3)	4	2	貞觀 12년 9월 15일 신라인 5인이 武藏國에 배치되었는데, 2인이 도망함에 수색토록 함(『일본삼대실록』권35)
	67	880 (元慶4)	5	25	肥後守 從5位上 藤原朝臣房雄에게 正5位下를 제수함. 앞서 西國에 신라흉적 침입 소문이 퍼짐에 左近衛少將 坂上大宿禰瀧守로써 大宰少貳를 겸하였다가 房雄으로써 대신하게 함 (『일본삼대실록』권37)
	68	885 (仁和1)	6	20	4월 12일 肥前國에 도착한 신라사 徐善行 등 48명을 돌려보냄(『일본삼대실록』권47)

신라 멸망기	69	891 (寬平3)	2	26	890년 10월 3일 隱岐國에 표착한 신라인 35인에게 식량을 나누어줌(『일본기략』전편20)
	70	893 (寬平5)	3	3	長門國에 표착한 신라승 30인에게 양식 지급, 귀국 조치 (『일본기략』전편 20)
	71	893 (寬平5)	5	11	신라해적 肥前國 松浦郡 침입(『일본기략』전편20)
	72	893 (寬平5)	윤5	3	신라해적 肥後國 飽田郡 침입, 방화. 肥前國 松浦郡으로 도망 (『일본기략』전편20)
	73	893 (寬平5)	6	20	태재부에서 신라해적 침입에 관한 보고(『일본기략』전편20)
	74	894 (寬平6)	10	25	長門國 阿武郡에 신라인 표착한 사유 조사(『일본기략』전편 20)
	75	894 (寬平6)	2	22	태재부가 신라해적 침공을 알림(『일본기략』전편20)
	76	894 (寬平6)	3	13	태재부가 신라적 邊島 습격을 보고함에 추포케 함(『일본기략』전편20)
	77	894 (寬平6)	4	14	태재부가 신라적이 대마도에 내침을 알림(『일본기략』전편20)
	78	894 (寬平6)	4	16	태재부가 신라적을 추포하기 위한 장군 파견 청함에 參議藤原 國經을 權帥로 임명함(『일본기략』전편20)
	79	894 (寬平6)	4	17	태재부에 신라적의 토평을, 北陸·山陰·山陽道 여러 나라에 경계를 명함(『일본기략』전편20)
	80	894 (寬平6)	4	18	東山道·東海道의 勇士를 소집함(『일본기략』전편20)
	81	894 (寬平6)	4	19	신라적 토벌을 위해 伊勢大神宮에 폐백을 받침(『일본기략』전편20)
	82	894 (寬平6)	4	20	陸奧國, 出雲國에 경계를 명하고, 여러 神社에 幣帛使 보냄 (『일본기략』전편20)
	83	894 (寬平6)	5	7	태재부가 신라적이 도망함을 알림(『일본기략』전편20)
	84	894 (寬平6)	8	9	정관 18년(876)에 폐지된 對馬島 防人을 부활(『類聚三代格』 권18)
	85	894 (寬平6)	9	5	대마도가 신라적선 45척 내습함을 태재부에 알림(『일본기략』 전편20)

신라 멸 망 기	86	894 (寬平6)	9	17	對馬守 文室善友가 신라적 302명 살해, 배 11척과 무기 빼앗음, 賢春 사로잡힘(『부상략기』권22,『일본기략』전편20)
	87	894 (寬平6)	9	19	대재부가 신라적 200여명 사살 알림, 出雲・隱岐國에 烽燧 復置(『일본기략』전편20,『類聚三代曆』권18)
	88	894 (寬平6)	9	30	대재부가 신라적 20명을 사살함을 알림(『일본기략』전편20)
	89	894 (寬平6)	9		遣唐使를 중지함(『일본기략』전편20)
	90	894 (寬平6)	10	6	태재부가 신라적선 퇴각함을 알림(『일본기략』전편20)
	91	895 (寬平7)	3	13	博多警固所에 夷俘 50명 증치하여 신라적 대비함(『類聚三代曆』권18)
	92	895 (寬平7)	7	20	越後國 史生 1인 대신 弩師를 둠(『유취삼대격』권5)
	93	895 (寬平7)	9	27	壹岐島 官舍가 적에게 소실됨(『일본기략』전편20)
	94	895 (寬平7)	11	2	伊豫國 史生 1인을 폐하고 노사를 둠(『유취삼대격』권5)
	95	895 (寬平7)	12	9	越中國 史生 1인을 폐하고 노사를 둠(『유취삼대격』권5)
	96	899 (泰昌2)	4	5	肥後國 史生 1명을 폐하고 弩師를 둠(『유취삼대격』권5)
	97	906 (延喜6)	7	13	隱岐國이 신라적선 수 척을 北海에서 쫓아냄(『일본기략』후편1)
	98	935 (承平5)	12	30	신라인 살해사건에 관한 官符를 대재부에 내려 경계하게 함(『일본기략』후편2)
	99	942 (天慶5)	11	15	出雲國에서 신라선 7척이 隱岐國에 기착을 알림(『일본기략』후편2)
	100	954 (天曆8)	1	25	신라침공 풍문으로 藤原朝忠을 大宰大貳로 임명(『吉記』天曆8년)

강봉룡, 「5세기 이전 신라의 동해안 방면 진출과 동해안로」, 『한국고대사연구』 63, 2011

_____, 「나당전쟁과 해전, 그리고 신라의 삼국통일」, 『한국해양사』 I, 한국해양재단, 2013.

_____, 「문무대왕의 선부 설치와 신라선」, 『제8회 전국해양문화학자대회자료집』 2, 2017.

_____, 「신라중고기 주제의 형성과 운영」, 『한국사론』 16, 서울대학교, 1987.

_____, 「이사부 생애와 활동의 역사적 의의」, 『이사부와 동해』 창간호, 2010.

_____, 「이사부의 동해안 진출과 우산국 정벌」, 『이사부 삼척 출항과 동해비전』, 한국이사
부학회 · 강원도민일보 · 삼척시, 2010.

_____, 「해상왕 장보고의 동북아 국제 해상무역체계」, 『해상왕 장보고의 국제무역활동과 물
류』, 주류성, 2001.

_____, 「해전을 통해서 본 신라의 삼국통일과 그 해양사적 의의」, 『대외문물교류연구』 4,
2006.

강석준, 「실직국에 대하여」, 『력사과학』 1964년 제1호, 사회과학원출판사.

강영경, 「신라 용왕신앙의 기능과 의의」, 『한국문화의 원본사고』, 민속원, 1997.

강종훈, 『신라상고사연구』, 서울대학교출판부, 2000.

고경석, 「장보고 세력의 경제적 기반과 신라 서남해 지역」, 『한국고대사연구』 39, 2005.

_____, 「통일 직후 해양체제의 구축과 해양이념의 고양」, 『한국해양사』 II, 한국해양재단,
2013.

고유섭, 「경주기행의 일절(중)」, 『고려시보』 1940.8.1.

공석구, 「강원도 동해안 지역의 고대 정치세력」, 『강원도와 고구려』, 강원도 · 강원발전연구
원. 2006.

국립박물관, 『감은사지발굴조사보고서』, 1960.

국립전주박물관, 『부안 죽막동 제사유적 연구』. 1998.

권　정, 「신라의 천하로서의 우산국」, 『일본학연구』 19, 단국대, 2006.

권덕영, 「재당 신라인 사회의 형성과 그 실태」, 『국사관논총』 95, 2001.

권덕영, 「고대 동아시아의 황해와 황해무역」, 『사학연구』 89, 2008.

_____, 「삼국시대 신라의 해양진출과 국가발전」, 『STRATEGY21』 4, 한국해양전략연구소,
1999.

_____, 「신라 견당사의 나당간 왕복항로에 대한 고찰」, 『역사학보』 149, 1996.

_____, 「신라 하대 서남해 해적과 장보고의 해상활동」, 『대외문물교류연구』 창간호, 2002.

_____, 「신라 하대 서남해역의 해적과 호족」, 『한국고대사연구』 41, 2006.

_____, 「신라의 대당 항로와 항해상의 고난」, 『황해문화』 8, 1995.

_____, 「장보고의 상업제국과 국제무역」, 『STRATEGY21』 8, 2002.

_____, 『고대한중외교사』, 일조각, 1997.

_____, 『신라의 바다 황해』, 일조각, 2012.

_____, 『재당신라인사회연구』, 일조각, 2005.

권상로, 「한국고대신앙의 일별」, 『불교학보』 1, 1963.

권오엽, 「신라국과 우산국」, 『일어교육』 39. 한국일본어교육학회, 2007.

_____, 「신라인의 동해-우산국의 실체와 신라의 세계관」, 『역사속의 동해, 미래의 동해』, 삼척시 · 강원도민일보, 2008.

김광수, 「장보고의 정치사적 위치」, 『장보고의 신연구』, 완도문화원, 1985.

김덕원, 「신라의 동해안 진출과 울진봉평비」, 『금석문을 통한 신라사 연구』, 한국학중앙연구원, 2005.

김도현, 「삼척의 역사성 연구」, 『맥국 · 예국 · 실직국 · 태봉국 · 이궁』 학술대회 발표자료, 강원도문화원연합회 · 춘천문화원, 2013.

김동수, 「신라 헌덕 · 흥덕왕대의 개혁정치」, 『한국사연구』 39, 1982.

김두진, 「신라의 종묘와 명산대천의 제사」, 『백산학보』 52, 1999.

_____, 『한국고대의 건국신화의 제의』, 일조각, 1999.

김문경, 「당대 번진의 한 연구」, 『성곡논총』 6, 1975.

_____, 「신라무역선단과 관세음신앙」, 『장보고와 21세기』, 혜안, 1999.

_____, 『장보고 연구』, 연경문화사, 1997.

_____, 『청해진의 장보고와 동아세아』, 향토문화진흥원, 1998.

김방룡, 「한국불교의 용신앙 수용」, 『용, 그 신화와 문화』, 민속원, 2002.

김상기, 「고대의 무역형태와 나말의 해상발전에 대하여」, 『동방교류사논고』, 을유문화사, 1948.

김상보, 「통일신라시대의 식생활문화」, 『신라 왕경인의 삶』-신라문화제학술논문집 28, 2007

김상현, 「만파식적설화의 형성과 의의」, 『한국사연구』 34, 1981.

김수태, 「5세기 고구려의 패권과 서남해 연안항로의 경색」, 『한국해양사』 Ⅰ, 한국해양재단, 2013.

_____, 「백제 의자왕대의 불교」, 『백제문화』 41, 공주대학교, 2009.

김영관, 「백강구의 위치와 백강전투」, 『군사』 65, 2007.

_____, 『백제부흥운동사연구』, 서경, 2005.

김영심, 「신라-당의 황해횡단항로의 연계와 백제·고구려의 멸망」, 『한국해양사』 I, 한국해 양재단, 2013.

김영태, 「삼국유사소전 불교룡에 대하여」, 『삼국유사의 연구』, 중앙출판, 1982.

김영하, 「삼국 및 남북국시대의 동해안지방」, 『한국고대사회와 울진지방』, 울진군·한국고 대사학회, 1999.

김윤곤, 「우산국·우산도인의 해상활동과 환동해 문화권」, 『울릉도·독도 동해안 주민의 생 활구조와 그 변천·발전』, 영남대출판부, 2003.

김은국, 「신라도를 통해 본 발해와 신라 관계」, 『백산학보』 52, 1999.

김은숙, 「일본과의 관계」, 『신편한국사』 9, 국사편찬위원회, 1998.

김일기, 「삼척의 역사」, 『삼척의 역사와 문화유적』, 관동대학교박물관, 1995.

김장환, 「"태평광기" 소재 신라 관련 고사」, 『신라사학보』 3·4. 2005.

김정배, 「고구려와 신라의 영역문제」, 『한국사연구』 61·62합집, 1988.

김정숙, 「고대 각국의 동해안 운영과 방어체계」, 『전근대 동해안 지역사회의 운용과 양상』, 경인문화사, 2005.

김종선, 「일본정창원소장 신라장적의 작성연대와 그 역사적 배경」, 『아시아문화』 5, 1989

김주식, 「중국 해적의 역사적 특징」, 『장보고연구논총』 4, 2005.

김창겸, 「8~9세기 신라 정치사회의 변화와 장보고」, 『대외문물교류연구』 창간호, 2002.

_____, 「9세기 신라인의 진출에 대한 일본의 대응」, 『신라사학보』 28, 2013.

_____, 「9세기 일본 서부 연안에 나타나 신라인들」, 『신라사학보』 26, 2012.

_____, 「고려 건국기 유이민의 양상」, 『이수건교수정년기념 한국중세사논총』, 2000.

_____, 「고려 태조대 대유이민정책의 성격」, 『국사관논총』 35, 1992.

_____, 「신라 중사의 '사해'와 해양신앙」, 『한국고대사연구』 47, 2007.

_____, 「신라 하대 왕위찬탈형 반역에 대한 일고찰」, 『한국상고사학보』 17, 1994.

_____, 「신라국왕의 황제적 지위」, 『신라사학보』 2, 2004.

_____, 「신라의 동북방 진출과 이사부의 우산국 정복 출항지」, 『사학연구』 101, 2011.

_____, 「신라의 실직국 복속과 지방통치의 추이」, 『신라사학보』 32, 2014.

_____, 『신라 하대 왕위계승 연구』, 경인문화사, 2003.

김창석, 「신라의 우산국 복속과 이사부」, 『역사교육』 111, 2009.

김태식, 「신라의 국토 편성, 그 설계도로서의 음양오행설과 천문지리관」, 『신라사학보』 2, 2004.

김현숙, 『고구려의 영역지배방식 연구』, 모시는 사람들, 2005.

김호동, 「삼국시대 신라의 동해안 제해권 확보의 의미」, 『대구사학』 65, 2001.

나종우, 『한국중세 대일교섭사 연구』, 단국대학교 박사학위논문, 1992.

나희라, 「한국고대의 신관념과 왕권」, 『국사관논총』 69, 1996.

노중국, 「통일기 신라의 백제고지지배」, 『한국고대사연구』1, 1988.

_____, 『백제부흥운동사』, 일조각, 2003.

노태돈, 「5~7세기 고구려의 지방제도」, 『한국고대사논총』 8, 1996.

_____, 「나당전쟁기(669~676) 신라의 대외관계와 군사활동」, 『군사』 34, 1997.

_____, 「삼국사기 신라본기의 고구려 관계 기사 검토」, 『경주사학』 16, 1997.

_____, 「삼국사기에 등장하는 말갈의 실체」, 『한반도와 만주의 역사 문화』, 서울대학교출판부, 2003.

_____, 『삼국통일전쟁사』, 서울대학교출판부, 2009.

두창구, 「만파식적고」, 『강원민속학』 7・8, 1990.

이병로, 「관평기(890년대) 일본의 대외관계에 관한 일고찰」, 『일본학지』 16, 1996

李成市 지음, 김창석 옮김, 『동아시아의 왕권과 교역』, 청년사, 1999.

목포대학교 도서문화연구소, 『동아시아의 해양신앙과 해신 장보고』, 2005.

_____, 『서해안의 해신신앙연구』, 2003

문안식, 「삼국사기 신라본기에 보이는 낙랑・말갈사료에 관한 검토」, 『전통문화연구』 5, 1997.

_____, 「영서예문화권의 설정과 역사지리적 배경」, 『동국사학』 30, 1996.

_____, 『한국 고대사와 말갈』, 혜안, 2003.

문일평, 「병자를 통해 본 조선 - 신라가 반도서 당병격퇴(1)」, 『조선일보』 1936.1.3.

_____, 「장편신라사 - 신라의 통일과 및 그 성운」, 『조광』 1-1, 1935.11.

민덕식, 「나당전쟁에 관한 고찰」, 『사학연구』 40, 1989.

박남수, 「신라 문무대왕의 삼국통일과 종묘제 정비」, 『신라사학보』 38, 2016.

박노석, 「삼국시대 실직과 하슬라의 위치 이동」, 『전북사학』 35, 2009.

박도식, 「신라의 북방개척과 동해 제해권 장악에서 이사부의 활약」, 『제1회 신라장군 이사부 얼 선양세미나』, 해양소년단 강원연맹, 2005.

박찬흥, 「『삼국유사』 감통편 '경흥우성'조를 통해 본 경흥의 생애」, 『신라문화제학술논문집』 32, 경주시, 2011.

방용안, 「실직국에 대한 고찰」, 『강원사학』 3, 1987.

拜根興, 「9세기 신라와 당과의 관계 고찰」, 『불교연구』 25, 2006.

배재홍, 「실직국과 신라에의 항복」, 『삼척・동해 사회의식조사 보고서』, 삼척대학교, 2005

백홍기, 「신라의 동북경 변천에 관한 고찰」, 『논문집』 4, 강릉교육대, 1972.

변인석, 『백제의 최후, 백강구전쟁』, 무공문화, 2015.

서영교, 「백강구전투와 신라」, 『역사학보』 226, 2015.

_____, 「신라 중고기를 이끌어 간 인물 3인」, 『인문과학』 15, 목원대, 2006.

_____, 『나당전쟁사 연구』, 아세아문화사, 2006.

서영대 외, 『용, 그 신화와 문화』, 민속원, 2002.

서영대, 「수로부인설화 다시 읽기」, 『용, 그 설화와 문화』, 민속원, 2002.

서영일, 「사로국의 실직국 병합과 동해 해상권의 장악」, 『신라문화』 21, 2003.

_____, 「실직국의 역사적 위상」, 『이사부와 동해』 8, 2014.

_____, 『신라 육상교통로 연구』, 학연문화사, 1999.

서윤희, 「청해진대사 장보고에 관한 연구」, 『진단학보』 92, 2001.

서인한, 『나당전쟁사』, 국방군사연구소, 1999.

서정석, 「백제 백강의 위치」, 『백산학보』 69, 2004.

선석열, 「삼국사기 신라본기 초기기록 문제와 신라국가의 성립」 부산대 박사논문, 1996.

손승철, 「이사부 출항지 규명 의의」, 『이사부 삼척출항과 동해비젼』, 한국이사부학회·강원
　　　도민일보·삼척시, 2010.

손정미, 「동해안지방 고분자료의 검토」, 『천마고고』 5, 2008.

손태현, 「고대에 있어서의 해상교통」, 『논문집』 15, 한국해양대학, 1980.

송화섭, 「변산반도의 관음신앙」, 『지방사와 지방문화』, 2002.

_____, 「한국의 용신앙과 미륵신앙」, 『한국문화의 전통과 불교』, 2002.

신상성, 「이사부」, 『군사』 11, 국방부 전사편찬위원회, 1985.

신월균, 「한국설화에 나타난 용의 의미」, 『용, 그 신화와 문화』, 민속원, 2002.

신종원, 「삼국사기 제사지 연구」, 『사학연구』 38, 1984.

_____, 『한국 대왕신앙의 역사와 현장』, 일지사, 2008.

신형식, 「병부령고」, 『역사학보』 61, 1974.

_____, 「삼국통일전후 신라의 대외관계」, 『신라문화』 2, 1985.

_____, 「신라군주고」, 『백산학보』 19, 1975.

_____, 『삼국사기 연구』 일조각, 1981.

심정보, 「백강의 위치에 대하여」, 『한국상고사학보』 2, 1989.

심현용, 「고고자료로 본 신라의 강릉지역 진출과 루트」, 『대구사학』 94, 2009.

위은숙, 「8~9세기 환동해교역권의 구조와 성격」, 『울릉도·독도 동해안 어민의 생활구조와
　　　그 변천·발전』, 영남대학교출판부, 2003.

유병하, 「부안 죽막동유적에서 진행된 삼국시대의 해신제사」, 『부안 죽막동 제사유적연구』,
　　　국립전주박물관, 1998.

유재춘, 「동해안의 수군 유적 연구」, 『이사부와 동해』 창간호, 2010.

_____, 「삼척 지역 일대 성곽 및 수군 유적 연구」, 『이사부 삼척출항과 동해비젼』, 한국이사
　　　부학회·강원도민일보·삼척시, 2010.

윤경진, 「매소성 전투와 나당전쟁의 종결」, 『사림』 60, 2017.

윤명철, 「신라 하대의 해양활동 연구」, 『국사관논총』 91, 국사편찬위원회, 2000.

＿＿＿, 「연해주 및 동해 북부 항로에 대한 연구」, 『이사부와 동해』 창간호, 2010.

＿＿＿, 「해양사관으로 본 한국고대사의 발전과 종언」, 『한국사연구』 123, 2003.

＿＿＿, 「해양조건을 통해서 본 고대 한일관계사의 이해」, 『일본학』 14, 동국대학교, 1995.

＿＿＿, 「황해문화권의 형성과 해양활동에 대한 연구」, 『선사와 고대』 11, 1999.

＿＿＿, 『장보고시대의 해양활동과 동아지중해』 학연문화사, 2002.

윤병희, 「신라 하대 균정계의 왕위계승과 김양」, 『역사학보』 96, 1982.

윤재운, 「한국 고대의 해양문화와 이사부」, 『동해왕 이사부 재조명과 21세기 해양강국의 비전』, 강원도민일보·KBS춘천방송총국, 2007.

이강래, 「삼국사기에 보이는 말갈의 군사활동」, 『영토문제연구』 1, 1985.

이경섭, 「고대 동해안 지역의 정치적 동향과 우산국」, 『신라문화』 39, 2012.

이경엽, 「고전문학에 나타난 해양인식 태도」, 『도서문화』 20, 목포대, 2002.

이규대, 「신라의 북방 진출과 이사부의 우산국 복속」, 『신라장군 이사부 얼 선양 세미나』, 제1회 및 6회 자료집, 2002.

이근우, 「고대 동해안의 해상교류와 이사부」, 『이사부, 그 다이내믹한 동해의 기억-그리고 내일』, 강원도민일보사·삼척시·강원발전연구원, 2008.

이기동, 「신라 하대의 사회변화」, 『한국사』 11, 국사편찬위원회, 1996.

＿＿＿, 「신라 흥덕왕대의 정치와 사회」, 『국사관논총』 21, 1991.

＿＿＿, 「신라하대의 왕위계승과 정치과정」, 『신라골품제사회와 화랑도』, 일조각, 1984

＿＿＿, 「우로전설의 세계」, 『한국고대의 국가와 사회』, 일조각, 1985.

＿＿＿, 「한국고대사상에 있어서 익산문화권의 위치」, 『백제연구』 16, 2004.

이기백, 「신라 오악의 성립과 그 의의」, 『진단학보』 33, 1972.

＿＿＿, 「신라 혜공왕대의 정치적 변혁」, 『신라정치사회사연구』, 일조각, 1974.

＿＿＿, 『신라정치사회사연구』, 일조각, 1974.

이기영, 「삼국통일에 기여한 신라불교의 정신」, 『국토통일』, 1973년 11월.

이도학, 「고대국가의 성장과 교통로」, 『국사관논총』 74, 1997.

＿＿＿, 「신라의 북진경략에 관한 일고찰」, 『경주사학』 6, 1987.

이명식, 「삼국사기를 통해 본 이사부 인물고찰」, 『동해왕 이사부 재조명과 21세기 해양강국의 비전』, 강원도민일보·KBS춘천방송총국, 2007.

＿＿＿, 「신라 문무대왕의 민족통일 위업」, 『대구사학』 25, 1984.

＿＿＿, 「신라 중고기의 장수 이사부고」, 『신라문화제 학술논문집』 25, 경주사학회, 2004

이문기, 「신라문무왕대의 군사정책에 대하여」, 『역사교육논집』 32, 2004.

＿＿＿, 『신라병제사연구』, 일조각, 1997.

이미자, 「신당서 신라전, 태평광기 신라조의 '장인국' 기사에 관한 고찰」, 『백산학보』 65, 2003.

이병도, 『역주삼국사기』, 을유문화사, 1977.

_____, 『한국사』 1.고대편, 진단학회, 1959.

이병로, 「9세기 후반에 발생한 '신라인모반사건'의 재검토」, 『일본학보』 37, 1996.

_____, 「고대일본열도의「신라상인」에 대한 고찰」, 『일본학』 15, 동국대, 1996.

_____, 「관평기(890년대) 일본의 대외관계에 관한 일고찰」, 『일본학지』 16, 계명대, 1996.

_____, 「장보고와 훈야노 미야다마로와의 교역에 관한 연구」, 『대외문물교류연구』 4, 2006.

이병휴, 「울진지역과 울릉도·독도와의 역사적 관련성」, 『울릉도·독도, 해안 주민의 생활구조와 그 변천·발전』, 영남대학교 민족문화연구소, 1987.

이상수, 「고고자료를 통해본 실직국」, 『이사부와 동해』 8, 2014.

_____, 「실직국」, 『강원도사』 3, 강원도사편찬위원회, 2010.

_____, 「영동지방 고분의 분포양상과 그 성격」, 『삼국의 접점을 찾아서』, 한국상고사학회, 2002.

_____, 「영동지역 신라고분에 대한 일고찰」, 『한국상고사학보』 18, 1995.

_____, 「유적을 통해본 이사부 출항지 검토」, 『이사부 삼척출항과 동해비전』, 한국이사부학회·강원도민일보·삼척시, 2010.

이상훈, 「나당전쟁기 기벌포전투와 설인귀」, 『대구사학』 90, 2007.

_____, 「나당전쟁기 당의 병력운용과 전후수습책」, 『중국사연구』 55, 2008.

_____, 『나당전쟁연구』, 주류성, 2012.

李成市 지음, 김창석 옮김, 『동아시아의 왕권과 교역』, 청년사, 1999.

이성주, 「예국」, 『강원도사』 3. 고대, 강원도사편찬위원회, 2010.

이영택, 「장보고의 해상세력에 관한 고찰」, 『논문집』 14, 한국해양대학, 1979

이용범, 「처용설화의 일고찰」, 『진단학보』 32, 1969.

이우성, 「삼국유사소재 처용설화의 일분석」, 『김재원박사화갑기념논총』, 1969.

이우태, 「신라의 성립과 발전」, 『신편한국사』 7, 국사편찬위원회, 1997.

이재석, 「백촌강전투의 사적 의의」, 『한국민족문화』 57, 2015.

이종욱, 「신라시대의 진골」, 『동아연구』 6, 1985.

_____, 『신라국가형성사연구』, 일조각, 1982.

이종학, 「문무대왕과 신라해상세력과 발전」, 『경주사학』 11, 1992.

_____, 「신라삼국통일의 군사적 고찰」, 『군사』 8, 1982.

이청희, 「울릉도를 개척한 해양진출의 선구자 신라장군 이사부」, 『제1회 신라장군 이사부 얼 선양 세미나』, 해양소년단 강원연맹, 2004.

이한상, 「동해안지역의 5~6세기대 신라분묘 확산양상」, 『영남고고학』 32, 2003.

이형기, 「멸망이후 대가야 유민의 동향」, 『한국상고사학보』 38, 2002.

이형우, 「사로국의 동해안 진출」, 『건대사학』 8, 1993.

_____, 『신라초기국가형성사연구』, 영남대학교출판부, 2000.

이호영, 「대당전쟁」, 『신편한국사』 9, 국사편찬위원회, 1998.

임기환, 「7세기 발해・황해를 둘러싼 동아시아 세계의 격돌」, 『한국해양사』 I, 한국해양재
　　단, 2013.

임호민, 「병부령 이사부에 대한 기록 검토」, 『제7회 신라장군 이사부 얼 선양 세미나 자료
　　집』. 한국해양소년단 강원연맹, 2008.

장동호, 「항포구 자연환경 및 GIS 입지분석으로 본 출항지」, 『이사부 삼척출항과 동해비전』,
　　한국이사부학회・강원도민일보・삼척시, 2010.

장정룡, 「동해신묘의 문화사적 고찰」, 『강원도민속연구』, 국학자료원, 2002.

장창은, 『고구려 남방 진출사』, 경인문화사, 2014.

장충식, 「문무대왕의 위적」, 『신라문무대왕』, 경주군, 1994.

전덕재, 「상고기 신라의 동해안지역 경영」, 『역사문화연구』 45, 한국외국어대, 2013.

_____, 「신라 하대 청해진의 설치와 그 성격」, 『STRATEGY21』 4, 2002.

_____, 「신라 한강유역 진출과 지배방식」, 『향토서울』 73, 2009.

전해종, 「고려와 송의 교류」, 『국사관논총』 8, 1989 : 『동아시아의 비교와 교류』, 지식산업사,
　　2000.

정구복 외, 『역주삼국사기』 4.주석편 하, 한국정신문화연구원, 1997.

정순일, 「'정관 11년(869) 신라해적'의 내일항로에 관한 소고」, 『동아시아 속의 한일관계사
　　(상)』, 재이앤시, 2010.

_____, 「마쯔라・아키타・쓰시마에 출현한 관평신라해적」, 『한국고대사탐구』 14, 2013.

정영호, 「석굴 창건과 동해구 신라유적과의 관계」, 『정신문화연구』 48, 1992.

정진술, 「고대의 한・일 항로에 대한 연구」, 『장보고연구』 IV, 2005.

정청주, 「군진세력 출신의 호족」, 『한국사』 11, 국사편찬위원회, 1996.

_____, 「장보고관련사료검토」, 『장보고해양경영사연구』, 이진, 1993.

조법종, 「한국 고대사회의 용 관련 문화」, 『사학연구』 65, 2002.

조이옥, 「신라 수군제의 확립과 삼국통일」, 『STRATEGY21』 2권2호. 1999.

조인성, 「미륵신앙과 신라사회」, 『진단학보』 82, 1996.

_____, 「신라말 농민반란의 배경에 대한 일시론」, 『신라말 고려초의 정치・사회변동』, 신서
　　원, 1994.

주보돈, 「신라 국가 형성기 김씨족단의 성장배경」, 『한국고대사연구』 26, 2002.

_____, 「신라의 대외팽창과 해양거점의 확보」, 『한국해양사』 I, 한국해양재단, 2013.

_____, 「신라중고의 지방통치조직에 대하여」, 『한국사연구』 23, 1979.

_____, 「울진 봉평리 신라비와 신라의 동해안 경영」, 『울진 봉평리 신라비와 한국 고대 금석
　　문』, 울진군・한국고대사학회, 2011.

_____, 『신라 지방통치체제의 정비과정과 촌락』, 신서원, 1998.

朱 江, 「당과 신라의 해상교통」, 『장보고해양경영사연구』, 1993.

차장섭, 「이사부 유적과 해양 국방 요충지 삼척」, 『동해왕 이사부 재조명과 21세기 해양강국
    의 비전』, 강원도민일보·KBS춘천방송총국, 2007.

채미하, 「삼국사기 제사지 신라조의 분석」, 『한국고대사연구』 13, 1998.

_____, 「청해진의 사전편제와 해양신앙」, 『진단학보』 99, 2005.

천관우, 「삼한의 국가형성」, 『한국학보』 2, 1976.

최광식, 「신라 국가제사의 체계와 성격」, 『한국사연구』 118, 2001.

_____, 「신라 대사·중사·소사의 제장 연구」, 『역사민속학』 4, 1994.

_____, 「신라와 당의 대사·중사·소사 비교연구」, 『한국사연구』 95, 1996.

_____, 『고대 한국의 국가와 제사』, 한길사, 1994.

최근영, 『통일신라시대의 지방세력연구』, 신서원, 1993.

최몽룡 외, 『울릉도-고고학적 조사연구』, 서울대학교박물관, 1998.

최병운, 「서기 2세기경 신라의 영역확대」, 『전북사학』 6, 1992.

최종래, 「강릉 초당동고분군의 조영집단에 대하여」, 『영남고고학』 42, 2007.

하일식, 『신라 집권관료제 연구』, 혜안, 2006.

하효길, 「한국 서해안일대의 해양신앙」, 『부안 죽막동제사유적 연구』 국립전주박물관, 1998.

한국정신문화연구원, 「용이 되어 득천한 김부대왕」, 『한국구비문학대계』 7-2, 1980.

해상왕장보고연구회편, 『7-10세기 한중일교역연구문헌목록·자료집』, 서경문화사, 2001.

홍승우, 「4~6세기 신라의 동해안 지역 진출과 지방지배방식」, 『4~6세기 영남 동해안 지역
    의 문화와 사회』, 동북아역사재단, 2009.

홍영호, 「6~7세기 고고자료로 본 동해안과 울릉도」, 『이사부와 동해』 창간호, 2010

황수영, 『신라의 동해구』, 열화당, 1994.

황패강, 『신라불교설화연구』, 일지사, 1975.

拜根興, 「唐中後期赴新羅使者送聯問題考辯」, 『陝西師範大學學報』 6, 2004.

李大龍, 『唐朝和邊疆民族使者往來研究』, 黑龍江教育出版社, 2001 : 『당조와 변강민족의 사
    신 왕래 연구』 동북아역사재단, 2007.

葉濤, 「山東沿海漁民的海神信仰與祭祀儀式」, 『제3회 국제학술회의논문집』 한국민속학회,
    1999.

龜井明德, 「唐·新羅商人の來航と大宰府」, 『海外視點日本歷史』 5, 1987 : 「당·신라상인
    의 來航과 大宰府」, 『장보고관계연구논문선집』 중국편/일본편, 해상왕장보고연구
    회, 2002.

堀敏一,「在唐新羅人の活動と入唐交通」,『東アジアの中の古代文化』, 研文出版, 1998.

李炳魯,「9世紀初期における「環シナ海貿易圏」の考察」,『史學年報』8, 1993.

木村誠,「文武大王代의 對倭關係」, 제18회 신라문화학술회의 발표문, 1999.8.30.

武田幸男,「創寺緣起からみた新羅人の國際觀」,『中村治兵衛先生古稀記念 東洋史論叢』, 1986.

濱田耕策,「新羅の城・村設置と州郡制の施行」,『朝鮮學報』84, 1977.

_____,「新羅の祀典と名山大川の研究」,『泡沫集』4, 1984.

_____,「新羅王權と海上勢力」,『東アツア史における國家と地域』. 刀水書房, 1999 :『장보고관계연구논문선집』중국편/일본편, (재)해상왕장보고기념사업회, 2002.

_____,「新羅海賊の出沒と"侵攻"幻想」,『日本古代史[爭亂]の最前線』, 1998.

_____,『新羅國史の研究』, 吉川弘文館, 2002.

寺田四郎,「中國海賊史考2」,『上智經濟論叢』4-1, 1957.

山內晉次,「九世紀東アツアにおける民衆の移動と交流」,『歷史評論』555, 1996 :『奈良平安期の日本とアヅア』, 吉川弘文館, 2003.

森克己,「日本交涉と刀伊賊の來寇」,『朝鮮學報』37・38합집, 1966.

三品彰英,「脫解傳承攷-東海龍王と倭國」,『靑丘學叢』5, 1931.

石井正敏,「寬平六年の遣唐使計劃と新羅の海賊」,『アヅア遊學』26, 2001.

_____,「大宰府の鴻臚館と張保皐時代を中心た日本・新羅關係」:「다자이후 고로칸과 장보고시대를 중심으로 한 일본・신라 관계」,『7-10세기 동아시아 문물교류의 제상』(일본편), (재)해상왕장보고기념사업회, 2008.

宋潤奎,『古代日本の渡來勢力』, 街と暮らし社, 2003.

松前健,「古代韓族の龍蛇崇拜と王權」,『朝鮮學報』57, 1970.

新川登龜男,「入唐求法諸相」,『日本古代の對外交涉と佛教』, 吉川弘文館, 1999.

奧村佳紀,「新羅人の來航についこ」,『駒澤史學』18, 1971.

玉井是博,「唐時代の外國奴 - 特に新羅奴に就いこ」,『小田先生頌壽記念 朝鮮論叢』, 1929.

熊谷治,「三國遺事にみえる護法龍」,『日本民族文化とその周邊』, 新日本教育圖書, 1980.

日野開三郎,「羅末三國の鼎立と大大陸海上交通貿易(2)」,『朝鮮學報』17, 1960.

_____,「羅末三國の鼎立と對大陸海上交通貿易(4)」,『朝鮮學報』20, 1962.

井上秀雄,「三國史記にあらわれた新羅の中央行政官制について」,『新羅史基礎研究』, 1974.

_____,「祭祀儀禮の受容-新羅の律令制と祭祀制度-」,『古代東アジアの文化交流』, 溪水社, 1993.

_____,『新羅史基礎研究』, 東出版, 1974.

鄭淳一,「寬平新羅海賊考」,『史觀』164, 早稻田大, 2011.

_____,「新羅海賊事件からみた交流と共存」,『立命館大學コリア研究セソター次世代研究

者フオラム論文集』3, 2010.

_____,「延曆・弘仁・天長年間の新羅人來航者」,『早稻田大學院文學研究科紀要』58-4, 2013.

_____,「貞觀年間における弩師配置と新羅問題」,『早稻田大學院文學研究科紀要』56-4, 2011.

_____,『九世紀の來航新羅人と日本列島』, 早稻田大學大學院 博士學位論文, 2013.

佐伯有淸,「9世紀の日本と朝鮮 － 來日新羅人の動向をめぐって －」,『歷史學研究』287, 1965 :『古代の政治と社會』, 吉川弘文館, 1970.

_____,「朝鮮系氏族とその後裔たち」,『古代史の謎わ探る』, 讀書新聞社, 1973.

池內宏,「高句麗滅亡後の遺民の叛亂及び唐と新羅との關係」,『滿鮮史研究』上世2, 吉川弘文館, 1951.

秋葉隆,「江陵端午祭」,『日本民俗學』2권5호, 1930 :『조선민속지』, 동문선, 1993.

蒲生京子,「新羅末期の張保皐の台頭と反亂」,『朝鮮史研究會論文集』16, 1979.

河正龍,「新羅時代龍信仰の性格と神宮」,『朝鮮古代研究』2, 2000.

戶田芳實,「平安初期の五島列島と東アヅア」,『初期中世社會史の研究』, 東京大學出版部, 1991.

和田萃,「沖ノ島と大和王權」,『古代を考えろ 沖ノ島の古代祭祀』, 吉川弘文館, 1988.

ㄱ